权威·前沿·原创

皮书系列为
"十二五""十三五""十四五"时期国家重点出版物出版专项规划项目

中国劳动和社会保障科学研究院　　中国人力资源服务产业园联盟

人力资源蓝皮书
BLUE BOOK OF HUMAN RESOURCES

中国人力资源服务产业园发展报告
（2022）

ANNUAL REPORT ON THE DEVELOPMENT OF HUMAN RESOURCES
SERVICE ZONE IN CHINA（2022）

主　编／莫　荣
副主编／侯增艳　冯馨莹

社会科学文献出版社
SOCIAL SCIENCES ACADEMIC PRESS（CHINA）

图书在版编目（CIP）数据

中国人力资源服务产业园发展报告.2022/莫荣主编.—北京：社会科学文献出版社，2022.6
（人力资源蓝皮书）
ISBN 978-7-5228-0167-4

Ⅰ.①中… Ⅱ.①莫… Ⅲ.①人力资源-服务业-产业发展-研究报告-中国-2022 Ⅳ.①F249.23

中国版本图书馆 CIP 数据核字（2022）第 090372 号

人力资源蓝皮书
中国人力资源服务产业园发展报告（2022）

主　　编／莫　荣
副 主 编／侯增艳　冯馨莹

出 版 人／王利民
组稿编辑／恽　薇
责任编辑／陈凤玲　宋淑洁
责任印制／王京美

出　　　版／社会科学文献出版社·经济与管理分社（010）59367226
　　　　　　地址：北京市北三环中路甲 29 号院华龙大厦　邮编：100029
　　　　　　网址：www.ssap.com.cn
发　　　行／社会科学文献出版社（010）59367028
印　　　装／三河市东方印刷有限公司

规　　　格／开　本：787mm×1092mm　1/16
　　　　　　印　张：26.25　字　数：396 千字
版　　　次／2022 年 6 月第 1 版　2022 年 6 月第 1 次印刷
书　　　号／ISBN 978-7-5228-0167-4
定　　　价／198.00 元

读者服务电话：4008918866

宋 堃	高 巍	谈振华	张斯癸	吴素云
郑化卫	赵 伟	刘联波	齐 放	齐东健
高 颜	王守成	刘 芳	张 伟	陈玉元
魏 鹏	高 晖	彭子苑	林家乐	黄 宇
林 浩	欧阳伟	曾知山	银红玉	蒉象锐
刘 干	姚 岚	周 虎	陈 晨	王京荣
陈 欢	方建光	陈晓晖	张哲峰	何永胜
杨志宏	李光耀	张伟国	马晓明	张维国
王文杰	刘国庆	华天虹	林 彤	张宇泉
康 群	张言亦	朱庆阳	汪艳彦	黄湘闽

主要编撰单位简介

中国劳动和社会保障科学研究院

中国劳动和社会保障科学研究院（简称"劳科院"）是人力资源和社会保障部直属事业单位，是中国劳动和社会保障科研领域专业研究机构，主要承担就业创业、社会保障、劳动关系、工资收入分配等理论、政策及应用研究。

劳科院发端于 1982 年 5 月劳动人事部成立的劳动科学研究所，随着事业发展需要和机构改革与职能调整，先后成立劳动工资研究所、国际劳动保障研究所、中国劳动保障科学研究院和社会保障研究所，逐步形成"一院四所"的格局。2017 年 9 月，"一院四所"整合，设立中国劳动和社会保障科学研究院。

在中国改革开放和现代化建设的进程中，劳科院始终坚持以马克思列宁主义、毛泽东思想、邓小平理论、"三个代表"重要思想、科学发展观、习近平新时代中国特色社会主义思想为指导，围绕劳动就业、收入分配、民生保障等重大理论政策问题，创造性地开展理论探索和政策研究，以国家高端智库建设为目标，培养造就了一支素质优良、勇于创新的科研团队，取得一系列具有较大影响的科研成果，对国家劳动保障民生领域重大改革与科学决策发挥了有力支撑作用，得到了党和国家领导人及历任部领导的关怀厚爱。

在不同的发展时期，多名知名专家学者和高级领导干部曾先后在院所工作，为院所发展留下宝贵的财富。劳科院有 1 名全国政协委员、2 名文化名家暨"四个一批"人才、1 名"新世纪百千万人才工程"国家级人选、12

名国务院政府特殊津贴专家。其中，悦光昭同志荣获全国先进工作者称号，宋晓梧同志获得孙冶方经济学奖，何平同志、莫荣同志先后两次为中共中央政治局集体学习进行讲解，莫荣同志、金维刚同志先后两次为全国人大集体学习进行讲解。

40年来，劳科院共承担国家社科基金项目等国家级课题40余项、部级课题300余项，基本科研经费课题700余项，社会横向课题2000余项。为积极就业政策制定、国家社会保障体系建立、中国特色和谐劳动关系构建、工资收入分配制度改革和劳动社会保障法制体系完善提供支持。参与了《中华人民共和国劳动法》《中华人民共和国就业促进法》《中华人民共和国劳动合同法》《中华人民共和国社会保险法》等多项法律法规的研究起草、评估、修订工作。参与我国第一部劳动保障白皮书《中国的劳动和社会保障状况》和第一部就业白皮书《中国的就业状况和政策》起草和发布。持续参与编制就业促进规划、人社事业发展规划等。编辑出版《中国劳动》学术杂志，出版《中国就业发展报告》《中国薪酬发展报告》《中国人力资源服务产业园发展报告》《中国人工智能人才发展报告》等系列蓝皮书。劳科院是最早开展人力资源服务产业园规划和评估的科研单位，是中国苏州、中国重庆、中国成都、中国中原、中国南昌、中国北京、中国天津、中国长沙、中国上海、中国沈阳、中国贵阳、中国海南等10多家国家级人力资源服务产业园的规划编制和发展评估单位。

劳科院是我国在国际劳动和社会保障学术交流与科研合作领域的重要组织与牵头单位，是国际社会保障协会（ISSA）联系会员，院领导兼任就业与失业保险专业技术委员会副主席；牵头成立金砖国家劳动研究机构网；劳科院归口管理的中国劳动学会是国际劳动与雇佣关系协会国家会员。多年来，劳科院与日本、韩国共同连续举办19届"东北亚劳动论坛"，与国际劳工组织研究司连续举办九届"中国劳动世界的未来"等品牌国际研讨会。先后接待国际劳工组织总干事、南非共产党前总书记、多国劳工部长等带队的高级别代表团来访。

劳科院注重科研数据平台的建立、应用和推广，专门设立大数据和劳动保障政策仿真研究室，研发多个具有自主知识产权的多种模型算法平台，如基于大数据的劳动力需求平台、薪酬调查数据库、科研数据库等，形成面向各业务板块的数据采集、模拟分析和应用系统。

劳科院将始终坚持把党的政治建设摆在首位，坚持科研工作正确政治方向，心怀"国之大者"，坚持把握大局、服务中心、求真务实、力出精品的办院方针，努力为人力资源和社会保障事业高质量发展做出新的更大的贡献。

中国人力资源服务产业园联盟

中国人力资源服务产业园联盟于 2015 年 5 月在重庆成立，包括国家级人力资源服务产业园和中国对外服务工作行业协会、全国省级人力资源（人才）服务行业协会联席会、北京人力资源服务行业协会、上海人才服务行业协会等 28 家成员单位。联盟致力于服务深化改革和服务经济结构调整的大局，促进我国人力资源服务产业园的高质量发展，谱写中国人力资源服务业发展的新篇章。

中智现代人力资源管理研究院

中智现代人力资源管理研究院是中国国际技术智力合作集团有限公司设立的研究机构，旨在依托中智集团多元的产品、丰富的案例、海量的数据和深入的洞察，围绕产业发展的焦点问题，为学术研究、产业发展和政策制定提供研究支持。通过开放合作的研究平台，汇集各界智慧，共同推动人力资源产业健康、有序的发展。曾发布《2018 中国人力资源服务产业园研究报告》《2021 年中国人力资源服务供需调查报告》，参与编撰《中国人力资源服务产业园发展报告（2021）》。

主要编撰者简介

主　编

　　莫　荣　人力资源和社会保障部中国劳动和社会保障科学研究院院长、研究员，全国政协委员，兼任中国就业促进会副会长、《中国劳动》主编、人力资源和社会保障部专家咨询委员会委员。国家文化名家暨"四个一批"人才、"新世纪百千万人才工程"国家级人选，国家社科基金重大项目首席专家，享受国务院政府特殊津贴。先后毕业于清华大学精密仪器系、北京经济学院劳动经济系，曾在英国牛津大学、新加坡南洋理工大学等做访问学者。自1988年开始研究就业、职业培训、人力资源管理、国际劳动保障等理论政策问题，完成课题200余项，发表论文350多篇，出版著作20余部。

副主编

　　侯增艳　人力资源和社会保障部中国劳动和社会保障科学研究院国外劳动和社会保障研究室副主任、副研究员，南开大学经济学博士，长期从事人力资源市场、国际劳动就业等领域研究。完成国际劳工组织、经合组织、人社部、科技部及地方课题60余项，出版著作20余部，发表论文30余篇。作为项目组组长，为中国苏州、中国重庆、中国中原、中国成都、中国北京、中国天津、中国南昌、中国长沙、中国上海等多家国家级人力资源服务产业园编制发展规划和评估报告，研究成果为相关部门提供决策参考。

副主编

冯馨莹 中国国际技术智力合作集团有限公司党委委员、副总经理，中央企业青年联合会第四届委员会委员，中国对外服务工作行业协会副秘书长。长期从事人力资源服务工作，深耕行业20年，对客户、产品和行业发展有着深刻的理解。熟悉人力资源服务产业园的发展历程，拥有指导运营多个国家级人力资源服务产业园的管理经验。

前　言

　　2021 年是"十四五"规划开局之年,是我国全面建成小康社会、开启全面建设社会主义现代化国家新征程的第一年。党中央、国务院高度重视人力资源服务业的发展。2021 年 9 月,中央人才工作会议在北京召开,习近平总书记强调,要深入实施新时代人才强国战略,全方位培养、引进、用好人才,加快建设世界重要人才中心和创新高地。2021 年 7 月 28～29 日,第一届全国人力资源服务业发展大会在重庆成功召开,此次大会是贯彻落实党中央、国务院决策部署,发挥人力资源服务业稳定和扩大就业作用的重要举措,是改革开放以来首次举办的人力资源服务领域全国综合性行业盛会。2021 年 11 月,人社部等五部门联合发布了《关于推进新时代人力资源服务业高质量发展的意见》,指出人力资源服务业是为经济社会发展提供人力资源流动配置服务的现代服务业重要门类,对促进社会化就业、更好发挥我国人力资源优势、服务经济社会发展具有重要意义。

　　人力资源服务业依托产业园实现了集聚发展,为实施就业优先战略、人才强国战略、乡村振兴战略提供了强有力的人力资源支撑。在"十四五"开局之年,人力资源服务行业立足新发展阶段,贯彻创新发展理念,形成集成创新发展的新格局,推动构建实体经济、科技创新、现代金融、人力资源协同发展的现代产业体系。

　　《中国人力资源服务产业园发展报告(2022)》是由中国劳动和社会保障科学研究院组织,中国人力资源服务产业园联盟和中智现代人力资源管理研究院参与编写的第五部"人力资源蓝皮书",呈现了科研院所对人力资源服务业发展的理论思考，汇集了 22 个国家级产业园和多个人力资源服务行业协会在推动人力资源服务业和产业园建设方面的优秀经验和做法，回顾了近年来人力资源服务业取得的新成效，梳理了 2021 年行业相关重要会议、政策文件、重大活动精神，总结了人力资源服务产业园在产业集聚、政策创新、管理服务、信息化建设等方面取得的新成绩。全书分为总报告、产业篇、区域篇、行业组织篇、借鉴篇、附录六部分，凝结着国家级人力资源服务产业园和人力资源服务行业协会的成功经验和实践探索，能够为各地人力资源产业园建设、运营和发展提供理论、政策和实践参考，能够为推进人力资源服务业高质量发展贡献中国智慧。

《中国人力资源服务产业园发展报告（2022）》

编　委　会

2022 年 5 月

摘　要

《中国人力资源服务产业园发展报告（2022）》是由中国劳动和社会保障科学研究院组织，中国人力资源服务产业园联盟和中智现代人力资源管理研究院参与编写的第五部"人力资源蓝皮书"，汇集了人力资源服务产业理论、国家级产业园实践和人力资源服务行业协会在推动人力资源服务业和产业园建设方面的优秀经验和做法。全书分为总报告、产业篇、区域篇、行业组织篇、借鉴篇、附录六部分。

总报告。总报告以《推动人力资源服务业集成创新发展》为题，全面回顾了近年来人力资源服务业取得的新成效，梳理了2021年行业相关重要会议、政策文件、重大活动精神，总结了人力资源服务产业园在产业集聚、政策创新、管理服务、信息化建设等方面取得的成绩，剖析了当前产业园建设发展中存在的问题和不足，提出完善载体设施配套建设、研究制定新一轮扶持政策、不断提升管理运营水平、提供优质公共服务和特色服务、推进园区智慧化信息化建设、加强园区对外宣传推广、提升产业发展综合实力和经营效率、提升企业社会责任意识和社会效益等集成创新发展的对策建议，为"十四五"时期人力资源服务业和产业园高质量发展谱写新篇章。

产业篇。本篇包括《高质量发展下中国人力资源服务业发展机遇》《人力资源服务业数字化转型分析》两篇报告。分别研究探讨了我国人力资源服务业细分市场的发展趋势及面临的机遇与挑战，人力资源服务业数字化转型的发生情境、关键要素、实施过程。

区域篇。本篇包括中国上海、中国重庆、中国中原、中国苏州、中国杭州、中国海峡、中国成都、中国烟台、中国长春、中国南昌、中国西安、中国北京、中国天津、中国广州、中国深圳、中国长沙、中国合肥、中国武汉、中国宁波、中国石家庄、中国沈阳、中国济南共 22 家国家级人力资源服务产业园的发展报告。各篇报告从产业园基本情况、政策制度建设情况、管理运营发展情况、服务体系优化情况等方面详细介绍了各地产业园建设发展成效，展望了"十四五"期间产业园未来发展趋势和思路，为推动新时代人力资源服务业高质量发展发挥积极作用。

行业组织篇。本篇包括中国对外服务工作行业协会、北京人力资源服务行业协会、上海人才服务行业协会的发展报告。分别介绍了行业协会在推进人力资源服务领域建设、助推人力资源服务产业园发展方面所做的工作，协会会员单位的运营情况，并对人力资源服务业和产业园的下一步工作提出了建议思考。

借鉴篇。本篇包括典型国家和地区人才政策比较分析报告。旨在对典型国家和地区从人才引进、流动、培养、使用、评价、激励六个维度对其人才政策进行分析和比较，在此基础上形成完善我国人才政策的启示与借鉴。

关键词： 人力资源　人力资源服务业　人力资源服务产业园　国家级产业园

目 录 ⬔

Ⅰ 总报告

B.1 推动人力资源服务业集成创新发展·············· 莫 荣 侯增艳 / 001

　　一　近年来人力资源服务业取得的新成效 ·················· / 002

　　二　2021 年人力资源服务业喜事、大事不断 ·················· / 006

　　三　人力资源服务产业园呈现集成创新发展新格局 ·········· / 008

　　四　人力资源服务产业园建设存在的问题和不足 ·············· / 019

　　五　推进产业园高质量发展的对策建议 ·················· / 022

Ⅱ 产业篇

B.2 高质量发展下中国人力资源服务业发展机遇

　　··················· 中智现代人力资源管理研究院 / 026

B.3 人力资源服务业数字化转型分析·············· 战梦霞 刘永魁 / 041

Ⅲ 区域篇

B.4 优化服务能级　促进产业园区高质量发展

　　··················· 陈 苁 宋 屏 / 055

B.5　坚持创新发展　推进特色示范园区建设

…………………………… 刘　杨　魏　建　罗　潇　李　里 / 064

B.6　打造人才大本营　激活产业新动能

………………………………………… 赵军亮　王　晨 / 076

B.7　突出政策扶持引领　推动产业高质量发展

…………………………… 蔡旭卫　王湘礼　汤燕敏 / 088

B.8　以数字化改革推动产业园整体智治

………………… 王建英　田间清　许楚楚　何露雯 / 101

B.9　以"人力资本+数字经济"建设推进产业园生态圈发展

……………………………………… 曾仕鹏　郑　娟 / 113

B.10　以生态营造推动产业园高质量发展

………………… 王　霜　黄　慰　郑健峰　石　鹤 / 123

B.11　"一园两区　双轮驱动"开启园区发展新格局

………………… 张　磊　张　航　刘卫国　丁　丹 / 136

B.12　以产业集聚加快新时代人才高地建设 ……… 宋　堃　高　巍 / 149

B.13　以满足企业需求为目标　打造区域人力资源供需平台

…………………………… 谈振华　张斯癸　吴素云 / 159

B.14　稳步推进丝路经济带人才高地建设步伐

…………………………… 郑化卫　赵　伟　刘联波 / 169

B.15　健全公共服务平台建设　共推人力资本服务提升

…………………………… 齐　放　齐东健　高　颜 / 184

B.16　发挥产业园集聚效应　引领产业高质量发展

…………………………… 王守成　刘　芳　张　伟 / 195

B.17　筑巢引凤聚产业　百花齐放促发展

…………………………… 陈玉元　魏　鹏　高　晖 / 206

B.18　深入推进服务体系建设　打造园区建设新标杆

…………………………… 彭子苑　林家乐　黄　宇　林　浩 / 232

B.19　服务22条产业链　助推区域一体化

………………… 欧阳伟　曾知山　银红玉　翦象锐 / 248

B.20 全力推进智慧园区建设　打造招商引智"强磁场"

　　　　　　　　　　　刘 千　姚 岚　周 虎　陈 晨 / 263

B.21 "一园多区"发展　赋能产业升级 ………… 王京荣　陈 欢 / 276

B.22 协同推进高质量发展下人力资源产业园建设

　　　　　　　　　　　　　　　方建光　陈晓晖 / 289

B.23 以数字化驱动建立人力资源服务工作站 ……… 张哲峰　何永胜 / 303

B.24 创新管理优化服务　提升园区规范化水平

　　　　　　　　　 杨志宏　李光耀　张伟国　马晓明 / 316

B.25 集聚创新强园区　双业共进开新局

　　　　　　　　　　　　 张维国　王文杰　刘国庆 / 328

Ⅳ　行业组织篇

B.26 聚焦行业动态　引领行业发展 ………… 华天虹　林 彤 / 341

B.27 积极配合人社部门　推进行业高质量发展

　　　　　　　　　　　　 张宇泉　康 群　张言亦 / 350

B.28 科学策划　搭建产业园区服务平台 ………… 朱庆阳　汪艳彦 / 359

Ⅴ　借鉴篇

B.29 典型国家和地区人才政策分析 ……………… 黄湘闽　莫 荣 / 368

Ⅵ　附录

B.30 大事记 ……………………………………………………… / 387

B.31 后 记 ……………………………………………………… / 395

皮书数据库阅读**使用指南**

总 报 告

General Report

B.1

推动人力资源服务业集成创新发展

莫 荣　侯增艳[*]

摘　要： 本报告回顾了近年来人力资源服务业取得的新成效，梳理了2021年行业相关重要会议、政策文件、重大活动精神；总结了人力资源服务产业园发展取得的成绩，包括产业园呈现协调发展新格局、产业园集聚引领示范作用凸显、实现经济社会人才效益"三丰收"、实现规划目标任务和政策突破、形成科学合理的管理运营机制、提供"一站式"公共服务和特色服务、信息化数字化助力高质量发展等；剖析了当前产业园建设发展中存在的问题和不足，并提出完善园区载体设施配套建设、研究制定新一轮扶持政策、不断提升管理运营水平、提供优质公共服务和特色服务、推进园区智慧化信息化建设、加强园区对外宣传推广交流、提升产业发展综合实力和经营效率、提升企业

---

* 莫荣，中国劳动和社会保障科学研究院院长、研究员，主要研究领域为就业、职业培训、人力资源管理、国际劳动保障等；侯增艳，中国劳动和社会保障科学研究院国外劳动和社会保障研究室副主任、副研究员，主要研究领域为人力资源市场、国际劳动就业等。

社会责任意识等集成创新发展的对策建议，为"十四五"人力资源服务业和人力资源服务产业园高质量发展谱写新篇章。

关键词： 人力资源服务业　产业园　国家级人力资源服务产业园

2021年是"十四五"规划开局之年，是我国全面建成小康社会、开启全面建设社会主义现代化国家新征程的第一年。人力资源服务业依托产业园实现了集聚发展，为实施就业优先战略、人才强国战略、乡村振兴战略提供了强有力的人力资源支撑。在"十四五"开局之年，人力资源服务行业要立足新发展阶段、贯彻创新发展理念、形成集成创新发展的新格局。

一　近年来人力资源服务业取得的新成效

党中央、国务院高度重视人力资源服务业发展，十九大报告中提出，加快建设实体经济、科技创新、现代金融、人力资源协同发展的产业体系，在人力资本服务等领域培育新增长点、形成新动能。习近平总书记从实施就业优先战略、人才强国战略、乡村振兴战略等方面，多次对人力资源服务业发展做出重要指示和部署，强调人才是第一资源，要更好地发挥市场在促进就业中的作用。李克强总理批示指出，发展人力资源服务业对于促进社会化就业、更好发挥我国人力资源优势、服务经济社会发展具有重要意义。以实施就业优先战略、人才强国战略和乡村振兴战略为引领，进一步提高人力资源服务水平，才能为提高我国经济综合竞争力、持续改善民生、促进高质量发展提供有力支撑。

（一）顶层政策规划不断加强

党的十八大以来，我国人力资源服务业迎来了新的历史机遇期，国家层面对人力资源服务业和产业园发展做出战略部署，为行业发展指明了前进方向。2012 年 12 月，《国务院关于印发〈服务业发展"十二五"规划〉的通知》首次提出建设人力资源服务体系，将人力资源服务业纳入国家服务业发展重要战略布局，并提出"构建多层次、多元化的人力资源服务机构集群，探索建立人力资源服务产业园区，推进行业集聚发展"。2017 年 1 月，国务院印发《"十三五"促进就业规划》，将大力发展人力资源服务业作为促进就业的重点任务，并提出人力资源服务产业园建设等行业发展推进计划。2017 年 6 月，国家发展和改革委员会（以下简称"国家发改委"）发布《服务业创新发展大纲（2017—2025年）》，提出鼓励发展专业化、国际化人力资源服务机构。2019 年 11月，国家发改委发布《产业结构调整指导目录（2019 年本）》，将"人力资源服务业"调整为"人力资源和人力资本服务业"，并从"商业服务业"中独立出来，列为鼓励类目录，明确了人力资源服务业的重要地位，将人力资源服务产业园和平台建设作为行业的重要内容。2021 年 3月，《国民经济和社会发展第十四个五年规划和 2035 年远景目标纲要》明确提出深化人才强国战略、就业优先战略和人口发展战略，构建人力资源协同发展的现代产业体系。

（二）行业发展政策不断完善

2014 年 12 月，人社部、国家发改委、财政部联合下发《关于加快发展人力资源服务业的意见》，首次就加快行业发展做出全面部署，基本确立了行业政策框架和重点领域，明确了时间表、路线图和政策措施。2016 年 7月，人社部发布《人力资源和社会保障事业发展"十三五"规划纲要》，将人力资源服务业和产业园发展作为促进就业的行动计划之一。2017 年 9 月，人社部印发《人力资源服务业发展行动计划》，明确实施骨干企业培育计划、领军人才培养计划、产业园区建设计划和"互联网+"人力资源服务行动、诚信主题创建行动、"一带一路"人力资源服务行动。2019 年 9 月，人社部印发《国家级人力资源服务产业园管理办法（试行）》（人社部发

〔2019〕86 号）对产业园的申报设立、运营管理、评估考核等方面进行了明确要求。2021 年 11 月，人社部等五部门联合印发《关于推进新时代人力资源服务业高质量发展的意见》，明确了行业发展的总体要求、重点任务和政策措施，为新时代人力资源服务业高质量发展指明了前进方向。

（三）法律制度体系不断健全

人力资源市场法律、法规建设取得突破性进展，市场环境不断优化。《中华人民共和国劳动法》《中华人民共和国就业促进法》《中华人民共和国劳动合同法》等相关法律相继出台。2015 年，修订了《中华人民共和国就业促进法》和《人才市场管理规定》《就业服务与就业管理规定》《中外合资人才中介机构管理暂行规定》《中外合资中外合作职业介绍机构设立管理暂行规定》等法律法规及部门规章。2018 年，国务院发布了《人力资源市场暂行条例》，作为人力资源要素市场领域的第一部行政法规，它确立了人力资源服务业的法定地位，并首次把发展人力资源服务业作为各级政府的法定职责，标志着人力资源市场法制化建设进入新阶段。2020 年 12 月，人社部出台《网络招聘服务管理规定》，这是我国网络招聘服务领域第一部部门规章，对健全人力资源市场法规体系，加强人力资源市场建设管理具有重要意义。"放管服"改革成效明显。最大限度减少人力资源服务许可，将设立职业中介机构审批、人才中介机构及其业务范围审批、中外合资中外合作职业介绍机构审批三项行政许可事项整合为一项。实行"先照后证"，降低市场准入门槛。创新事中事后监管，推广"双随机一公开"监管方式，实行年度报告公示制度①。

（四）行业持续快速健康发展

近年来，我国人力资源服务业持续快速健康发展，行业结构持续优化，

---

① 《人力资源市场建设辉煌 40 年》，人力资源和社会保障部网站，http：//www. mohrss. gov. cn/rlzyscs/RLZYSCSshichangdongtai/201901/t20190103_ 308050. html，2019 年 1 月 3 日。

发展新动能不断增强，形成公共服务与经营性服务并重、有形市场和无形市场并行的发展格局①，为促进人力资源流动，让各类人才各得其所、各显其能，推动经济社会高质量发展，发挥了重要作用。

截至 2021 年底，全国共有各类人力资源服务机构 5.91 万家，从业人员 103.15 万人，全行业年营业收入 2.46 万亿元。全年共为 3.04 亿人次劳动者提供就业、择业和流动服务，为 5099 万家次用人单位提供专业支持。②

人力资源服务机构数量由 2016 年的 2.67 万家增加至 2021 年底的 5.91 万家，年增长率为 17.22%。从业人数由 2016 年的 55.3 万人增加至 2021 年的 103.15 万人（见图 1），年增长率为 13.28%。

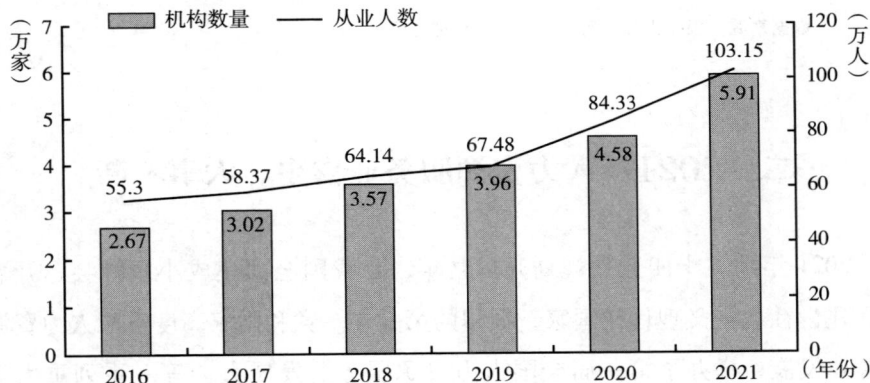

图 1　2016~2021 年人力资源服务机构数量和从业人数

数据来源：根据人社部历年统计数据整理计算。

人力资源服务业克服新冠肺炎疫情等不利因素的影响，呈现高速增长态势，2021 年，全年营业收入同比增长了 21.18%，营业收入从 2016 年的 1.19 万亿元增加至 2021 年的 2.46 万亿元（见图 2），年均增长率达到 15.63%，大幅超过同期的经济增长速度，为经济高质量发展提供了有力的人力资源支撑。

---

① 《营收五年翻番　人力资源服务业进入"快车道"》，新华网，http://www.xinhuanet.com/2021-07/28/c_1127706196.htm，2021 年 7 月 28 日。

② 《人力资源服务行业去年为 3.04 亿人次劳动者提供就业服务》，中央人民政府，http://www.gov.cn/xinwen/2022-05/22/content_5691686.htm，2022 年 5 月 22 日。

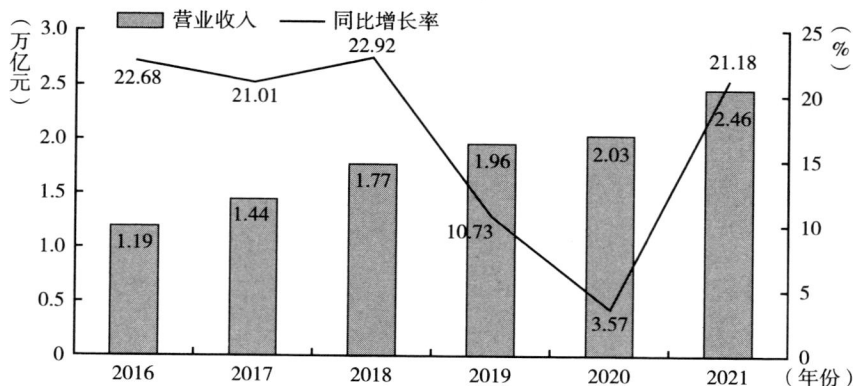

图2 2016～2021年我国人力资源服务业营业收入及同比增长率

数据来源：根据人社部历年统计数据整理计算。

二 2021年人力资源服务业喜事、大事不断

2021年是"十四五"规划开局之年，是我国全面建成小康社会、开启全面建设社会主义现代化国家新征程的第一年。党和国家高度重视人力资源服务业发展，举办了第一届全国人力资源服务业发展大会等一系列重大活动，出台了行业发展指导意见等相关政策文件，为人力资源服务业发展和产业园建设指明了前进方向。

（一）中央人才工作会议召开

2021年9月，中央人才工作会议在北京召开，习近平总书记强调，要深入实施新时代人才强国战略，全方位培养、引进、用好人才，加快建设世界重要人才中心和创新高地，为2035年基本实现社会主义现代化提供人才支撑，为2050年全面建成社会主义现代化强国打好人才基础。加快发展人力资源服务业是落实人才强国战略的重要部署，是构建人力资源协同发展产业体系的重要力量。人力资源服务业健康快速发展有利于推动形成

公平竞争市场环境，有效打通人才引进渠道，促进人才顺畅有序流动、精准就业，激发人才创新创业创造活力，充分发挥市场对人才要素配置的决定性作用。

（二）《人力资源和社会保障事业发展"十四五"规划》发布

2021 年 6 月，人社部印发《人力资源和社会保障事业发展"十四五"规划》，该规划指出要深入实施人力资源服务业高质量发展行动，建设高标准人力资源市场体系，促进就业创业，服务人才流动，推动乡村振兴。将人力资源市场建设计划、骨干企业培育计划、产业园区建设计划、"一带一路"人力资源服务行动、促进就业创业行动作为五项具体行动计划，为行业高质量发展指明了前进方向。

（三）《关于推进新时代人力资源服务业高质量发展的意见》发布

2021 年 11 月，人社部等五部门联合发布了《关于推进新时代人力资源服务业高质量发展的意见》，该意见指出人力资源服务业是为经济社会发展提供人力资源流动配置服务的现代服务业重要门类，对促进社会化就业、更好地发挥我国人力资源优势、服务经济社会发展具有重要意义。该意见明确了行业发展目标和重点任务，推动行业创新发展、协同发展、集聚发展、开放发展、规范发展，到 2025 年，行业营业收入突破 2.5 万亿元，人力资源服务机构达到 5 万家，从业人员数量达到 110 万人，人力资源服务业在行业规模、服务能力、发展水平、市场环境等方面进一步提升。

（四）第一届全国人力资源服务业发展大会成功召开

2021 年 7 月 28~29 日，第一届全国人力资源服务业发展大会在重庆成功召开，此次大会是贯彻落实党中央、国务院决策部署，发挥人力资源服务业稳定和扩大就业作用的重要举措，是改革开放以来首次举办的人力资源服务领域全国综合性行业盛会。大会以"新时代、新动能、新发展"为主题，包括"会、赛、展、论"四个板块六项活动。1001 家人力资源服务机构和骨干企事业单位参会参展，1.1 万余名观众现场观摩，158 个人力资源服务创新产品和项目路演宣讲，来自全国的 96 名人力资源服务专业选手同台竞技。上百名专家学者、领军人才、骨干企业负责人与会交流研讨，150 个人力资源服务项目达成合作意向。社会各界高度关注，线上线下浏览点击量超 10.27 亿人次。此次大会开启了人力资源服务业高质量发展的新篇章，在人力资源服务业发展史上具有里程碑意义。

（五）服贸会人力资源服务主题活动隆重举行

2021 年 9 月 6 日，中国国际服务贸易交易会人力资源服务主题活动在首钢园区隆重举行。本次活动以"抢抓数字经济创新机遇，赋能人力资源服务发展"为主题，是 2021 年中国国际服务贸易交易会的重要内容。活动强调，人力资源服务业要以促进就业为根本，进一步提高要素配置效率，着力培育壮大服务力量，加快建设高标准人力资源市场体系。活动期间，北京市人力资源和社会保障局发布了《国家服务业扩大开放综合示范区和中国（北京）自由贸易试验区建设人力资源开发目录（2021 年版）》和《国家服务业扩大开放综合示范区和中国（北京）自由贸易试验区境外职业资格认可目录（1.0 版）》。部分知名人力资源服务机构进行展示交流。北京市有关部门、部分人力资源服务行业协会以及来自全国各地的人力资源服务机构和相关骨干企事业单位代表 300 余人参加。①

三　人力资源服务产业园呈现集成创新发展新格局

人力资源服务产业园作为行业规模化、集约化发展的平台，经过十余年的积极探索取得了显著成绩，在为当地创造了政府税收、增加了人力资源企

---

① 《2021 年服贸会人力资源服务主题活动在首钢园区隆重举行》，人力资源和社会保障部网站，http：//www.mohrss.gov.cn/SYrlzyhshbzb/dongtaixinwen/buneiyaowen/hyhd/202109/t20210908_422640.html，2021 年 9 月 8 日。

业收入的同时,有效促进了人力资源服务业集聚发展、就业创业和人力资源优化配置,为落实我国就业优先战略、人才强国战略和乡村振兴战略搭建了实践探索的平台。

(一)产业园呈现协调发展新格局

人力资源服务产业园以服务当地经济社会发展为中心,以满足当地人力资源服务需求为目标定位,因地制宜合理布局。自 2010 年至 2021 年,人力资源和社会保障部与相关省市陆续建立了上海、重庆、中原、苏州、杭州、海峡、成都、烟台、长春、南昌、西安、北京、天津、广州、深圳、长沙、合肥、武汉、宁波、石家庄、沈阳、济南、海南、贵阳共 24 家国家级人力资源服务产业园(见表 1)。各地结合地域特色和产业发展基础推进园区建设,在全国范围内形成了竞争有序、协调发展的合理布局。

表 1　国家级人力资源服务产业园基本情况

序号	名　称	获批时间	建筑面积 (万平方米)	一园多区情况
1	中国上海人力资源 服务产业园	2010 年 5 月	8.38	上海人才大厦(核心区)、东部园(分园)、虹桥园(分园)
2	中国重庆人力资源 服务产业园	2011 年 7 月	20.20	重庆产业园(主园)、科学城园区(分园)
3	中国中原人力资源 服务产业园	2012 年 7 月	7.87	——
4	中国苏州人力资源 服务产业园	2013 年 12 月	22.92	高新园区(核心区)、常熟园区(分园)、吴江园区(分园)、昆山园区(分园)
5	中国杭州人力资源 服务产业园	2014 年 12 月	11.40	上城园区(分园)、拱墅园区(分园)
6	中国海峡人力资源 服务产业园	2014 年 12 月	5.00	福州软件园(核心区)、福建人才大厦(分园)、滨海分园(分园)
7	中国成都人力资源 服务产业园	2016 年 5 月	18.25	高新园区(分园)、经开园区(分园)、人才园区(分园)
8	中国烟台人力资源 服务产业园	2016 年 5 月	9.00	烟台产业园(主园)、自贸区烟台片区产业园(分园)

续表

序号	名　称	获批时间	建筑面积（万平方米）	一园多区情况
9	中国长春人力资源服务产业园	2017 年 5 月	4.88	—
10	中国南昌人力资源服务产业园	2017 年 5 月	10.30	经开园区（分园）、高新园区（分园）、小蓝园区（分园）
11	中国西安人力资源服务产业园	2017 年 5 月	44.30	碑林园区（分园）、西咸园区（分园）、高新园区（分园）、曲江园区（分园）、国际园区（分园）
12	中国北京人力资源服务产业园	2018 年 10 月	5.50	通州园区（分园）、海淀园区（分园）
13	中国天津人力资源服务产业园	2018 年 10 月	30.70	和平园区（中心园区）、发促中心园区（分园）、泰达园区（分园）、武清园区（分园）、津南园区（分园）、红桥园区（分园）
14	中国广州人力资源服务产业园	2018 年 10 月	10.63	天河核心园区、琶洲互联网创新人才集聚区、番禺青年人才创新创业服务园区、广州开发区海外高层次人才服务园区、南沙粤港澳人才合作示范园区、越秀现代服务业人才服务园区、花都临空产业人才服务园区
15	中国深圳人力资源服务产业园	2018 年 10 月	17.20	人才园园区（核心园区）、龙岗园区（核心园区）、南山园区（核心园区）、宝安园区（核心园区）、前海园区（支撑园区）、罗湖园区（支撑园区）
16	中国长沙人力资源服务产业园	2019 年 8 月	28.90	天心园区（主园区）、经开园区（分园）、高新园区（分园）
17	中国合肥人力资源服务产业园	2019 年 8 月	13.60	经开园区（核心园区）、滨湖园区（分园）、国际人才城园区（分园）、新站高新园区（分园）
18	中国武汉人力资源服务产业园	2019 年 8 月	9.00	中央商务区园区（分园）、光谷园区（分园）、车谷园区（分园）

续表

序号	名　　称	获批时间	建筑面积 （万平方米）	一园多区情况
19	中国宁波人力资源 服务产业园	2019 年 8 月	12.00	宁波产业园核心园、宁波人才市场产业 孵化基地（分园）、八骏湾园区（分园）、 汉德城园区（分园）、北仑园区（分园）、 北片产业园区（江北、镇海、保税、余姚、 慈溪分园）、南片产业园区（宁海、象山、 奉化分园）
20	中国石家庄人力资源 服务产业园	2021 年 1 月	27.00	高新园区（核心园区）、桥西园区（分 园）、正定园区（分园）
21	中国沈阳人力资源 服务产业园	2021 年 1 月	5.50	—
22	中国济南人力资源 服务产业园	2021 年 1 月	20.4	中央商务区园区（核心园区）、历下园区 （分园）、高新园区（分园）
23	中国海南人力资源 服务产业园	2021 年 9 月	—	海口分园、三亚分园
24	中国贵阳人力资源 服务产业园	2021 年 9 月	10.60	人才大厦分园区、高新区分园区、贵安 新区分园区

数据来源：根据各地人力资源服务产业园提供数据汇总整理，建筑面积为已建成并投入使用的面积。

注：24 家国家级人力资源服务产业园以下依次简称为：上海产业园、重庆产业园、中原产业园、苏州产业园、杭州产业园、海峡产业园、成都产业园、烟台产业园、长春产业园、南昌产业园、西安产业园、北京产业园、天津产业园、广州产业园、深圳产业园、长沙产业园、合肥产业园、武汉产业园、宁波产业园、石家庄产业园、沈阳产业园、济南产业园、海南产业园、贵阳产业园。

各地产业园高起点规划、高标准建设，不断整合载体资源，提高楼宇资源利用效率，园区内配备了公共会议室、多功能厅、展厅、培训教室、洽谈室等办公配套设施，引进了银行、财务、法律等配套机构，周边生活设施齐全，餐饮、休闲、娱乐配套日趋完善，合肥、长沙、长春等产业园还推出了配套项目"人才公寓"，为入驻企业营造宜居宜业的发展环境。

（二）产业园集聚引领示范作用凸显

人力资源服务产业园充分发挥产业集聚、拓展业态、孵化企业、培育市场等功能，积极引进国内外知名人力资源服务机构、本土骨干企业入驻园区，培育孵化"专精特新"中小人力资源服务企业，形成了多层次、多元化、专业性的人力资源综合服务载体。截至 2021 年底，22 家国家级人力资源服务产业园入驻人力资源服务机构 4010 家，集聚了全国将近 7% 的人力资源机构，国内外知名企业及本土骨干型人力资源服务机构 548 家，全国及省级人力资源诚信服务示范机构 267 家[①]。形成了功能齐全的人力资源服务产业链，提供人力资源招聘、劳务派遣、人事代理、职业培训、职业指导、人才测评、高级人才寻访、人力资源服务外包、人力资源管理咨询、人力资源信息软件服务和其他高附加值服务。同时，实行合理的产业上下游细化分工，提高人力资源服务业的整体附加值，不断延伸人力资源服务产业链，充分发挥人力资源服务产业园的集聚引领示范作用。

（三）实现经济社会人才效益"三丰收"

当前在疫情防控常态化背景下，各地产业园积极创新发展思路，不断开拓国内外市场，提升管理服务效能，推进行业数字化转型，实现了疫情期间营业收入和税收的逆势上扬。2021 年，22 家国家级人力资源服务产业园实现营业收入 3905 亿元，纳税额 107 亿元（见表 2），营收、纳税额连续四年持续稳步增长[②]。

营收在 400 亿元以上的国家级产业园有 2 家，分别是苏州产业园（457 亿元）、宁波产业园（435 亿元）；营收在 300 亿元以上的有 3 家，分别是杭州产业园（365 亿元）、上海产业园（362 亿元）、广州产业园（352 亿元）；营收在 200 亿元以上的有 3 家，分别是深圳产业园（247 亿元）、武汉产业园（230 亿元）、成都产业园（202 亿元）；营收在 100 亿元以上的产业园有 7 家，分别是合肥产业园、长沙产业园、重庆产业园、中原产业园、海峡产业园、济南产业园、南昌产业园；天津产业园、西安产业园、长春产业园、北京产业园、沈

---

① 根据各地人力资源服务产业园提供数据汇总整理。
② 根据各地人力资源服务产业园提供数据汇总整理。

阳产业园、烟台产业园、石家庄产业园营收在 30 亿元以上，均符合国家级产业园管理办法的要求，表明国家级产业园在引进培育人力资源服务企业，助推人力资源服务行业转型升级，实现集聚效应和规模效益中发挥了积极作用。

表 2　2021 年国家级人力资源服务产业园经济效益指标

序号	名称	入驻企业数量（家）	营业收入（亿元）（含代收代付）	纳税额（亿元）
1	中国上海人力资源服务产业园	327	362.09	16.37
2	中国重庆人力资源服务产业园	116	130.06	3.10
3	中国中原人力资源服务产业园	52	125.32	3.19
4	中国苏州人力资源服务产业园	413	457.00	14.80
5	中国杭州人力资源服务产业园	325	365.00	6.01
6	中国海峡人力资源服务产业园	71	112.38	4.30
7	中国成都人力资源服务产业园	231	201.80	5.60
8	中国烟台人力资源服务产业园	82	43.00	0.77
9	中国长春人力资源服务产业园	41	58.94	1.49
10	中国南昌人力资源服务产业园	295	102.30	1.35
11	中国西安人力资源服务产业园	58	62.33	1.30
12	中国北京人力资源服务产业园	51	45.00	2.50
13	中国天津人力资源服务产业园	337	64.93	2.48
14	中国广州人力资源服务产业园	101	352.23	12.17
15	中国深圳人力资源服务产业园	147	246.97	6.17
16	中国长沙人力资源服务产业园	318	158.00	3.80
17	中国合肥人力资源服务产业园	139	166.43	3.57
18	中国武汉人力资源服务产业园	81	230.16	3.13
19	中国宁波人力资源服务产业园	350	434.69	11.80
20	中国石家庄人力资源服务产业园	199	31.50	0.61
21	中国沈阳人力资源服务产业园	178	44.60	0.71
22	中国济南人力资源服务产业园	98	110.24	1.33
总　计		4010	3904.97	106.55

数据来源：根据国家级人力资源服务产业园统计数据汇总，不包含 2021 年 9 月新批复的海南、贵阳产业园。

纳税额在 10 亿元以上的有 4 家，分别是上海产业园（16.37 亿元）、苏州产业园（14.8 亿元）、广州产业园（12.17 亿元）、宁波产业园（11.8 亿元）；纳税额在 5 亿元以上的有 3 家，分别是深圳产业园（6.17 亿元）、杭州产业园（6.01 亿元）、成都产业园（5.6 亿元）；纳税额在 1 亿元以上的有 12 家，分别是海峡产业园、长沙产业园、合肥产业园、中原产业园、武汉产业园、重庆产业园、北京产业园、天津产业园、长春产业园、南昌产业园、济南产业园、西安产业园；烟台产业园、沈阳产业园、石家庄产业园纳税额也均在 6000 万元以上，为拉动地方经济发展做出了贡献。

各地产业园充分发挥人力资源公共服务和市场化服务对促进就业、优化人力资源配置的主渠道作用，社会效益同步提升。2021 年，国家级人力资源服务产业园服务各类人员 4328 万人次，为 224 万家次用人单位提供了人力资源服务，全年帮扶就业和流动人数 1472 万人次，提供就业岗位 1482 万个，引进高层次人才 27 万人（见表 3）。此外，国家级产业园紧密围绕人力资源和社会保障重点方向，为就业创业、人事人才等中心工作服务。重庆产业园承办了第一届全国人力资源服务业发展大会，沈阳、上海、苏州、长沙、成都参加一线观察监测项目，22 家国家级产业园参与了"百日千万网络招聘专项行动"、国聘行动。国家级产业园不断加大宣传力度，举办各类峰会、博览会、行业大赛等大型活动，提高行业知名度和美誉度。

表 3　2021 年国家级人力资源服务产业园社会效益指标

序号	名称	服务人次 （万人次）	服务用人 单位 （万家次）	帮扶就业 和流动人数 （万人次）	提供就业 岗位 （万个）	引进高 层次人才 （万人）
1	中国上海人力资源服务产业园	61.73	8.21	61.73	94.59	3.30
2	中国重庆人力资源服务产业园	140.00	6.50	45.00	30.00	1.20
3	中国中原人力资源服务产业园	331.01	5.40	73.15	119.75	0.48
4	中国苏州人力资源服务产业园	110.00	12.00	36.00	54.00	1.06
5	中国杭州人力资源服务产业园	210.00	6.90	10.00	15.30	0.50
6	中国海峡人力资源服务产业园	86.55	3.26	16.70	53.76	0.52
7	中国成都人力资源服务产业园	420.10	5.80	111.50	75.17	2.60
8	中国烟台人力资源服务产业园	163.00	4.80	34.00	22.50	0.35

序号	名称	服务人次（万人次）	服务用人单位（万家次）	帮扶就业和流动人数（万人次）	提供就业岗位（万个）	引进高层次人才（万人）
9	中国长春人力资源服务产业园	281.16	1.40	1.47	26.40	0.20
10	中国南昌人力资源服务产业园	259.00	5.80	135.70	55.00	0.57
11	中国西安人力资源服务产业园	36.90	13.20	93.20	277.59	1.87
12	中国北京人力资源服务产业园	61.00	1.80	3.40	4.50	2.20
13	中国天津人力资源服务产业园	72.69	4.75	14.80	31.28	1.83
14	中国广州人力资源服务产业园	278.30	23.86	67.80	71.59	2.44
15	中国深圳人力资源服务产业园	632.45	58.64	367.50	263.83	1.59
16	中国长沙人力资源服务产业园	180.55	12.44	79.46	92.40	0.34
17	中国合肥人力资源服务产业园	229.05	10.79	57.98	65.92	3.62
18	中国武汉人力资源服务产业园	171.10	7.89	56.82	47.53	0.72
19	中国宁波人力资源服务产业园	223.20	7.80	136.30	46.10	0.29
20	中国石家庄人力资源服务产业园	69.39	3.72	8.66	6.93	0.20
21	中国沈阳人力资源服务产业园	58.40	5.60	29.30	9.80	0.28
22	中国济南人力资源服务产业园	252.49	13.76	31.93	17.68	0.63
	总计	4328.07	224.32	1472.40	1481.62	26.79

数据来源：根据国家级人力资源服务产业园统计数据汇总，不包含 2021 年 9 月新批复的海南、贵阳产业园。

（四）实现规划目标任务和政策突破

各地产业园结合国家区域经济发展布局和当地经济社会发展需要，根据园区的产业定位、功能布局、服务体系、运营模式等制定了科学合理的园区发展规划，经过多年发展，圆满完成了规划既定的各项目标和任务。当前各地正紧密围绕国家和地方"十四五"发展规划，加强顶层设计，研究制定人力资源服务业和产业园新一轮发展规划，打造有规模、有辐射力、有影响力的国家级产业园。天津、宁波等地人力资源和社会保障事业发展"十四五"规划将加快发展人力资源服务业和产业园建设作为关键任务进行部署规划，为产业园发展指明方向。河南省发布《关于印发河南省建设高标准市场体系实施方案的通知》，提出充分发挥中国中原人力资源服务产业园的带动作用。苏州、重庆、成都等多家产业园正在启动新一轮产业园规划编制工作。烟台、石家庄出台人力资源服务业发展扶持资金管理办法，对园区集聚发展予以重点扶持，支持园区强化平台建设、管理运营、服务保障、品牌培育。

产业园所在省市加大对园区的政策扶持力度，出台房租补贴、产业扶持、人才引进、创新创业等各项优惠政策，为园区企业和人才发展提供良好的制度环境。一是加大人才引进和机构引才奖励力度。为大力引进海内外英才，支持人才创新创业，上海、北京、杭州等产业园出台了人才引进和鼓励机构引才的相关政策。上海开展人力资源服务"伯乐"奖励计划申报评审工作，北京出台"猎十条"，支持猎头机构引才引智，杭州上城区出台人才新政"黄金二十条"和高端商务人才认定实施办法，推行税收优惠政策、政府购买服务政策、机构入驻奖励补助政策、市场化人才引进奖励政策，对促进园区人力资源服务机构发展发挥了积极的作用。二是出台创新扶持奖励政策，积极引导支持人力资源服务机构开展产品服务、商业模式、关键技术等创新。成都产业园高新园区创新出台产业培育政策18条，加快构建企业梯度培育体系。中原产业园设立改革创新奖励，对入园机构为进行改革创新而购置设备、开发软件、人员素质提升等按其实际支出金额的50%给予奖励。

（五）形成科学合理的管理运营机制

产业园充分发挥政府和市场的作用，加强政府在人力资源服务产业园建设发展过程中的规划引导、政策激励、组织协调作用；突出市场主体地位，引进市场化专业化运营公司，发挥专业机构在项目招商、企业入驻、配套服务等方面的职能作用。所在地人社部门抽调精干优秀的干部队伍投入到产业园组织建设工作中，委托专业运营公司对园区实施运营管理，明确部门职责，形成了招商高效、良性运转的协同工作机制。

产业园坚持标准化、制度化建园，各地出台了园区人力资源制度、行政管理制度、入园管理制度、退园机制、物业管理制度、月度统计等相关制度。沈阳产业园先后制定了《产业园招商流程》《产业园企业入驻流程》《产业园企业入驻工作流程》《产业园运营服务工作流程》《产业园企业退出工作流程》《产业园会议室使用管理制度》《产业园安全生产制度》《业主服务手册》等相关制度及流程文件，保证了产业园招商、管理、服务的规范化、专业化和各项工作环节的无缝链接。南昌产业园健全运营服务投诉机制和投诉通道，安排专门人员处理投诉，提高解决问题的时效性。合肥产业园为避免园区内相关企业开展恶意竞争，制定《合肥市人力资源服务行业自律公约》和《合肥市人力资源服务行业规范》，维护市场经营秩序，推动人力资源服务业的标准化建设和规范化管理。

（六）提供"一站式"公共服务和特色服务

产业园将人力资源领域的公共服务、市场化服务和生产生活服务三类产业有机结合，打造了产业与事业联动融合、互利双赢的多功能园区。在整合人社公共服务资源的基础上，产业园协调市场监管、税务、工商等部门在园区设立"一站式"综合服务窗口，为入园企业免费提供工商、税务、社保、人事人才、公安综合等服务。创新服务方式，积极推行"互联网+"公共服务，打造多元化、立体化公共服务平台，不断提升服务质量和效率。北京产业园助力副中心示范区建设，持续优化区域引才聚才环境，设立人才引进及工作居住证、外籍人员参保等100多项对外服务业务"一站式"服务窗口。安徽产业园成立"外国专家服务之家"，持续扩充外国专家服务联盟机构，打造公共服务多元化集约平台。烟台产业园开发经办软件，将工伤认定、退休审批、职称考试等十多项业务纳入系统，实现操作软件"一键整合"，有效提高了业务办理效率。

产业园发挥各自优势和特色，针对入驻企业提出的需求提供产业对接、素质提升、创业孵化、投融资等专业化特色服务。重庆产业园创新打造了企业交流平台、员工素质提升平台等专业服务体系。海峡产业园整合人力资源服务、政策服务、科技金融服务、产学研对接以及科技成果转化服务等社会化、市场化服务资源，形成多层次创业孵化服务体系。上海产业园为入驻企业提供优质高效的金融服务，发挥中小企业贷款信用担保基金作用，为企业提供小额贷款及担保支持，搭建人力资源服务产业综合投融资平台，鼓励各类社会资本和各类风险投资机构进入人力资源服务业。深圳产业园拟联合专业投资机构，通过双 GP 合作模式成立人才猎投基金，首期规模 1 亿元，为早期人才科创企业提供资金和核心团队搭建服务。

（七）信息化数字化助力高质量发展

产业园积极推进智慧园区建设，利用云计算、物联网、自动化控制、现代通信、音视频、软硬件集成等技术，整合园区安防、消防、通信网络、智慧一卡通、信息发布平台、停车管理、自动化办公等多个系统，加快完善智慧园区建设。西安国际园区积极推进搭建智慧云服务平台，融合园区管理服务、生活服务及对接服务，提供 App 服务端或微信小程序，实现不同的服务需求与多方资源的对接，打造个人安居乐业、企业蓬勃发展、产业持续集聚的服务生态。

搭建了"互联网+"人社公共服务平台，实现与省市公共就业和人才服务机构网站的数据互联互通。长春产业园搭建起全市人才档案系统、全市医保信息系统等基础信息服务平台，实现长春市人力资源社会保障业务经办服务一体化。南昌产业园开发大数据驾驶舱，基于南昌市人社局等部门的数据资源，从全市城镇就业情况、高校毕业生就业形势、农村劳动力转移情况等十个维度进行了分析展示。

搭建人力资源综合服务云平台。深圳产业园打造湾区人才港——人才综合服务云平台，包括人力资源服务网站、人才地图和智慧驾驶舱大数据分析系统、微信公众号、外籍人才服务小程序、线上培训教室等载体，将人力资源服务、企业服务、国际国内人才服务及就业服务等信息和资源统一整合起来。武汉产业园通过打造人力资源供应链平台、人力资源电子地图、公共服务平台以及多功能共享空间，建立"供需互联、数据互联、服务互联、空间互联"四位一体的产业互联平台。

开展行业大数据分析,实现人才信息资源共享。广州黄埔园区全国首创"黄埔人才指数"大数据系统,打造集政府、重点企业、人力资源服务机构和人才于一体的数字化、场景化、生态化、产业化的智慧型服务与决策平台。石家庄产业园打造了国际人才共享中心区域大数据平台,定期发布人才竞争力指数、人才共享指数、高端人才引进调研报告、新兴产业结构调研报告等。

(八)人力资源服务行业基础研究迈出新步伐

产业园加强人力资源服务行业基础研究,引领行业创新发展。一是以产业园为依托成立产业研究院。重庆、中原、海峡产业园筹划成立人力资源服务产业研究院,研发创新人力资源服务产品,为产业园发展、人力资源服务产业发展、经济社会发展提供最前沿的理论政策实践支撑。二是加强产业园标准化建设。上海、北京产业园推进国家人力资源服务产业标准示范区建设,协助开展行业和地方标准制定和宣贯工作。三是开展行业和产业园统计工作。多地产业园建立了统计指标体系,涵盖了园区的基本情况、工作人员情况、入驻企业情况、公共配套服务、专业化服务、市场化服务、经济社会效益统计指标等。

四 人力资源服务产业园建设存在的问题和不足

经过多年的建设发展,我国人力资源服务产业园建设取得了一定的成效,但仍存在许多问题与不足,以下对存在的问题、不足及深层次原因进行剖析。

(一)载体建设配套设施有待拓展完善

随着产业园入驻企业的不断集聚和业务功能的不断拓展,部分园区楼宇载体办公空间接近峰值,难以满足企业入驻需求和拓展业务需要。在办公配套方面,公共会议室、培训教室、路演室等共享场所仍存在供不应求的问题。在交通出行方面,产业园周边存在车位少、停车难、停车贵、公共交通配套不完善等问题。在人才公寓方面,存在房源少、入驻门槛高等问题。原因主要在于：一是前期规划设计不充分，在园区建设前期，未对拟建产业园的功能布局、企业入驻需求、服务容量等因素进行科学合理的规划设计，或者受建设用地、资金投入等条件限制，园区承载能力不足；二是跨部门专项任务协作配合度不高，交通、商务和人才公寓等设施配套落实步伐较慢。

（二）发展规划政策体系有待完善细化

产业园发展规划有待完善细化，部分国家级产业园存在发展规划不齐全、不完备的问题，有的产业园尚未出台专项规划，仅有可行性报告，有的产业园没有分园区发展规划。产业园政策制定和落实方面仍存在一些问题，部分地区尚未出台政府购买人力资源服务措施，或未将入园机构作为政府购买人力资源服务项目的优先选择机构。部分地区没有设立人力资源服务业发展扶持资金，就业专项资金使用范围过窄，可用于支持行业发展的资金来源有限。部分产业园管理部门由于园区经营效率不高，资金周转运转压力大等原因，为园区企业提供的房租补贴、物管补贴、税收奖励等存在落实不到位，兑现不及时现象。原因在于：一是国家层面仍需加强对人力资源服务行业和产业园的顶层设计，对行业发展战略、政策支持、资金来源等加以完善细化；二是部分地区各级政府对人力资源服务行业和产业园认识与重视程度有待加强，需要加大政策和资金支持力度。

（三）管理体制机制尚未完全理顺

目前，部分人力资源服务产业园决策协调、管理运营、服务保障等职能缺乏清晰主体，真正实现"政府主导、企业运作、市场化运营"的管理运营模式的园区较少。有些地方对产业园建设没有给予足够的重视，在市、区层面都没有专门的机构负责运营管理，政府作用没有充分发挥。部分产业园尚未成立专业化公司对产业园进行运营管理，而且专业人才也比较缺乏，运营管理理念相对落后，还仅满足于收取房租、提供一般性服务，推进产业园向纵深发展有很大难度。管理精细化程度有待提高，园区对审批设立的人力资源服务机构业务开展情况不能实时掌握，部分产业园还未建立园区统计制度。原因在于：一是政府与市场的作用职能未完全理顺、各自职能未充分发挥；二是缺乏专职管理人员，部分产业园管理人员从相关职能处室抽调过来，工作量大，人员严重不足。

（四）信息化品牌化服务有待提升

国家级产业园信息化、特色化服务水平有待提升。一是园区信息化建设有待提升。如何利用互联网等新技术与人力资源服务协同发展是产业园转型升级的重要推动力量，目前，各地产业园"互联网+"等新兴业态企业数量较少，有待进一步引进扶持。此外，国家级产业园在智慧园区建设、综合网络服务系统、线上交易服务平台等方面有待提升，部分产业园尚未开展人力资源大数据应用服务等。二是园区在金融平台搭建、品牌推广、媒体宣传方面存在一定的差距。人力资源企业融资难、融资贵是行业发展的最主要问题之一，多个国家级产业园尚未建立投融资平台，引入社会资本为园区企业提供投融资服务。园区在品牌建设、媒体宣传、赛会举办等方面有待进一步提升。应加大产业园宣传推广力度，举办各项活动，提高地方各级政府和有关部门的重视程度，提高行业知名度和影响力。原因在于：一是未充分调动各方积极性，支持配合国家级产业园加强园区软硬环境建设；二是缺乏专业的管理运营团队，针对入驻企业需求和园区发展提供个性化、特色化、品牌化服务。

（五）产业水平、经营效率有待提升

各地人力资源服务业发展水平不均衡，部分产业园在机构数量和发展质量上存在明显差距。引进国内外知名企业和培育本土龙头骨干企业力度有待加强，服务产品同质化、市场竞争力不强、科技创新能力不足，产业园亟待转型升级。问题主要原因如下。一是近年来受到经济下行、新冠肺炎疫情等因素的影响，以及政府为创造良好营商环境，为企业减轻负担而实行大规模减税降费政策影响，部分产业园营业收入和纳税额增速放缓或减少。二是从自身内部原因来看，部分地区人力资源服务产业整体实力不强，产业园建设基础薄弱，存在盲目跟风建设现象。三是人力资源服务业和产业园的社会认

知度不高，部分社会公众对于人力资源服务的认知仍旧停留在传统职业中介的层面，人力资源机构"集聚"服务优势未能充分体现，人力资源服务需求有待进一步释放开发。

（六）园区社会责任意识有待提高

人力资源服务产业园服务国家战略、促进就业创业、人力资源开发配置等带来的社会效益更加深远。各地产业园在帮扶就业、人才引进等方面发挥了积极作用。但服务于新兴战略产业和传统产业转型升级的人力资源机构较少；走出去参与服务国家"一带一路"建设的机构较少，在全国有影响力的服务品牌还不多；参与脱贫攻坚、助力共同富裕等公益性活动作用发挥不明显。原因在于：一是园区和企业的社会责任意识不强，园区的带动引领作用有待加强；二是政府购买公共服务的条件范围有待拓宽。

五　推进产业园高质量发展的对策建议

人力资源服务产业园经过十年的建设发展，目前已经跨入转型升级、提质增效新阶段，需要从以下几方面积极推进。

（一）完善园区载体设施配套建设

首先，完善产业园建设规划，细化园区产业布局、功能分区、服务配套功能，拓展整合新的物理载体，探索"一园多区多基地"的布局模式，发挥园区的辐射带动效应。其次，完善入园机构的准入和考核淘汰机制，逐步清理园区内一批发展不快、定位不准的存量企业，将更多空间留给实力雄厚、具有市场竞争力的优质企业。最后，完善园区周边生活配套，整合周边购物、餐饮、医疗、教育、会计、金融、法律等配套服务，为企业提供良好的办公生活环境。

（二）研究制定新一轮扶持政策

各级政府要高度重视，将人力资源服务业和产业园建设摆在重要战略位置，纳入本地经济社会发展规划。加强对人力资源服务产业和产业园的顶层设计，制定支持引导性优惠政策。在深入调研的基础上，制定完善产业园扶持政策，进一步完善引才奖励、运营补贴、活动补贴等"一揽子"政策和实施细则，在租金减免、税收奖励、引才奖励等方面加大扶持力度。鼓励政府和公共部门向园区企业购买人力资源服务，鼓励有条件的地方设立人力资源服务产业扶持资金，引入社会资本参与产业园建设。

（三）不断提升管理运营水平

充分调动社会各方资源，发挥市场主体作用，构建"政府推动+市场运作+专业服务"的运行机制。政府部门主要负责拟定园区扶持政策，提供公共服务，促进园区高效运转。经营性业务交由专业团队负责实施，运用市场化机制选聘职业经理人团队，负责产业园平台活动承办、品牌宣传推广、招商、运营维护及后勤物业等工作。进一步加强工作创新，创新谋划工作思路、机制和方式，发挥用人单位、科研机构、协会、学会多方作用，着力构建人力资源协同发展生态圈。

（四）提供优质公共服务和特色服务

提供全方位"一站式"公共服务，整合金融、工商、税务等行政部门公共服务功能，为入驻企业提供人力资源服务许可、公共就业、社会保险、劳动人事争议仲裁、高校毕业生创业、人才培训、职业技能鉴定等服务。提供专业化、品牌化特色服务。主动为人力资源服务产业园入驻企业发现培育商机，并为入园企业提供管理顾问、法律咨询、财务咨询等专业特色服务和增值服务。探索设立人力资源服务产业基金、创新基金，推动产业资本运作。

（五）推进园区智慧化、信息化建设

加快完善智慧园区建设，积极搭建人力资源大数据平台，推动企业、人

才等信息数据有机融合，以企业数据库、高端人才库和技能人才库等为依托，推动企业、人才等信息数据有机融合，实现资源共享。建立完善园区统计制度，加强行业大数据分析应用，探索发布人才指数和行业供需报告。

（六）加强园区对外宣传推广交流

加强宣传推广、媒体推介和对外交流，提升园区的品牌形象。通过举办具有海内外影响力的人力资源峰会、博览会、行业展会、创新大赛、论坛研讨、培训班等活动，进一步扩大园区在行业中的影响力和知名度。定期开展产业园之间的参访学习、研讨交流、推优示范等多种活动，促进国家级产业园合作交流、共促发展。充分发挥各地人力资源服务协会、促进会等相关平台的桥梁作用，加快形成良好的产业园品牌。

（七）提升产业发展综合实力和经营效率

强化产业协同发展，完善产业发展生态圈。引入人力资源服务产业链中的优质企业，着力引进一批高端人力资源服务机构和国际知名机构，发挥龙头企业"虹吸"效应，带动更多上下游关联企业入驻园区，打造多元化、多层次、专业化的人力资源服务产业链。积极培育与人力资源产业链相配套的会计、法务、保险、健康管理、科技中介等衍生服务业态，促进产业链的互补发展和产业间的协同发展。加快培育骨干企业和领军人才，加快发展有市场、有特色、有潜力的专业化人力资源服务骨干企业，提高从业人员专业化、职业化水平。深化与共建"一带一路"国家的人力资源服务合作，通过新设、并购或合作等方式参与国际竞争与合作，拓展海外服务网络。

（八）提升企业社会责任意识和社会效益

充分发挥园区人力资源服务机构的专业优势，为稳定和扩大就业、优化人力资源配置、服务高质量发展提供有力的人力资源服务支撑。开展重点行业企业就业服务，围绕制造业用工需求，提供招聘、人才寻访、劳务派遣、员工培训、人力资源服务外包等急需必需服务。支持人力资源服务机构实施精准对接，有效促进高校毕业生、农民工等重点群体就业。加强行业自律，提高人力资源服务机构整体质量，塑造行业良好形象。

参考文献

［1］孙建立：《人力资源服务业高质量发展：成效、问题与对策》，《中国劳动》2019 年第 3 期。

［2］莫荣主编《中国人力资源服务产业园发展报告（2021）》，社会科学文献出版社，2021。

［3］莫荣、叶茂东主编《中国人力资源服务产业园发展报告（2019~2020）》，社会科学文献出版社，2020。

［4］莫荣主编《中国人力资源服务产业园发展报告（2017~2018）》，中国劳动社会保障出版社，2018。

［5］莫荣、陈元春主编《中国人力资源服务产业园发展报告（2016）》，中国劳动社会保障出版社，2016。

［6］莫荣：《中国上海人力资源服务产业园评估研究报告》，2020。

［7］莫荣：《中国苏州人力资源服务产业园评估研究报告》，2020。

［8］莫荣：《中国贵阳人力资源服务产业园发展规划研究报告》，2020。

［9］莫荣、侯增艳等：《中外人力资源服务业比较研究》，中国劳动社会保障出版社，2013。

［10］侯增艳：《人力资源服务产业园建设与可持续发展》，研究出版社，2021。

［11］侯增艳：《数字化赋能人力资源服务产业园高质量发展》，《中国劳动保障报》2021 年 6 月 19 日。

［12］侯增艳：《我国人力资源服务产业园建设的成效、问题与对策》，《经济研究参考》2020 年第 13 期。

［13］萧鸣政等：《中国人力资源服务业蓝皮书（2020）》，人民出版社，2021。

［14］夏鸣、杜圆圆：《数字化人力资源智慧产业园发展模式探析——人力资源服务产业园的升级之路》，《中国人事科学》2019 年第 9 期。

［15］骆丹清：《上海人力资源服务产业园发展中的政府作用探析》，《中国人事科学》2018 年第 6 期。

［16］《推动人力资源服务业高质量发展——第一届全国人力资源服务业发展大会发言摘登》，《中国组织人事报》2021 年 8 月 27 日。

产 业 篇

Industry Reports

B.2

高质量发展下中国人力资源
服务业发展机遇

中智现代人力资源管理研究院*

摘 要： 本报告以相关市场动态、统计数据、企业财报、企业调研为基础，通过梳理我国人力资源服务业细分市场的现象及发展趋势，探讨其中的机遇与挑战。近年来，人力资源服务业市场蓬勃发展，资本运作活跃，产品丰富，涵盖人力资源外包服务、人力资源管理软件服务、人力资源招聘服务、人力资源培训服务等。2020~2021年，即使在新冠肺炎疫情的影响下规模仍然不断增长，但增长的背后也存在一些问题。随着我国企业由粗放式的经营模式向精细化的运营管理转变，人力资源服务业面临着灵活用工、蓝领人才等方面的挑战和机遇。未来人力资源服务业应善用资本杠杆推动行业高质量发展，人力资源服务企业要从单一服务

---

* 中智现代人力资源管理研究院，中国国际技术智力合作集团有限公司设立的研究机构，旨在围绕产业发展的焦点问题，不断推出分析和发展报告，为学术研究、产业发展和政策制定提供有力的研究支持。

向综合服务转型，并充分利用新技术，规范好新型用工形式和新兴职业，满足高质量经济发展对人才的需求。

关键词： 人力资源服务业　细分市场　灵活用工　科技创新

目前，我国人力资源服务业发展迅猛，根据人社部统计，2021 年，人力资源服务业实现营业收入 2.46 万亿元，5 年内营收规模翻了一番。作为价值创造最基本的单元，人力资源服务业的高质量发展，将在整个经济社会发展中起到至关重要的作用。

2021 年 11 月，人力资源和社会保障部、国家发展和改革委员会、财政部、商务部、国家市场监管总局联合印发《关于推进新时代人力资源服务业高质量发展的意见》，提出在财政支持、税收优惠、投融资渠道、政府购买服务方面提供政策支持，同时持续优化市场环境、完善政策法规体系、诚信服务体系与服务标准体系，夯实发展基础、加强人才保障，为行业健康发展保驾护航。未来人力资源服务业的发展目标是，到 2025 年，人力资源服务业行业收入突破 2.5 万亿元，人力资源服务机构达到 5 万家，从业人数达到 110 万人。培育 50 家骨干龙头企业，建立国家级人力资源服务产业园达到 30 家左右。公共服务与经营性服务相互补充、并行发展，行业整体竞争力与全球资源配置能力明显增强。同时，要提升人力资源服务的专业化、标准化、规范化、数字化、国际化水平。功能完善、布局合理的行业发展格局基本形成。

随着中国产业升级转型展开、产业链整合和企业国际化进程加速，企业选择人力资源服务的动机和服务内容都在发生变化。尤其是疫情后，企业面临降本增效的巨大压力，企业也正由粗放式的经营模式向精细化运营管理模式转变，对于人力资源服务的需求将进一步增加。而在技术和资本的助推下，人力资源服务机构正加速内生外延扩张，中国人力资源服务市场正呈现全新的竞争格局。

一 人力资源服务业市场观察

随着人工智能、大数据、5G 等新基建技术的应用落地，企业对管理、经营的要求进一步提高，人力资源服务业新的商业模式与市场机会不断涌现，人力资源服务产业的边界不断被打破，多元化与开放已经成为常态。人力资源服务机构发展正不断地内生或外延，或向综合服务供应商转型，或聚焦在人力资源更加细分的市场，从而成为利基市场的佼佼者。

（一）人力资源外包服务

2022 年 5 月，人力资源和社会保障部公布 2021 年度人力资源市场建设和人力资源服务业发展情况。截至 2021 年底，全国共有各类人力资源服务机构 5.91 万家，从业人员 103.15 万人。全行业为 3.04 亿人次劳动者提供了各类就业服务，为 5099 万家次用人单位提供了专业支持。人社部发布的《2019 年度人力资源服务业发展统计报告》显示，2019 年，全国各类人力资源服务机构为 48 万家用人单位提供了劳务派遣服务，同比增长 35.29%；派遣人员 1174 万人，同比增长 8.90%；登记要求派遣人员 812 万人，同比增长 12.85%。各类人力资源服务机构为 91 万家用人单位提供人力资源外包服务，同比增长 11.64%。

由于国内人力资源外包服务行业准入门槛低，服务机构鱼龙混杂，服务水平参差不齐，行业内也缺乏统一的定价标准，大多由外包服务商自行定价。2020 年 HRoot 人力资源服务机构市场调研结果显示，参与调研的人力资源外包服务机构 2019 财年营收在 10 亿元以上的占到 60%，其中 50% 的机构利润在 1000 万元至 5000 万元，人力资源外包服务市场仍处于薄利时代。

产品同质化严重是目前人力资源外包服务行业的痛点，要击败众多竞争者，人力资源外包服务机构就必须具备强大的创新能力。值得注意的是，仅有 7% 的人力资源外包服务机构，在 2019 财年研发费用占比超过 40%，近半数机构的研发费用占比低于 5%。人力资源外包服务机构的技术创新意识和投入都亟待提升。

未来，为了进一步提升服务水平和竞争力，人力资源外包服务供应商需要借助 AI、大数据等新兴技术对产品和服务进行迭代升级，提升用户体验，进行数字化转型，并通过打造差异化品牌，利用品牌生态系统优势，发挥品牌协同作用。

对于传统人力资源外包服务机构而言，品牌影响力和强大的线下服务能力是其优势所在，然而，技术不断倒逼人力资源外包服务行业转型，不管是传统的人力资源外包服务供应商，还是新兴的互联网外包服务提供商，打通行业壁垒，加速业务转型，通过数字化、智能化平台建设为成长赋能，同时注重海外市场的开拓，才能真正做大产业格局。

随着市场规范不断完善，资本也竞相涌入人力资源服务行业，在技术、规模、品牌方面具有独特竞争力的人力资源外包服务机构借助资本市场的力量，通过兼并和收购加速发展，促使行业集中度越来越高，而人力资源外包服务也将朝着更加专业化、精细化的方向发展。

（二）人力资源管理软件服务

2020 年，由于新冠肺炎疫情的发生，降低用工成本、优化用工结构成为企业最迫切的内部管理需求之一，通过人力资源管理软件实现规范化管理成为众多企业的必然选择。根据调查机构 Grand View Research 的报告，到2025 年全球人力资源管理软件市场规模预计将达到 300 亿美元。

我国人力资源服务模式正不断向模块一体化、决策智能化、合作生态化的方向演变，HR SaaS 模式正在改变传统人力资源软件商业模式。以数字化转型为代表的新时代浪潮已经到来，中国企业对 HR SaaS 的价值认知度逐渐提升。国内第三方数据调研机构艾瑞咨询发布《2021 年中国 HRSaaS 行业研究报告》指出，2020 年中国整体云服务市场规模已达 2316 亿，其中 HR SaaS 市场规模为 27 亿元，较上年增长 39.7%。未来 5 年 HR SaaS 预计仍有39.5%的增长。根据艾瑞咨询推算，HR SaaS 市场规模预计在 2025 年达到142 亿元。同时，得益于"新基建"的实施，企业数字化转型加快、数字产业就业人员规模占比提升，人力资源管理软件市场得到了诸多关注。众多 HR SaaS 厂商获得了大额融资，在资本加持下进一步推动了市场的繁荣发展。

但对比国外相对较为成熟的人力资源管理软件服务商，国内厂商仍然道阻且长。人力资源管理软件服务的下一步发展面临三重挑战。

1. 伪"一站式"服务

我国人力资源管理软件市场仍然停留在较为初级的阶段。人力资源管理软件服务机构往往擅长某一垂直类业务，如薪酬、劳动力管理等。但是，面对日益增长的企业需求，机构更愿意强调自身的"一站式服务"。而事实上，底层的架构往往是拼凑而成，并不能形成一套完整的"一站式服务"。在这个问题上，凸显的是人力资源管理软件服务机构的技术积累与创新能力的不足。

2. 标准化与个性化

目前，我国企业对于软件的需求主要强调的是个性化，以匹配其内部特征和个性需求。各大厂商为了满足客户需求也会在个性化上加码，这就对人力资源管理软件的标准化、规模化形成制约，在一定程度上阻碍着行业发展。

人力资源管理软件服务机构在满足市场需求的同时，仍需思考如何推动软件的标准化，用技术去推动、赋能企业数字化的变革与发展。

3. 数据的互联互通

以上两点挑战，都会带来同一个问题——数据的互联互通。大数据已经成为当下最重要的资源之一，但由于伪"一站式"服务以及大量个性化、定制化的系统，数据的互联互动变得更为艰难。企业内部数据的流转不畅，无法发挥其应有的价值。

人力资源赛道是企业服务领域规模最大的赛道之一，中国人力资源云服务行业市场潜力仍需要进一步激发与挖掘，SaaS 服务和应用开发型 PaaS 将逐步融合。在这个关键节点，创新和研发投入不仅能够为人力资源管理软件服务机构提供强大的竞争优势，更利于优化人力资源服务业的发展业态。

（三）人力资源招聘服务

2021 年 3 月 11 日，国务院总理李克强在十三届全国人大四次会议后，会见中外记者并答记者问时表示，"今年我们在制定宏观政策的时候，依然坚持就业优先的政策，我们继续推动'六稳'，实现'六保'，还是把就业放在之首。今年我们确定新增城镇就业的目标是 1100 万人以上，希望在实际执行中还可以更高一点。我们也很明确，就业还是要让市场来唱主角，也就是继续通过保市场主体来保就业"。

2021 年，企业用人需求大规模爆发，大部分企业已经摆脱了疫情的阴霾开始扩招。智联招聘《2021 年秋招大学生就业趋势报告》显示，2021 年秋招期间，毕业生平台简历投递量同比增长 101.5%。过去，秋招的简历投递量在 10 月之后就开始回落，而 2021 年秋招一直延续到 11 月份。70% 的用工单位对 2022 届毕业生的招聘量远超 2021 届毕业生，43% 的用工单位毕业生招聘量达到了三年以来的最高。

人力资源招聘服务在众多细分领域中一直表现优异，以猎聘与 Boss 直聘为例，两家企业增长较为突出，同时注重新产品、新技术的研发与应用，为人力资源招聘服务机构的发展提供了相当大的借鉴价值。

1. 猎聘

猎聘财报显示，企业用户收益在猎聘的主要收入来源中仍然占据优势。2020 年，猎聘来自企业用户的收益为 17.23 亿元，同比增长 20.4%，来自个人用户的收益为 1.44 亿元，同比增长 80.1%。2020 财务年猎聘经营活动净现金流比上年同期增长 87%。同时，猎聘也在大数据和人工智能布局方面加快了脚步。2020 年，猎聘研发投入为 2.4 亿元，同比增长 29.5%；研发费用占营收的比重由 2018 年的 11.3%、2019 年的 12.2% 上升至 2020 年的 12.8%。猎聘于 2019 年加速了人力资源生态布局，先后布局了灵活用工、在线调研等新兴业务，同时推出视频面试工具、企业员工考试培训平台等，致力于打造完整的人力资源服务链，增强企业的抗风险能力。

2. Boss 直聘

2021 年 6 月 11 日，Boss 直聘登录美股纳斯达克。招股书显示，2020 年，Boss 直聘实现营收 19.4 亿元（约合 2.98 亿美元），同比增长 94.7%。2021 年 8 月 27 日开盘前，Boss 直聘（NASDAQ：BZ）发布了未经审计的

2021 年第二季度财报。这是 Boss 直聘上市后发布的首份财报。报告期内，Boss 直聘净亏损 14.14 亿元，经调整扣除股权激励费用（SBC）后，Boss 直聘实现微利，非通用会计准则下净利润 2.46 亿元。

截至 2021 年 6 月 30 日的 12 个月内，Boss 直聘付费企业客户总数达到 361 万，较上年同期的 153 万增长 135.9%。同时，12 个月内付费超过 5 万元的"KA 企业客户"数上涨 146.6%，高于公司付费企业客户增速，大幅领跑行业。持续推进在全行业、全人群、全品类的渗透与覆盖，重点着力于低线级城市与非互联网行业的延伸。黑石基金、T. RowePrice、UBSAM、摩根大通、富达资产、景林资产、老虎环球、花旗银行、高瓴资本等主流科技公司投资机构先后建仓 Boss 直聘。

随着技术的落地与升级，招聘服务一直走在人力资源服务市场的前端，在为企业提供服务的同时，也能较为客观地反映整个劳动力市场的变化与走势。我国有约 9 亿的劳动人口，而人力资源招聘服务机构的发展，有利于弥合供需两端信息不对称的情况，进一步提高就业市场的运转效率。经济结构的持续转型，使得市场对高素质人才的需求不断提高，企业招聘需求也发生了相应的变化，从而带动了人力资源招聘与雇佣服务市场的进步。

（四）人力资源培训服务

人力资源培训服务发展至今，很多场景发生了巨大的变化。一些新的培训技术和模式对培训行业产生了深远的影响。作为职业学习的重要载体，在过去的一年中，培训行业受到了全国各地政府的重点关注和针对性的政策扶持。

2020 年 2 月，国家发展和改革委员会、人社部、工业和信息化部、全国总工会印发《关于应对新型冠状病毒感染肺炎疫情支持鼓励劳动者参与线上职业技能培训的通知》，人社部、财政部发布《关于实施职业技能提升行动"互联网+职业技能培训计划"的通知》，鼓励企业在停工期间组织职工参加各类线上职业培训，并将职业培训纳入各区地方教育附加专项资金补贴企业职工培训范围。

对于企业，"线下学习线上化"将成为常态，在确保培训效果的同时要降低企业培训的成本。2020 年 2 月 3 日，"中国职业培训在线"免费开放该平台的全部功能和线上培训资源，支持各地开展职业技能提升线上培训工作。国家先后遴选出 54 家线上培训平台，面向劳动者、企业免费开放。

人力资源培训服务市场中，民营企业约占 70%，企业主体从外企领先逐步演变为民企，目前已成主导态势。但是疫情的发生，对于传统的线下服务模式造成了较大的冲击。2020 年 HRoot 人力资源服务机构市场调研结果显示，参与调研的培训服务机构仅有 20%营收超过 1 亿元。另外，疫情导致很多线下活动无法正常进行，对于培训企业产生了较大影响。

培训企业同质化竞争现象较为普遍，70%的人力资源培训服务机构研发费用仅占总收入的 20%。未来，培训机构需要借助技术的力量，提高自身竞争力，突出核心优势，才能真正巩固自身的市场地位。但需要注意的是，线上培训并非机械地将线下课程搬运到线上，需要建立新的课程设计体系，进一步优化用户体验。

（五）全球人力资源服务业市场表现

国际劳工组织《世界就业和社会展望：2021 年趋势》指出，全球范围内疫情的反复使得 2021 年的工时损失居高不下，导致第一季度总工时减少了 4.8%，第二季度总工时损失降至 4.4%。这相当于第一季度减少了 1.4 亿全职工作岗位，第二季度则减少了 1.27 亿全职工作岗位。预计 2022 年全球失业人数将达到 2.05 亿，大大超过 2019 年 1.87 亿的水平，相当于 5.7%的失业率。

中国国家统计局发布的数据显示，2020 年，国内生产总值 1015986 亿元，GDP 总量首度突破 100 万亿元，全年经济增长率为 2.3%。2020 年，全年先降后升，经济复苏力道强劲。2020 年中国经济年报显示，全年城镇新增就业 1186 万人，超额完成全年目标的 131.8%，年均城镇调查失业率同样低于预期。

宏观经济环境与人力资源服务业的发展息息相关，2020 年，海外领先的人力资源服务业发展速度均有不同程度减缓甚至萎缩。数据显示，我国的人力资源服务行业在机构规模和数量上都呈现不断增长的势头。《2021 年度人力资源和社会保障事业发展统计公报》显示，2021 年末，全行业共有人力资源服务机构 5.91 万家，从业人员 103.15 万人。全年共为 3.04 亿人次劳动者提供就业、择业和流动服务，为 5099 万家次用人单位提供专业支持。

得益于中国政府对疫情的有效控制，中国人力资源公司营收逐年增加，在新冠肺炎疫情肆虐的宏观环境中仍保持了稳定的增长。HRoot《2021 全球人力资源服务机构 50 强榜单与白皮书》收集了全球各地上市企业的财报数据，经分析显示，2019 年至 2020 年上榜企业总营收占比，中国人力资源服务机构营收占比由 8.8% 增长至 9.8%，美国人力资源服务机构营收占比由 39.4% 降至 36%。值得一提的是，全球大流行的疫情对企业现金流产生了一定程度的影响，中国人力资源企业凭借卓越的现金流管理及风险控制能力，依然保持了较强劲的现金流增长。海峡人力、科锐国际均扭负为正，实现正向现金流。2020 年，万宝盛华大中华经营净现金流较上年增长 145.1% 至 2.726 亿元现金储备充裕。在全球经济下行期，有充足的、可支配的经营性现金流的企业，永远是危机期的最大赢家。

二　挑战与机遇

人力资源服务业市场蓬勃发展的同时，也存在相当大的挑战。

（一）灵活用工

2020 年，国家大力支持灵活用工的发展以扩大就业路径。随着企业用工单位灵活用工需求的涌现和劳动者对灵活用工方式接受度的提高，2016~2019 年灵活用工市场高速发展，年复合增长率达到 45%，2019 年市场规模达到 4779 亿元。同时，2020 年新冠肺炎疫情的发生催化了灵活用工的应用，市场规模仍保持高速增长。灵活用工已经成为企业应对不确定性的重要手段。

在宏观环境普遍存在较大不确定性的情况下，灵活用工成为中国人力资源服务企业效益增长的主要来源。科锐国际 2021 年年度报告显示，灵活用工营业收入为 59.31 亿元，营收占比为 84.61%，同比增加 90.58%。公司灵活用工业务表现出更强的抗周期效应和发展持续性；万宝盛华大中华 2021

年年报显示，截至 2021 年 12 月 31 日，灵活用工营收为 36.89 亿元，较上年增长 22.5%。

关于灵活用工，目前政府部门、用人单位、人力资源服务机构对其定义的理解有所差异，较为认同的灵活用工的特点是：灵活用工主要体现在劳动时间、劳动主体、雇佣形式、服务形态、工作内容等用工模式、用工条件的灵活多样上，本质是用工关系的灵活，目的是实现企业人力资源灵活配置和敏捷管理。但是，我国灵活用工的发展仍处于起步阶段，相关的政策和机制还不够完善，灵活用工的企业、个人的权益难以得到有效的保障。在十三届全国人大第四次会议闭幕后，李克强总理在出席记者会并回答中外记者提问时表示："我们一方面要继续鼓励增加相对稳定的就业岗位，另一方面也要广开灵活就业渠道。现在中国的灵活就业正在兴起，已经涉及两亿多人。有的人一人打几份工，很辛苦，所以我们应该给他社保补贴，特别是要用机制性的办法来解决可能出现的职业伤害问题，给他们提供基本的权益保障。"

下一步，我们要做的是在发展灵活用工经济的同时，保障灵活用工人员的权益。德恒上海律师事务所指出，雇佣型灵活用工模式面临两重风险。一是雇用灵活用工人员的劳动风险。灵活用工平台作为用人单位，需承担《中华人民共和国劳动法》《中华人民共和国劳动合同法》规定的用工管理义务，包括但不限于代扣代缴个人所得税、缴纳社保及公积金，承担用人单位侵权责任等；二是因用工需求方需求锐减导致其需负担灵活用工人员的人力成本风险。以人瑞人才为例，其 2020 年度年报中提到，旗下综合灵活用工业务毛利率之所以下降，就是因为新冠肺炎疫情发生导致用工需求方的用工需求量减少，而公司管理的员工工资等固定成本支出并没有减少。

灵活用工平台模式虽然避免了雇佣型灵活用工模式项下的雇主责任风险，但也有其自身面临的难题。

1. 业务真实性未坐实，面临税务不合规风险

实践中，虽然有不少灵活用工平台声称其为众包型灵活用工平台，但其平台内并未提供服务交付与验收等佐证业务真实性的环节和功能，实质是为用工需求方向灵活用工人员发放佣金提供结算服务，并不审核业务真实性，

进而可能衍生出虚开发票、洗钱、偷逃税等触碰法律红线的重大违法风险。

2. 事实劳动用工风险

在未坐实灵活用工众包的情况下，用工需求方和灵活用工平台虽未与灵活用工人员签署书面劳动合同，但也可能面临"事实劳动关系"的尴尬局面，并未能完全免除事实劳动用工风险。

互联网平台催生的新就业形态，已经发展成为我国吸纳就业的重要渠道。2021 年 7 月 16 日，人力资源社会保障部、国家发展改革委、交通运输部、应急部、国家市场监管总局、国家医保局、最高人民法院、全国总工会发布了《关于维护新就业形态劳动者劳动保障权益的指导意见》，其中指出，近年来，平台经济迅速发展，创造了大量就业机会，依托互联网平台就业的网约配送员、网约车驾驶员、货车司机、互联网营销师等新就业形态劳动者数量大幅增加，维护劳动者劳动保障权益面临新情况、新问题。

该意见明确表示要规范用工，明确劳动者权益保障责任。符合确立劳动关系情形的，企业应当依法与劳动者签订劳动合同。不完全符合确立劳动关系情形但企业对劳动者进行劳动管理的，指导企业与劳动者订立书面协议，合理确定企业与劳动者的权利义务。个人依托平台自主开展经营活动、从事自由职业等，按照民事法律调整双方的权利义务。

平台企业采取劳务派遣等合作用工方式组织劳动者完成平台工作的，应选择具备合法经营资质的企业，并对其保障劳动者权益情况进行监督。平台企业采用劳务派遣方式用工的，依法履行劳务派遣用工单位责任。对采取外包等其他合作用工方式，劳动者权益受到损害的，平台企业依法承担相应责任。

在远程办公、线上办公成为常态之后，混合工作场所将成为未来的办公趋势，这就使得灵活用工的场景将变得更为普遍。这对于人力资源服务业来说是一块全新的"蓝海"，与此同时，政府应该适时地推出相应的政策法规，以保证灵活用工市场的良性发展。

（二）蓝领人才供给与职业教育

2020 年新冠肺炎疫情的发生，让社会大众再一次认识到实体经济的支柱性地位，也意识到蓝领群体的重要性。《2020年度人力资源和社会保障事业发展统计公报》显示，2020年末，全国就业人员75064万人，其中城镇就业人员46271万人。2020年，全国农民工总量28560万人，比上年减少517万人，下降1.8%。我国的蓝领人才已达4亿人以上，蓝领人才的数量虽然每年都有增加，但增长速度日趋减缓，无法满足高速发展的社会经济需求。

从普通蓝领和技能蓝领的人员配置来看，目前普通工人占比为67.3%，技术工人的平均占比为32.7%，仅在一些自动化程度高或技能要求高的企业，技能蓝领的占比近半数甚至达60%~80%。尽管"十三五"期间，我国新增高技能人才超过1000万人，但高技能人才仅占技能人才总量的28%，这个数据与发达国家相比，仍然存在较大差距。

根据国家统计局的数据，在蓝领人才中，初中文化人才占55%，低于全国平均水平。较低的受教育水平导致蓝领人才在工作岗位中缺少核心竞争力，在劳动关系中处于弱势地位，从事的大多是没有太高技术含量、可替代性强的岗位。因此蓝领人才的失业率、离职率都远远高于白领人才，这也决定了蓝领人才工作压力较大，安全感、稳定性较低的特征。

人力资源外包服务可以有效缓解企业临时性的用工需求，在整个市场发挥了资源配置的作用。但是"授人以鱼不如授人以渔"，要从根本上解决蓝领用工荒、蓝领职业发展的问题就必须从源头着手。

2021年11月18日，国务院学位委员会办公室发布了《关于做好本科层次职业学校学士学位授权与授予工作的意见》。教育部表示，该意见坚持职业本科与普通本科两种类型、不同特色、同等质量，将职业本科纳入现有学士学位工作体系，按学科门类授予学士学位，学士学位证书格式一致，但在学士学位授权、学位授予标准等方面强化职业教育育人特点，突出职业能力和素养。在证书效用方面，两者价值等同，在就业、考研、考公等方面具有同样的效力。

《2020中国职业教育质量年度报告》显示，截至2020年10月，全国组建了约1500个职教集团，吸引了3万多家企业参与，覆盖了近70%的职业院校；混合所有制改革迈出新步伐，山东、河北、浙江等省开展了"混改"试点；各省份纷纷建立省级职业教育工作联席会议制度，统筹协调全省职业教育工作，推动解决改革发展重要问题。

目前，我国适龄劳动人口走低，人才短缺、蓝领用工荒现象频发。国家在政策及公共服务方面大力推进职业教育，有利于培养多元化的劳动人才，而培训服务作为赋能在职员工的主要手段，需要进一步提升专业能力和技术能力，以满足日益增长的市场需求。人力资源服务业应充分发挥市场的作用，在做好人力资源配置的同时，加大对于蓝领人才的系统性培训。

（三）互联网企业入局企业人力资源服务

当下互联网企业依托其技术优势，开始纷纷布局人力资源服务业。例如，腾讯、字节跳动、阿里巴巴在云计算、企业办公软件、项目管理软件、电子签约方面发力。企业服务是互联网企业继大众消费娱乐业务之后的另一个增长极，互联网企业的技术沉淀和管理经验有利于推动企业服务领域的发展。对于传统实体企业来说，借鉴、使用优秀的互联网企业产品是提升生产效率、实现企业转型的契机。

但是，值得注意的是，企业服务与消费者服务不同，针对科技赋能企业、智能化变革等营销口号，互联网公司需要为企业提供与之匹配的服务，才能在企业服务领域站稳脚跟。

作为新晋入局者，互联网企业对于人力资源服务机构的影响较大，频频出现专业人才团队被挖的现象。业内人士称，某互联网大公司为发展人力资源服务业务，将整个技术团队以两倍甚至三倍的高薪挖走。人力资源咨询服务头部外企的资深专家也有相当一部分人进入了互联网大公司。由此引发了人力资源服务行业人才的薪酬上涨，行业内的资深人才流动频繁。

得益于行业专家的加持，互联网企业更容易进入人力资源服务行业。但值得注意的是，人力资源服务行业是一个重"服务"的行业，前台的工具和产品只是入口，后台提供客户所需的专业服务才是关键。互联网企业的优势是搭建平台，是否具备核心"服务"能力，是互联网企业能否在人力资源服务行业长久发展的关键。

作为产业链条上的一环，传统人力资源服务机构需要修炼内功，在保证自身发展的同时，引进优秀人才，才能抵御"来势汹汹"的互联网企业，持续引领市场发展。

互联网企业入局人力资源服务业不仅是试图寻找第二、第三增长曲线的尝试，其背后反映出的是人力资源服务业的巨大机会。当下，电商、社交等领域已经有巨型平台公司出现，且已经进入存量竞争的时期。诸多人力资源服务业、互联网行业的从业者认为，企业服务将是最后一个有机会诞生平台公司的场地。随着中国企业愈加成熟，人力资源服务需求也愈加旺盛，人力资源服务业的竞争与整合将更加激烈。

三 人力资源服务市场发展展望

习近平总书记指出，"发展是第一要务，人才是第一资源，创新是第一动力"。中国人力资源服务业从 20 世纪 70 年代开始萌发，至 2021 年底，营业收入达 2.46 万亿元。人力资源服务业正在向专业化、智能化、一体化方向发展。随着我国企业的管理与运营日趋完善，对人力资源服务业也提出了更高的要求。

（一）人力资源服务企业应善用资本杠杆推动行业高质量发展

人力资源服务业的并购环境及竞争趋势正在发生显著变化，战略并购逐渐占领主导地位，越来越多的企业通过并购获得技术、人才等知识资源，在并购过程中寻找协同效应，实现企业财富与价值的增长。民营人力资源服务企业频频获得资本市场的青睐，智联招聘、北森、肯耐珂萨、易路、嘉驰国际、今日人才等老牌和新兴人力资源服务企业均获得大额投融资。人力资源服务业已经成为资本重点关注的领域。然而，人力资源市场仍然是一个极其分散的市场，存在很大的整合空间。未来，人力资源投资并购将朝着技术化与精细化的方向发展。

（二）人力资源服务企业要从单一服务向综合服务转型

改革开放 40 多年来，中国人力资源服务业经历了起步探索阶段、多元发展阶段、体系建设阶段、创新优化阶段。国家"十四五"规划对实施人才强国战略、创新驱动发展战略做出了新的部署。人力资源服务作为支撑人才强国战略、创新驱动发展战略的重要环节，需要进一步提升自身的竞争力与创新力。

众多人力资源服务企业的业务仍然停留在企业服务的初级阶段。以业务流程外包（BPO）为例，随着通信技术、云计算、互联网的发展，BPO 的范围逐渐扩大，使得企业可以"卸下"业务职能"轻装上阵"。但是当下的 BPO 大多局限在既有数据输入、人员信息收集分析等基本的管理职能上，在企业决策层面与解决复杂问题等方面仍然力有不逮。未来 BPO 应该向业务管理外包（BMO）的方向发展，帮助企业解决运营、决策方面的需求。这就需要人力资源服务企业修炼内功，通过内部研发和投资并购等途径，整合外包、软件、咨询等能力，形成一套完整的服务体系。

2021 年，恰逢"两个一百年"奋斗目标的历史交汇之际。在 2021 年全国两会上，习近平总书记指出，"高质量发展不只是一个经济要求，而是对经济社会发展方方面面的总要求"。

未来，我国人力资源服务业的进一步整合势在必行。在实现高质量经济发展的要求下，人力资源服务业需要进一步夯实专业基础，为用人单位提供更可靠、更具实效性的服务，并利用新技术进一步打破信息不对称与市场配置不均的情况。同时，新型用工方式、新兴职业的出现，对政府及市场监督部门提出了新课题。人力资源市场的发展仍需进一步规范和完善，《人力资源市场暂行条例》《人力资源服务业发展行动计划》等法规政策在未来整个行业发展中的作用将进一步放大。可以预见，科技将持续赋能企业人力资源的全业务环节，技术正在努力适应新的工作模式和敏捷的组织，商业结构从线性向网状升级，从端向云升级，科技创新是人力资源服务业发展的确定性力量。

B.3
人力资源服务业数字化转型分析

战梦霞　刘永魁[*]

摘　要： 人力资源服务业的发展方向和未来趋势，是要充分运用互联网、大数据、人工智能等科技创新技术来推进产业实施数字化转型。本报告分析了人力资源服务业数字化转型的背景，包括国家政策支持力度加大、产业融合出现新特征、市场需求出现新趋势、业务场景发生重大变革、人力资本实现长期积累等；进而说明人力资源服务业数字化转型的关键要素，包括数字人才、数字工具、数字管理、数字场景；并总结了人力资源服务企业数字化转型的实施路径，包括系统制定数字化转型方案、合理选择数字化转型模式、持续加强数字化转型保障。

关键词： 人力资源服务业　数字化转型　数字人才　数字管理　数字场景

党的十九大报告指出要"着力加快建设实体经济、科技创新、现代金融、人力资源协同发展的产业体系"，不仅重新定位了人力资源服务业的发展方向，也更加凸显了未来的新趋势，即充分运用互联网、大数据、人工智能等科技创新技术来推进产业实现数字化转型，不断延伸业务触角，为实体经济及服务业的发展提供充分保障。然而，根据麦肯锡公司2016年在全球范围内对800多家传统企业数字化转型调查的数据，尽管已有70%的企业启动了数字

---

* 战梦霞，中国劳动和社会保障科学研究院宏观战略研究室主任、研究员，主要研究领域为就业服务和职业标准；刘永魁，中国劳动和社会保障科学研究院助理研究员，主要研究领域为就业服务和职业标准。

化转型，但是其中的71%仍然处于试点阶段，85%的企业试点时间超过一年以上。这种情况同样也发生在人力资源服务业，有些企业已经开始启动数字化转型相关工作，但是依然未能获得应有的成效。其中，最为关键的原因是对数字化转型的运作机制认识不够，导致在转型过程中面临种种障碍。

一　人力资源服务业数字化转型的背景

根据北森人才管理研究院 2020 年的调研结果，七成企业准备在人力资源数字化领域有所建树。虽然人力资源服务业数字化转型的发展空间巨大，却是一项复杂的系统性业务活动，不仅会发生产业内结构的调整，也涉及企业层面的业务变革，是产业内外因素综合作用的结果。其中，外部因素有国家政策措施、产业发展环境、市场客户需求等方面的动态变化，内部因素有企业内部创新、人力资本积累等。

（一）国家政策支持力度加大

随着全球进入数字经济发展的新时代，近年来，从国家到地方政府分别出台了一系列政策文件、法律法规，为人力资源服务业数字化转型营造出良好的宏观政策和制度环境。2014 年，人力资源和社会保障部、国家发展和改革委员会、财政部印发《关于加快发展人力资源服务业的意见》，首次就加快发展人力资源服务业做出了全面部署，人力资源服务业迎来跨越式发展的重要机遇，其中特别提出，要"加强人力资源服务业信息化建设，鼓励运用云计算和大数据等技术，推动人力资源服务业务应用和移动互联网的进一步结合"。2017 年，人力资源和社会保障部印发了《人力资源服务业发展行动计划》，进一步确立了今后一段时期人力资源服务业发展的行动纲领，提出要通过"互联网+人力资源服务行动""诚信主题创建行动"等，进一步改善发展环境，培育市场主体，推进业态创新，加快开放合作[①]。2017

---

① 郭庆、王涛：《共促人力资源服务业平台化转型发展》，《宏观经济管理》2021 年第 1 期。

年，党的十九大报告指出："供给侧结构性改革深入推进，经济结构不断优化，数字经济等新兴产业蓬勃发展……推动互联网、大数据、人工智能和实体经济深度融合。"进一步确立了数字经济对于社会发展的重要支撑作用，强调其要与以人力资源服务业为代表的实体经济实现融合。在2021年的政府工作报告中明确提出，"十四五"时期主要目标任务是："加快数字化发展，打造数字经济新优势，协同推进数字产业化和产业数字化转型，加快数字社会建设步伐，提高数字政府建设水平，营造良好数字生态，建设数字中国。"基于此，在国家政策的加持下，在新经济和新科技的推动下，人力资源服务业实施数字化转型完全符合国家整体产业发展导向。

（二）产业融合出现新特征

数字信息业与人力资源服务业之间的深度渗透与交叉，不仅可以提高人力资源服务业的劳动生产率，而且能利用创新思维来加快转型升级和增强竞争力。人力资源服务业的数字化转型是通过采用数字技术来实现产业内企业革新理念、赋能运营、创新方法与提升效能，积极探索改变现有人力资源的管理模式、操作工具、业务流程等以实现自动化和数据驱动的创新过程。特别是云计算、大数据、人工智能、移动化等数字技术发展速度的加快，以及与人力资源服务业融合范围的扩大，进一步为人力资源服务业实现高质量发展赋能，为加快研发新产品、融合线上线下服务注入新的力量。根据工业和信息化部2021年发布的相关数据，在"十三五"期间，我国数字经济实现持续快速增长，年均增速超过16.6%。截至2020年底，我国数字经济核心产业增加值占GDP的比重达到7.8%，发展活力不断增强，质量效益得到明显提升。特别是数字技术的应用正在不断促使越来越多领域的岗位被重新设计或重新定义，重新规划与设计工作岗位以促进其与新技术的结合，也成为数字经济时代人力资源服务业的重要任务和内容。人力资源服务业也开始运用数据库信息共享和数字化技术对接等方式来有效推进行业的转型发展。例如，在人才招聘、培训与开发方面，数字技术的发展催生了基于大数据、预测算法、数据挖掘和可视化工具的人才分析实践①，许多企业开始运用线上办公软件来开展员工培训或利用求职平台进行线上面试和测评。

（三）市场需求出现新趋势

在数字化时代，人力资源服务业的营销模式、运营模式、消费模式和行为模式等都出现了新趋势和新变化。尤其是新业态新模式引领新型消费发展，对人力资源服务业的新需求推动了行业转型。例如，企业基于对数字经济环境的考虑，在对员工的绩效评价中，也开始注意评价制度的柔性化，注重运用大数据分析和归类员工的不同特点，智能化地制定绩效评价方式②。然而，当前的人力资源服务业依然存在传统业态的服务产能过剩和中高端人力资源服务供给不足的问题，无法满足数字经济时代下企业快速转型的需求。这也就要求传统的人力资源体系从产业结构以及企业实际需求出发，进行供给侧结构性改革来提供符合市场发展的服务以满足需求的变化。只有基于动态素质模型的数字化人力资源管理体系才能够更好地顺应企业发展趋势及环境、立足企业对人才的有效需求，同时实现企业人才的良性流动，助力企业快速发展③。推动人力资源服务业数字化转型可以为企业及社会提供与之相匹配的人才和相应的服务产品，全面助力企业乃至经济的转型升级，以实现高质量发展和满足经济社会发展的需要。

（四）业务场景发生重大变革

当前的外部社会环境一直处于持续的动态调整和高度的不确定状态中，使得人力资源服务的业务场景一直处于变化中。2020 年的新冠肺炎疫情使得数字经济极速发展④，相关的人力资源管理活动场景发生重大变革，其中

---

① Leonardi, P., Contractor, N., "Better People Analytics", *Harvard Business Review* 96（2018）: pp. 70-81.
② 赵曙明、张敏、赵宜萱:《人力资源管理百年: 演变与发展》,《外国经济与管理》2019 年第 12 期。
③ 仉瑞、徐婉渔:《人力资源数字化转型的破局之道》,《人民论坛》2019 年第 22 期。
④ 蔡静雯、赵曙明、赵宜萱:《全球投资、新技术与创新人力资源管理实践——第十届（2020 年）企业跨国经营国际研讨会综述》,《改革》2021 年第 4 期。

最为显著的特点是疫情期间工作方式的改变带来了一系列的问题，如工作效率降低、协作成本增加、同事交流减少导致不适感增加等。这也直接导致企业更关注如何能够更高效地连接员工和组织，以提升组织效率、降低成本、让员工保持忠诚度和满意度，进一步促使数字技术在人力资源服务业的应用更加广泛，功能更加多样化。在数字技术和工具的支持下，人力资源数字化管理在招聘、培训与绩效管理等人力资源重要业务功能模块中发挥了重要作用，其中典型的应用场景有简历筛选与推优、入职与离职的自动化流程、人工智能聊天机器人等，帮助企业能够实现远程人力资源管理。在疫情防控常态化时期，人力资源服务业数字化转型作为未来行业发展的新趋势将持续推进，并会产生新的业务形态来满足未来的新需求。例如，在人力资源服务领域，远程办公和在线沟通等新工作方式将在多个领域加速应用，同时会重构人们对工作的认知以及工作设计，使产业向远程在线办公、业务流程自动化和营销数字化等方向转化[1]。

（五）人力资本实现长期积累

人力资本是推动人力资源服务业数字化转型的重要基础。随着人口结构的演变，"80后""90后"新生代员工已经成为知识型员工主力军，"00后"也将逐步登上历史的舞台[2]。与其他代际相比，新生代知识型员工是世界上规模最大的互联网时代"原住民"，有更多的机会接受高等教育，多数掌握了系统的专业知识与技能，在工作中表现出较强的学习能力和创造能力，能为企业带来显著效益[3]。特别是近年来，人工智能、移动终端、云计算、大数据等已经成为学生追捧的热门专业，并且相关专业毕业生薪资水平较高。根据Boss直聘2021年应届生就业趋势报告，2021春招季，受应届生

---

[1] 李燕萍、陈文：《后疫情时代我国人力资源服务业发展转型：基于疫情防控常态化下人力资源服务政策文本分析》，《中国人力资源开发》2020年第10期。

[2] 石冠峰、韩宏稳：《新生代知识型员工概念、分类及特征分析》，《现代商贸工业》2014年第6期。

[3] 石冠峰、韩宏稳：《新生代知识型员工激励因素分析及对策》，《企业经济》2014年第11期。

关注最为集中的前五个行业均处于现代服务业领域，其中以数字技术类岗位为主的互联网、电子/通信和科学技术服务行业吸引了 26.7% 的应届生。从企业人才需求角度来看，自 2021 年以来，"新基建"核心岗位中，智能硬件相关岗位需求增长最为迅猛，规模同比增长 102%，薪资同比增长 28%。随着更多具备数字化专业知识的知识型人才涌向就业市场，聚焦整合与合理配置人力资本的人力资源服务行业也不断向数字化转型，这就为传统人力资源服务业推进数字化转型提供了新鲜的"血液"。

二　人力资源服务业数字化转型的关键要素

人力资源服务业数字化转型通过充分高效地利用数字化基本要素，把企业人力资源活动的情境、过程和内容实现数据化、流程化和标准化，对涉及人力资源服务业务的各个方面进行全方位升级，进而支撑企业整体运营管理。人力资源服务业数字化转型的关键要素如下。

（一）数字人才

在推进数字化转型的过程中，对相关的从业者会提出更高的要求。他们必须能够确定数据分析维度、广度、深度，以此明确业务需求，避免技术实现时出现分析方向不明确或与实际需求不符的现象。这对掌握高阶技能尤其是灵活使用数字技术的人才提出了更多的需求。数字人才是指以数字化意识为引领、数字化技术为支撑、数字化服务为产出的专业员工。较之于普通员工，数字人才不仅要具备基本的技能、知识，还要有一定的场景构建与应用能力[1]。在推动数字化转型的过程中，企业必须雇用更多系统设计师、编程人员、数据分析师等具备专业技术的员工，并从他们当中选拔更核心的成员来培养其承担人力资源管理的相关职责。

2019 年德勤全球人力资本趋势报告指出，当部分岗位被自动化机器取

---

[1]　王涛：《人力资源管理数字化转型：要素、模式与路径》，《中国劳动》2021 年第 6 期。

代后，留给人力资源服务从业者的工作往往更加趋向于沟通导向和以服务为中心，包括问题解决、数据阐释、沟通和倾听、客户服务、团队协作和合作。这些从业者在数字化转型中占据核心主导地位，可以将人力资源管理技能和专业数字化技术相结合，从而发挥最大效用。同时，数字人才通常还能够根据外部环境的最新发展趋势，充分运用专业技能，将多个传统岗位的职责整合成新的角色，并运用智能设备、数据和算法最大化激发生产力和提升工作效率，以服务数字化转型各项工作的有效开展。

（二）数字工具

数字工具的核心作用在于能科学合理地调整优化人力资源活动相关业务流程，全面实现员工事务线上自动化处理，提高办事效率，提升员工体验①。企业作为独立的市场经济主体，面对新的时代要求，依托数字技术来实现转型发展已经成为经营管理活动中的重要一环。2020 年，在新冠肺炎疫情的冲击和影响下，数字工具的良好应用前景更加凸显，远程办公、零工经济、平台型工作团队等新型工作形态的兴起②，对人力资源管理活动的迅捷高效以及模式创新提出了更高的要求。例如，玛氏公司于 2019 年在秋招项目上全面启动 AI 面试，通过 AI 机器人为候选人拨通面试电话，并考察其求职意愿、英语水平、项目经历等综合素质能力。

（三）数字管理

人力资源管理数字化转型几乎是每个组织都面临的问题。一些人力资源服务企业在实施数字化转型的初始阶段，简单地将其理解为建设和运用新技术和新系统，因而陷入系统与组织特征不匹配或员工满意度低等僵局，其中一个重要原因就是未能实施与之相匹配的数字管理。数字管理是通过各种智

---

① 刘际童：《服务业数字化对制造业转型升级的影响研究》，硕士学位论文，山东财经大学，2021。

② 谢小云、左玉涵、胡琼晶：《数字化时代的人力资源管理：基于人与技术交互的视角》，《管理世界》2021 年第 1 期。

能工具和系统来调整组织结构，提高员工效率，实现人力资源管理的流程化、自动化和智能化，提高人力资源业务活动的整体效率和效益，以适应数字时代的需求。

人力资源服务企业的数字管理强调的是将数字化作为连接的纽带，充分理解数字管理的特点和要求，升级管理方案，突破现有的管理限制来实现创新。为此，需要对管理者持续开展管理能力的培训，帮助他们认识管理的本质，熟悉数字化工具的应用，增强管理者的辅导反馈能力，帮助管理者充分运用数字工具来提升管理效果。

（四）数字场景

数字场景运用是通过对云数据进行分析，进而整合产生的信息资源，使其有助于优化已有的人力资源管理流程，进一步助推人力资源服务产业整体实现数字化转型升级。例如，用友开发的智能化人力资源管理软件薪酬管理模块中，软件支持个人所得税自动计算、多工资类别工资表、月末自动完成工资分摊、计提、转账等功能，工资计算结果可以直接传递到总账生成凭证，工资分摊直接进入成本管理系统。自动化的数据分析汇总流程有助于实现更科学、高效的人力资源管理职能。同样，在哈药集团 e-HR 项目的人力资源服务数字场景应用有：建立人力资源信息数据库，实现员工大数据精准画像；构建"总裁"桌面看板，助力科学决策；制定量化人才甄选模型，实现人才精准选拔，为实现管理制度化、制度流程化、流程表单化、表单信息化，实现人力资源的精细化管理、提高企业人力资源管理质量奠定了坚实的基础。具体而言，传统的员工画像常常是从组织过去的经验出发，通过访谈等方式收集数据，并且以描述性统计方法为主，不会随着实践的发展而更新，但是数字化员工画像是动态弹性的，能够借助各种数字化评估工具开展工作，使得预测度更高，并且能够持续检查更新。

人力资源服务业数字化转型的机制可以概括为，数字人才运用数字工具进行数字管理创造数字场景的动态过程（如图 1 所示），是对企业内部管理、业务、创新、人才等诸多要素进行的数字化有机整合，使其能够产生新的价值，从而构建人力资源数字化生态系统。数字化转型的有序实施，有助于企业在组织架构、运行机制、人才培养和组织文化上的深刻变革，使其实现传统思维、管理逻辑的转型，进而调整组织结构，优化业务流程，强化业务能力，提升发展活力，增加经济效益，实现运营指标的提升。

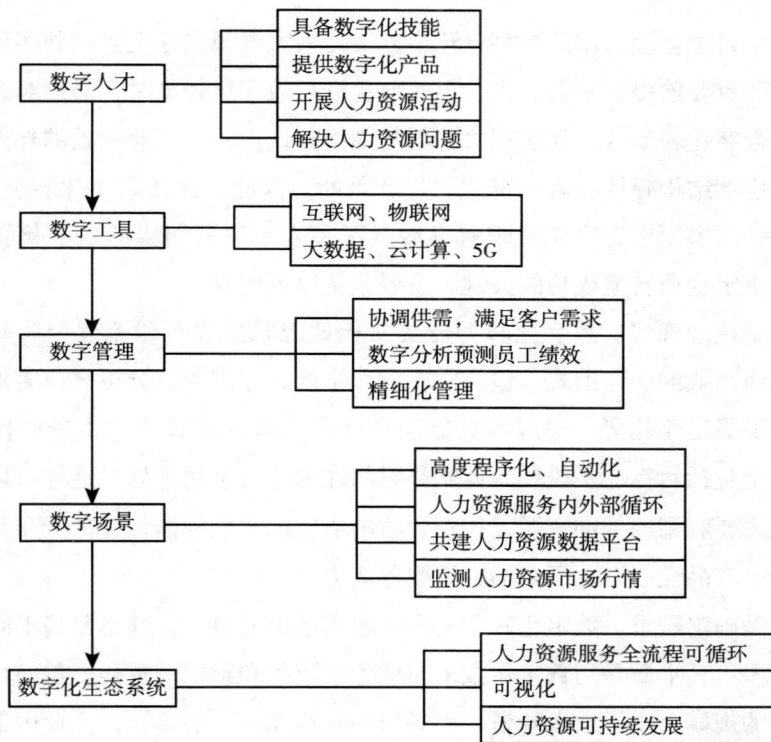

图 1 人力资源服务业数字化转型的机制

三 人力资源服务企业数字化转型的实施路径

数字化转型是建立在数字化转换和数字化升级的基础上，不仅会触及企业的核心业务，而且会创建一种新的商业模式来实现整体性的转型升级。人力资源服务业作为一种重要的产业类型，在应用新技术促进数字化转型的进程中也具有其特殊之处，不仅会完成自身的产业转型升级和发展，而且会带动其他相关产业实现转型升级和发展，因此，在社会经济中具有举足轻重的作用。其实施路径主要包括以下几个关键方面。

（一）系统制定数字化转型方案

制定科学合理适用的数字化转型方案是人力资源服务企业顺利实现数字化转型的重要前提。一般而言，企业准备进行数字化转型时，必然对为什么要实施数字化转型这一问题有着深刻的剖析和认识，对企业所处的外部环境压力和内部结构弹性有着系统的评估和判断。因此，评估数字化转型基础，根据评估结果制定符合企业现有发展状况和未来发展期望的数字化转型方案，是决定企业转型成功的关键。主要包括以下内容。

一是梳理现状。数字化转型需要从梳理现状出发，即梳理企业业务流程，厘清企业的运营模式，包括供应链、生产、运维等，分析客户需求变化及行业发展变化趋势。通过重点梳理自己的需求并明确目前市场的供给状态，制定包括目标、手段和具体实施时间在内的数字化计划。这样可以有助于确定需要利用的外部资源，找到合适的供应商和服务商，评估产品与需求匹配度、产品性能以及厂商的持续服务能力。

二是确定需求。数字化转型是企业战略层面的概念，并不是追求眼前效益的手段，其本质是用数字化技术对业务、流程和组织的重构。然而由于每个企业的规模大小、技术储备、市场份额等存在较大的差异，企业内部对数字化活动也存在不同的期望，为此在开展数字化转型之前就需要明确通过数字化转型想要实现的目标是什么，可以为企业带来哪些收益，如建立产业生态、加速产业融合、推动企业变革、创造价值增值、提升竞争优势等。然后结合具体需求目标来确定采取何种模式推进。

三是分析环境。环境分析时要求企业必须能够对与数字化转型工作相关的因素进行分析，其中内部因素主要包括降低成本、提高效率、增加收入等；外部因素主要包括社会因素、客户因素、竞争对手、合作伙伴和供应商等。例如，国家现有的政策导向是否支持企业开展数字化转型，提供了何种有益的政策工具；直接竞争对手是否通过数字化转型获得了市场竞争优势，以及外部合作伙伴是否提出需要通过数字化来改变协作模式和手段等。

四是顶层设计。对于大部分人力资源服务企业而言，数字化转型是一个全新的挑战。为此，在转型之前一定要做好自上而下的整体规划，确定深度参与数字化转型的整体战略方向、数字化系统的设计和数字化实施的节奏把握，包括从前期需求调查、软件选择，到中期软件定制、推广使用，后期软件升级等，以及相应的时间节点。例如，在选择"上云"时存在不同的设备供应商和平台供应商，因此，需要结合企业的现实需求来谨慎甄选合适的数字工具。

（二）合理选择数字化转型模式

分析人力资源企业数字化转型成功案例发现常见的数字化转型方式如下。

一是独立开发。这种转型模式的核心是通过自我数字化转型提高人力资源服务效率、满足客户需求，可以更好地对已有业务进行恰当的管理和运营，提升业务的运作效率和效益。从实践运营来看，很多人力资源服务企业主要是通过成立下属的互联网公司或者信息化部门来实施此项活动，即依托内部现有基础，通过引入相关数字人才、技术系统等，强调将传统的业务通过逐步的信息化编码和改造来推动实现数字化转型。当人力资源服务业企业具备实施数字化转型的基础条件后，会成立研发团队，针对企业的组织架构和业务流程，开发与运营管理相关的系统、平台、解决方案、服务、咨询等数字化应用程序。其优势在于，由于是在企业内部新设信息化部门来完成此项工作，对企业内部的相关业务、管理职能等能够具有更为清晰的认识，同时还能通过高层的介入和参与来打破部门间的壁垒，从而更好地完成数字化转型工作。同样，不利之处在于，由于部分企业一直是处于传统业务中，要实现思维方式的转变尤为困难。例如，中智集团是此种类型的典型代表企业。中智集团作为一家专门从事人力资源服务的国有企业，一直高度重视传统业务。但是，随着移动互联网的快速发展，中智集团开始成立专门的信息团队来推动数字技术与传统业务的融合和提升，不仅构建了内部管理数字平台，而且实现了产品创新，还进一步优化了流程，实现了企业运行效率和效益的提升。

二是外部购买。这种模式主要是针对部分人力资源服务业企业自身不具备数字化转型的实力，为了适应市场需求变化，实现生存发展目标，通过向人力资源数字化软件服务企业购买产品的方式来完成数字化转型任务，以提升经营管理活动的效率和效益。其中，既可以是部分业务板块购买，也可以是全流程购买。其优势是可以借助科技公司的互联网思维和卓越数字整合技术服务来快速适应市场发展并获得相应的竞争优势；不足之处在于缺乏对整个数字系统的全方位掌控，难以完成后续的数据再加工来获得新的价值增值，且每年需要为系统运维承担一定的成本。一些创新型企业借助互联网思维和技术优势，集中优势资源探索人力资源服务行业的细分市场，从中挖掘潜在的市场机遇来加快创新创业步伐，为人力资源服务企业数字化转型提供支持和服务，包括整体方案设计、确定合适的工具系统等。其优势是可以借助这些科技公司在数字化转型链条的某些环节或整体设计方面具有的丰富经验，压缩学习新技术的时间和成本，使其专注于核心业务；其中的不足之处则在于利用数字系统或平台，但是并不完全开展后续的再开发，且每年需要耗费大量成本来进行运维工作。例如，上海飞�信息技术有限公司就是一家为人力资源服务企业提供数字化转型服务的科技企业，通过开发一系列软件工具来提供基础服务，同时还会根据企业的规模、业务类型等提供定制服务，帮助企业合理规划发展路径，快速进行数字化转型并提高转型成功率。

三是联合开发。由于数字化转型需要大量的人才、技术和资金的支持和推动，为了降低成本和风险，部分人力资源服务业企业采取联合开发这种折中方式。通过与专门的科技公司进行合作来完成数字化转型，将线下信息推送到线上，并进行整合和发布，线下人员汇集和分流，搭建从用户导流到平台并在线输送到各类企业的交流闭环。人力资源服务企业一般是通过选择第三方外包模式来转移风险和降低成本，但是并不意味着放弃自身反馈及时性、调整敏捷性和数据安全性。尤其是数字能力较弱的企业，可以选择低代码切入，逐渐搭建自己的 IT 系统，其本质是找一个靠谱的、信得过的科技公司，通过外包的形式进行一定程度的利益交换以建立长期合作关系。这样的合作往往需要比较长的周期，成果的延展性与可实现性也要取决于合作的质量。在内部执行落地环节，需要建立一个稳定的对接团队，并进行大量的培训工作，使得自身能够完全承接并实现内部掌控。

（三）持续加强数字化转型保障

作为一项系统工程，涉及战略、组织、业务、流程、经营、管理、人员等诸多方面，存在专业人才需求多，初始资金投入大，建设周期时间长，短期内难以见效益的现实情形。要有持续、发展的战略视野，加大数字化转型的资金和人员保障力度，推动企业顺利实现数字化转型。

一是配套资源。数字化转型作为一项系统工程，是一项长期艰巨的任务，面临着技术创新、业务能力建设、专业人才培养等诸多挑战，不仅需要从领导到员工的全员认可，而且需要全程投入，并消耗大量的各种资源来提供支持，才能做到落地实施。在数字化转型的过程中，需要企业充分调动内外部各种优势资源，整合各种要素，在全局层面进行有效协同。例如，成立专门的功能型团队，提供相应的项目资金，与合作商进行实施对接和业务匹配等多项工作。

二是系统变革。数字化转型不仅是技术的革新，也是经营理念、组织运营等全方位的变革，需要充分理解数字化给企业发展所带来的价值和可预期的终极目标。这就要求人力资源服务企业从整体运作的角度来加以考量，不仅要在战略上进行数字化转型规划，而且要在组织结构、业务流程上进行优化和匹配，还要在企业内部完成理念变革来正确对待不断涌现的新模式、新业态，以及产业内合作关系的根本变化，并基于此来打造以价值创造为中心的数字化生态平台，如此才能实现落地。

三是持续创新。结合当前的人力资源服务企业现状来说，数字化转型适合渐进式发展，需要先局部验证，再整体推进，从易到难，从低价值环节到高价值环节，从业务延伸至管理，最终实现企业数字化转型的全面落地。其中，数字化转型初期的着重点在于生产运营优化，包括针对传统业务来提升质量、降低成本和提高效率；中期的着重点在于产品或服务创新，包括针对延伸业务来促进业务增长、服务衍生与增值，以及新技术和新产品的开发；后期的着重点在于推动业态转变，包括针对创新业务的可持续发展，实施科技赋能等。

区域篇

Regional Reports

B.4

优化服务能级　促进产业园区高质量发展

摘　要： 本报告围绕中国上海人力资源服务产业园（简称"上海产业园"）基本情况、政策制度建设、服务体系优化等方面，简要阐述了产业园概况和产业集聚情况，汇总梳理了产业园主要经济社会指标，重点总结了2021年上海产业园区在管理运行、配套政策、公共服务、交流合作等方面的主要做法，并结合新形势、新任务和新挑战，提出新时代促进上海产业园区高质量发展的主要举措，助力上海新时代高水平人才高地建设。

关键词： 人力资源服务　产业园　上海　高质量发展

---

* 陈苁，上海市人力资源和社会保障局人力资源开发和市场管理处四级主任科员；宋屏，上海市静安区人力资源和社会保障局产业发展科四级主任科员。

自 2010 年上海建立第一家国家级人力资源服务产业园以来，已走过十多年的建设发展历程。十多年来，上海产业园区充分发挥先行试点优势，坚持统筹谋划完善产业布局，坚持多措并举促进产业集聚，坚持强化服务提升产业效益，持续引领上海人力资源服务产业创新发展。

一　基本情况

（一）产业园概况

2010 年 11 月 9 日，第一家国家级人力资源服务产业园——上海产业园正式挂牌成立。上海产业园主园区地处静安区，以上海人才大厦为核心，向青少年活动中心和人才培训广场（青年园）、新理想大厦（创新园）及南京西路商圈（国际园）延伸，主要承载体建筑面积约 4.50 万平方米，辐射周边 2.18 平方公里。

多年来，上海产业园区积极推进"一区多园"产业发展布局，2019 年 12 月 17 日，在杨浦区建立第一个分园区——东部园，占地面积约 23 亩，主要承载体建筑面积为 2.18 万平方米；2021 年 9 月 28 日，在虹桥国际中央商务区闵行片区申昆路 2377 号增设第二个分园区——虹桥园，总面积约 27.20 万平方米，其中主要承载体 4 号楼建筑面积为 1.70 万平方米。

（二）产业集聚情况

截至 2021 年底，上海产业园共集聚各类人力资源服务机构 327 家（见表 1）。其中，主园区 296 家，东部园 14 家、虹桥园 17 家。目前，上海产业园已形成人力资源外包、人力资源招聘、人才测评、人力资源培训等满足不同层次人力资源服务需求的相对完备的产业链。近年来，"互联网+"创新业态不断涌现，并高度集聚了一批国内外知名的优质机构，基本形成产业化、专业化、国际化、科技化、标准化的人力资源服务体系。目前，园区共有 15 家人力资源服务机构已被认定高新技术企业。

（三）产业园主要经济社会指标

截至 2021 年底，上海产业园区全年营业收入达到 362.09 亿元，纳税额约 16.37 亿元。全年园区人力资源服务机构服务用人单位约 8.21 万家次，帮扶就业和流动人数约为 61.73 万人次，提供就业岗位约 94.59 万个，全年引进高层次人才约 3.30 万人（见表2）。

表1　2021 年中国上海人力资源服务产业园经济效益指标

名称	开园运营时间	建筑面积（万平方米）	入驻企业数量(家)	营业收入(含代收代付)(亿元)	纳税额(亿元)
上海产业园	2010 年 11 月	8.38	327	362.09	16.37

数据来源：2021 年度年报统计数据。下同。

表2　2021 年中国上海人力资源服务产业园社会效益指标

名称	服务人次（万人次）	服务用人单位（万家次）	帮扶就业和流动人数(万人次)	提供就业岗位（万个）	引进高层次人才(万人)
上海产业园	61.73	8.21	61.73	94.59	3.30

二　政策制度建设情况

（一）提供制度保障

1. 出台优化升级产业园区发展政策

2021 年 3 月，为吸引更多人力资源服务机构入驻虹桥园，闵行区出台《闵行区关于促进人力资源服务产业集聚发展的实施意见》，包括运营建设、品牌发展、业务拓展、人才激励等 15 条专项扶持政策。同年 12 月，静安区出台《静安区关于促进人力资源服务产业高质量发展的实施意见》，围绕强化人力资源服务产业集聚效应、激发人力资源服务产业创新转型、推动人力资源服务产业国际化进程、构建人力资源服务产业品牌标准、优化人力资源服务产业发展生态等方面，提出进一步优化、升级的发展对策。一系列相关扶持政策的优化升级，为园区高质量发展夯实了基础。

2. 配套激励人力资源服务"伯乐"奖

为充分发挥市场的决定性作用、激励和引导人力资源服务机构为上海市用人单位选聘优秀人才，上海市开展人力资源服务"伯乐"奖励计划申报评审工作。2021年度共有12家人力资源服务机构获得上海市人力资源服务"伯乐"奖，其中4家获奖机构为园区内企业。静安区、黄浦区等对于获评上海市人力资源服务"伯乐"奖荣誉的人力资源服务机构，给予进一步的配套奖励等。

（二）优化营商环境

1. 搭建产业园区交流平台

一年来，上海产业园区持续打造优质产业交流平台，围绕"数字化与未来'失业'的HR管理者们""惊涛骇浪回归价值"等主题继续举办多期"梅园论剑"活动；充分借助"静安三点半"政策云解读平台，开展促进就业、职业培训、创新创业、人才服务、劳动关系、社会保障、行政许可、人力资源服务产业发展等8个板块的线上政策解读直播。东部园依托"人才会客厅"平台，采用"讲座+直播"模式，通过线上面对面、零距离服务开展人才新政培训会等政策咨询服务。

2. 搭建协同发展合作平台

积极组织园区人力资源服务机构参加第八届中国（上海）国际技术进出口交易会人力资源服务业展示和高峰论坛活动；认真承办"春华秋实国聘行动"——走进国家级人力资源服务产业园启动仪式，并举办高校毕业生专场招聘会；积极组团参加第一届全国人力资源服务业发展大会，并设置上海人力资源服务行业发展成果展、中国上海人力资源服务产业园区展等展示平台；联合11家产业园发起《长江经济带人力资源服务产业园区域合作协同发展行动》；组织 10 多家知名人力资源服务机构赴新疆克拉玛依市开展调研合作等。

3. 搭建出口贸易服务平台

以上海产业园为主体，积极开展人力资源特色服务出口基地申报工作，并顺利通过人社部人力资源流动司组织开展的项目评审。开展"企业出海趋势及劳务风险防范分享活动"，提高企业防范海外用工风险能力，助力区域企业"出海"。

4. 搭建国际人才服务平台

上海产业园联合 15 家人力资源服务机构共同成立"海外人才服务联盟"，启动 6 个海外人才交流服务站，为海外人才搭建就业创业、对接交流的平台。东部园打响海外人才"云实习"品牌，在第 15 届全球创业周（中国站）活动上举行"海外人才云实习"总结暨"全球校友超能者 BATTLE SHOW"首发仪式等。

三　管理运营发展情况

（一）园区管理运营模式

上海产业园实行市人力资源社会保障局和园区所在区人民政府会商执行，市人力资源社会保障局相关职能部门与园区所在区人力资源社会保障部门服务管理的工作模式。同时，有效整合多方资源，共同做好招商入驻和企业配套服务工作，为园区的运营管理和政策落实提供了良好的保障机制。

（二）园区精细化管理

1. 开展产业园区监测评估

根据人社部人力资源流动管理司的要求，积极启动人力资源市场一线观察项目工作，发动园区入驻人力资源服务机构就人力资源服务领域的重点、难点和热点问题定期开展调查。开展人力资源服务产业园评估工作，对产业园平台建设、政策体系、管理运营、服务保障、经济社会效益等方面情况进行评估，进一步做好产业园运营工作，加强对园区及入驻机构的信息监测和管理服务。

2. 推进标准化建设和贯标

2021年3月，举办上海市人力资源服务标准化技术委员会成立大会暨2021人力资源服务行业标准创新论坛，进一步推动人力资源服务标准化工作。在国家人力资源服务标准化试点基础上，制定人力资源服务行业标准化示范区创建工作方案，持续开展国家人力资源服务标准化示范区创建活动。启动上海市地方标准《人力资源派遣服务规范》修订及《网络招聘服务规范》立项工作，编制上海市社会团体标准《高级人才寻访服务先进性质量要求》，并积极组织园区企业开展标准化培训和贯标工作。

3. 培育行业新业态新动能

鼓励产业园区人力资源服务机构积极开发新职业，培育新动能。园区人力资源服务机构开发的人才测评师、社群管理师、薪税师、云架构师、数字化构架师等6个新项目列入区级职业培训补贴目录。举办首届薪税师职业技能竞赛，以赛促建，从制度和政策层面支持职业培训，破解就业结构性矛盾。

（三）从业人员队伍建设

1. 培育行业"塔尖"

开展"梅园论剑"人力资源高端对话系列活动，为企业高管搭建前沿思想交流平台。开展"未来领袖培育"计划，由行业专家组成的导师团通过"一对一"方式，对10家成长性好的潜力型企业创始人开展深度辅导，强化未来的视野、前瞻的眼光，增强其竞争力。

2. 培育行业"塔身"

开设园区高级管理人才培训班，拓宽行业中高层管理人员认知边界，升级人力资源管理思维模式。

3. 培育行业"塔基"

举办"HR实训营",开展行业从业人员基础专业培训,提升从业人员实操技能水平和服务能力。

四　服务体系优化情况

(一)服务内容

1. 做好公共人事人才服务

上海产业园以上海人才大厦、君欣时代广场、虹桥国际商务区人事公共服务平台为核心,整合和强化市、区政府企业、人才公共服务功能,设立专门窗口,服务范围包括证照办理、社会保险、医疗保险、涉外公共服务综合平台等百余项公共服务内容,对所有入驻园区企业以及人才提供"一门式"服务。

2. 对接投融资金融服务

鼓励入园企业利用资本市场进行多元化融资,发挥中小企业贷款信用担保基金作用,对园区内经营规范、诚信度高和符合产业导向的人力资源企业提供小额贷款及担保支持。搭建人力资源服务产业综合投融资平台,鼓励各类社会资本和各类风险投资机构进入人力资源服务业。

3. 拓宽毕业生就业渠道服务

积极引导人力资源服务机构发挥专业优势主动践行社会责任,17家机构共同成立"人力资源机构助力大学生就业联盟",用市场化办法拓宽毕业生就业渠道。2021年,该联盟累计开展三轮共20场活动,内容涵盖专场招聘会、线下求职讲座、线上微课等。

五　上海产业园区发展面临的新要求

1. 新时代人才强国战略提出新的更高要求

中央人才工作会议明确指出上海要建设新时代高水平人才高地。上海人才工作会议上也提出要以更加开放的格局、更加宽广的胸襟、更加包容的环境，吸引更多人才来到上海、扎根上海，让上海因人才更精彩、人才因上海更出彩。要实现这一战略使命，人才是最关键的战略资源、最核心的力量支撑。在高度重视人才工作的大环境下，上海产业园要聚焦重点产业、重点区域，为上海引进更多的"高精尖缺"人才，助力上海新时代人才高地建设。

2. 实现更高质量充分就业提出新的更高要求

就业是最大的民生。"十四五"就业促进规划提出，要推进人力资源市场体系建设，扩大完备的公共就业和专业的市场就业服务供给，促进重点群体就业和企业用工，缓解结构性就业矛盾等方面提供服务支持。上海产业园要积极发挥人力资源服务业"赋能百业"的独特优势，在促进人力资源优化配置、提高就业质量等方面发挥更大的作用。

3. 稳增长工作提出新的更高要求

面对百年未有之大变局及新冠肺炎疫情带来的严重冲击，经济发展面临较大下行压力。在这一大环境下，上海人力资源服务业如何保持稳定增长，上海产业园区如何持续保持引领作用，成为新的课题。

六　促进上海产业园区高质量发展的几点思考

上海产业园区作为上海人力资源服务业发展的主要承载区，在今后的工作中将紧扣"新时代"和"高质量"两个关键词，进一步营造良好生态、优化发展布局、提升服务能级和提升影响力度，助力上海新时代高水平人才高地建设。

（一）进一步营造良好生态

充分发挥市场在人力资源配置中的决定性作用，用市场的"手"弹好产业发展的"曲"。用足用好产业扶持激励政策，抓好政策的细化深化、落实落地工作。进一步深化"放管服"改革，强化事中事后监管，加强诚信体系建设，鼓励园区公共服务机构为入驻企业提供优质服务，加大对产业园区的资金扶持力度，营造更加优良的产业发展生态圈。

（二）进一步优化发展布局

持续推进国家级人力资源服务产业园"一区多园"产业布局，及时修订完善中国上海国家级人力资源服务产业园区管理办法，支持有条件的区域建设产业园区分园；此基础上，适时出台市级产业园管理办法，积极探索开展市级人力资源服务产业园建设，不断优化上海产业园区发展布局。

（三）进一步提升服务能级

在上海产业园内积极推动"互联网+人力资源服务"行动，支持具有高知识性、高附加值的人力资源服务产品研发创新。鼓励上海产业园区人力资源服务机构积极参与高新技术企业、技术先进型企业和专精特新企业认定。鼓励人力资源服务机构开发适应新经济发展的新职业，组织开展职业技能培训，鼓励人力资源机构在促进就业、人才服务等项目中发挥作用。

（四）进一步提升影响力度

以上海产业园区为主体，持续推进国家人力资源特色服务出口基地建设；充分用好中国国际进口博览会、中国国际服务业贸易交易会、中国（上海）技术进出口交易会等国际展会平台，支持鼓励产业园区企业"走出去、引进来"；依托上海产业园，积极培育一批具有国际竞争力和在特定专业领域具有世界领先水平的国内人力资源服务企业，积极参与全球人力资源配置流动，不断提升上海人力资源服务业的国际竞争力。

B.5
坚持创新发展　推进特色示范园区建设

刘杨　魏建　罗潇　李里*

摘　要： 本报告从中国重庆人力资源服务产业园基本情况、政策制度建设、管理运营发展、服务体系优化等方面介绍了 2021 年建设发展的有关情况，梳理了产业园管理特色、会赛活动等情况，提出产业园下一步将加快推进产业集聚发展、进一步提升产业发展效能、创新打造发展引擎、全面推进产业发展研究院建设、强化产业区域发展协同、探索发展人力资源服务国际化业务等，进一步为重庆市"千亿跃升"计划的实施贡献更大力量。

关键词： 人力资源服务　产业园　重庆　特色示范园区

一　基本情况

（一）中国重庆人力资源服务产业园概况

中国重庆人力资源服务产业园（以下简称"重庆产业园"）是全国第二家、西部地区第一家国家级人力资源服务产业园，由人社部和重庆市政府共建。产业园地处重庆市渝北区空港新城，位于中国（重庆）自由贸易试验区的腹心地带。产业园建设工程分为三期，其中一期、二期工程于 2013 年 3 月开工，工期历时 4 年，建成面积 20.2 万平方米，于 2017 年 2 月投入

---

* 刘杨，重庆市人力资源开发服务中心主任；魏建，重庆市人力资源开发服务中心副主任；罗潇，重庆市人力资源开发服务中心工作人员；李里，重庆市人力资源开发服务中心工作人员。

运营；三期工程正在进行前期筹建工作，预计 2022 年动工，建筑面积 12 万平方米，预算投资 8 亿元。①

重庆产业园致力于打造"一园多区"的大园区发展模式。为加快聚集海内外创新人才，深入推进西部（重庆）科学城创新发展，重庆产业园科学城园区（以下简称"科学城园区"）应运而生。科学城园区作为重庆产业园的首个直管园区，位于重庆高新区西永微电园原沙区不动产登记中心，面积 9000 平方米，以"服务人才、服务企业、服务产业、服务就业"为核心定位，着力打造一个集"人力资源产业协同、创新企业培育孵化、人力资源开发配置、人力社保公共服务"等功能于一体的人力资源服务专业园区。科学城园区于 2020 年 7 月正式筹建，2020 年 12 月 16 日开园运营，目前入驻企业 17 家。②

（二）重庆产业园产业集聚情况

自开园以来，产业园发展迅速，截至 2021 年底，产业园共入驻企业 116 家，其中人力资源企业 93 家，各类配套企业 23 家，已形成全业态的人力资源服务产业链。在现有业态中，有招聘企业 15 家，派遣、外包类企业 38 家，培训企业 9 家，猎头企业 13 家，管理咨询、法律咨询企业 4 家，人力资源大数据企业 4 家，背景调查企业 3 家，人才测评企业 3 家。③

产业园的运营也带动了以产业园为核心的周边 3 公里范围内的经济社会发展，园区周边银行、餐饮、超市等商业配套全面兴起，人流量快速增大。交通配套进一步完善，由运营之初时，园区周边 1 公里范围内仅有 3 条公交线，目前已拓展至"11+2+1"（即 11 条公交线、2 个地铁出站口和 1 条专线接驳车线）的全方位交通配套体系。

---

① 该数据引自重庆产业园相关材料。
② 该数据引自重庆产业园相关材料。
③ 该数据引自重庆产业园相关材料。

（三）主要经济社会指标

2021 年，园区企业营业收入达到 130.06 亿元，同比增长 28.8%；纳税额 3.1 亿元（见表 1），同比增长 44%；服务人员总数 140 万人次，同比增长 16%；服务用人单位 6.5 万家次，同比增长 11%；帮扶就业和流动人数 45 万人次，同比增长 10%。园区企业积极承担社会责任，助力乡村振兴，通过"百企进村送万岗"等一系列活动，为 3000 名贫困地区建档困难地区群众解决了就业问题，通过消费扶贫、捐款捐物等多种方式，惠及困难地区群众 2 万人次。2021 年，产业园共引进各类"塔尖塔基"人才 1.2 万人（见表 2）。

表 1　2021 年中国重庆人力资源服务产业园经济效益指标

名称	开园运营时间	建筑面积（万平方米）	入驻企业数量（家）	营业收入（含代收代付）（亿元）	纳税额（亿元）
重庆产业园	2017 年 2 月	20.2	116	130.06	3.1

数据来源：中国重庆人力资源服务产业园统计数据。下同。

表 2　2021 年中国重庆人力资源服务产业园社会效益指标

名称	服务人次（万人次）	服务用人单位（万家次）	帮扶就业和流动人数（万人次）	提供就业岗位（万个）	引进高层次人才（万人）
重庆产业园	140	6.5	45	30	1.2

二　政策制度建设情况

（一）最新出台的产业园相关政策

1. 重庆人力资源服务产业园优惠政策

重庆产业园自运营以来制定的《中国·重庆人力资源服务产业园优惠政策》等三项政策已全部执行期满。为继续扶持企业发展，重庆产业园积极探索企业入驻新模式，打造了企业集群注册项目，制定出台《中国·重庆人力资源服务产业园集群注册企业日常管理办法》，办法中对集群注册企业可享受的政策做了明确规定，具体如下。

（1）按规定享受渝北区和中国（重庆）自由贸易试验区制定出台的普惠性优惠政策。

（2）租赁园区培训教室，可享受免保证金和 5 折租赁优惠；租赁融媒体中心，可享受 6 折租赁优惠。

（3）每家企业在合同期内享有 1 个免租金停车位。

（4）享受产业园线下实体入驻企业同等的平台资源服务。

（5）在产业园有空余房间的情况下，享有优先入驻权。

2. 重庆产业园科学城园区产业发展扶持政策

科学城园区是重庆产业园的直管园区，除重庆高新区给予产业园一定的优惠政策外，产业园也配套了一部分优惠政策，具体如下。

（1）房租优惠。第一年按照建筑面积每平方米每月 10 元的标准收取房租，以后每年按照 3% 递增。

（2）物管补贴。免除企业外部物业费缴纳义务（3.3 元/平方米·月），给予内部物业费第一年 100%，第二年、第三年各 50% 的补贴。

（3）优惠租用公共设施。租用园区内多功能厅、培训教室、会议室等公共设施的，给予租金和服务费用 50% 的优惠。

（4）免租金停车位。根据租用面积给予入驻机构一定数量的免租金停车位（租用面积 100 平方米以下的机构给予 2 个停车位，100~200 平方米的机构给予 3 个停车位，200 平方米以上的机构给予 4 个停车位），车位物业费用自理。

（二）优化营商环境的举措

为进一步优化园区产业结构及营商环境，重庆产业园制定出台了《中国·重庆人力资源服务产业园人力资源服务机构退出管理办法》，每年对入驻企业进行考核评估，根据考核评估结果对部分不符合产业园发展要求的企业予以清退。入驻企业如存在违反国家法律、法规和有关政策规定并被列入失信名单；违反与产业园的合同约定；破产、倒闭、营业执照或从业资质被吊销；与产业园签订租房合同之日起无正当理由六个月内未装修完工的或装修完成后六个月内无工作人员入驻办公；装修入驻后无正当理由六个月内不开展经营业务，或连续两年未完成双方约定考核指标；不按合同约定向产业园缴纳租金、物管费、能耗费等相关费用达三个月及以上且经产业园书面警示后仍拒不缴纳；不按产业园要求报送机构相关经营数据一年内达 2次，且经产业园书面警示后仍拒不报送；不遵守产业园相关管理制度和安全规定，故意破坏产业园设施设备或环境秩序、故意制造严重安全事故，给产业园带来重大损失和恶劣影响等九种情形之一的，将会按退出管理程序予以清退。

三 管理运营发展情况

（一）园区管理运营模式

重庆产业园采取"管委会+办公室+运营中心"三位一体的管理体制，重庆市人社局指导组建了"中国重庆人力资源服务产业园管理委员会"，负责研究决定产业园运营管理重大事项。管委会下设产业园管委会办公室，与重庆市人力资源开发服务中心（以下简称"市人服中心"）是"两块牌子、一套班子"，两者合署办公，负责园区日常运营管理工作。

市人服中心成立于 2020 年 3 月，是重庆市人社局直属正处级事业单位。市人服中心前身是重庆人力资源服务产业园运营管理有限公司，是重庆市人社局局属国有企业，后根据重庆市委市政府关于国有企业改革的统一部署安排，于 2019 年底注销。经重庆市编制办批准同意，在重庆市人社局内设置市人服中心，承接产业园运营管理的全部职能职责。同时，市人服中心还承担为全市人力资源开发提供服务，开展知识更新、能力提升、人力资源配置咨询等工作。目前，市人服中心在职员工 62 人，下设 10 个部门。

（二）园区运营管理特色

1. 打造全国首家专业猎头基地，助力高层次人才引进

自 2018 年 6 月成立至今，已入驻峰一国际、锐仕方达等知名猎头机构 20 余家，运营至今，已为重庆市成功引进各类海内外高层次人才近千人。

2. 建立"欧洲重庆中心人力资源服务产业发展基地"（重庆市发改委授牌）

积极鼓励园区企业开展涉欧业务，主要包括中欧人才项目引进、中欧人力资源服务论坛峰会、中欧人力资源产业理论研究等。

3. 建立"重庆市服务贸易（外包）人才培训基地"（重庆市商务委授牌）

针对服务外包开展深入研究，形成理论成果，同时，依托成果大力开展全市服务贸易人才的专题培训，形成系统化的服务贸易（外包）人才培训体系。

4. 依托重庆自贸区政策，打造首个专业的人力资源服务机构"集群注册"项目

计划"十四五"期间培育孵化 300 家人力资源服务中小微企业，支持入驻集群注册项目的人力资源服务机构"在园注册、异地办公、享受政策"。

5. 推进建设"中国重庆人力资源服务产业发展研究院"

邀请人力资源服务行业 100 余名顶级专家学者作为专家智库。研究院将围绕服务就业优先战略、人才强国战略和乡村振兴战略加强人力资源服务业理论研究、基础研究、前沿研究，为人力资源服务业创新发展探索路径提供借鉴，为政府部门制定政策提供决策支持。同时，与中国人民大学、西南财经大学等高校达成博士后联合培养协议，招聘人力资源服务领域博士后人员，推动行业高层次人才培养和理论研究。

6. 打造"人力资源服务业人才培训基地"（重庆市人社局授牌）

建设了重庆人社培训网，年均在线培训人次近 100 万；建设了首个人力资源服务线上商学院，面向川渝两地人力资源服务行业从业人员免费开放，累计培训 1 万人次。开设人力资源服务高级研修班，与国内多所高校联合开展人力资源服务课程导入和专业共建工作。

7. 打造重庆外企德科和重庆昊泰人力资源管理有限公司"人力资源服务结算中心"项目

渝北区政府对两个项目最高给予五年内增值税、企业所得税地方留存部分全部返还的优惠政策。目前已正式投入运营，五年内预计可为渝北区带来16.8 亿元的营收和 2.1 亿元税收。

8. 建设国家级人力资源特色服务出口基地

由商务部和人社部授牌，旨在深化服务贸易创新发展试点，扩大全市人力资源服务领域对外开放，通过人力资源服务涉外业务的全面拓展，推动人力资源服务机构走向海外。

9. 建设融媒体中心

主要用于产业园内各人社公共服务部门、人力资源服务机构开展网络直播招人招才、直播人社政策解读、职业指导、在线培训、扶贫带货等服务。目前已建成 600 余平方米直播间，累计组织 3 万余家用人单位提供线上招聘。2021 年向高校毕业生、脱贫群众等精准推送直播招聘信息 62 万余条。

10. 打造科学城园区共享办公区

在科学城园区大楼一层设立共享办公区，作为知名品牌企业在西部（重庆）科学城的临时工作点和联络站，入驻企业可享受同等实体入驻企业的相同优惠政策以及"一站式"服务，园区享受企业的品牌效应及引才服务，现已有人瑞集团等多家知名企业入驻。

（三）从业人员队伍建设

产业园入园企业员工中，大专及以下学历占比为 61.01%，本科学历占比为 35.28%，研究生及以上学历占比为 3.71%。其中，持人力资源行业相关职业资格证书的员工占企业总人数的 17.07%。为提升行业从业人员素养，加强人才队伍建设，产业园着力做好如下工作。

1. 搭建人力资源服务线上商学院平台

重庆产业园每年向第三方平台采购线上学习平台，课程内容涵盖 11 大类，针对 108 个岗位提供约 6800 集精品课程。目前 2500 个学习账号除免费发放给园区入驻企业外，还向重庆市人力资源机构、行业协会、在校大学生等群体免费分发，累计培训1万人次。

2. 建设人力资源服务业人才培训基地

为进一步加强行业人才培养力度，提升从业队伍素养，产业园积极谋划，争取获批建设"人力资源服务业人才培训基地"。该基地将主要围绕人力资源培训开发，组织开展行业研修班，联合高校开展"政产学研"深度合作，推动人力资源服务课程导入和专业共建，联合科研机构编撰行业教材，促进人力资源服务业在全社会形成广泛认知，为行业发展培育一批人才后备军。

四　服务体系优化情况

（一）产业园举办的会赛活动概况

1. 举办第一届全国人力资源服务业发展大会

重庆人力资源服务产业的发展和产业园的建设得到了人社部的高度重视和大力支持。2021年7月28~29日，人社部联合重庆市政府在重庆召开了第一届全国人力资源服务业发展大会。会上，李克强总理做出重要批示，胡春华副总理发表重要视频讲话。大会以"新时代、新动能、新发展"为主题，举办了人力资源服务业高质量发展论坛、人力资源服务成果展、全国人力资源服务大赛等二十余项活动，1000余家国内外人力资源机构参会，交易达成人力资源服务项目150余项，签约金额166亿元。产业园作为整个大会筹备工作的执行中心，抽调200余人精锐力量组成9个工作组，确保大会顺利举行。大会的成功召开，进一步为重庆人力资源服务产业和产业园的创新发展带来了历史性的新机遇，增添了新动能，开启了新局面。

2. 中国猎头行业发展峰会

2021第四届中国猎头行业发展峰会（以下简称"猎头峰会"）以"广

纳英才、智创未来"为主题，于 11 月 27 日举办。本届猎头峰会采用"线上会议"的方式进行，传播范围更广、参与规模更大。同时，通过行业大咖线上分享、国内外知名猎企与用人单位合作签约、发布"第一资源·2021 中国猎头行业排行榜"榜单、发布行业报告、圆桌会谈、供需对接等活动，全面促进优质猎企与用人单位展开交流与合作。本次峰会签约项目十余个，总签约金额 1200 万，累计线上观看人次达 166 万人次，产生了广泛影响力。猎头峰会的成功举办将进一步助推重庆精准引才工作，打造"近悦远来"的人才生态，为成渝地区双城经济圈建设提供充足的人才支撑。

3. 第二届成渝地区双城经济圈人力资源服务产业园联盟大会

2021 年 11 月 1 日，第二届成渝地区双城经济圈人力资源服务产业园联盟大会在重庆产业园成功举办。共 15 家省、市级产业园作为新成员单位加入联盟。会议举行了联盟新成员授牌仪式、下一任轮值主席交接仪式、主演分享、圆桌会议等活动。联盟自成立以来，各成员单位在园区招商、人才培养、服务就业、乡村振兴等多个方面开展了合作，共同举办了"智汇巴蜀"人力资源论坛、西部 HR 能力大赛等二十余项活动，形成了跨区域产业互通、资源共享的新通道，有力推动了两地人力资源服务产业的协同发展。下一步，联盟各成员单位将切实加强业务交流，在园区建设、企业招商与服务、产业政策、行业理论研究、品牌活动共办等方面深度开展合作，真正实现联盟共建共享的宗旨，高标准、高质量打造产业园联盟生态圈。

（二）服务内容

重庆产业园自 2017 年投入运营以来，坚持把服务企业、服务产业作为园区工作主线贯穿始终，构建了产业园规范化服务体系。产业园立足"服务企业和服务产业是产业园的生命线"的使命与宗旨，创建"Service+"服务品牌，打造"两会一赛六平台"服务体系，成功召开三届西部人力资源服务博览会、四届中国猎头行业发展峰会，两届西部 HR 能力大赛，开展搭平台活动 100 余项，入驻企业对园区服务的总体满意率达到 95%。在搭建专业服务体系的同时，专门制定了园区统计指标体系，涵盖园区的基本情况、工作人员情况、入驻企业情况、公共配套服务、专业化服务、市场化服务、经济社会效益七大类统计指标。同时，针对统计体系配套制定了服务评估体系，从专业化服务、公共配套服务、市场化服务、园区效益四个维度进行全方位评估，为园区的发展奠定了坚实的数据支撑和决策依据。

（三）园区信息化建设

为提高园区信息化管理水平，产业园搭建了以信息机房为核心，云服务、信息服务平台、企业生态展示厅等展示服务平台为延伸的信息化系统。一方面，为产业园智慧园区的建设提供强有力的硬件设施设备及运行环境的支持，确保重庆市金保系统中数据的正常运算、存储和传输；另一方面，打造"HR·梦苑"展厅，全面展示产业园及人力资源服务产业的发展态势，增强园区品牌辨识度；最后，园区自主开发的智能一卡通系统，有效地将园区食堂、生活超市、咖啡厅、洗衣店等生活配套设施进行系统融合，为园区入驻企业职工提供全方位、"一站式"的智能生活服务。

五　产业园未来发展趋势及思路

下一步，产业园将紧紧围绕全市人力资源服务业"千亿跃升"计划，坚持以一域服务全局，加快推进园区人力资源服务业高质量发展。

（一）加快推进产业集聚发展

一是继续优化园区现有产业结构，大力招商引入猎头、背调、灵活用工等新兴业态，清退淘汰一批业态低端、市场竞争力弱的机构，提升新兴业态企业占企业总数比例逐步达到30%以上。二是加快推进产业园三期工程建设，规划建设人力资源孵化基地、出口贸易基地、结算基地等专项、特色化的产业功能区，不断拓宽发展边界，建设具有全国性、引领性和示范性的人力资源产业聚集区域。

（二）进一步提升产业发展效能

一是制定出台园区新时期扶持产业发展的政策措施，建立自有产业发展专项资金，针对猎头、灵活用工、人力资源大数据等不同的业态设计专项政策，做到"精准滴灌"；二是依托园区开展的优秀企业评选活动，建立骨干企业和领军企业储备库，在园区引入金融资本，推动企业积极谋划上市；三是继续深化"两会一赛六平台"活动，继续推动西博会提档升级为国家级博览会，力争与"重庆英才大会"实现同期举办，联动川渝两地和全市各区县，联合举办 HR 能力大赛，搭建人力资源服务供需交易对接平台。

（三）创新打造产业发展引擎

一是创新打造灵活用工产业聚集平台，在园区引入"重庆云谷"数字经济产业项目，专门服务灵活用工机构和从业群体，力争建设一个具有"百亿级"产值规模的灵活用工产业集群平台；二是深化建设集群注册项目，力争 2022 年吸引 100 家人力资源服务上下游产业链企业入驻；三是建设线上产业园，实现园区线下招商与企业服务功能线上化和智慧化，同时，为暂时无力或无意愿建设线下实体人力资源服务产业园的区县搭建人力资源服务产业对外招商、展示、孵化、对接的线上服务平台。

（四）全面推进产业发展研究院建设

一是依托专家智库、高校和科研机构的力量，持续推动行业前沿理论研究，开展产业新技术、新产品的研发与转化，争取局各处室（单位）的研究课题归口至研究院，打造"人社智库"品牌；二是高质量建设博士后科研工作站，深化与中国人民大学、西南财经大学的合作，组织开展博士后人员专场招聘活动，争取 2022 年招收博士后科研人员 1~2 名进站；三是进一步拓展与各高校的合作规模，拓宽合作领域、夯实合作成果，推动政产学研深度融合。

（五）强化产业区域发展协同

一是要落实好局领导对产业园科学城园区建设的要求，紧紧围绕高新区的产业链布局人才链，为高新区科学城的建设提供坚实的人才保障；二是要充分发挥国家级产业园引领带动作用，指导有条件、有意愿的区县建设和运营人力资源服务产业园，在招商引资、政策制定、企业服务等方面提供参考建议；三是切实运行好成渝地区双城经济圈人力资源服务产业园联盟，在现有 17 家园区的基础上，继续吸纳一批川渝两地优质的产业园区加入联盟，壮大联盟成员规模，常态化组织开展"智汇巴蜀"人力资源论坛、西部 HR 能力大赛、文体赛事等联盟活动。

（六）探索发展人力资源服务国际化业务

抢抓"欧洲重庆中心人力资源服务基地"和国家级"人力资源特色服务出口基地"获批建设的重大机遇，加快引进国内外优质人力资源服务贸易型企业，打造一批实力雄厚、核心竞争力强的人力资源服务贸易龙头企业、领军企业；在现有会赛活动中开设国际人力资源服务专场，吸引境外企业参会参展，创新打造"成渝地区双城经济圈国际人才线上行""海外英才云聘会"等一批国际劳务品牌、海外引才品牌和国际会议品牌；开设涉外业务培训班，编制人力资源海外贸易服务指南，为人力资源服务机构"出海计划"的实施提供基础保障。

B.6
打造人才大本营 激活产业新动能

赵军亮 王 晨*

摘 要： 本报告主要介绍了中国中原人力资源服务产业园的发展现状、
主要经济社会指标等基本情况以及政策制度建设情况、管理运
营发展情况和服务体系优化情况，分析了产业园发展中遇到的
困难问题，并重点阐述了立足新时代人力资源服务业高质量发
展的"理念、战略、机制"，创新提出人力资源服务业围绕
"培育、配置、激励"三个重要环节发挥市场化作用，人力资
源服务产业园应引领推动人力资源服务业实现"集聚、融合、
规模"发展，为促进社会化就业和市场化人才服务贡献重要
力量。

关键词： 人力资源服务 中原产业园 "人才大本营"

一 基本情况

（一）中原产业园概况

中国中原人力资源服务产业园（以下简称"中原产业园"）于 2012 年
7 月获人社部批准筹建，是继上海、重庆之后的第三家国家级人力资源服务
产业园，对于完善国内人力资源服务产业园区总体发展的战略布局，特别是

---

* 赵军亮，河南省人力资源社会保障综合服务中心办公室主任；王晨，河南中原人力资源产业
园运营管理有限公司总经理助理。

立足河南、带动中部乃至全国人力资源服务业加快发展具有重要意义。中原产业园核定建设用地 83 亩,一期工程建筑面积 78689 平方米。现有专职工作人员 20 人。2018 年 1 月 3 日正式启动运营。

中原产业园以发挥市场在资源配置中的决定性作用和更好发挥政府作用为导向,在促进就业创业、优化人才配置、市场化招才引智、推动人力资源服务业发展方面发挥了重要作用,形成了区域性人力资源服务产业集聚发展枢纽型基地、人力资源社会保障公共服务基地、人才资源开发高地、市场化招才引智前沿阵地,成为新时代河南人社事业发展的创新平台和中原对外开放的重要名片。

(二)中原产业园产业集聚情况

按照人社部《国家级人力资源服务产业园管理办法》,中原产业园建立了功能完善的人力资源社会保障公共服务体系和人力资源服务产业集聚发展平台,政府服务性机构与民营性机构的协同发展共同服务就业创业和人才配置。河南省社会保险中心、人才交流中心等 12 家省人社厅公共服务机构入驻园区,河南鹏劳人力资源管理有限公司、河南中恒人力资源集团有限公司、河南和谐人力资源开发有限公司、河南智华人才测评中心等 52 家人力资源服务企业以及金融、法律、财务、餐饮、物业等配套服务机构入驻园区,涵盖了人力资源服务领域招聘、派遣、外包等业态,注重产业链上下游完整性,形成以人力资源要素集聚为核心的产业生态圈和优质产业集群,在促进就业、创业,推动产业发展、人力资源流动配置、助力实体经济高质量发展等方面发挥了一定的作用,实现了有效的集聚、融合和规模发展。

(三)中原产业园主要经济社会指标

中原产业园产业集聚效应和行业引领作用日益凸显,2021 年,入驻企业总营业收入达 125.32 亿元,纳税额为 3.19 亿元,服务用人单位 5.4 万家次,服务人员总数 331.01 万人次(见表 1、表 2)。

表 1　2021 年中国中原人力资源服务产业园经济效益指标

名称	开园运营时间	建筑面积（万平方米）	入驻企业数量（家）	营业收入（含代收代付）（亿元）	纳税额（亿元）
中原产业园	2018 年 1 月	7.87	52	125.32	3.19

数据来源：根据中原人力资源服务产业园统计数据汇总整理。下同。

表 2　2021 年中国中原人力资源服务产业园社会效益指标

名称	服务人次（万人次）	服务用人单位（万家次）	帮扶就业和流动人数（万人次）	提供就业岗位（万个）	引进高层次人才（万人）
中原产业园	331.01	5.4	73.15	119.75	0.478

二　政策制度建设情况

（一）相关优惠政策

1. 奖励类政策

经营贡献奖励：鼓励入园机构发展壮大，当年营业收入达到 1 亿元以上的，给予经营贡献奖励，2018 年至 2020 年每年给予企业不超过当年营业收入 1.5‰的经营贡献奖励，2021 年至 2022 年每年给予企业不超过当年营业收入 1‰的经营贡献奖励。

改革创新奖励：鼓励入园机构不断进行改革创新，提高人力资源服务水平。对入园机构进行改革创新而购置设备、开发软件、人员素质提升等按其实际支出金额的 50%给予奖励，每个机构每年奖励不超过 30 万元。

人才奖励：对入园企事业单位年薪 20 万元以上的高级管理人员（副总以上级）给予人才奖励，奖励金额等同于其五年内缴纳个人所得税区级留成部分的 100%，人才奖励由高管用于在实验区内购房或购车。

引才补贴：鼓励入园机构为航空港区重点企业引进各类急需紧缺的专业

技术人才以及高技能人才，成功引进并签订劳动合同的，经产业园审核、管委会认定后，按每人1500元给予中介机构引才补贴。

招工补贴：鼓励入园机构积极完成实验区管委会下达的重点企业招工任务，完成招工任务的，按每人400元给予中介机构招工补贴。

2. 补贴类政策

房租补贴：2021～2022年园区给予入驻企业50%的租金补贴。

租用公共设施补贴：园区入驻企业租用园区公共培训教室、多功能会议室等设施，2020～2021年每年按七五折给予补贴。

以上补贴当年按标准收取费用，次年补助到位。

（二）优化营商环境的举措

《河南省优化营商环境条例》已经由河南省第十三届人民代表大会常务委员会第21次会议于2020年11月28日通过，自2021年1月1日起施行。坚持市场化、便利化等原则，以市场主体需求为导向，以审批最少、服务最好为目标，着力营造安全稳定、公平公正、便利快捷的良好营商环境。

2020年12月22日，中共河南省委、河南省人民政府发布《关于营造更好发展环境支持民营企业改革发展的实施意见》，提出营造公平竞争的市场环境等七方面20条实施意见，旨在营造有利于民营企业健康发展的市场化、制度化、法治化环境，推动民营企业改革创新、转型升级、健康发展。

2021年12月31日，河南省人民政府发布《关于印发河南省"十四五"人才发展人力资源开发和就业促进规划的通知》，旨在明确"十四五"时期全省人才发展、人力资源开发和就业促进的总体思路、发展目标、主要任务和重大举措，推动人才强省建设、打造"技能河南"，促进更加充分更高质量就业。

2022年1月7日，河南省人民政府办公厅发布《关于加快中介服务业发展的若干意见》，提出重点发展人事代理、人力资源培训、人才测评、人力资源管理咨询、高级人才寻访、劳务派遣、创业指导等服务。加快中国中原人力资源服务产业园区发展，支持各地建设人力资源服务产业园和人力资源综合服务场所，培育壮大人力资源服务机构，完善人力资源市场供求信息监测系统，推动省人力资源市场立法工作。[①]

2022年1月12日，河南省人民政府办公厅发布《关于印发河南省建设高标准市场体系实施方案的通知》，提出充分发挥中国中原人力资源服务产业园带动作用，加快发展人力资源服务业。推动出台《河南省人力资源市场条例》，规范人力资源市场秩序。制定人力资源服务业高质量发展实施意见，实施骨干企业培育计划、领军人才培养计划等专项行动计划。[②]

2019年11月14日，郑州航空港经济综合实验区管委会出台《郑州航空港经济综合实验区营商环境评价工作方案（2019~2021年）》，重点从加强改进工作作风、提升政务服务水平、降低企业生产成本、增强市场主体活力、提升法治建设水平、优化人文环境、提升城市建设品质、做好营商环境评价等8个方面，全力推动全区营商环境全面优化提升，积极打造营商环境新高地。

三 管理运营发展情况

（一）园区管理模式

中原产业园采取政府主导，市场化运作的运营管理机制，即"领导小组+综合服务中心+产业园运营公司"的运营模式。其中，领导小组作为园区的决策主体，综合服务中心作为园区的管理（执行）主体，产业园运营公司作为经营主体。

---

① 《河南省人民政府办公厅关于加快中介服务业发展的若干意见》，河南省人民政府网站，http：//www.henan.gov.cn/2022/01－13/2382421.html？wscckey = 4a54a82c1a8fcd84 _ 1576379098。

② 《河南省人民政府办公厅关于印发河南省建设高标准市场体系实施方案的通知》，河南省人民政府网站，https：//www.henan.gov.cn/2022/01-18/2384419.html。

1. 决策主体：中国中原人力资源服务产业园区领导小组

2017 年 6 月，河南省人力资源和社会保障厅与郑州航空港经济综合实验区管委会联合成立了中国中原人力资源服务产业园区领导小组。河南省人力资源和社会保障厅厅长、郑州航空港经济综合实验区党工委书记任组长，河南省人力资源和社会保障厅副厅长、郑州航空港经济综合实验区管委会分管领导任副组长，产业园区管委会主任任领导小组办公室主任，省人力资源和社会保障厅有关处室（单位）主要负责人和郑州航空港经济综合实验区人社局、财政局、商务局、国税局、地税局、工商局等有关部门主要负责人任小组成员。

领导小组职责：贯彻落实人力资源和社会保障部以及河南省委、省政府关于中国中原人力资源服务产业园区发展的战略安排和决策部署，领导和组织产业园区工作；统筹规划、协调推进园区发展，研究产业园区重大问题，决定促进园区建设发展的重大举措和重大事项；制定园区重大产业政策及人力资源服务产业支持政策、航空港经济综合实验区财政补助政策和园区招商优惠政策；协调融合相应资源，确保园区平稳运营等。

2. 管理主体：河南省人力资源社会保障综合服务中心

经省编委会批准，河南省人力资源和社会保障厅成立了河南省人力资源社会保障综合服务中心，正处级公益一类事业单位，承担中国中原人力资源服务产业园的公共服务平台建设、宣传、企业引进和运行管理工作等。2017年 6 月 20 日，综合服务中心组建专职工作团队。

河南省人力资源社会保障综合服务中心承担中国中原人力资源服务产业园区领导小组办公室日常工作，综合服务中心主任兼任领导小组办公室主任。

3. 运营主体：河南中原人力资源产业园运营管理有限公司

2018 年 4 月，河南中原人力资源产业园运营管理有限公司注册成立，主要履行三大职责：一是招商入园，落实政策。通过企业化运行，协助综合服务中心做好招商引企工作，负责园区房租补贴政策、港区财政奖补政策的执行落地。二是搭建平台，做好服务。优化园区的工作和经营环境，为入园企业提供日常经营及生活服务，为入驻单位、外来办事人员提供服务。三是管理资产，确保增值。受综合服务中心委托，协助中心对园区资产进行管理；按照市场化经营模式，确保园区国有资产保值增值。

（二）园区精细化管理

1."筑巢引凤"，高端引智

围绕"三区一群"战略，以引进国内外知名的高端人力资源服务企业为中心，着力引进高端咨询、高级人才猎聘等服务业态，填补产业链条空白，促进行业集聚、创新发展，同时着力培养一批具有全国甚至国际影响力的本土企业，逐步形成产业特色突出、服务功能完善的人力资源服务产业基地。

2.发挥总部经济效应，以点带面地推动产业集聚

着力推动人力资源机构的总部或人力资源共享服务中心集聚在一起，提升园区总部经济的核心竞争力和综合实力。通过总部引进，改变人力资源产业以往单一的产业发展模式，向多元化、集成化发展模式转型。

3.完善产业链，提升服务功能

集"集聚产业、拓展服务、孵化企业、培育市场"等功能于一体，注重行业发展上下游产业链完整性，既选择龙头企业，又关注行业稀缺性，培育成长性好的企业，形成优质产业集群，充分发挥"集聚效应"和"示范引领作用"，把园区打造成为中部地区极具特色的人力资源产业发展基地和人才支撑高地。引进人力资源服务、教育培训服务、金融保险服务、信息技术服务以及配套保障服务五大业态，形成园区完整生态圈和产业链。①

（三）从业人员队伍建设

截至 2021 年底，中原产业园办公人员共 600 余人，从业人员涵盖人力

---

① 《中国中原人力资源服务产业园区招商引企实施方案》，河南省人社厅网站，http://hrss.henan.gov.cn/2018/03-13/1568187.html。

资源服务低中高全产业链的行政人员、业务人员、管理人员。园区积极开展行业培训活动，培育骨干企业和领军型企业家。邀请行业主管部门领导、一流专家学者等解读形势与政策、分享最前沿思想、研判最新发展趋势，组织入驻企业"走出去"学习先进模式和经验，推动思想启蒙，唤醒人力资本意识，培育骨干企业和领军型企业家，引领企业在做优做强传统业务的基础上迈向价值链高端发展新路径。积极组织深入、系统地学习人力资源服务行业的理论和实际应用、劳动人事法律法规的规定和实际应用等知识，提升从业人员队伍整体水平和专业素养。

四　服务体系优化情况

（一）服务内容

1. 政府公共机构与经营性人力资源机构协同发展

产业园存在天然的公共服务属性、经济属性、经营属性，能够更准确地把握和落实人才政策导向，成为党委和政府推动人才发展的重要抓手，成为促进人才资源市场化培育、配置、激励、服务的公共平台，能够进一步提升人才引进的导向性和公信力，更多地开展公益性人才服务。为高质量发展当先锋，服务重点人才项目建设。园区入驻的河南省人才交流中心、公共就业服务中心等12家公共服务机构和法务、财务、金融、物业、商务等5家配套服务机构，与52家不同业态的优质人力资源服务企业共同构成了综合性就业服务平台，实现了政府公共服务机构与市场经营性机构的协同发展，多方协同服务于就业创业和人才配置，各类资源有效融合实现了"1+1 > 2"的效应。

2. 着力打造核心产品，持续推动产业园区内涵式发展

园区坚持精准服务人才，组织更多专业化的人才服务队伍、更深入地贴近企业和人才开展服务、更全方位地满足企业和人才的多元化需求，为全社会提供人才公共服务，履行服务人才工作大局的社会职责和使命。打造了园区共享人才数据中心，园区与入驻企业河南天基咨询有限责任公司共建智慧

化精准就业平台大数据中心，由"用人单位云数据中心""大学生就业数据中心""高校就业网运行监测中心"组成，能够反映大学生就业实时情况，监测供需双方的互动流向，大学生就业全生态一目了然。打造了园区高端人才创新共享中心，园区与入驻企业河南时代桥人力资源有限公司共建"高端人才创新共享中心"，针对重点产业人才需求提供高端人才配置服务，满足共享经济模式下人才共享的需求，立足全省重点支柱行业人才画像，致力于成为企业人才银行，实现从人力资源到人力资本的飞跃。

3. 坚持市场化思维，将产业园区打造成为引领市场化配置人才资源的重要载体

产业园区在河南招才引智工作中承担重要任务，积极推动民营企业在招才引智中发挥更加专业、更活机制、更加高效等作用。园区致力于构建科学现代的市场化经营机制，向专业化、平台化、市场化迈进，不断优化产业价值链，培育和增强核心竞争力。树立先进的市场化理念，增强市场化思维，认识到人才工作是以市场为导向，用市场化的方法去猎聘人才、招引人才；用市场的标准去对接人才、使用人才、评价人才；用市场化的薪酬去留住人才、激励人才，让市场成为人才工作的"指挥棒"。

（二）园区信息化建设

1. 信息化数字化园区

按照"网络分层、功能分区、统一规划、分步实施"的指导思想，在中原产业园建立便捷的信息服务网络，在园区内部打造共享开放平台和智慧园区，并通过云平台实现统一管理、按需分配、弹性调度，为各类业务系统和大数据平台提供一体化的支撑平台。

2. 建设人力资源数据中心

以中国中原人力资源服务产业园信息中心和大数据中心为依托，建设河南省人力资源数据中心。中心采用"政府主导、市场化运作"的运营模式，充分发挥政府在人力资源数据中心建设过程中的主导作用，同时面向市场，以市场化运作的方式实现人力资源的最优化配置。

五　产业园建设中的问题和未来发展趋势

（一）园区建设中遇到的问题

第一，园区所在地人力资源培养供应端（学校）和用工需求端（企业）均不活跃，产业发展基础较弱。供求两端及对接平台的协同发展问题，即融合优化、集聚发展和规模壮大成为重点问题。

第二，疫情等外部不确定性因素带来第二、第三产业波动，人力资源服务业作为生产性服务业随之受到相应冲击，行业抗风险能力较弱。

第三，园区缺乏核心产品服务与产业集聚平台，是可持续发展所面临的长期问题。

（二）产业园未来发展目标、方向任务

我们坚持"一张蓝图绘到底"，着眼园区五年、十年发展目标做好当前具体工作，继续做好产业发展的"培育、配置、激励"，坚守"理念、战略、机制"，发挥"集聚、融合、规模"效应，继续夯实基础，愈加根深叶茂，创新推动人力资源服务业高质量发展。

1. 更好发挥人才产业集聚效应

依托中国中原人力资源服务产业园构建的河南省人才发展集团能实现"1+5+7"的业务发展格局。"1"，即依托中国中原人力资源服务产业园这一个国家级产业集聚发展载体和平台。"5"，即一圈、一池、两库、一媒体。在"一个载体"的基础上，打造人才产业生态圈和完整产业链、设立人才创新创业及产业发展资本池（人力资源服务业发展投资资金）、联合共建人才数据库、形成人才发展高端智库（中原人才经济研究院），以《人力资源开发》杂志为基础形成融媒体平台。"7"，即"7"类主营业务模块，着力发展经营性人力资源服务、人才数字化服务、人才科创服务、人才产业投融资、人才品牌建设服务、会展服务和人才安居服务等。

2. 加强战略合作，持续引领推动人力资源服务业高质量发展

持续开展招商引企，优化产业发展生态圈，加快推进与国际国内领军型企业在产品、技术、资本等方面的战略合作，以其作为业界领航者的新模式、新理念、新思维、新价值取向引领推动中部人力资源服务企业向价值链高端延伸发展，实现入园企业的中高端培育和孵化，形成以人力资源服务为核心的生态产业链和优质产业集群。

产业园区经济规模持续扩大，进一步释放人力资源服务集聚发展的倍增效应和引领作用。在实体经济重点产业集聚区植入人力资源服务业，促进人才链与产业链、资金链、创新链有机融合，构筑人才强省战略高地，赋能区域经济高质量发展。

3. 有机融合公共机构和经营性机构优势资源，形成协同"保就业、稳就业"的新动能

产业园发展为人力资源服务业提供了一个宽广的发展平台，既提供就业和人才配置的专业化服务，又能够满足各个行业对人力资源的需求，能够进一步提升人才引进的导向性和公信力，更多地开展公益性人才服务，实现企业和求职者的效益最大化，提升中原地区劳动者技能、提高劳动者素质。

4. 构建"1+X"产业园发展布局，以人才服务集聚赋能区域经济高质量发展

适应形势变化，从传统招商理念"筑巢引凤"向新理念"在有凤的地方筑巢"转变。输出产业园区发展理念和价值观，在全省重点产业集聚区布局一批人力资源服务产业园，建立省、市、县（区）三级人才平台联动的运营服务模式，打造人才"引育用留"系统化职能体系，通过融合互通的机制，做到人才资源省内统筹，按需引进、匹配。同时，运用三级联动的运营服务模式，支持乡村振兴，重点支持人才政策向县乡（镇）基层合理倾斜，推动解决基层"引才难、留才难"的问题。

5. 打造资本和技术两个核心平台，为产业园区可持续发展注入新动能

一是探索设立中原人力资源服务业发展投资资金，逐步搭建投融资平台，实现产业园与入驻企业的共同成长。二是鼓励支持入园企业共建区别于"公务云"的"私有云"，为园区入驻机构和市场供需两端提供服务。

6. 更加有效地促进区域内重点产业的发展

河南省、市区域内的重点产业发展，需要匹配针对性的人力资源服务和产品来支撑，让人才项目真正能够快速激活市场，带动城市实现高质量发展。在这个方面，中原产业园具有天然的背景优势，更加了解政府的发展意图，了解当地重点产业的人力资源服务需求内核，更加容易直接匹配服务，促进重点产业的快速发展和助力城市经济发展。

B.7
突出政策扶持引领　推动产业高质量发展

蔡旭卫　王湘礼　汤燕敏 *

摘　要： 本报告从产业园概况、人力资源产业集聚、经济社会效益指标等多个方面介绍了中国苏州人力资源服务产业园的发展状况。立足政策制度建设、管理运营发展、服务体系优化等角度阐述产业园在推动行业健康快速发展上所进行的工作和起到的重要作用。下一步将围绕贯彻就业优先战略、服务地方产业发展、发挥园区联动优势、促进园区提质增效、推进国际化发展等方面推进园区建设，充分发挥园区在推动苏州经济社会发展中的重要作用。

关键词： 人力资源服务　产业园　苏州　"一园多区"

中国苏州人力资源服务产业园（以下简称"苏州产业园"）是全国第四家、地级市首家国家级人力资源服务产业园，于 2013 年 12 月经人社部批准建设，2014 年 10 月开园。2017 年 9 月，经国家外国专家局批准，在现有产业园基础上叠加建设中国苏州国际人力资源服务产业园，于 2018 年 2 月 8 日开园。苏州产业园规划面积 22.92 万平方米，总投资 44.6 亿元。历经 9 年的建设，苏州产业园从稚嫩走向成熟，从开端迈入新篇，适应新时代的发展，开辟更广阔的市场，高效推动苏州人力资源服务业向高质量方向迅猛发展。

---

* 蔡旭卫，苏州市人力资源和社会保障局就业促进与人力资源流动管理处处长；王湘礼，苏州市人力资源和社会保障局就业促进与人力资源流动管理处副处长；汤燕敏，苏州产业园管理办公室。

一　基本情况

（一）产业园概况

苏州产业园以"服务苏州、惠及长三角、面向全国"为宗旨，设立"产品集聚区、品牌集散区、企业孵化区、职业培训区"的战略定位，采用"一园多区"布局，以苏州高新园区为核心区，昆山市、常熟市、吴江区人力资源服务产业园为分园区，呈现"点面结合"特点。园区积极发挥政府推动、市场化运作的机制优势，紧贴苏州经济社会发展，坚持融合创新，强化示范引领，构建国家、省、市三级人力资源服务产业园发展体系，着力打造国家级产业园发展的苏州模式。

高新园区，地处苏州高新区狮山商务区 CBD，周边商业、生活配套完备，地铁、高架、公交网络便捷。园内设施配套齐全，为入驻机构提供专业的一站式服务，入驻机构总体实力强、层次高，产业链完备，政策体系和服务功能完善。

昆山园区，紧贴昆山产业发展特点，采取功能叠加、产城融合的方式，构建"1+1+N"国有人力资源机构保障网络，搭建人力资源配置大数据平台，建设政策集成、服务集聚、发展集约、具有较强区域影响力的人力资源服务载体，打造昆山人力资源服务总入口和高效配置第一门户。

常熟园区，位于苏州市常熟高新区，重点围绕汽车零部件产业、高精尖设备制造产业，紧贴相关人才引进及职业技能培训，建立人才培养多元供给机制，着力打造优质、高效、便民的政府公共服务体系、市场化人力资源服务体系和生活服务体系。

吴江园区，位于长三角生态绿色一体化发展示范区，园区紧贴经济社会发展实际，打造"一园多点"发展构架，通过集聚产业、孵化企业、培育市场，形成多元化发展态势，实现公共服务与经营性服务无缝对接和有效互补，不断强化人力资源支撑经济高质量发展的作用。

（二）产业集聚情况

1. 实现经济社会效益"双赢"

在 9 年的建设过程中，苏州产业园紧贴苏州经济社会发展与人力资源服务产业发展实际，根据发展规划部署稳步向前，产值规模实现跨越式增长。至 2021 年底，苏州产业园入驻企业 413 家，全年营业收入 457 亿元，纳税额 14.8 亿元（见表 1），产值规模居国家级产业园前列，成为地方经济增长新引擎。此外，园区积极发挥就业创业主渠道作用，全力打造集人才引进、派遣外包、职业培训、管理咨询等服务为一体的人力资源服务平台，园区入驻人力资源服务机构年服务人次 110 万人次，服务用人单位 12 万家次，帮扶就业和流动人数 36 万人次，提供就业岗位达 54 万个，引进高层次人才 1.06 万人（见表 2），给高校毕业生提供就业岗位 2.4 万个。

表 1　2021 年中国苏州人力资源服务产业园经济效益指标

名称	开园运营时间	建筑面积（万平方米）	入驻企业数量（家）	营业收入（含代收代付）（亿元）	纳税额（亿元）
苏州产业园	2014 年 10 月	22.92	413	457	14.8

数据来源：苏州产业园统计数据。下同。

表 2　2021 年中国苏州人力资源服务产业园社会效益指标

名称	服务人次（万人次）	服务用人单位（万家次）	帮扶就业和流动人数（万人次）	提供就业岗位（万个）	引进高层次人才（万人）
苏州产业园	110	12	36	54	1.06

2. 引领行业创新快速发展

在苏州产业园的示范引领带动下，苏州人力资源服务产业发展呈现良好上升态势，至 2021 年底，苏州全市人力资源服务机构超过 3800 家，从业人员超过 3.5 万人，年产业规模 1128 亿元。以高级人才寻访、人力资源测评、人力资源信息软件服务以及"互联网+"人力资源服务等为代表的一批与国际化发展相适应的服务业态方兴未艾，形成了涵盖招聘、猎头、测评、咨询、薪酬、人力资源软件及综合解决方案在内的完整产业链，为推动苏州经济社会发展、促进产业转型升级，推动建设劳动者就业创业首选城市提供了不竭的动力。

3. 培育企业打造标杆品牌

一是加快实施骨干企业培育。在全行业内重点培育一批拥有核心产品、成长性好、竞争力强、勇于承担社会责任的综合性企业，鼓励企业通过上市、走出国门等多种形式强化发展。截至 2021 年底，苏州已有 33 家机构被认定为省级人力资源服务骨干企业，30 家机构被认定为市级骨干企业，培育的骨干企业中有 5 家企业已成功上市。二是加大行业人才队伍建设。打造一支综合素质高、创新能力强、服务业绩优的领军人才队伍。至 2021 年底，已有 28 名行业翘楚荣获省级人力资源服务业领军人才殊荣，30 名行业精英获评市级领军人才。苏州每年还举办两期人力资源服务从业人员培训，年培训规模 2000 余人，有力地提升了全行业从业人员的业务素质。三是鼓励企业服务产品创新。鼓励人力资源服务机构适应市场发展需求，探索技术创新、产品创新和商业模式创新，充分运用大数据、云计算、移动互联网和人工智能等新技术，研发更多有较好科技含量和市场价值的新产品、新服务模式，引领行业变革创新，提升服务效益质量。现已评选出市级人力资源服务品牌 37 个。

4. 扩大产业集聚区域建设

苏州在建设国家级人力资源服务产业园的同时，把人力资源服务集聚区建设作为推动产业发展的有效路径，充分发挥园区集聚辐射和行业引领作用，构建国家、省、市三级人力资源服务产业园发展体系，强效推动苏州市人力资源服务集聚区版图的扩张（见图1），截至 2021 年底，已累计建成市级以上人力资源服务产业园 7 家，人力资源服务集聚区 10 个，集聚人力资源服务机构 563 家。

苏州人力资源服务集聚区建设不仅助力产业的快速发展，同时积极服务

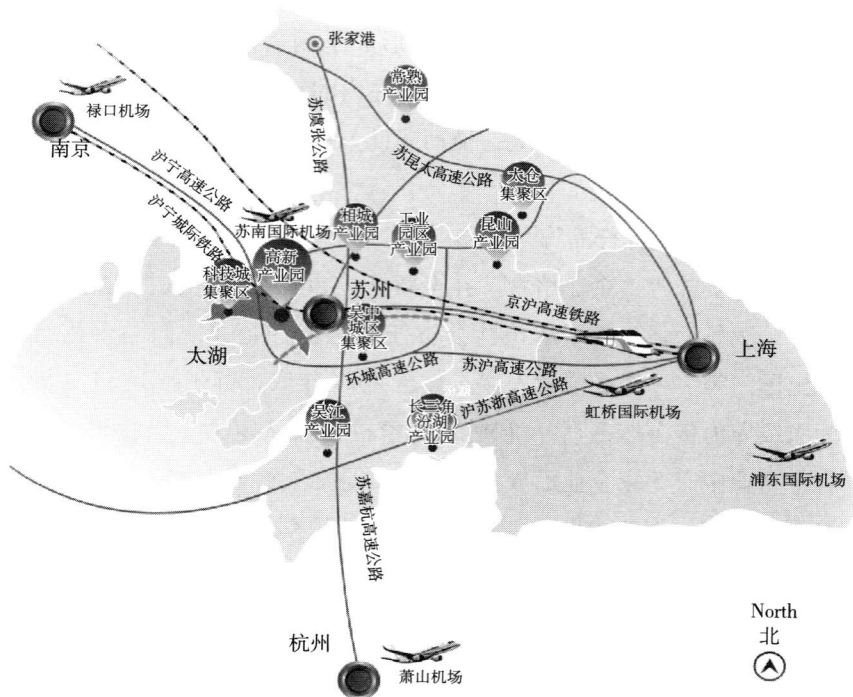

图1 苏州市人力资源服务集聚区分布情况

国家和地方发展战略，在重点培育的集聚区中，苏州市相城区人力资源服务产业园位于苏州对外的重要交通枢纽地、市级功能核心承载区，园区坚持差异化发展方向，依托数字金融和科技人才优势，形成产业融合发展示范辐射效应，助力打造长三角国际人力资本创新产业园区；苏州工业园区人力资源服务产业园充分利用江苏自贸区苏州片区和开放创新综合试验区的发展特点和优势，聚力大数据赋能中心、产教融合示范区、国际化人力资源服务产业高地建设，打造联动多方力量、汇聚优质资源、提供特色服务的多功能一体化载体；长三角（汾湖）人力资源服务产业园位于苏州吴江区汾湖高新区、长三角一体化发展国家战略核心地带，是长三角一体化示范区先行启动区内首个地市级人力资源服务产业园，园区围绕人才引进培养、企业孵化培育、人力资源大数据服务等重点发展方向，进行全产业链开发建设，力争打造长三角一体化示范区人力资源产业新高地。三个园区先后按照《苏州市市级人力资源服务产业园区认定办法》被认定为市级人力资源服务产业园。另外，太仓、吴中城区、高新区科技城等集聚区的建设也稳步推进，形成多级支撑的良好格局。

5. 营造行业发展良好生态

深入开展诚信主题创建行动，持续推动人力资源服务行业诚信体系建设，选树依法诚信经营先进典型，发挥其在市场管理和行业发展中的引领带动作用。截至 2021 年底，苏州共有全国人力资源服务诚信示范机构 5 家、江苏省诚信人力资源服务机构 225 家次、苏州市诚信人力资源服务机构 323 家次。支持行业协会健康发展，加强行业组织建设，建立协会党支部，定期召开理事会，举办各类规模型、专业型行业活动，促进行业交流，提升行业知名度和影响力，为新时代人力资源服务业高质量、可持续发展注入了新的活力。

二　政策制度建设情况

（一）产业园相关政策

推动人力资源服务业发展，建立健全行业相关政策体系至关重要。苏州产业园因地制宜出台了一系列保障有力的政策措施。建园初期，陆续出台了《中国苏州人力资源服务产业园发展规划（2014~2018 年）》《关于加快推进人力资源服务业发展的若干实施意见》《关于加快推进人力资源服务业发展的若干实施意见任务分解方案》，确定了苏州产业园建设的总体思路、指导思想、目标定位和发展具体措施，保障了苏州人力资源服务产业发展目标任务与国家级人力资源服务产业园建设目标的融合统一，对加快建设好国家级产业园产生深远影响。之后，又出台《苏州市市级人力资源服务产业园区认定办法》，对人力资源服务集聚区建设规划、立项审批、运营管理和配套服务等做出明确要求，对不同类型园区的建园标准进行了量化规定，为更高标准地建设好人力资源服务产业园区发挥了重要作用。

为进一步发挥政策撬动激励作用，加速人力资源服务业数字化转型和创新集群建设，提升行业专业化、标准化、规范化、数字化、国际化发展水平，苏州市人社局、财政局联合出台了《关于推进新时代人力资源服务业高质量发展的若干政策措施》（苏人保就〔2022〕2号）。文件明确提出，深入开展人力资源服务诚信机构评选、骨干企业认定和标准化建设，不断扩大行业规模效益；激励本地机构运用先进技术，创新服务产品，打造更多更优行业服务品牌；创新推进杰出人物评选、高端人才培训等活动，持续扩充行业高层次人才库；大力引进国际国内知名机构，提升行业发展结构层次；以更大扶持力度，推进人力资源服务产业创新集群建设；鼓励行业协会和机构等社会力量搭建各类创新发展平台，推动行业迈入数字化智能化发展新路；引导行业履行社会责任，服务发展大局，深入推进跨区域人力资源服务和劳务协作交流机制；探索推进行业发展统计调查制度建设，研究编撰行业发展报告，引领行业发展趋势潮流。这一系列文件，构成了协同推进苏州市人力资源服务业行业发展较为完备的政策体系，为产业平稳发展保驾护航。

（二）优化营商环境的举措

作为全国开发开放较早的地区之一，苏州经济一直走在全国全省前列，针对苏州地域分布广、经济多级增长的特点，苏州产业园从一开始就确立了"一园多区"的建园模式，各分园区通过市场化运作，结合区域经济特色，制定了注册优惠、房租补贴、财政奖励、金融优惠等一系列支持产业园发展的配套政策。以苏州高新园区为例，出台了《苏州高新区关于扶持人力资源服务产业发展的若干政策》，从产业园平台载体建设激励、房租补贴、机构引才奖励、税收贡献奖励、高管运营贡献奖励、品牌推广奖励、优质人力资源服务机构评选奖励等维度对产业发展给予扶持和激励；招商方面，突破性地试行从楼宇运营方到入驻企业的双向招商落户奖励，鼓励楼宇入驻企业做优做强，根据贡献度分档给予企业发展奖励；运营方面，对创新楼宇产业集聚管理模式、楼宇公共服务平台建设、物业维护及宣传推广等方面分别给予奖励；配套方面，对从区外引入的年纳税总额达到一定规模的企业高管等人才给予奖励。2021年，评选出10家人力资源服务机构为2020年度苏州高新区品牌人力资源服务机构，兑现奖励资金300万元；12家企业申报2020年度税收奖励163.73万元。此外，为充分发挥人力资源服务机构在人力资源配置中的积极作用，搭建社会化引才荐才平台，苏州高新区出台了《苏州高新区机构引才激励办法》，鼓励人力资源服务机构大力引进各类高层次创新创业人才，有效推进园区产业结构调整、增长方式转变和为增强自主创新能力提供人才保障。

三　管理运营发展情况

（一）园区管理运营模式

人力资源服务业作为现代服务业的重要组成部分，对市场的依赖性较大。基于此，苏州产业园确立"政府推动、市场化运作"的运营模式，成立苏州市推进人力资源服务业发展暨国家级人力资源服务产业园建设工作领导小组，下设中国苏州人力资源服务产业园管理办公室（见图2），建立各项制度，明确岗位分工，落实工作责任，强化内部协调。各分园区也均成立了专业化的运营管理公司，负责园区日常运作。

（二）园区精细化管理

常熟园区结合相关国家级园区建设标准和规范要求，围绕品牌影响力、规范经营、服务效果、社会责任等项目制定入驻企业的考核方案，在确保产业园项目业态提质增量的同时，进一步规范入驻企业合法、合规经营，为产业园长远健康发展打好坚实的基础。同时，园区坚持每月执行巡查制度，对企业现场经营情况进行检查，并形成检查记录作为年度考评依据。通过不断完善制度，形成长效管理的保障，同时也更好地发挥了政策激励引导作用，

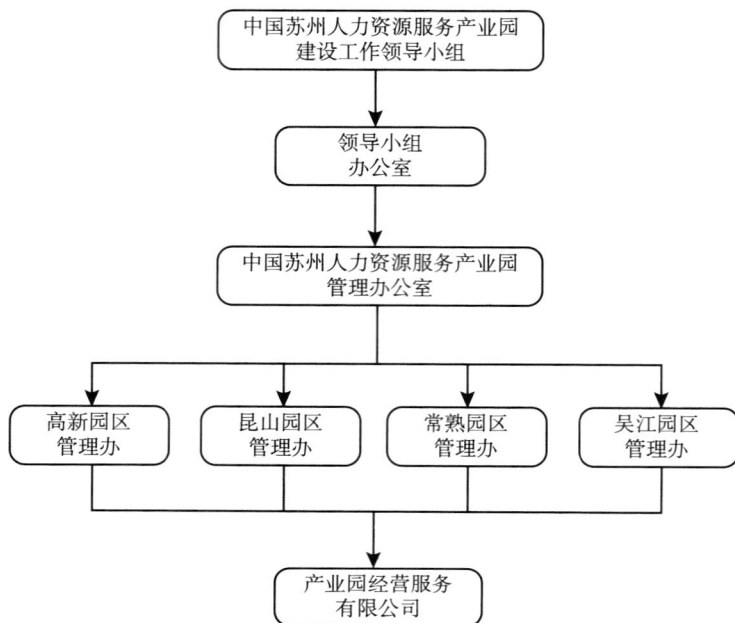

图2　中国苏州人力资源服务产业园组织架构

使入驻企业更好地为当地企业提供更全面、更贴心、更规范的服务，从而提升人力资源服务能级。

四　服务体系优化情况

（一）服务内容

苏州产业园根据规划布局，在各分园区的服务功能设计上做到因地制宜、突出重点、错位交叉、共同发展。

高新园区作为产业园的核心区，具备引领和窗口功能。园内设施配套齐全，提供"一站式"服务办事大厅、多功能厅、展厅、会议室、餐厅、停车场等辅助设施，为入驻机构提供专业的"一站式"服务。园区承担中高端人力资源产品服务、管理政策研究、服务项目研发、信息发布及查询等功能，形成完整的人力资源服务产业链；每年开展"中国智能制造人力资本高峰论坛"和"狮山人力资源论坛"等智能制造及劳动力管理活动，搭建人力资源服务产品供需对接平台，打造行业知名品牌，进一步扩大苏州产业园的区域影响力。

昆山园区充分发挥昆山市人力资源市场和花桥国际商务城知名人力资源服务机构的集聚优势，建设人才公寓、人才实训基地，形成人才科技创新基地，依托上海经济圈，实现"一城叠加发展、承接产业转移"，体现了依托苏州、融入上海、服务江苏的"桥头堡"作用。园区遴选产业园骨干成员定期赴人力资源合作基地和院校开展人力资源合作对接，通过"昆山班""冠名班""城市定制班"等合作模式，扩大人力资源供给渠道、降低招聘成本，形成"虹吸效应"。

常熟园区坚持注重与当地产业转型升级相协调，重点围绕汽车零部件等新兴产业和纺织服装等传统产业提供人力资源支撑和保障，依托常熟高新技术产业开发区内的教育培训与研发资源，充分发挥职业培训与创业孵化特色功能。迄今为止，产业园已引进 9 所培训学校，涵盖教育类、职业技能类等培训内容，每个月会同入园企业举办针对常熟当地企业的公益培训、讲座论坛、业务对接等活动，为人力资源服务机构与常熟重点骨干企业、高层次人才搭建沟通与合作平台，在回馈社会的同时，不仅提高了园区与入园企业的黏性，更扩大了常熟园区在当地企业中的知名度和影响力，树立了园区品牌的良好形象。

吴江园区以"集聚产业、拓展服务、孵化企业、培育市场、打造高地"为基础，以"扎根吴江、接轨上海、辐射长三角、走向全国"为目标，实现公共服务与经营性服务的有效对接，通过政策引领，培育园区骨干企业，积极引导并帮助入驻机构开展人力资源合作对接，与全国 200 余所院校进行合作，为吴江区内 1000 多家重点企业提供精准服务。园区通过提供人才引进、孵化培训等政产学研一体化服务，推进人力资源深度开发和优化配置，增加服务的技术含量和附加价值，打造一流的"人才产业基地、人才培训基地、服务外包基地、就业创业基地"。

（二）园区信息化建设

为更好地宣传和展示苏州市人力资源行业及中国苏州人力资源服务产业园的发展特色和建设成就，2021年苏州产业园对展示厅着手进行升级改造，计划增设多媒体互动设备，运用人工智能、大数据等数字化手段提升展示效果，旨在通过现代信息化手段为园区人力资源服务机构提供展示平台，也为苏州产业园对外交流搭建全新窗口。

在昆山园区，结合国有人力资源服务机构建设，搭建人力资源配置大数据平台，发挥"互联网+求职招聘"全天候线上高效服务配置优势，强化数据汇集分析和市场监管功能，提供统一高效的在线交流、远程面试、网上签约、智能推送、人工客服等求职招聘服务，打造昆山人力资源服务总入口和高效配置第一门户。在吴江园区，以"人力服务+互联网技术"相结合方式，鼓励协助园内机构开发具有前瞻性和创新性的理念和产品。依托吴江区建立的"用工速递"数据平台，督促区属企业及园内机构应用尽用，积极精准匹配客户资源。

五　产业园未来发展趋势

（一）贯彻就业优先战略

加强人力资源公共服务和市场化服务对促进就业创业方面的基础作用。发挥产业园的就业服务主渠道功能，落实就业规划，发挥公共服务和市场化服务的综合效能，提供全方位、配套化的服务手段，增强就业服务保障能力，着力促进重点群体就业。鼓励支持人力资源服务机构开展多种形式的职业介绍活动，宣传就业创业政策和发布招聘岗位信息，组织用工企业和劳动者的精准对接。积极提供人力资源培训、人才测评、人力资源管理咨询、人力资源供求信息监测等一体化、"一站式"、全链条服务。组织园区机构开展劳务协作等就业扶贫活动，助力脱贫攻坚。

（二）服务地方产业发展

加强面向苏州先进制造业、现代服务业的服务创新和业态升级，合理布局人力资源业态，不断调整和优化园区企业结构，把园区打造成为服务产品齐全、专业化程度强、技术含量高的人力资源服务供应基地，满足区域发展的人力资源需求。扩大人力资源服务业与本地产业供求对接渠道，围绕实体经济用工、培训、管理咨询等需求，引导入园机构为实体企业提供针对性、个性化服务。鼓励人力资源服务机构参与职业技能提升行动，将符合条件的纳入职业技能培训和评价目录范围。拓宽和强化包括智能制造在内的各类技能培训功能，为企业转型升级提供技能人才支撑，助推地方产业转型升级。

（三）发挥园区联动优势

发挥苏州产业园"一园多区"的联动优势，加强政策、管理、服务、信息资源互联互通，提高整体产业贡献度。结合各园区的实际特点，坚持需求导向，优化产业园区业态功能布局，加快技术创新升级，促进各园区产业创新互动，鼓励机构合作创新，进一步扩大辐射带动作用。加强对各园区政策规划引导，全面整合协调各级产业园的优惠政策体系。建立省市区三级协调联动体系，健全长效管理机制对各园区进行统筹管理。发挥园区公共服务平台作用，加强产业园之间公共服务联动。实现产业园之间信息互通，发挥国家级产业园对全市各园区的带动引领作用，开展经验交流和指导。

（四）促进园区提质增效

建设功能完善、政策先行、服务规范、管理有序的人力资源服务产业园区。将园区打造成服务产品齐全、专业化程度高、技术含量高的人力资源服务供应基地，形成人力资源服务与科技创新、现代金融、实体经济等跨界融合的综合性服务体系。为园区企业提供完善的公共政府服务、办公商务服务、生活配套服务，提升服务能级，建设人力资源服务产业园标准化示范区。落实国家和省市产业园的各项政策要求，探索建立人力资源服务产业园政策先行示范区。完善园区各项管理制度，建立健全组织管理体系，探索精细化管理系统流程，完善园区管理考评机制。

（五）推进国际化发展

建设具有国际竞争力的人力资源服务产业园。加快国际人力资源服务要素集聚，引进国外知名人力资源服务企业入驻，管理设立区域总部、研发中心、信息中心等，引进国际先进技术服务理念和管理经验、新型业态和服务模式。开拓海外人力资源服务市场，积极服务"一带一路"建设以及自贸区、服务贸易试点城市建设等国际化战略。加强与国际人力资源、引才机构的交流对接，开拓国际服务外包和境外合作等业务，推动机构"走出去"的规模和水平显著提升。

B.8
以数字化改革推动产业园整体智治

王建英　田间清　许楚楚　何露雯*

摘　要： 本报告从基本情况、政策制度建设情况、管理运营发展情况、服务体系优化情况等方面详细介绍了中国杭州人力资源服务产业园的发展情况。区划调整后，产业园建设进入了新的发展阶段，但在明确优势与潜力的同时也暴露了一些短板，如先发优势趋于弱化、政策优势难以凸显、空间优势和聚集程度有待提升、管理模式有待优化等。本报告还展望了数字化改革背景下产业园的转型发展，产业园将以政策创新为引领、以园区提升为契机、以大型活动为抓手，力争为杭州经济社会发展做出积极贡献。

关键词： 人力资源服务　产业园　杭州　数字化改革

一　基本情况

（一）产业园概况

中国杭州人力资源服务产业园（以下简称"杭州产业园"）是全国第五家国家级人力资源服务产业园，设有上城、拱墅两个园区。上城园区下属三个板块，总建筑面积 3.4 万平方米。其中，智谷·人才广场位于钱潮路 369

---

　*　王建英，杭州市上城区人力资源和社会保障局副局长；田间清，杭州市上城区人力资源和社会保障局人才开发管理科科长；许楚楚，杭州市上城区人力资源和社会保障局人才开发管理科科员；何露雯，杭州市拱墅区人力资源和社会保障局人才开发科科员。

号，处于钱江新城和庆春商圈核心区域；智谷国际人才交流中心位于九环路36号，地处新禾联创公园内，以6号楼旧工业厂房为主体进行遗存改造；智谷国际人才大厦位于花园兜街175号。拱墅园区位于杭州市拱墅区白石巷318号，占地面积21亩，总建筑面积近8万平方米，是浙江省第一家人力资源服务产业园，2013年12月开园，与武林广场和西湖景区直线距离4公里，地理位置优越，毗邻地铁5号线，接驳地铁1号线直达萧山国际机场。

（二）产业园产业集聚情况

截至2021年底，两个园区共计入驻机构325家，直接从业人员9004人。园区先后引进外企德科、智联招聘、今元标矩、浙江外服、浙江中智、科锐国际、千汇人力等人力资源服务机构。其中，涵盖知名人力资源服务机构40余家，上市企业3家，培育骨干企业30余家，孵化成功企业10余家。在浙江省人社厅发布的2020浙江省人力资源服务业发展白皮书中，园区23家机构入选浙江省综合100强，占杭州市入选机构的2/3。

近年来，两园区基于低、中、高全产业链生态环境打造，助推园区服务业态全面发展，新老业态良性互动。随着人力资源数字化转型的不断深入，越来越多的企业开始思考如何真正实现人力资源场景数字化应用，通过价值重构与业务升维，形成产业生态闭环，构建以"数据为基础、用户为核心、场景为入口、内容即服务"的人力资源新型生态模式。2021年，杭州人力资源服务和产品创新创优路演，共评选出十个重点和优秀项目，园区企业杭州悟空薪享科技有限公司"农经纪——基于农垦农场灵活就业的服务平台"项目、杭州青塔科技有限公司"星云——高层次人才引进数字化解决方案"项目、杭州中昂企业管理咨询有限公司"海智——国际人才引进和成果转化服务"项目成功入选并获项目资助，入选项目数量全市第一。

作为具有高人力资本、高附加值、高收益率的朝阳型现代生产性服务业，人力资源服务行业积极主动服务地方发展战略。为贯彻落实省委省政府扎实推进高质量发展建设共同富裕示范区的决策部署，进一步发挥人力资源服务行业市场化优势助力共同富裕，中国杭州人力资源服务产业园发起

"共享人力资源、助力共同富裕"行动倡议，由省内国家级和省市级人力资源服务产业园组团带头，与全省山区 26 县各点位建立起一对一、一对多、多对一的支援帮扶关系，探索山区县高质量发展共同富裕新路径，园区共16 家优质机构报名参加。

（三）产业园主要经济社会指标

中国杭州人力资源服务产业园建筑总面积约为 11.4 万平方米，总投资达 4.5 亿元，入驻企业 325 家。2021 年全年营业收入 365 亿元。具体经济效益与社会效益指标见表 1~4。

表 1　2021 年中国杭州人力资源服务产业园（上城园区）经济效益指标

名称	开园运营时间	建筑面积（万平方米）	入驻企业数量（家）	营业收入（含代收代付）（亿元）	纳税额（亿元）
上城园区	2013 年 11 月	3.4	106	210	3.3

数据来源：中国杭州人力资源服务产业园统计数据。下同。

表 2　2021 年中国杭州人力资源服务产业园（上城园区）社会效益指标

名称	服务人次（万人次）	服务用人单位（万家次）	帮扶就业和流动人数(万人次)	提供就业岗位（万个）	引进高层次人才（万人）
上城园区	25	5.2	6.5	6.8	0.2

表 3　2021 年中国杭州人力资源服务产业园（拱墅园区）经济效益指标

名称	开园运营时间	建筑面积（万平方米）	入驻企业数量（家）	营业收入（含代收代付）（亿元）	纳税额（亿元）
拱墅园区	2013 年 12 月	8	219	155	2.71

表 4　2021 年中国杭州人力资源服务产业园（拱墅园区）社会效益指标

名称	服务人次（万人次）	服务用人单位（万家次）	帮扶就业和流动人数（万人次）	提供就业岗位（万个）	引进高层次人才（万人）
拱墅园区	185	1.7	3.5	8.5	0.3

二 政策制度建设情况

（一）最新出台的产业园相关政策

1. 上城园区

上城园区依托全国重要的高端服务业中心、消费中心、创业创新中心和宋韵文化传承展示中心、一流国际化现代城区"一区四中心"，出台人才新政"黄金二十条"和高端商务人才认定实施办法，提供税收政策、政府购买服务政策、机构入驻奖励补助政策、市场化人才引进奖励政策，对促进园区人力资源服务机构发展发挥了积极的作用。为区域内组织的具有全国影响力、国际影响力的博览会、高峰论坛、对接会等超过100人的大型人力资源服务活动提供场地、嘉宾、一次性补贴等多种形式的政策扶持，推动更多优秀活动落户。

2. 拱墅园区

拱墅园区围绕推动人力资源服务业发展和建设国家级人力资源服务产业园，为入驻企业提供财政补贴、引才育才奖励等优惠政策。

对于帮助拱墅区引进高端人才的人力资源服务机构，每引进1人给予最高80万元的引才奖励；园区中介机构从区外引进高端人才的，给予中介机构50%的中介费奖励；对应区政府及部门邀请来考察和参加活动的海外人力资源服务机构代表给予一定的活动补贴。同时，经权威机构认定，给予综合排名位列全国前100强的人力资源服务机构及全国性、区域性人力资源服务机构总部"一企一策"财政扶持。

2021年，拱墅园区正式发布《"拱聚英才·拱赢未来"运河沿岸名区人才建设三年行动计划》，重磅推出"五大行动""20条举措"，进一步坚持人才引领发展，加大力度培养人才、团结人才、引领人才、成就人才；面向海内外高层次人才出台《拱墅区新"运河英才"高层次人才支持计划实施办法（试行）》，计划3年内引进200名左右高层次人才，全面形成与人才

"共同成长、互相成就"的良好生态。同时，拱墅区政府正在研究产业园新一轮扶持政策，加大招才引智力度，推动园区做大做强。

（二）优化营商环境的举措

1. 上城园区

上城园区积极践行数字化改革，推进"互联网+"人力资源服务，首创"智谷网上人力资源产业园"，聚合政府、市场、社会资源，为实体经济、科技创新、现代金融协同发展提供人力资源服务信息化支撑。位于园区一楼的人才综合服务中心为各类人力资源服务企业及人才提供"一站式"服务，可以说是服务"绿色通道"的入口。在这里，可以获得政府提供的政策咨询、项目申报、创业项目落地等服务，办理进杭落户、人才居住证、社保医保、人事档案托管、专业技术资格确认等个人业务，还可以享受包括子女入学、家属就业等个性化的人才服务。

对于所有来自园区企业推荐的高层次人才，都会建立一人一档的个性化电子服务档案，详细记录人才的相关信息，尤其是个性化服务的要求信息，以便工作人员提前以电话、短信等形式通知可以办理的事项。每年园区都会配合区人社局为人才寄送生日蛋糕、寄送书籍、组织体检、疗休养，为人才开设国学、管理素质提升等公共课程，适时组织沙龙等交流活动，不断提高人才综合素质。园区力争最大限度地帮助企业、人才简化办事程序，减轻负担，让他们的精力能够充分投入自己的事业。

2. 拱墅园区

拱墅园区开园至今不断锐意进取，在彰显城市品位、构建良好营商环境方面持续创新，奋力打造了一个国际化、专业化、有温度的人力资源服务产业园区。

坚持精准招商。拱墅园区发挥国家级园区品牌优势，以市场竞争力强、品牌效应好、行业标杆度高为标准，重点吸引高端人才机构和猎头公司入驻。

坚持政策引领。在用足、用好上级政策的同时，出台加快人力资源服务产业园发展实施意见，为入驻企业提供财政补贴、引才育才奖励以及著名商标创建奖励，协助扶持上市等。

坚持平台搭建。连续四年举办中国杭州国际人力资源峰会、人力资源服务机构助力大学生创新创业等大型活动，逐年的品牌积累和口碑传播，使峰会等活动成为省内乃至全国领先的高端人才和人力资源服务行业盛会。

坚持服务社会。发挥市场在人力资源配置中的决定性作用，拓宽引才引智渠道，为区域经济社会发展提供人才保障。以数字化改革为契机，打通产业园和困难群体有关就业数据，推进全省数字就业试点工作，试点经验全省推广。同时，与贵州、湖北、四川等东西部对口帮扶地区开展务实合作，通过整合政府、社会及市场力量，帮助贫困劳动力实现转移就业和稳定就业。

三 管理运营发展情况

（一）园区管理运营模式

上城园区由上城区人力资源和社会保障局管理、指导，物理空间归属于四季青街道，运营服务由第三方——智谷人力资源服务协会负责。涉及招商及政策服务的内容，由人社局和街道共同负责，涉及物业、安全管理等问题由街道统筹协调，如遇纠纷提交人社局上会处理；日常企业服务、数据收集、活动执行等内容由智谷人力资源服务协会负责，如遇问题，由人社局上会协调处理。

在政府购买服务的基础上，不断深化政府服务、协会服务的作用。依托属地街道的服务功能和范围，为企业做好定向送政策、定向策划活动等工作。

拱墅园区按照"政府引导、社会参与、企业投资、市场运作"的原则，采取政企结合的管理模式，成立由"人社部门、属地街道、园区业主"三方组成的管理委员会。目前，园区正在积极探索新的管理运营方式，通过管办分离，理顺内部行政职能与企业运作关系，充分调动社会各方资源，发挥好市场主体的作用。

（二）园区精细化管理

自国家发改委发布《产业结构调整指导目录（2019 年本）》将人力资源服务产业园建设列为"鼓励类"项目后，各地政府越来越重视人力资源服务产业发展，产业园建设和运营要求不断提高。这既是挑战，也是机遇。上城园区和拱墅园区都在积极优化产业结构，持续提升管理运营能力以应对激烈的竞争。对入驻园区的机构发放问卷调查，从对园区印象、工作人员态度仪容、园区活动主题、园区消息时效性、服务满意度等 10 个方面深入了解其实际需求，获取企业对园区的宝贵意见，进一步提高园区的服务质量。

2021 年，产业园成功举办"政企对接·合作共赢"洽谈交流活动，邀请了市发改委、市经信局等 12 个市直部门走进中国杭州人力资源服务产业园开展"三服务"活动；联合上海静安区人社局开展长三角人力资源服务融合对接活动，组织园区企业代表参观调研数字驾驶舱，组织多场次数字赋能沙龙活动，引导企业加快数字化发展及科技创新，推动园区能级快速提升。

（三）从业人员队伍建设

产业园人力资源服务机构的专业化水平、高附加值业务拓展能力持续提升。截至 2021 年底，园区办公人员近 5000 余人，涵盖人力资源服务低中高全产业链的行政人员、业务人员、管理人员。园区坚持通过形式多样的业务培训活动如各类人才培训、企业业务发展模式培训帮助从业人员不断更新业务知识体系，帮助企业不断发展壮大。在区划调整以及经济发展新形势下，园区先后举行"新就业形势下平台经济业务合作模式"的专题研讨会，联合金柚网共同举办"数智赋能 变革未来"企业人才管理发展论坛，联合中智关爱通（上海）科技股份有限公司举办关于"数字赋能——重新定义企业服务新生态"业务精准对接特别活动，集合入驻企业进行冬季园区消防演练等，助推园区企业交流合作，提升人才队伍建设水平。

四　服务体系优化情况

（一）服务内容

为更好地服务企业，上城和拱墅园区都专门设置了综合服务窗口，让园区企业"足不出楼"即可享受集成化服务的"一站式"人才专项服务。同时为入驻企业（机构）提供政策解读、宣传推介、活动交流、项目对接等配套服务，拱墅园区还配套有银行、酒店、餐饮、健身娱乐等设施。

随着园区品牌影响力的逐渐提升，服务辐射范围也在逐渐扩大。上城园区连续九年举办中国（浙江）人力资源服务博览会，2021年以"共同富裕与人力资源服务"为主题，吸引全球200余家人力资源服务机构设展，网上直播浏览10万余人次，300余家上市公司参加展览，近万名HR观展。

拱墅园区通过多种引才途径成功引进海外专家及高端智力项目，并开展园区各类培训主题沙龙、园区文化活动与对接会数场，积极搭建国际合作交流平台。2021年，成功举办了中国杭州国际人力资源峰会，主动对接"人才所需"，推动京杭大运河沿线人力资源产业数字化转型与协同发展，持续扩大中国杭州人力资源服务产业园这块"金字招牌"的影响力，并与AI Space、上海市科技人才资源中心有限公司、塞氏中国研究院、关爱通研究院等四家全球数字化人才机构（项目）签署战略合作意向，全力打造长三角区域和京杭大运河沿线人力资源服务产业发展的重要载体平台。同时，先后参加全国第一届人力资源服务业发展大会、中国（浙江）人力资源服务博览会并应邀参展设展，积极对接洽谈合作意向，全方位宣传推介园区建设发展优势。

两个园区充分提升服务主动性，全面增强园区社会效益。一方面，在助力共同富裕上发挥作用。产业园与衢州市、淳安县建立共享互助关系，并先后发动18家优质人力资源企业与9个山区县建立联系，争取在每一个县签约一批项目，建设一批站点，培养一批人才，带动一批产业，致富一方百姓，全面激发受援地区人才生态活力。另一方面，考虑重点人群的就业需求及企业招工需求，产业园发挥人力资源服务机构专业优势，采取线上线下相结合的形式，线上举行"百日千万网络招聘专项行动"、"国聘行动"线上专场招聘会、网络招聘宣讲、就业创业培训指导等活动；线下组织开展"国聘行动"系列活动，着力帮助重点就业群体顺利就业，为稳就业保就业提供有力支撑。先后发动区属21个街道组织780余家重点企业提供19800余个人才需求岗位，带动7000余名求职者达成初步就业意向。

（二）园区信息化建设

2021年是数字化改革元年，上城园区HR智享汇项目入选2021年全市人社系统数字化改革试点项目，成为人力资源领域唯一入选项目。园区认真细化具体任务，严格按照项目实施和系统迭代升级的时间节点要求，扎实推进试点工作。先后2次开展入驻企业需求调研、1次参加上城区数改工作会议、6次与开发公司对接，完成以下三方面工作。一是优化服务产品展示。整合各类数据，通过优化网上产业园UI设计、展示路径等方式，提升服务产品展示效率及可获取性。二是激发服务市场活力。定期组织各类线下、线上活动，形成优质联盟机构服务产品与网上产业园实现深度对接，包括线上产品对接、行业内报告、供需对接等各种合作。三是开发数据展示舱功能。实时展示整个平台的用户属性、流量动态，全方位满足企业发展的人力资源服务需求，开启HR共享新时代。

借着区域优化调整的契机，拱墅园区搞好提升改造工作，升级园区环境。精心设计展厅布局，推进一楼和三楼提升改造工程，增加数字化、国际化元素，运用多媒体等多种手段，灵活生动地展示园区发展成果。打造智慧园区，保持园区新媒体运营专业化、常态化。

五 产业园建设中的问题和未来发展趋势

（一）园区建设中遇到的问题

1. 先发优势趋于弱化

当前，各地政府对人力资源产业园建设热情高涨，全国国家级产业园已经达到 24 家，杭州园区不仅面临全国各地新建园区的竞争压力，还需应对杭州市内兄弟城区的大力追赶。近两年来，杭州市大力推动发展产业园，萧山、余杭等地开始重视人力资源产业，相继出台人力资源产业新政加大扶持力度，对上城和拱墅的人力资源产业和园区发展造成了很大的冲击。如上城区本土培育的准独角兽机构今元标矩 2019 年在 4000 平方米（2 元/米^2）房租减免政策吸引下将主要办公场所迁驻萧山。此外，杭州园区产业结构有待进一步优化。近年来，全国范围内猎头、人才测评、人力资源管理咨询等高附加值产业发展迅速，但杭州园区主要营业收入依赖于人才派遣和人力资源外包两项传统业务，产品服务附加值不高。

2. 政策优势难以凸显

园区所在地政府高度重视人力资源服务产业，在相关领导和部门的大力支持下，制定了区内最优的扶持政策。但两区出台的政策与其他园区政策相比，优势还难以凸显。如拱墅园区于 2013 年配套出台的《关于加快人力资源服务业发展的实施意见》中规定税收减免和办公场租优惠不可同时享受。兄弟城区的政策力度更大，如余杭区对新入驻企业租金按照第一年 100%、第二和第三年 50% 予以补助，补助面积最高不超过 1000 平方米，每平方米不超过 2.5 元/天。富阳区对入驻园区企业给予三年房租减免。滨江区对在本区设立的机构，根据财政贡献给予三年实际使用面积 80% 的租金补贴，最高补贴 1000 平方米。

3. 空间优势和集聚程度有待提升

与其他国家级园区和省级重点园区相比，杭州园区在空间上并不占优势，导致一部分优质机构无法入驻产业园。2020 年，拱墅园区人力资源服务业营业额占全区人力资源服务业的 58.5%。而易才人力、政兴人力、浙江商务人力、诚信人才等一批行业知名人力资源服务机构尚未入驻园区，因而无法享受产业扶持政策、配套公共服务和产业生态优势。

4. 管理模式有待优化

近年来，一方面由于上城园区运营费较低，不足以承担水电物业及专职人员成本，其他盈利及招引政策奖补空间有限，经多方对接，无第三方运营机构愿意入驻，致使园区无法真正实现市场化运营。另一方面，存量空间利用及企业招引方面，由于园区是否要搬迁提升一直没有定论、属地审核时较为烦琐等原因，成功率很低。拱墅园区按照"政企结合"管理模式，由区人社局、东新街道、灯塔经合社三方组成产业园管委会，但实际运营管理主要由区人社局负责，与其他新建园区相比，市场化、专业化程度还不够高。此外，部门、街道、经合社各方利益诉求不同，区人社局政策授权还有待进一步加强。

（二）产业园未来发展目标、方向任务

未来中国杭州人力资源服务产业园将进一步提质增效以实现高质量发展。发展的目的不仅仅是集聚行业企业，更是希望人力资源服务业成为助推杭州乃至浙江共同富裕示范区建设的重要一极。在数字化改革背景下，产业园的转型升级要重点做好以下三方面工作。

一是以政策创新为引领，持续提升产业园发展能级，进一步发挥人力资源产业集聚优势。区划调整后，根据新上城区和新拱墅区产业发展导向，及早出台新一轮人力资源服务业及产业园扶持政策，加强长三角区域及京杭大运河沿线城市与国家级产业园交流合作，进一步拓展优化园区发展空间，积极探索园区商业化运营维护，全力打造国家级产业园示范园区。

二是以园区提升为契机，持续优化产业园营商环境，进一步引育优质人力资源机构。上城园区正谋划将产业园搬迁至商业氛围更浓、发展前景更好的现代商业楼宇群落中，通过产业园的物理平台和硬软件设施升级，为园区

及区域产业集聚创造有利条件。通过更多优质人力资源服务机构的入驻,激励人力资源服务企业细化专业分工,向价值链高端延伸,实现中高端人力资源服务产品的辐射或覆盖,推动产业园整体服务职能的提升。

三是以大型活动为抓手,持续打造人才交流合作平台,进一步增强园区人才品牌影响。聚力抓好中国杭州国际人力资源峰会等大型峰会活动,继续做响"三会一赛"品牌,充分发挥中国(浙江)人力资源服务博览会、人才峰会、杭州市"创客天下"大赛的影响力,推进优质项目落地进程,提升引才效率,强化人才供给,促进政企合作繁荣发展。最终通过人力资源的国际化,实现生产要素的国际化,进而推动区内主要产业经济国际化,真正实现一流国际化现代城区的建设。

以"人力资本+数字经济"建设推进
产业园生态圈发展

曾仕鹏　郑　娟*

摘　要： 本报告重点从产业园基本情况、政策优化情况、管理运营发展情况、服务经济社会情况、特色服务等方面介绍了海峡产业园的发展情况。园区以打造良好人力资源服务生态圈为目标，支持企业开展"互联网+人力资源+新经济"的专业化人力资源服务。开园运营以来，园区在推动形成实体经济、科技创新、现代金融、人力资源协同产业体系方面取得了显著成果。园区的"海峡人力云"众创空间作为服务产业孵化载体成为发展亮点，致力于培养"互联网+"、移动互联网、大数据应用、人工智能等新兴技术领域的创业创新创造项目。未来也将努力克服地方政策支持力度不够大、产业园运营管理机制不够创新等问题，探索新模式，进一步扩大规模，积极打造智慧园区。

关键词： 人力资源服务　海峡产业园　福州　"人力资本+数字经济"

一　基本情况

（一）产业园概况

中国海峡人力资源服务产业园（以下简称"海峡产业园"）立足福建

---

* 曾仕鹏，中国海峡人力资源服务产业园管理办公室副主任；郑娟，中国海峡人力资源服务产业园管理办公室成员。

福州，联动海峡两岸，按"一园多区"的规划建设，目前以福州软件园 F 区 7 号楼为主体核心区，福建人才大厦和福州滨海新城数据园 3 期 11 号楼为分园区，总建筑面积达 5 万平方米。海峡产业园于 2018 年 6 月 15 日开园运营，海峡产业园核心区位于福建省福州市鼓楼区软件园西段，西临闽江，远眺乌龙江，软件大道贯通整个园区，向东通过铜盘路与二环路相连接，向西紧邻甘洪路，向北仅 1 公里可接三环路。分园区福建人才大厦位于福州市市区，连接鼓楼区五四路 CBD、金融商务中心。滨海分园位于福州新区的中国东南大数据产业园研发楼三期 A 区，辐射平潭综合实验区、马尾经济技术开发区、福清国家级经济区、江阴经济开发区。

（二）产业园集聚情况

截至 2022 年 2 月，产业园入驻企业 70 余家，入驻率达 100%，其中配套机构 9 家，从业人员 900 余人。海峡产业园自 2018 年开园以来，不断发挥园区集聚产业、拓展服务、培育市场等功能，打造公共服务和市场化服务两大平台。通过三年的培育运作，园区业务范围已涵盖人力资源服务全产业链，如毕业生就业服务、人才猎聘、人才测评与培训、人才技能鉴定与提升、人力资源服务外包、创业创新创造孵化服务、两岸及海外人才交流合作等。

（三）产品创新情况

产业园全力培育支持人力资源新业态发展，积极探索创新"互联网+人力资源"服务模式，基于传统业务和移动互联网、云计算、大数据、人工智能融合的信息化系统建设创新，借助互联网平台撮合、众包等方式，打通非全日制、共享员工、平台用工等新型劳动力供给，研发上线多元化的人力资源创新产品，如薪税机器人、海峡易税、"好福兜"员工福利商城、海派灵工、员工普惠金融、海峡社聘、中小企业人力服务 SAAS 平台、青峰社、职多薪等。

例如，员工普惠金融，先后推出了海峡钱包、个人财富增值、定制型员工保险和海峡云 E 贷，这款员工贷款产品是定制型产品，解决了目前外包、派遣、灵活用工等客群贷款难问题，让这部分员工也可以通过正规合法的银行途径获得普惠性利率贷款，真正解决他们的燃眉之急。海峡云 E 贷通过与近 20 家大型国有银行、股份制商业银行及地方性银行对接，嵌入金融服务场景，构建符合人力资源行业特色的金融服务场景，为员工提供个人信用业务、财务增值服务、支付结算、线上个性化保险服务等定制化专属金融服务，2021 年实现签约金额 30 亿元。

又如，"好福兜"员工福利商城，与京东、网易严选、中粮等供应商合作，福利物品多达 12 大品类、10 万多种货品。福利商城采取上线自营频道和线下码牌支付相结合方式，接入在线客服、美团外卖订餐、观影院线等体系，提供包括年节、生日福利，饭卡余额转化、劳保、办公用品集采等服务。同时，福利商城还引入医疗健康及商旅服务工作，平台承载供应链近 500 家。

另外，海派灵工不断积累有效用工池，开拓一线工人、管理岗、行政岗、技术岗、后勤岗等灵活用工配置，提供灵活众包业务，累计服务灵活就业者万余人。海峡社聘根据不同人群的就业意愿，通过线上与线下招聘相结合、直播带岗与政策宣讲相结合、现场招聘与面对面就业指导相结合方式，扩展服务至小微企业、个体工商户，为求职者精准匹配社区内招聘岗位，助力劳动者就近就业、灵活就业。

（四）主要社会和经济效益

海峡产业园 2021 年营业收入约 112.38 亿元，纳税额约 4.3 亿元（见表 1），全年举办线上线下招聘会 466 场，3.26 万家用人单位进场招聘，提供 53.76 万个岗位（见表 2），达成就业或就业意向近 10 万人。海峡产业园积极开展重点群体就业服务，开发"直聊"招聘系统，搭建企业带岗直播间平台，自主建设"福建省高校毕业生就业创业网上指导平台"，为全省 25 多万名高校毕业生开展就业政策宣讲、就业指导、就业咨询等活动。同时，进行 2021 年离校未就业毕业生就业跟踪服务，逐一核实福建省 5.67 万名离校未就业毕业生信息，登记就业意向，精准推送就业信息约 3.52 万条。人才公共服务办理流程和环节进一步优化。例如，网上办事大厅及时更新服务指南，升级职称评审、人工客服热线语音平台服务功能。园区具备规范化、专业化的档案管理与信息化水平，做好福建省档案基础信息的数据采集、归集、数字化、系统管理测试、金保网部署、本地化开发、业务平台操作培训等各项服务工作，逐步实现全部档案电子化。

表 1　2021 年中国海峡人力资源服务产业园经济效益指标

名称	开园运营时间	建筑面积（万平方米）	入驻企业数量（家）	营业收入（含代收代付）（亿元）	纳税额（亿元）
海峡产业园	2018 年 6 月	5	71	112.38	4.3

数据来源：中国海峡人力资源服务产业园统计数据。下同。

表 2　2021 年中国海峡人力资源服务产业园社会效益指标

名称	服务人次（万人次）	服务用人单位（万家次）	帮扶就业和流动人数（万人次）	提供就业岗位（万个）	引进高层次人才（万人）
海峡产业园	86.55	3.26	16.7	53.76	0.52

园区深入实施职业技能提升行动，全面发动企业员工参加职业技能电子培训券项目，发券成功约 4.1 万人，完成培训 2.05 万人。自主搭建的线上职业技能培训平台，新增 29 个技能工种课程，大力开展订单培训、定向培训，扩大全省职业技能等级认定的职业（工种）范围，全面铺开全省职业技能等级统一认定工作，推动福建省职业技能培训扩容提质。整合行业企业、中职院校、劳务合作站资源，探索建设全省职业技能人才配置中心，贯通招、培、派环节，解决企业用工难题。

产业园进一步加大信息化在考试领域的探索和实践，不断扩大新产品、新技术、新理念的应用场景范围，推进数字化技术在社会化考试领域中的应用，从在线考试平台、无纸化面试评分系统、考官信息管理系统、远程征题管理平台、在线阅卷平台、远程数字加密系统、微信公众号等信息平台入手,加快打造招考数字平台,构建社会化考试服务生态圈,实现数据的互联互通,提高对数据的智能化采集分析能力,形成考试评价的生态闭环,让评价的结果更加公正客观科学,为客户提供更加优质、快捷的服务。全年为近400家企事业单位提供近千余个岗位的考试服务,服务考生近六万名,共开展13个水平评价类知识技能型职业(工种)的职业技能等级统一认定工作,近三万人通过报名审核和认定考试。

二 政策制度建设情况

为充分发挥产业园区在人力资源配置中的作用,通过整合各类服务资源和政策牵引,促进人力资源服务业及相关产业集聚发展,制定出台《人力资源服务产业园发展实施方案》《福州市人民政府关于促进产业园加快发展的九条措施的通知》《关于进一步支持台资企业发展和推进台湾青年就业创业的措施》《关于长乐区(滨海分园)引进高层次优秀人才暂行办法》等政策文件,进一步明确人力资源服务业发展的目标、重点任务和政策措施,助力产业园建设向纵深推进。同时鼓励企业做大、做强,强化人才引进机制,结合园区定位,从产业发展奖励、引进人才奖励、办公用房补助、营业额奖励、共享人才住房等方面给予补助,如为入驻海峡产业园并符合一定条件的企业提供每家100平方米以上的办公场所和100平方米的人才公寓,免租扶持期三年;对入驻园区的大数据创新平台(如研究机构、专业技术服务平台和专业孵化器等),通过立项评审,对企业的规模、层次、服务能力、辐射范围等进行评估,对符合要求的企业给予最高不超过200万元的资金补助;推动建设"台胞台企登陆第一家园",对具备产业准入条件的台资项目实行"一企一议"的方式,鼓励台资企业入驻园区或在园区设立分支机构,发挥台资企业"以台引台"作用,给予发展专项资金奖励或补助;为两岸青年来榕提供短期免费住宿及免费创业场地、就业创业政策咨询、就业岗位推荐、在榕台湾专业团队创业就业指导等服务。

三 管理运营发展情况

（一）管理架构

为便于园区规范管理运营，海峡人力资源服务产业园采用"产业园管理办公室+海峡（福建）人力资源服务产业园发展有限公司"模式，形成"政府引导、社会参与、企业投资、市场运作"的状态。产业园管理办公室主要负责对产业园建设发展的重要扶持政策进行深入探索研究，并综合协调相关部门实现政策落地，同时产业园管理办公室根据实际情况，及时调整园区重大发展战略和布局，做好园区发展规划工作，不断推进产业园实现滚动跨越式发展。

产业园发展有限公司采取公司化管理，运作简易、决策运行效率高，日常承担的工作有园区运营管理服务和拓展园区对外招商合作等。这种模式容易让政府和市场形成合力，极大地促进园区工作的开展。

（二）运营机制

海峡产业园实行以中国海峡人才市场为主导的市场化运行机制，积极探索混合所有制形式，集聚行业领先机构，特别是引进台湾地区战略合作机构，发挥股权资本运营的优势，吸引各类社会资金共同建设发展产业园。通过市场化运营，整合有关扶持政策，分期滚动发展，采用 PPP 模式、合作开发模式、专门委托第三方运营管理等模式，形成产业园做业态、做内容、做服务，当地政府出政策、出土地，社会各类投资机构出资金的跨越式、分期滚动发展创新思路，做大、做强人力资源服务产业园规模，不断辐射福建省内经济发达地区。

（三）团队建设

园区设立产业园管理办公室，履行市场对产业园的管理职能；成立国有企业海峡（福建）人力资源服务产业园发展有限公司（以下简称"产业园发展有限公司"），产业园发展有限公司设有综合后勤、运营发展和招商策划等职能架构，从事园区物业管理、资产运营、招商引资、开发建设等具体工作，与产业园管理办公室实行"两块牌子，一套人马"。产业园管理办公室坚持党建引领业务，设置独立党支部，制定相关工作制度、每周例会、每周党课及业务学习会制度，明确职责分工制度。同时，产业园党支部联动园区企业，定期组织党日活动，深入了解企业存在困难，升华思维模式，及时解决企业存在的问题。

产业园管理办公室注重高素质队伍建设，通过完善迭代职业发展与各项招商激励机制，激发产业园工作人员的工作热情，提升园区物业管理等服务效率。同时，为加强产业园工作人员素质的提升和专业能力的培养，组织员工参加各类专业知识讲座、技能培训，不断提升员工的专业能力、创新能力和履职能力。积极与入园企业交流互动，深入企业学习交流业务模块、寻求合作、优化资源共享，互补互助，共同做大做强产业园。

四　服务体系优化情况

海峡产业园聚焦福建省数字经济、海洋经济、绿色经济、文旅经济等产业体系，为福建省产业发展做好人才服务，如积极参与人才工作重点课题，加大产业人才工作调研力度，形成了《健全市场机制，促进福建产业发展急需紧缺人才队伍建设》《福建省数字经济、海洋经济、绿色经济、文旅经济重点领域人才需求与引才方向目录汇编》等调研成果。加大引才招聘力度，开展2021年福建省高层次和紧缺急需人才招聘系列活动，准确把握引才重点和方向，精准邀约全国重点高校毕业生和社会人才对接洽谈。同时，根据各地产业发展需要，大力开展组团赴外引才引聘活动，组织名企赴外省开展引才推介活动，为各地市引进了一批人才，有力地充实了福建省各地市紧缺急需人才队伍。加大了省委人才工作重点项目的服务力度，持续优化升级"海纳百川"高层次人才信息共享平台，完成千名2022届福建引进生线上报名工作和省直单位 2021 年第一批福建省级高层次人才认定工作；组织举办各类高层次人才研修班，福建省部分地市开展高层次人才申报、认定服务，助推各类人才干事创业。

（一）构建数字产业园，推动人力资源服务生态圈建设

产业园结合科技信息化赋能、金融赋能，围绕专业化服务外包、劳务派遣、灵活众包三大核心产品，依托"海峡人力云"和资本运作两大平台，构建起人力资源服务生态圈。一方面坚持信息化技术引领，开发出行业领先的数智一体化"海峡人力云"平台。该平台深度融合了智慧入职、智能办税、电子劳动合同、薪社机器人、智能客服、外包员工 OA、无纸化办公、电子档案和定制化财务系统等场景，打通线上线下，实现全流程、在线化和无纸化的人力资源服务。同时，灵活众包借助互联网平台撮合、众包等方式，提升非全日制、共享员工、平台用工等新型劳动力供给能力。构建起员工职业生涯成长在线服务、社群互荐、员工普惠金融、员工福利商城、在线商旅、个性化保险、大健康、异业合作资源置换等多维度赋能的生态圈。另一方面，进一步探索混合所有制改革，培育协同高效开放的资本化运作平台，逐步实现招才引智渠道全球化。引入各类投资者实现股权多元化混改，形成人力资本、管理资本、技术资本、远见资本深度融合的现代化企业运营体系。

（二）积极推动海峡两岸人才合作融合发展

海峡产业园坚持两岸融合发展，积极消除新冠肺炎疫情发生和两岸线下交流停滞带来的不利影响，探索两岸人才交流新方式。一是成立厦门首个两岸人才会客厅，集培训沙龙、项目路演、政策咨询等空间功能于一体，自2021 年 6 月运营以来共举办 8 场线下主题活动，2 场线上网络直播课程，四千多名两岸网友在线观看，"海峡论坛"期间，中央政治局常委、全国政协主席汪洋和省委书记尹力到场考察指导并对会客厅运营模式和理念给予充分肯定。二是创新采用网络远程监控模式，组织开展台湾地区职业技能等级认

定工作，举办 10 场网络考试，151 名台湾青年参加职业技能等级考试，106 名通过考试取得证书。三是大力引进台湾人才，依托各类活动平台，向闽南师范大学、宁德师院、三明学院推荐台湾博士 164 名，拟录用 24 名，已有 8 名台湾博士到岗。四是组织实施第一批 20 名省引进台湾高层次人才"百人计划"人选中期评估工作。认真落实台湾优秀毕业生来闽就业奖励补助和过渡期服务政策，全年认定来闽工作的台湾优秀毕业生 26 名。五是加大在闽台湾人才交流活动力度。举办 4 场"情聚八闽"台湾人才沙龙活动，150 多名在闽台湾人才参加。组织开展的国台办重点项目——第二期在闽台湾青年骨干国情教育研修班，得到国台办简报专题报道。组织举办第三期在闽台湾人才国情研修班，增进台湾人才对民族、国家的认同感。六是积极打造两岸人才来闽创业创新创造基地，2021 年"福建省晋江市产业实训基地"获批，得到政府专项资金补助，建设的海峡青年人才社区，已入驻 11 个创业项目，全年累计举办沙龙讲座、观影会、Offer 派活动 46 场。龙岩、晋江工作部深入服务中小企业，被省工信厅认定为 2021 年福建省中小企业公共服务示范平台。

（三）打造多层次创业孵化服务体系

海峡产业园根据产业定位，依托现有资源，开展创业创新创造孵化服务，采用"前店后厂"模式，物理空间载体有创业咖啡和众创空间等。众创空间以促进创业就业、培育创新创业创造人才、促成科技成果转化交易为目标，以人才科技项目孵化为核心，以资本运作为支撑，架起人才、项目和资本引领发展的桥梁纽带。为打造多层次创业孵化服务体系，不断整合人力资源服务、政策服务、科技金融服务、产学研对接以及科技成功转化服务等。"海峡人力云"平台积极引进"孵化+创投""创业导师+持股孵化""创业辅导培训+天使投资"等孵化服务模式进驻平台，引入天使投资人、风险投资、私募基金等，植入人才招聘服务、人才评价推荐服务、人才培训、继续教育、职称评审、企业管理咨询等人力资源服务产品，为创业团队成长创造有利条件。同时，通过集聚优质人脉、技术、项目、资金资源，促进各主体信息资源的沟通交汇，实现多方共赢。

五 产业园建设中的问题和未来发展趋势

（一）建设中遇到的问题

1. 地方政策支持力度不够大

目前，海峡产业园配套政策不足，尚未建立发展专项资金和引导资金等，财政支持力度不大，制约了人力资源服务的产业化，不利于树立园区的品牌和规模效应。园区重点打造两岸特色产业园，招商企业中"海峡"特色不够凸显。新形势下对台湾人力资源机构信息资料、动态意向研究把握得不够，在招商台湾机构入驻产业园上遇到瓶颈。

2. 产业园运营管理机制不够创新

产业园运营公司作用发挥得不够，在建设人才项目资本的综合运营平台上缺乏可持续性，仅引进孵化，后续各种服务还不到位，引入风险投资、私募股权、企业运营商等社会资本的相关机制不够完善。

（二）未来发展趋势

园区将继续坚持海峡鲜明特色，不断探索两岸人才交流合作新模式，吸引创新人才项目来闽投资创业，加强两岸协作，稳固联动发展，扎实推动人力资源服务产业向专业化、信息化、数字化、产业化、国际化方向发展。积极打造智慧园区和"海峡人力云"众创空间，建设人才科技资本综合运营平台，培育创业创新创造新土壤，促进科技成果转化交易，引领创新人才、项目、机构和资金共同聚焦产业创新升级。希望经过5年的发展，在"十四五"末期，园区建设面积达到10万平方米，计划不少于200家人力资源服务机构入驻园区，逐步建成海峡两岸人力资源服务产业集聚区、两岸知名人力资源机构总部集中区、两岸人力资源交流合作的前沿示范平台，实现行业产值达150亿元，纳税额5亿元。建成有规模、有效益、有辐射力的国家级人力资源服务产业园。

B.10
以生态营造推动产业园高质量发展

王 霜 黄 慰 郑健峰 石 鹤*

摘 要： 本报告从产业园基本概况、政策制度完善情况、管理运营发展情况和服务体系优化情况等方面详细介绍了中国成都人力资源服务产业园的建设发展情况，重点围绕构建产业链、形成产业集群、营造产业生态，突出建设、运营、发展等关键内容，阐述了以生态营造推进产业园高质量发展的具体做法，提出了存在的主要问题以及下一步发展的方向和目标，包括坚持"生态思维"推动产业园建设，构建"一园三区+多点"布局，强化辐射引领作用，推动各园区差异化联动发展、加强产业园信息化建设。

关键词： 人力资源服务 产业园 成都 "一园三区" 生态营造

近年来，中国成都人力资源服务产业园（以下简称"成都产业园"）深入贯彻党的十九大关于在人力资本服务领域培育新增长点、形成新动能的精神，认真落实人社部和四川省人社厅决策部署，积极把握新时代人力资源服务产业和产业园区发展新趋势，围绕"集聚产业、培育市场、孵化企业、聚集人才"功能定位，紧贴成都经济社会发展与人力资源服务业发展实际，按照"政府主导、企业主体、市场化运作"的建设思路，聚焦建设、运营、

---

* 王霜，成都市人力资源和社会保障局人力资源服务和市场管理处处长；黄慰，成都高新区党群工作部人力资源服务中心副主任；郑健峰，青羊区人力资源和社会保障局人力资源产业发展服务科科长、产业园管理办公室主任；石鹤，龙泉驿区人力资源和社会保障局人力资源产业服务科工作人员。

发展关键环节，突出凝聚建设合力、激发运营活力、增添发展动力，积极创新体制机制、完善制度举措，推进产业园"一园三区"建设发展，努力打造具有成都特色的多元化、多层次、专业化人力资源服务产业链，在服务成都、四川乃至全国经济发展、促进就业、服务人才等方面发挥了积极作用，已成为西部人力资源服务业发展的核心引领区和新增长极。

一　基本情况

（一）产业园概况

1. 高新园区

成都高新园区核心楼宇坐落于成都高新区国际人才城大厦，地处成都市新经济活力区，是成都的商务 CBD 中心和高新技术产业核心区，是国家自主创新示范区和自由贸易试验区所在地，产业基础雄厚、人才优势明显、营商环境优越。依托国际人才城 2.55 万平方米核心楼宇及周边楼宇载体，打造总面积为 9 平方公里的人力资源服务产业核心区。2021 年，高新园区优化空间布局，新增建设 2.5 万平方米载体楼宇国际人才港及 1 平方公里国际人才公园。

2. 经开园区

成都经开园区与龙泉驿区政务服务相结合，以龙泉驿区政务服务中心九楼为服务载体，入驻机构办公面积约 2000 平方米，围绕汽车产业发展特色和智能制造及新能源产业发展需要，主要提供人力资源服务外包、劳务派遣等人力资源服务业务。正在加紧推进经开园区人才大厦项目建设，含人力资源企业入驻区、社保医保服务大厅、公共就业服务大厅、党群人才服务中心及相关配套设施。

3. 人才园区

成都人才园区地处成都核心区域，毗邻金沙公交枢纽，地铁 4 号线和 7 号线上盖物业，总面积为 13 万平方米，按 5A 甲级写字楼标准装修改造。

园区交通十分便利，配套服务完善，地标性强。园区规划企业集聚区、人才服务中心、产业服务共享区、公共服务区、配套功能区及研发中心六大功能区域，综合配套优势明显。

（二）产业集聚情况

1. 产业集聚

截至 2021 年底，中国成都人力资源服务产业园年内新增机构 36 家，已集聚中智、上海外服、北京外企等中国企业 500 强机构，美世、任仕达、万宝盛华等全球行业 50 强机构，锐仕方达、58 同城、新大瀚等大中华区行业百强机构等各类人力资源服务企业 231 家，其中，主板上市企业 4 家（含本土上市机构 1 家）、纳斯达克上市企业 1 家、新三板挂牌企业 7 家。孵化并培育本土人力资源独角兽企业 2 家，瞪羚企业 3 家，雏鹰企业 3 家；园区企业中智四川、上海外服（四川）、人瑞人才、瑞方人力 4 家企业入围 2021 四川服务业企业 100 强。

2. 业态分布

经过几年发展，成都产业园入驻机构及提供服务基本涵盖人力资源服务全产业链条，可提供包括高端猎头、人力资源管理咨询、培训测评、服务外包、信息软件等服务。在此基础上注重发展高端业态、新兴业态，在 HR SaaS、高端猎聘、灵活用工、人才培训等细分赛道加速布局，着力提升人力资源服务产业能级，引进北森云计算 HR SaaS 创新研发实验室、猎上网（成都）城市猎头总部、萌想科技国际商科教育中心等重点机构（项目），引导入驻机构利用大数据、人工智能等前沿技术，在产品服务创新上赋予更高的附加值。

3. 服务国家、省市发展战略

一是贯彻落实国家成渝地区双城经济圈建设战略部署，与重庆市北碚区、武隆区、璧山区等地在围绕人才协同引进、共建人才项目（基地）等方面开展合作，与中国重庆人力资源服务产业园签订《成渝双城经济圈人力资源协同发展战略合作框架协议》，共同发起建立成渝地区双城经济圈人力资源服务产业园联盟，共同举办第二届西部HR能力大赛暨全国人力资源服务大赛川渝地区选拔赛、第二届成渝地区双城经济圈人力资源服务产业园联盟大会。二是积极助力乡村振兴，省、市、区人社部门与产业园联合举办"市州行"活动，携园区企业赴省内巴中市、达州市、凉山州等地市，与当地人社部门、企业开展交流合作，通过跨区域劳务合作、设置用工招募点、开展就业专场招聘会等形式，在为企业用工提供人力资源保障的同时，帮助脱贫人口、农村低收入人口、易地扶贫搬迁群众等重点人群实现就业。三是服务四川省"一干多支、五区协同"发展战略以及成德眉资同城化发展要求，与同城化发展城市签署人力资源服务合作协议，探索合作建园，组建联盟，共同推动区域人力资源服务协同发展。四是强化产业协同，主动服务地方产业发展。依托产业园编制发布《人力资源服务机构服务产品清单》和《重点企业人力资源服务需求清单》，开展优质机构和服务产品推介，促进供需精准对接；延伸国家级产业园服务触角，探索在各类产业园区设立人力资源协同服务共享站，作为产业园分支搭建人力资源服务新平台；组织优质机构与各类产业园区、重点企业、重大项目面对面对接，已累计举办"园区行""HR＋Union人力资源服务开放日"等各类对接活动近百场。

（三）产业园主要经济社会指标

截至2021底，园区累计签约和引进人力资源服务机构231家，实现营业收入201.8亿元，纳税额达5.6亿元；累计服务用人单位5.8万家次，服务人数420.1万人次。2021年帮扶就业和流动人数约111.5万人次，提供岗位75.17万个，引进高层次人才①约2.6万人（见表1和表2）。

---

① 高层次人才是指园区人力资源服务机构通过猎头服务成功引进、具有研究生学历或具有高级专业技术职务（资格）的人员。

表1　2021年中国成都人力资源服务产业园经济效益指标

名称	开园运营时间	建筑面积（万平方米）	入驻企业数量（家）	营业收入（含代收代付）（亿元）	纳税额（亿元）
高新园区	2017年7月	5.05	129	120.0	4.0
经开区园区	2016年11月	0.20	33	31.8	0.6
人才园区	2019年1月	13.00	69	50.0	1.0
合　计	——	18.25	231	201.8	5.6

数据来源：中国成都人力资源服务产业园统计数据。下同。

表2　2021年中国成都人力资源服务产业园社会效益指标

名称	服务人次（万人次）	服务用人单位（万家次）	帮扶就业和流动人数（万人次）	提供就业岗位（万个）	引进高层次人才（万人）
中国成都人力资源服务产业园	420.1	5.8	111.5	75.17	2.6

2021年，产业园累计举办各类招聘活动近百场，参与企事业单位近5000家次，提供岗位约4.8万个；举办各类培训活动153场次，培训人数近万人次；举办各类沙龙、论坛等多元化主题活动137场次，参与人数超1.1万人次；成功举办2021年中国第十届企业培训服务会展（成都站）活动、国际人才港开港仪式暨中国成都人力资源服务产业园重点项目集中签约活动、蓉漂人才日——国际人才城分会场"蓉漂有礼·服务青年人才系列活动""筑梦成都·蓉你闪耀——中国工商银行成都分行蓉耀杯首届蓉漂主题街区代言总决赛"等近30场活动。

二　政策制度建设情况

（一）相关优惠政策

1. 高新园区

成都高新区进一步完善了《关于深化产业培育实现高质量发展若干

政策意见（修订）》等产业培育新政，持续构建以种子期雏鹰企业、瞪羚企业、独角兽企业、平台生态型龙头企业为重点的企业梯度培育体系，为企业发展营造良好生态。同时，积极落实《成都高新区实施"金熊猫"计划促进人才资源向创新动能转化若干政策》等人才政策，并将人力资源服务产业纳入"金熊猫"人才政策体系，涵盖从人才引进、培育、服务到创新创业、投融资、成果转化等产业全链条模块，着力打造全球性人才活力区。

2. 经开园区

成都市龙泉驿区（经开区）制定并出台了《"龙泉驿英才计划"实施办法》《关于实施"龙泉驿英才计划"加快高层次人才聚集的若干政策》等文件，同时不断完善人才政策体系，从原有的"1+8+N"政策体系升级为涵盖引才、育才、用才、留才的较为完善的"1+9+N"人才政策体系，初步构建了各类人才创新创业的"全生命周期"链式全方位保障服务。

3. 人才园区

成都市青羊区积极落实《中国成都人力资源服务产业园（人才园区）产业引导措施十五条》，引导产业集聚发展。入驻产业园企业可享受房屋租赁补贴、企业贡献奖励、企业高管奖励、个税贡献奖励，以及引进培养高端人才、建立人才培养和实训（实习）基地、开展创新创造、进行海外布局等方面的支持。2021 年，累计兑现园区企业政策扶持资金 1000 余万元。

（二）优化营商环境的举措

1. 高新园区

2021 年，高新园区深入落实《成都高新技术产业开发区关于优化产业服务促进企业发展的若干政策意见（修订）》等相关政策，围绕入驻企业全方位需求，加大对企业效益提升的支持。完善招商标准推进产能提升，产业园联合知名企业、行业大咖开展高效能招商合作，打通国内外市场资源，引导企业进入高附加值专业细分领域，避免低价恶性竞争。发布百万年薪排行榜，重视发展高水准猎头细分领域，引导园区企业大力引进国内外高层次人才，促进产业园入驻企业向高能级专业机构跨越发展。做好快捷精准企业服务，打造"一站式"线上服务平台，实现企业诉求的准确搜集、及时响应、高效办理。实施"一企一策"支持企业高质量发展，吸引高能级企业入驻。梳理完善了四类九项服务内容，覆盖党建及工会服务、基础服务、品牌服务、政策申报服务等多个方面。搭建企业诉求解决直通通道，建立定期走访企业制度，每月开展不少于2次的重点企业走访或专题座谈会，及时了解企业运营情况和诉求，为企业定向送政策。开展专题培训共建共享平台，联合就业部门等政府机构，开展"高新大讲堂"系列政策培训，促进园区企业在行业前沿发展上的交流与探讨，为企业做好定向策划活动。

2. 经开园区

利用经开区人力资源服务产业园及"2+12+N"人力资源服务平台，开展"春风行动"等大型招聘活动30余场，利用人力资源微信公众号等线上平台推送招聘信息5万余条。率先在全市开展以打造"龙泉汽修"人才品牌为重点的高技能人才精品培训，相继开设宝马、沃尔沃等12个汽修高级班，培养高技能人才351人。充分发挥人力资源共享中心效用，自建成以来累计推动一汽丰田、大运汽车等34家企业实现共享用工702人。建立劳动纠纷"一站式"多元化解联动处置中心，为企业和职工提供分层次、多途径、高效率的多元解纷服务。开展企业职业技能等级认定试点工作，推动人才培养与等级认定有机结合。建立重点企业和新签约落地项目用工保障机制，畅通实时沟通交流渠道，及时获取企业用工需求，向园区入驻企业按需推送用工服务信息及惠企政策。围绕人才发展"生命周期链"式需求，扩大人才工作服务站（点）覆盖面，升级人才绿卡服务，提高服务精准度、实效性，推行精准化、个性化服务。

3. 人才园区

充分发挥成都人才园区"人才"引领服务带动作用，在功能性服务的基础上，探索建设产才协同平台，加快打造全国首个以人才为主题的特色街区"蓉漂主题街区"；建设完成协同县域经济发展的"人才飞地"场景筠商学院、成渝双城经济圈人才协同平台示范样板璧山驻蓉"人才飞地"；为高端人才的聚集、交流、分享打造了高品质产才协同场景"众咖有料",与国内技术领先的大数据行业公司合作建设人力资源大数据平台,构建"新华·中国人才指数"。不断强化功能配套服务,创新人才、企业的综合服务方式,持续优化营商环境,统筹利用好具有公共服务中心、人才就业中心、人才赋能中心、人才实训基地属性的配套功能区,打造为人才服务的完整综合体,"一站式"享有园区人力资源服务、公共服务、现场招聘服务、会务服务。进一步提升服务输出能力,搭建合作交流平台,携园区企业参加第一届全国人力资源服务发展大会、中国文化旅游人才暨人力资源产业发展峰会等会议,对外展示发展成果,促进园区企业能力提升、品牌宣传与行业交流。搭建业务对接平台,开展"市州行"活动,携园区企业分别赴四川省巴中市、达州市、凉山州等地区,与当地人社部门、企业、院校开展深入的业务交流,探索人力资源服务乡村振兴、县域经济和行业发展的新模式。

三 管理运营发展情况

坚持"生态思维",提升产业园运营管理水平,探索构建最有利于激发园区运营主体活力的体制机制。对园区充分"放权",依托区级国有平台公司组建专业团队,省、市、区政府将产业园运营管理权完全下放,构建"省定方向、市管规划、区给支持、公司全权负责运营"的产业园运营管理体系。支持园区自主"管",在省市区政府确定的产业园发展总体规划框架内,产业园运营公司自主决定团队搭建、产业招商、企业服务、品牌推广、物业经营等管理事项。按照构建产业链、形成产业集群、营造产业生态的发展模式,集成就业创业、社会保障、人事人才、公安户政等公共服务入驻园区,支持园区探索通过实体入驻、挂牌入驻等多种方式与高校院所、金融、科技服务、财务法务等机构和创新孵化园合作开展专业服务,园区自建完善会议、培训、餐饮等基础配套服务,打造产业要素丰富可及、企业服务便捷高效的生态型园区。

（一）管理运营

产业园遵循"政府主导、企业主体、市场化运作"的发展思路，充分整合政府、国企、市场三方优势，省、市、区三级人社部门均设立了专门的管理协调机构，各园区均明确了专业运营公司、配备专业团队、设置多个专业部门，负责产业园运营管理。

成都高新区党工委管委会组建精干优秀的干部队伍着力抓好高新园区发展建设，由高新区国有投资公司和中智四川公司联合成立专业运营公司对园区实施运营管理，明确运营管理职责，形成了招商高效、良性运转的协同工作机制。

经开园区由于主体区人才大厦项目正在加紧建设，产业园过渡区目前采用"政府主导+国有平台公司代管"的模式，为入园企业提供拎包入驻服务，对入驻园区人力资源服务机构实行水、电、物管服务全免的优惠政策。

人才园区创新构建"推进小组+主管部门+运营机构"管理体系。授权国有平台公司组建专班，负责运营管理，通过制度体系设计激发运营活力。

（二）精细化管理

高新园区优化完善《中国成都人力资源服务产业园（高新区）园区管理办法（试行）》管理制度，从入园标准、评估考核、退出机制、招商运营等多方面不断优化完善管理标准和执行流程细则，制定了国际人才港企业入驻标准，按照办公入驻、覆盖入驻、挂牌入驻、联合办公区四种入园模式进一步细化企业入驻产业园的具体方法和条件。所在的高新区党群工作部纳入全区产业部门序列、经济指标考核体系，同统计、财政、税务、劳动、就业等部门建立协同统计体系，加强对入驻企业的考核管理，定期开展园区规上及规下企业重要经济指标考核制度，及时掌握企业运营情况，并搜集园区服务调查问卷，完善数据与满意度统计工作，为不断优化服务提供科学的依据。

经开园区修改完善了《中国成都人力资源服务产业园（经开园区）管

理办法》，结合区域产业结构、市场需求和人力资源服务产业基础，依托上海专家团队，正在科学编制区域人力资源服务产业和人力资源服务产业园（经开园区）规划。考察借鉴其他国家级人力资源服务产业园建设最新成果，科学做好人才大厦人力资源企业入驻区、就业和社保服务大厅、技能人才培训功能区等规划设计和功能布局。

人才园区邀请人社部专家团队研究制定《中国成都人力资源服务产业园（成都人才园）建设发展规划》，印发推进小组工作制度、准入退出管理办法、招商规程、专家咨询委员会管理办法等系列文件，明确招引原则、招引对象、入园规程等事项，细化产业引导措施，对于入驻园区且主营业务属于人力资源服务及其上下游产业的企业和高层次人才初创型、成长型企业给予扶持。同步完善园区用户手册、企业服务手册，进一步优化园区营商环境，加强园区团队建设、产业招商、企业服务、品牌推广、物业管理等事项管理，并细化分工形成了专业的招商、服务、品宣、综合管理四大主要工作模块。

（三）从业人员队伍建设

园区管理人才团队建设方面，产业园各园区建立起架构完整、专业化、国际化、市场化全链条人力资源服务运营管理团队。截至 2021 年底，中国成都人力资源服务产业园运营管理团队共 111 人，其中，研究生学历占12.6%，本科学历占 52.3%。

人力资源服务行业人才队伍建设方面，产业园通过市场化引进专家团队，与高校合作共建就业实习基地，举办人力资源服务行业技能大赛、交流培训活动、政策解读讲座等方式，全面提升园区人力资源服务从业人员素质，为深耕产业发展建设做好人才储备。2021 年，产业园承办了第二届西部 HR 能力大赛暨全国人力资源服务大赛川渝地区选拔赛决赛，共吸引 21000 余名 HR 精英参赛，在加强两地行业人才互动交流的同时，为成渝地区双城经济圈建设培育出更多行业领军人才和提供坚强的人力资源保障。

三　服务体系优化情况

市区两级就业创业、社会保障、人事人才、人才招聘等有关公共服务和经办窗口相继入驻产业园公共服务区域，园区公共服务体系日益完善。人才大数据综合分析平台、人力资源市场平台、人力资源协同交易平台、人才政务服务平台、人力资源产业服务共享中心等信息化平台正在加快建设完善。搭建对接交流平台，HR+Union 人力资源服务开放日、蓉漂人才日、人力资源协同发展服务联盟、两张清单收集发布等各类品牌活动和园区宣传推广服务常态化开展，强化与银行金融机构合作，创新推出"蓉易贷"，开展定制化金融服务。

2021 年，高新园区积极整合网上"一站式"服务平台和路径，升级整合园区智能管理信息系统、人才大数据综合分析平台、人才政务服务平台、人力资源市场平台、人力资源协同交易平台等，打造智慧园区。在全省范围首创新增集体户市内迁移线上办理、廉政反馈等功能，打造"一站式""E+"智慧人力资源公共服务平台。

经开园区打造的"人力资源共享中心"微官网，通过共享中心平台展示供求信息，实现人力资源闲置企业与紧缺企业实时对接功能，突破人力资源供需配备困局，满足区域内企业、行业、产业的人力资源共享，自建成以来，累计推动一汽丰田、大运汽车等 34 家企业实现共享用工 702 人。

人才园区与国内技术领先的大数据行业基础软件产品与解决方案提供商国信优易合作建设人力资源大数据平台，研发人才大数据可视化地图、产业人才地图，发布人才发展状况白皮书和新经济等主导产业领域人才指数，实现企业与人才供需双方信息的"全域搜索、智能匹配、精准对接"。联合国家信息中心、新华社中国经济信息社、国信优易数据股份有限公司构建"新华·中国人才指数"，目前正按照新华指数体系建设指标导入数据 2 亿余条。大数据应用平台将通过国家信息中心下属运营公司分布在全国的 40余个基地，服务于全国各级政府、企事业单位，对各级政府进行服务输出。

四 产业园建设中的问题和未来发展趋势

（一）产业园建设中的主要问题

一是园区内头部企业、总部型企业偏少，尚未形成龙头引领、多点支持、协同配套的产业生态圈。二是产业园物理空间有限，如何进一步延伸服务、扩展空间，促进人力资源服务业集聚发展、创新发展亟待研究和探索。三是"一园多区"发展模式，在各园区如何突出优势，结合区域产业实际，实现错位差异化发展和协同融合发展是产业园未来面临的一个问题。

（二）产业园未来发展目标及方向任务

一是坚持"生态思维"推动产业园建设。按照构建产业链、形成产业集群、营造产业生态的发展模式，加大企业招引力度，不断优化园区物理空间，完善就业创业、社会保障、人事人才、公安户政等公共服务，支持园区探索通过实体入驻、挂牌入驻等多种方式与高校院所、金融、科技服务、财务法务等机构和创新孵化园合作开展专业服务，完善园区会议、培训、餐饮等基础配套服务，形成高效快速的服务需求反馈机制，打造产业要素丰富可及、企业服务便捷高效的生态型园区。

二是构建"一园三区+多点"布局，强化辐射引领作用。瞄准"西部领先、全国一流"目标，深化中国成都人力资源服务产业园"一园三区"建设，优化园区配套服务，加快高新园区国际人才港、经开园区人才大厦项目建设；探索以建分园、合作园等形式在具备条件的区（市）县建设有特色、专业性强的人力资源服务产业园，在有需求的各类产业园区设立中国成都人力资源服务产业园协同服务共享站，延伸服务触角。

三是推动各园区差异化联动发展。结合区域产业发展实际，坚持需求导向，优化各园区业态功能布局，加快技术创新升级，促进各园区业态差异化创新发展。发挥成都产业园"一园三区+多点"优势，加强政策、管理、服务、信息资源互联互通，鼓励各园区机构创新合作，推动业态融合，联动发展，提高产业整体贡献度。

四是加强产业园信息化建设。更加重视园区信息化、数字化建设，充分利用大数据、互联网等信息技术，提升数字化管理和服务水平。加快建设线上人力资源服务产业园，探索推动线上服务向线上交易拓展，全方位满足企业发展的人力资源服务需求。加快提升园区智慧化管理水平，统筹园区微信公众号、网站建设，推动园区政策推动、数据发布、企业推广、办公生活等智能化服务。

B.11
"一园两区　双轮驱动"开启园区
发展新格局

张磊　张航　刘卫国　丁丹*

摘　要： 本报告从基本情况、政策制度建设、管理运营发展、优化服务体系等方面详细介绍了中国烟台人力资源服务产业园的建设发展成效。烟台产业园通过实行"一柜通"集成服务，举办人力资源服务供需对接会、"HR·思享汇"系列活动等各项创新举措，充分发挥了国家级产业园的示范引领作用。产业园发展过程中存在的问题包括提供的服务产品质量层次偏低、对灵活用工平台的政策吸引力不足和行业头部机构数量较少等。未来产业园应从提升品牌、探索市场化运营模式和提升服务等方面集中着力，实现资源共享和优势互补，促进产业园迅速成长。

关键词： 人力资源服务　产业园　烟台　"一园两区　双轮驱动"

近年来，山东省深入学习贯彻习近平新时代中国特色社会主义思想和党的十九届六中全会精神，全面落实习近平总书记在深入推动黄河流域生态保护和高质量发展座谈会上的重要讲话精神，通过打造区域性专业化园区，发挥资源集聚和辐射带动效应，有效推动全省人力资源服务行业驶上高质量发

---

* 张磊，烟台市人力资源和社会保障局人力资源流动管理科二级主任科员；张航，烟台市人力资源和社会保障局人力资源流动管理科副科长、三级主任科员；刘卫国，烟台市芝罘区人力资源和社会保障局副局长；丁丹，烟台市开发区人力资源和社会保障局人力资源服务业发展促进处科员。

展快车道，为脱贫攻坚、乡村振兴、转方式调结构、新旧动能转换提供人才支撑和智力支持。其中，中国烟台人力资源服务产业园（以下简称"烟台产业园"）和中国（山东）自贸区烟台片区人力资源服务产业园（以下简称"自贸区烟台片区产业园"）的投入运营，为山东省人力资源服务业的发展贡献了重要一环。

一　基本情况

（一）产业园概况

烟台产业园秉承"立足山东、服务带动环渤海经济区和中韩自贸区、辐射影响北方乃至全国"的发展理念，以人力人才为核心，以"为人才、产业、市场、发展赋能"为功能定位，催生关联业态，着力打造人力资源服务业发展的创新点和增长极。烟台产业园位于山东省烟台市芝罘区机场路90号，于2013年10月规划建设，投资2亿元，总面积3万平方米，2014年10月建成并投用，同年获批山东省首家省级人力资源服务产业园，2016年5月获评国家级产业园，是全国第八家国家级产业园。

中国（山东）自贸区烟台片区人力资源服务产业园，也称自贸区国际人才港，是全国首家以自贸区命名的人力资源服务产业园。园区位于烟台经济技术开发区沐河路31号，于2020年12月正式投入使用。2021年6月，经人社部批准，成功跻身国家级人力资源服务产业园方阵，成为中国烟台人力资源服务产业园分园区。园区总面积为6万平方米，坚持高标准定位、高规格规划、高质量建设、高水平运营的"四高"建园理念，打造"立足烟台、面向半岛、辐射日韩，具有鲜明自贸特色"的国际化开放型人力资源服务平台。

随着自贸区烟台片区产业园的正式启用，烟台产业园进入"一园两区"的新发展格局，双园区优势互补、融合发展，产业集聚效应相互叠加，园区品牌力、影响力和规模实力进一步提升。

（二）产业集聚情况

烟台产业园始终将"产业体系化"作为园区最大亮点，围绕人力资源六大模块，坚持突出自身特色与差异化选商，积极推动各类要素资源向园区集聚，最大限度的延伸和拓展产业发展链条，先后吸引了智联招聘、锐仕方达人力资源集团有限公司等 30 余家国内外知名企业，签约日本库涅株式会社入驻园区，实现烟台地区与日本人力资源服务业的首次合作。甄选了山东德衡人力资源股份有限公司、山东联通人力资源服务股份有限公司、山东正信人力资源集团有限公司等 10 余家发展潜力大、社会口碑好的本土企业入驻，通过加强与知名人力资源机构的交流合作，在打造品牌、拓展业务等多个方面完成突破。目前园区聚集了 52 家拥有品牌及高附加值的人力资源机构，其中过亿元总部型经济机构 6 家，挂牌行业协会等专业组织 5 家，孵化上市机构（新三板）2 家，国内知名人力资源机构占比超过 70%，形成了集咨询、测评、招聘、培训、猎头、人力资源信息软件及人力资源服务外包等多方面为一体的综合产业链，尤其是在中高端业务领域实现了全面拓展，为满足全市乃至全省企业多样性的人力资源服务需求提供专业保障。

同时，自贸区烟台片区产业园坚持双管招商，不仅引导本地优质人力资源服务机构入驻，而且根据产业需要引进国内外知名人力资源服务企业落户，形成人力资源服务产业集聚效应。现已吸引劳达、和致众成、社宝科技、和君咨询、山东伯善等 30 家知名机构入驻。其中国内行业百强机构 5 家，全国人力资源诚信服务示范机构 2 家，省级诚信服务示范机构 3 家，山东伯善为山东省首家韩商独资人力资源服务机构。产业园企业涵盖人力资源外包、人才招聘、测评、管理咨询、教育培训、猎头等多个领域，形成全产业链式集聚发展。

（三）产业园主要经济社会效益指标

经过 7 年多的成熟运行，烟台产业园始终保持向上向好的发展态势，经济效益和社会效益稳步提升，集聚效应和溢出效应不断凸显。经统计，目前园区累计实现营业收入 141.27 亿元，累计纳税额 3.2 亿元（根据园区企业年度报表数据汇总），开园至今接待各类参观调研 650 余批次（根据烟台产业园统计数据汇总整理），已成为全省人力资源服务业发展的先锋阵地和示范平台。

2021 年，园区整体实现营业收入 43 亿元，纳税额为 7700 万元，提供就业岗位 22.5 万个，帮扶就业和流动人数近 34 万人次，为 4.8 万家次企业、163 万人次提供各类人力资源服务（见表 1 和表 2），举办各类线上线下招聘活动 500 余场次。其中，自贸区烟台片区产业园实现营业收入近 18 亿元，纳税额 4400 万元，提供就业岗位 2.5 万个，帮扶就业和流动人数 29 万人次，为 2.3 万家次企业、33 万人次提供各类人力资源服务，举办招聘会近 100 场，发布求职信息 14 万条，开展培训交流、行业论坛等活动 60 余场，参加人员 4000 余人次，成为活跃的产业交流打卡地。

表 1　2021 年中国烟台人力资源服务产业园经济效益指标

名称	开园运营时间	建筑面积（万平方米）	入驻企业数量（家）	营业收入（含代收代付）（亿元）	纳税额（亿元）
中国烟台人力资源服务产业园	2014 年 10 月	9	82	43	0.77

数据来源：中国烟台人力资源服务产业园统计数据。下同。

表 2　2021 年中国烟台人力资源服务产业园社会效益指标

名称	服务人次（万人次）	服务用人单位（万家次）	帮扶就业和流动人数（万人次）	提供就业岗位（万个）	引进高层次人才（万人）
中国烟台人力资源服务产业园	163	4.8	34	22.5	0.35

二　政策制度建设情况

近年来，市区两级政府根据本地人力资源服务业发展特点，因地制宜、精准施策，出台了一系列地方特色突出、保障措施有力的扶持政策。一方面，充分发挥市场在人力资源配置中的决定性作用，通过制度建设、政策拟定、机制保障等措施，推动人力资源机构与市场对接，增强企业自主发展与创新发展的能力；另一方面，充分发挥政府宏观调控的职能作用，通过立项扶持、品牌建设、奖补资金等措施，积极调整产业结构，优化产业布局，推动产业模块与细分市场均衡发展。

（一）最新出台的产业园相关政策

2020 年，烟台市在《山东省促进人力资源服务业发展指导意见》的基础上出台了《烟台市市级人力资源服务业发展扶持资金管理办法》（烟人社字〔2020〕93 号），加大了扶持力度，放宽了申领条件，扩大了补贴范围，提高了补贴规模，对园区集聚发展给予重点帮扶，支持园区加强品牌培育、平台建设、服务保障和管理运营。会同中共烟台市委组织部、烟台市发展和改革委员会、烟台市财政局、烟台市商务局等部门，出台了《烟台市关于加快推进人力资源服务产业园建设的指导意见》（烟人社发〔2016〕17号），统筹推进烟台产业园建设。芝罘区政府制定出台了《芝罘区引进国内外知名人力资源服务机构入驻烟台市人力资源服务产业园的意见》（烟芝政办发〔2014〕65 号）以及《芝罘区关于打造人力资源产业聚集区的实施意见》，积极引导各类要素资源向园区企业集聚。烟台产业园先后获得省级专项扶持资金 700 万元、市级专项扶持资金 300 万元，并通过开展标准化建设、举办论坛、承办全省人力资源服务业从业人员培训等工作，争取省、市扶持资金 500 余万元，确保园区建设有力有序推进。

2020 年，自贸区烟台片区产业园出台了《烟台经济技术开发区山东自贸区烟台片区关于加快发展人力资源服务业的若干政策措施》（烟开办〔2020〕24 号）、《山东自贸区烟台片区国际人才港人力资源服务产业园管理服务办法（试行）》（烟开办〔2020〕25 号）。例如，国内外知名人力资源机构落地，可给予最高 50 万元的资金奖励；实行"三免两减半"的 5 年房租补助；有突出贡献的，连续 5 年给予财政奖励等。

（二）优化营商环境的举措

一是深化党建引领，凝聚发展合力。坚持党建工作新定位，提炼"聚链HR，汇聚红色加速度"党建服务品牌，深入开展"产业先锋"系列主题活动，形成了以园区党总支为核心、企业党支部为支撑、专业党小组为基础的新型组织体系，多点发力推动主导产业持续发展壮大。自贸区烟台片区产业园将4家基层党支部、14家企业和54名党员串珠成线、织线成网，通过党组织阵地共用、资源共享、机制共商、活动同办，推动园区党建工作无屏障、全覆盖。

二是聚焦关键环节，推动制度创新。坚持质量第一、效益优先的原则，在《中国烟台人力资源服务产业园中长期发展规划纲要》的基础上，进一步拟定出台了推动产业园多样化发展的《中国烟台人力资源服务产业园支持入驻机构多元发展的十三条措施》等文件，通过项目认领、市场对接、产学研平台搭建，进一步促进要素顺畅流动，优化资源配置，为人力资源服务机构高质量发展提供强有力支撑。自贸区烟台片区产业园持续打造供需对接品牌，瞄准辖区内重点企业需要和行业头部机构产业供给，让人力资源服务产品和需求快速链接，实现既能帮助企业解决人力资源服务需求，又能为行业头部机构提供市场空间、促其落地的"双赢"局面。

三是持续优化提升园区服务体系。依照新发展理念的要求，建立健全《中国烟台人力资源服务产业园入驻清退管理办法》等机制，完善适合产业发展的业绩评价和考核体系，加强对入园企业的激励和考核，同时，对考核不合格的企业进行清退处理，提高主体楼宇的资源利用率。在量化指标上，除纳税、就业、社保、产值等宏观指标外，增加了质量和结构优化指标的权重，特别突出了人才发展和创新发展两大关键要素，严格落实"发展是第一要务，人才是第一资源，创新是第一动力"的要求。目前，自贸区烟台片区产业园起草印发了《"一园一港"一事一议协商决策机制》，对于对地方贡献大、服务辖区发展成效突出的机构，在政策上实行一事一议，给予更加灵活、更强有力的政策支撑。

四是不断创新工作机制。实行"延时服务"，午休时间安排人员驻岗值班，窗口业务"即到即办"。实行"大客户预约"工作制，对于业务量较大的单位和企业，通过提前划分时间段、主动电话预约等方式，分期、分批为大客户提供服务，切实提升业务经办效能。对已发现的问题实行"销号管理"制度，明确整改要求和整改时限，及时督促工作人员改进工作方法，提高工作效率。

三　管理运营发展情况

（一）园区管理运营模式

烟台产业园是在山东省人社厅的指导下，由烟台市人社局与芝罘区政府合作共建，遵循"整体规划、市区联动、政府推动、市场主导"的运行原则，由烟台市芝罘区人社局负责运行，烟台市芝罘区公共就业和人才服务中心为具体责任部门。2016 年 9 月，机构编制重新核定，加挂烟台人力资源服务产业园管理办公室牌子，实行"一套班子、两块牌子"管理体制，内设园区管理服务中心，负责园区大楼整体物业管理、日常运营、招商引资、各类人力资源行业交流活动的策划、组织和实施等工作，通过外包托管的方式进行物业服务管理。

自贸区烟台片区产业园探索实行"管理机构+平台公司"的运营管理机制。积极探索建立符合产业发展规律的市场化模式，采取政府引导与市场运作相结合的运作机制，构建"管理机构+平台公司"的运营体系，既发挥人社局在政策扶持、资源整合等方面的优势，又借助人才集团机制灵活、人员专业性强等方面的长处，形成资源叠加、优势互补，高效推进产业园运营发展。同时，还采取了"专家顾问+执行团队"的专业化运营模式。引入行业内有影响力的专家顾问，每周定期交流，研究商讨产业园发展规划、项目招商、管理服务等重要事项、重大问题。目前，由人社局人力资源处和业达国际人才集团有关部门联合组建运营管理中心，全面负责园区项目招商、活动组织和物业管理等日常运营管理工作。

（二）园区精细化管理

长期以来，烟台产业园高度重视标准化建设工作。启动运营初期，即印发了试点实施方案、指导方针等文件，成立了领导小组。在此基础上，实行"项目制"工作模式，抽调全局精干力量成立项目工作组，专门聘请了具有国家级标准化示范区建设经验的相关领导来指导工作，组建了一支"组织领导有力、专业技术到位、人员素质优良"的标准化工作团队，明确责任分工，多措并举推进标准化建设工作落实，并获批为省级服务业标准化试点。通过理顺各类服务事项的基本要求、服务流程和考核机制等，建立了一整套覆盖全面、程序严密、过程优化、考核有效的标准化体系，并且正式获批为国家级社会管理和公共服务标准化试点项目。借助开展标准化建设工作的有利契机，园区成功制定了4项"山东标准"，同时还参与并主持了另5项人力资源行业标准的制定工作。2021年产业园与山东省标准化研究院开展战略合作，打造国家级社会管理和公共服务综合标准化试点，并顺利通过终期验收。

自贸区烟台片区产业园内则设置了多项服务功能区，包括社会保障、人才招聘、劳动监察、劳动仲裁、职业技能鉴定、人事档案等，打造了"一站式"社会保障公共服务综合供应基地；同时，在园区三楼配套建设了可以满足不同类型的会议、培训和商务洽谈的公共会议中心；一楼规划了设计人才展厅，主要展示自贸区、开发区的营商环境、人才政策、人才引进及发展情况等，着力打造成为宣传和展示人才工作的窗口。园区制定出台了产业园管理服务办法，建立了涵盖入园条件、扶持政策、入驻流程、管理考核等一整套的机制体系，为产业园规范运营奠定了基础，同时重点鼓励国内外知名机构、省级以上诚信服务机构、成长创新类机构等7类机构入驻；制定"阶梯式"奖励政策，在开发区形成的地方贡献越大，享受的政策扶持力度也越大；科学制定了产业园考核退出机制，将诚信合法经营、税收贡献、营收增幅等作为考核指标，对于被一票否决的或者连续2年考核不合格的入驻机构及时清退，确保发展良性循环。

（三）从业人员队伍建设

烟台产业园自建园以来，有力地推动了烟台市人力资源服务业的快速发展。目前，全市共有人力资源服务机构 500 余家，从业人员达 4000 余人，年产值 40 亿元。其中，自贸区（烟台片区）共有人力资源服务机构 170 余家，从业人员近千人；产业园内人力资源服务机构 30 家，从业人员 300 余人。主要通过以下两方面加快从业人员队伍建设。

一是举办高端论坛活动。园区连续六年举办"中国人力资本论坛""中国人力资源技术与服务大会"等大型高端活动，邀请来自海尔集团、中粮集团等国内龙头企业，以及 LinkedIn（领英）等国际知名企业的 300 余名高管与 6000 多家企业代表开展了多层次、多领域的对接洽谈，已成为山东地区面向人力资源应用领域影响力最高、规模最大的行业峰会。2021 年，园区以职业技能提升行动"项目制"培训为契机，在全市范围内开展人力资源服务业从业人员培训，促进劳动者全面提升职业技能水平和综合能力，已成功举办培训活动 30 余场，参加人员 1500 余人次。

二是交流合作不断加深。着重加强与上海市、苏州市、重庆市、杭州市等地的对外联系和互动，同时加入国家级人力资源服务产业园联盟，参加联盟座谈，充分发挥各自优势，相互推介企业及产品，寻求合作发展，实现园区企业资源合理配置和充分共享。对内着重加强与山东省内各市人力资源服务产业园的交流与合作，共同组建胶东暨蓝区人力资源服务产业（园区）发展联盟，由烟台产业园出任副理事长单位，助推胶东暨蓝区域内"人才一体化"建设，推动优质人才资源共建共享。

四 服务体系优化情况

（一）服务内容

烟台产业园全面推行"四个一"政务服务模式，打造以"环境更优美、服务更优化、营商更优良、文化更优秀"为主要特征的"YOU"服务品牌，为入驻企业提供高品质、立体化、全方位的园区配套服务。

1. "一站式"营商服务

全面实施入园"交钥匙"工程，入园企业只需按标准提交相关材料和要求，即可免费获得装修设计、代办注册登记等全方位入驻服务。对于不能一次性入驻的企业，可通过业务部门入驻、代理合作、成立分公司等方式逐步引入园区。为了让更多企业能享受到园区的招商服务，园区还接纳了250余家虚拟注册的企业，占全市人力资源服务企业总数的75%。自贸区烟台片区产业园则为企业提供"一站式"服务，开通绿色通道，为落户园区的人力资源机构提供"不见面审批""一站式""全流程精简化"政府服务，提升人力资源服务工作效率，提高政府公信力。

2. "一体化"办公服务

烟台产业园从设计、布局到装修各个环节都凸显国际办公理念，高标准配套了培训、会议、金融、综合服务、人才交流五大功能区，以及咖啡店、运动场馆、餐厅等休闲区，旨在打造真正意义上的"流动办公空间"。同时，园区还建设了展示交流中心、"候鸟众创空间"等模块，为金融、电子商务、文化创意等产业的创业群体和创客项目提供孵化、成长、展示和交流的平台，形成了一流的创新创业群落。自贸区烟台片区产业园内设置了社会保障、人才招聘、劳动监察、劳动仲裁、职业技能鉴定、人事档案等功能区，打造"一站式"社会保障公共服务综合供应基地。

3. "一条龙"信息共享服务

烟台产业园管理部门利用自身优势，加强对产业园内企业的信息服务，包括行业发展、市场需求、宏观经济政策、劳动保障法律法规等多个方面；积极举办在国内乃至国际具有影响力的行业交流活动，加强对入园企业的市场推广力度，优先将公共服务外包项目推荐给园区企业承接。自贸区烟台片区产业园为区内人力资源服务机构提供区内行业企业人力资源供需信息、区内行业公共研究（招聘、薪酬等）、人力资源服务行业发展动态等；同时积极引进人力资源相关的信息技术、软件开发、电子商务等网络信息服务企业，为入驻企业搭建信息网络服务平台，提供网络服务解决方案。

4."一柜通"集成服务

针对基层人力资源社会保障事务窗口多、业务多、机构多、群众跑腿多、等候时间长等问题，烟台产业园积极探索政府公共服务与市场服务相结合的创新高效服务形式，率先在全国创立了"一柜通"集成服务模式，将原有的单位和科室间的界限打破，将129项人力资源社会保障业务重组，实现了人力资源社会保障业务"一窗受理、一柜办结"。自贸区烟台片区产业园设立了人力资源产业相关职能部门窗口，引进为公共就业、大学生创业、人才招聘、人才培训、人事考试、职业技能鉴定、人才继续教育等提供服务的专业机构，打造完整人力资源服务产业链。

（二）园区信息化建设情况

产业园信息化建设以"三化建设"为主导，以园区建设发展为契机，以市场推广营销为目标，通过与烟台市人力资源社会保障信息化建设的有机结合，实现信息化建设与运营的创新。

1.加大信息化建设投入力度

政府拨付专项采购资金，加大对园区信息化、终端化、智能化等方面的投入。园区内广泛推广智能化设备，配备了自助终端查询系统、多媒体信息发布系统、智能一卡通系统以及安全防范系统。目前，自贸区烟台片区产业园大力推进"互联网+"模式，入驻机构众腾人力资源集团充分利用网站、鲸才招聘 App 等手段，线上启动、线上推送招聘预告和岗位信息、线上招聘交流等有效手段，为各类劳动力提供从路上、车上到掌上的全过程、零距离信息服务，让关注招聘的各地劳动者均能享受全方位就业服务。

2.实现软件操作"一键整合"

设计开发软件系统和服务界面，纳入职称考试、工伤认定及退休审批等十余项业务，并整合二十余项保险业务子系统的登录端口，初步实现了

"一端口登录""一界面切换"，有效解决了需多次登录不同平台处理业务的问题，切实提高了业务经办效率。

3. 宣传推广端口化

烟台产业园通过建立管理 OA 系统、开通产业园及协会微信公众号，实现了园区日常管理、通知传达、数据统计的客户端化。依托宣传平台，园区定期开展解读政策、发布人才需求指数等工作。目前，该平台已成为园区宣传展示企业品牌形象、推广产品服务、开展业务交流的主阵地。

4. 招聘市场无纸化

烟台产业园人才市场目前拥有展位 70 个，采用国内先进的无纸化、智能化系统，每个展位都配备了身份证读卡器、平板电脑等设备。目前，已有 30 万份简历被纳入园区人才库。在此基础上，园区与中国电信猫头英云人才市场深度合作，共同打造芝罘区云人才市场，完成"线上+线下"全模式招聘平台的架构体系。

5. 提升人才服务水平

自贸区烟台片区产业园创新设立人才服务专线，联合业达国际人才集团，探索构建创新型智慧园区，建立"云"服务平台，采用"专线+专员""线上+线下"的双"+"模式，开展各类政策申请兑现和工作生活"十全"帮办，密切对接企业需求与政府职能。同时，优化升级业达人才码，主动对接人才需求，拓展服务供应商，优化服务能力，推出人才码 2.0 版，服务范围涵盖医疗、旅游、酒店、教育、健身、金融、车辆购买服务等 9 大类项目。

五　产业园建设中的问题和未来发展趋势

（一）园区建设中遇到的问题

一是园区提供的服务产品质量层次偏低。人事代理、劳务派遣、生产外包仍然是主流业务，企业服务产品多元化程度不强，高端服务产品相对较少，如人才测评、高端猎头、职业规划、管理咨询、招聘与配置、薪酬与福利、绩效管理等方面，制约了人力资源服务业对人才引进、促进就业和拉动经济方面的作用。

二是对灵活用工平台的政策吸引力不足。随着互联网经济的兴起，灵活用工平台快速发展，成为各地争相引入的税源项目。灵活用工平台主要关注当地税收奖励政策，目前烟台市地方留存少，缺乏对此类项目的吸引力。

三是行业头部机构数量较少。目前，园区内人力资源服务机构总数多，但规模以上机构较少，而且业务也主要集中在流程外包、劳务派遣、培训等低附加值领域，缺少真正的行业头部机构，尤其是在猎头、管理咨询、人力资源科技等细分领域的高端人力资源服务机构较少，存在行业空白和短板。

（二）产业园未来发展趋势

人力资源服务产业发展质量不断提升是烟台市加快构建现代服务业产业体系的一个缩影。下一步，中国烟台人力资源服务产业园将以"树品牌、抓创新、建智库、定标准"为主要工作核心，着力抓好四项工作。

一是提升国家级产业园品牌，不断提高园区的带动力和辐射力，更好地发挥园区在山东省人力资源市场的集聚作用。

二是继续探索市场化运营模式，不断细化、完善管理措施和配套政策，为人才引进、产业集聚提供强有力的保障和支持。

三是持续抓好招商，探讨建立市场化招商机制，与行业机构、平台等开展招商合作，给予项目招商奖励，多维度、多渠道延伸招商触角；坚持全产业链条招商，注重产业链条的互补和延伸，重点招引人力资源科技、金融保险、知识产权等区内稀缺机构，不断丰富产业业态。

四是不断提升服务，组织人力资源供需对接活动，尤其是针对重点用工企业、新入区项目以及区外大型企业等，畅通需求响应对接机制，拓宽机构发展的市场空间；探讨与省内外兄弟园区建立资源共享机制，促进与外地知名机构间的多形式合作，实现资源共享和优势互补，促进机构迅速成长。

B.12
以产业集聚加快新时代人才高地建设

宋堃 高巍*

摘　要： 本报告概括了长春产业园的发展现状及对经济社会的贡献，介绍了2021年长春产业园政策制度建设、管理运营发展及服务体系优化等方面的情况，梳理了园区当前面临的困难与存在的不足。提出长春产业园将围绕贯彻习近平总书记在中央人才工作会议上的重要讲话精神，从提升运营力、提升引领力、提升发展力三个方面，切实谋划产业园发展的主动性、自觉性和创造性，积极服务东北振兴及吉林省"一主六双"高质量发展战略，充分发挥市场在人力资源配置中的决定性作用，加快打造新时代人才集聚高地。

关键词： 人力资源服务　产业园　长春　东北振兴

2021年是"十四五"规划开局之年，也是中国共产党成立一百周年，同时是中国长春人力资源服务产业园（以下简称"长春产业园"）成立的第四个年头。长春产业园紧跟长春市委、市政府的步伐，在其大力扶持下，以长春市人社局党组为领导机构，认真贯彻习近平新时代中国特色社会主义思想和在中央人才工作会议上的重要讲话精神，围绕贯彻落实吉林省"一主六双"高质量发展战略，以充分发挥市场在人力资源配置中的决定性作用为主要发展方向，以更好地服务就业及实施人才发展战略为抓手，科学研

---

* 宋堃，长春市人力资源和社会保障局副局长；高巍，长春市人力资源和社会保障局人力资源市场处处长。

判行业发展趋势，准确把握新发展规律，加快打造新时代人才集聚高地，为东北地区作为国家"一带一路"建设北向出口突围发展所需人才保障与智力保障等提供有力支撑。长春产业园连续三年在业内获得认可，作为国家级人力资源服务产业园联盟成员，2021年荣获"中国人力资源服务产业园最佳机制创新园区"，在推动我国人力资源服务产业园培育发展建设过程中，体现出责任担当和卓越品质，为区域社会、经济、科技、人才等综合效益最大化发挥了积极作用。

一 基本情况

（一）产业园概况

2017年5月，长春产业园在人力资源和社会保障部（以下简称"人社部"）批准建设后，迅速行动，进行产业园先期规划布局。同年11月18日，伴随着长春市第六届创业就业博览会的隆重举行，长春产业园正式开园运营。长春产业园是全国第九家、东北及内蒙古地区首家成立的国家级人力资源服务产业园，园区位于长春市净月高新技术产业开发区，建筑面积4.88万平方米，园区按照"人才集聚高地，产业升级引擎"核心理念，承载聚焦产业、拓展业态、优化服务、培育市场等主要功能，创新"2+1+N""政府主导、企业运营、市场化运作"的管理模式，实现人力资源配置集约化、专业化和一体化发展，以"立足长春、服务吉林、辐射东北、链接东北亚"为战略定位，为推动东北地区人力资源产业集聚发展、加快老工业基地全面振兴、全方位振兴奠定了坚实基础。

（二）产业园集聚情况

截至2021年12月末，长春产业园入驻企业41家，其中人力资源企业36家、配套企业3家、其他企业2家，入驻率约为65%。入驻企业包括5A级企业1家、4A级企业4家、3A级企业3家，知名企业、上市企业各1家，培育骨干企业、孵化成功企业各1家，具体为科锐国际人力资源（长春）有限公司、长春锐仕方达人力资源顾问有限公司（以下简称"锐仕方达长春公司"）等国内知名的大型人力资源企业，以及吉林省外国企业服务有限公司净月分公司（以下简称"吉林外服"）、吉林省华启企业管理服务有限公司（以下简称"吉林华启"）、长春龙天华尔人力资源服务外包有限公司（以下简称"龙天华尔"）等立足本省本市、有一定影响力的人力资源企业。

行政服务中心、公共就业和人才配置区域中心以及人力资源服务业集聚发展中心是长春产业园核心布局，旨在形成三大中心为一体的综合性人力资源服务保障体，其中包含全部人力资源服务业态，具体为人力资源招聘、就业指导、人力资源培训、人力资源和社会保障事务代理等常规业态，也包括人才测评、人力资源管理咨询、劳务派遣、高端人才寻访、人力资源外包、人力资源信息软件服务等新兴业态，园区产业链条完整，为后续成功发挥集聚作用奠定了坚实的基础，也成为推动园区社会效益和经济效益双提速增长的有效推力。

在成立运营的四年中，长春产业园始终致力于服务国家及地方发展战略。一方面坚持世界眼光、国际标准，全面贯彻落实《国家创新驱动发展战略纲要》，融入国家"一带一路"建设、新一轮东北老工业基地振兴战略；另一方面满足哈长城市群建设的需要，推动长春市经济增长，引领东三省及内蒙古人力资源服务产业发展，统筹推进人力资源产业转型升级和供给侧结构性改革。

（三）产业园主要经济社会指标

1. 经济指标

通过形成人力资源服务集群，长春产业园成功发挥产业集聚作用，推动入园企业创造营业收入和纳税额直接创造经济效益，从而整体带动园区经济效益指标提速增效。截至2021年12月，园区累计实现营业收入58.94亿元（较上年同期增长1076.45%），实现纳税额1.49亿元（较上年同期增长776.47%），见表1。

表1 2021年中国长春人力资源服务产业园经济效益指标

名称	开园运营时间	建筑面积（万平方米）	入驻企业数量（家）	营业收入（含代收代付）（亿元）	纳税额（亿元）
长春产业园	2017年11月	4.88	41	58.94	1.49

数据来源：长春产业园2021年运营数据。

2. 社会指标

通过带动区域人力资源产业快速发展，长春产业园成功发挥人力资源综合服务作用，为长春本土"招才引智"，落实省市"人才新政"发挥重要作用。产业园服务企业1.40万家次，年服务281.16万人次；接待包括吉林省人民代表大会常务委员会、中国人民政治协商会议吉林省委员会（以下简称"省政协"）、中共吉林省委党校（以下简称"省委党校"）调研组、长春市人民代表大会常务委员会、广东省人才服务局、中国海峡人才市场（以下简称"海峡人才市场"）、四平市人力资源和社会保障局（以下简称"四平市人社局"）、辽源市就业服务局、中国青年杂志社、牡丹江市国有资产投资控股有限公司等各类调研来访27次，实现对口帮扶就业和流动人数1.47万人次，成功提供各类岗位26.40万个，成功引进各类型高层次人才0.20万人（见表2）。

长春产业园有全国人力资源诚信服务示范机构5家，分别为吉林外服、吉林省彩虹人才开发咨询服务有限公司（以下简称"吉林彩虹"）、龙天华尔、吉林华启、长春市才库管理咨询有限公司（以下简称"长春才库"）；吉林省人力资源诚信服务示范机构6家，分别为吉林外服、吉林彩虹、龙天华尔、吉林华启、长春才库、锐仕方达长春公司。

表2 2021年中国长春人力资源服务产业园社会效益指标

名称	服务人次（万人次）	服务用人单位（万家次）	帮扶就业和流动人数（万人次）	提供就业岗位（万个）	引进高层次人才（万人）
长春产业园	281.16	1.40	1.47	26.40	0.20

数据来源：长春产业园2021年运营数据。

二　政策制度建设情况

（一）政策制定基本情况

吉林省、长春市领导高度重视产业园发展建设并给予大力支持。2018年6月，长春市政府办公厅正式出台《推进中国长春人力资源服务产业园发展实施办法》，该办法明确长春产业园可以享受房租补贴、装修补贴、引才奖励、创新扶持奖励等优惠政策，同时配套奖补资金，为人力资源服务产业园区发展提供优良的政策环境。

（二）政策兑现工作完成情况

自2018年起，长春市人社局、长春市财政局陆续分批、分次组织符合条件的入驻企业开展产业园入驻企业政策兑现工作。至今已累计兑现各类政策3640万元，受益企业达40余家。各项政策的顺利落地得到了入驻企业的高度赞扬，为企业长远发展和产业园建设奠定了坚实的基础。

（三）新一轮优惠政策相关情况

经过两年多的努力，长春产业园各项优惠政策为入驻企业发展提供了优质政策环境。进入2022年，长春产业园部分优惠政策即将到期，相关单位和部门将在省委省政府、市委市政府的指导和支持下，研究制定新一轮产业园优惠政策，为全市人力资源服务业实现高质量发展提供政策保障。

三　管理运营发展情况

运营发展四年来，长春产业园充分发挥资源集聚优势，园区规划突出先进理念打造、基础设施突出高标准投资、开展招商运营突出专业化模式、物业管理突出管家式服务，致力于以产业发展促进城市发展，以核心区建设带动城市建设，走出一条坚持创新、将园区品牌上升到城市品牌高度的发展之路。

（一）园区管理运营模式

长春产业园在管理运营中的突出特色，即为"2+1+N"政府主导与市场引导相结合的创新型管理运营模式，通过建立政府主导、企业运营及入园企业三者紧密结合的运营管理体系，凝聚多方力量，焕发生机活力。长春产业园是在长春市人社局的总体领导下，由长春市人才服务中心（以下简称"市人才中心"）直接指导，由市属国有企业长发人力资源产业投资（长春）有限公司（以下简称"长发人力资源公司"）开展专业化的运营管理。

（二）园区精细化管理

1. 全方位招商引资

园区招商始终秉持创新精神，全方位招商引企，以面向本土传统人力资源业态企业为基础，着力面向国内外高端人才寻访（猎头）、人才测评等高端业态，以技术含量高、效益附加值高为导向，在区域内建设人力资源融合度较高、人才引进贡献率高的产业发展集群，发挥长春市招才引智引擎作用，全面服务城市发展。年内开展全市写字楼招商调研及入园企业"一对一"招商大走访，主动开展招商攻坚行动，全力拓展产业园运营新格局。

2. 建立长春产业园建设运营管理体系

深度整理长春产业园近四年来已完成的项目，其中包括产业园运营的全套管理体系、举办展会论坛活动的设计思路和执行流程、培训班比赛的整体方案及实施、管理咨询项目沟通技巧及成果积累等，将每个单项包装成一个可对外输出的产品，以此为基础对外拓展人力资源业务。

3. 实施品牌战略，完善配套服务链条

通过活化园区内外各类资源，长春产业园不断追求园区内产业配套服务集群的完整度，通过创造新的服务支点，园区内多媒体培训教室、自助咖啡空间、沙龙空间、白领健身盒子等设施有效提升了园区服务品质。依托城市

核心区域定位，长春产业园外拓产业链，与万科联手打造"长发·万科人才公寓"配套项目，大幅提升了园区的辐射空间。

4.发挥运营管理和行业平台的规范引导双重作用

长春产业园运营主体长发人力资源公司，同时是长春市人力资源服务行业协会（以下简称"长春协会"）会长单位，能够同时发挥运营管理和行业平台的规范引导双重作用。依托这样的双重作用，长春产业园先后组织开展"主题沙龙""园区入驻企业座谈会""人力资源服务企业展""产业园招商推介会"等新颖丰富的活动，吸引入园企业及会员单位积极参加，在规范、有效的前提下，切实提升产业园在社会各领域的知名度和影响力，同时极大地促进了入园企业之间的交流。2021年，为助力产业园成立四周年活动，长春产业园策划开展入园企业"国企巡礼"活动，进一步提升产业园运营格局，同时联合入园企业及属地社区开展党史学习和趣味答题活动，营造浓厚发展氛围。

（三）从业人员队伍建设

长春产业园运营团队现有从业人员26人，包括本科以上学历25人，其中研究生6人，高级职称3人、中级职称2人，企业人力资源管理师一级1人、二级1人、三级1人。鉴于运营公司的国企资质，长发人力资源公司着力提升人员队伍的政治素养，建立健全集中学习、自学及每周学习计划等学习教育长效机制，通过政治核心引领作用，引导团队业务能力素养提升，助力园区创新发展。

四　服务体系优化情况

长春产业园依托现有政策服务、公共服务、金融服务、信息服务、配套服务等"五大服务体系"，集聚效应显现，服务体系不断优化升级。

（一）服务内容

长春产业园主要为入园企业和各类社会公众提供人社类公共服务及配套

类"一站式服务"。其中人社公共服务包括为市人才中心、长春市就业服务局、长春市人事教育考试中心、长春市人事统计信息中心等提供的服务；配套服务包括物业管理、信息技术、金融服务等。

长春产业园运营主体主动靠前服务入园企业，不断改进工作方法，提高服务质量，协助15家次企业申领装修补贴、85家次企业申领房租补贴，积极努力为园区入驻企业搭建业务沟通交流平台，提供相应配套协助，进一步增强了产业园与企业间的良性互动，有效提升了入驻企业的满意度。

（二）园区信息化建设

长春产业园以打造"智慧园区"为出发点，依托人才集聚、信息集聚实现产业集聚。目前，长春产业园已经搭建全市人才档案系统、全市医保信息系统等基础信息服务平台，能够实现长春市人力资源社会保障业务的经办服务，是城市人力资源核心业务的发展保障。同时，长春产业园营造线上线下、新媒体融合立体信息宣传载体平台，包括产业园官方网站（www.cchrsip.com）、微信公众号（CCHRSIP）、产业园抖音号、《园区印象》期刊、电梯海报、楼宇电视等主要载体，帮助企业宣传产品，提供招商物业等服务预约功能，实现信息化建设的产业功能。

五　产业园建设中的问题和未来发展趋势

国家"十四五"规划中明确提出，要聚焦提高要素配置的效率，推动人力资源等服务创新发展。人社部"十四五"规划中也提出，要着力扩大人力资源服务业特别是高层次人才培养，进一步提高从业人员的专业化水平和职业化水平。上述战略都对人力资源服务业发展提出新要求、新目标，人力资源服务业将在"十四五"时期进入更高质量发展阶段。未来一个阶段，长春产业园将坚持以贯彻习近平新时代中国特色社会主义思想为指导，以推动人力资源服务业高质量发展为主题，以深化产业园运营改革创新为主线，围绕"十四五"时期人社事业发展的指导思想和基本原则，服务东北振兴和吉林省"一主六双"高质量发展战略，加快打造新时代人才集聚高地。

（一）园区建设中遇到的问题

1.产业园核心引领力发挥不够凸显

目前，长春产业园现有房租减免、引才奖励、税收奖励等优惠政策是吸引企业入驻的主要手段，但即将到期。作为国家级人力资源服务产业园，长春产业园真正的核心吸引力应更多地来源于园区产业集聚所带来的特有资质及优质资源，加大力度建设产业园自身核心竞争力将是在未来补贴政策不明确的情况下，招商引企以及提升产业园知名度和影响力的新着力点。

2.运营主体现金流压力不断增加

在新冠肺炎疫情和经济形势双重压力下，大部分入园企业出现现金流紧张的情况，房租及物业费收缴存在极大困难，致使长春产业园运营主体每年需承担1000多万元运营成本现金流压力，给产业园正常运营及企业实施运营服务计划带来巨大困难。

（二）产业园未来发展目标、方向任务

1.提升产业园运营力，塑造新的核心竞争力，推动运营质量升级，提升发展主动性

产业园核心竞争力主要包括：无形资产（品牌、牌照、政策）、产业配套、产业生态及成本优势。长春产业园从成立以来就十分重视园区无形资产建设，未来提升核心竞争力将主要从产业配套、产业生态及成本优势入手。一是强化园区产业配套，逐步拓宽产业园招商企业范畴，探索政策向产业配套企业倾斜的招商理念，强化产业园的产业生态建设。二是最大限度提升产业园成本优势。园区房租优惠等属于可复制的成本优势，已经不足以支撑产业园核心竞争力升级，未来长春产业园将探索依托园区产业发展资源、净月核心区域优势及园区科学运营治理效能转化的经营效益最大化等不可复制的成本优势，优化入园企业发展成本，打造长期、可持续的产业园核心竞争力。

2. 提升产业园引领力，突出行业特色打造楼宇党建示范点，旗帜鲜明地提升集聚发展自觉性

当前，长春产业园已被中共长春市委组织部列为区域商务楼宇党建试点，旨在打造产业集聚、企业集聚、人才广聚的"垂直式街区"和"立体化社区"，建设新时代长春经济发展最活跃的主要"经络"。为此，长春产业园将在夯实党建工作的基础上，以进一步提升党在商务楼宇的政治领导力、思想引领力、群众组织力、社会号召力为主要着力点，健全完善楼宇党建管理体系和工作机制，着力拓展长春产业园楼宇党组织的服务功能，使长春产业园成为促进行业产业发展的"大本营"、服务入园企业的"根据地"和党建融合、工作融合、生活融合、感情融合的"园区家园"。

3. 提升产业园发展力，补齐短板，促进"传统产业+创新业务+产业链延伸"全链条产业均衡发展，多轮驱动提升发展创造性

长春产业园成立之初就形成涵盖10种人力资源服务业态的全产业链园区业务格局，整体形成了较为完善的园区产业发展态势。下一阶段，围绕省市及行业"十四五"规划发展战略，长春产业园将不断继续谋求在传统人力资源产业发展，贯彻落实创业优先及人才强国战略，举办"创思吉林、振兴有我"吉林省青年创新创业大赛，鼓励创新引领创业、创业带动就业。同时，继续谋划人才公寓等产业链外延项目，在此基础上，持续与知名地产集团合作开展人才公寓标杆项目，拉长加粗产业链条，探索开拓专业特色服务出口、高技能人才培养等特色突出的崭新业务，为园区新阶段新发展注入新引擎。

以满足企业需求为目标　打造区域人力资源供需平台

谈振华　张斯癸　吴素云*

摘　要： 本报告围绕园区基本情况、政策制度建设情况、管理运营发展情况、服务体系优化情况等方面，简要阐述了 2021 年中国南昌人力资源服务产业园的园区发展概况和产业集聚情况。南昌产业园借助产业优势、优质资源，不断充实、完善、创新企业服务内容，以规范化管理、人性化服务搭建创业孵化基地，构建创新孵化体系。同时，着力搭建企业、人才交流平台，缓解招工难和就业难问题，为加快推进区域经济高质量跨越式发展和经济发展量质同升做出突出贡献。产业园在发展过程中也遇到了一些问题，如产业园服务地方产业发展能力有待加强、产业园扶持优惠政策和力度有待加强等。因此，产业园未来将加大招商力度，广泛开展招商活动；加大培育力度，重点培养特色机构；加大服务力度，畅通服务企业通道；加大培训力度，为园区机构赋能。

关键词： 人力资源服务　产业园　南昌　产业集聚

---

* 谈振华，南昌市人力资源和社会保障局人力资源流动管理科科长；张斯癸，南昌市人力资源和社会保障局人力资源流动管理科副科长；吴素云，南昌市人力资源和社会保障局人力资源流动管理科四级主任科员。

一　基本情况

（一）产业园概况

中国南昌人力资源服务产业园（以下简称"南昌产业园"）于 2017 年 5 月获人社部批准成立，2017 年 10 月正式运营，是国家批准设立的第十个国家级人力资源服务产业园。

产业园以"立足南昌、服务全省、辐射中部、面向全国"为目标，采取"一园三区"的模式进行布局。经开园区位于南昌经济技术开发区北大科技园内，总建筑面积约 5.7 万平方米。高新园区分别设在南昌高新技术产业开发区的南昌国家大学科技城和人才大厦（云中城）内，总面积 2.6 万平方米。小蓝园区地处南昌小蓝经济技术开发区江西尚荣城科技产业园内，办公面积约 2 万平方米。

（二）产业集聚情况

1. 入驻人力资源机构情况

一园三区，示范引领，集聚发展。政策红利的叠加，使南昌产业园释放出强大的集聚效应。据统计，截至 2021 年 12 月底，产业园入驻人力资源机构达 295 家。

经开园区入驻机构 185 家，配套机构 7 家，引进知名企业 10 家，上市企业 2 家。人力资源服务孵化基地现有在孵企业 12 家，毕业企业 8 家。园区培育省级龙头企业 1 家，AAA 企业 3 家，AA 企业 9 家，规上企业 31 家；培育高新技术企业 2 家。

高新园区入驻机构 104 家，入驻办公 40 家，落户但在园区外办公 54 家。孵化基地引入 10 家，人才类高新技术企业 2 家，国内百强知名人力资源企业 8 家。园区培育省级龙头企业 2 家，AAA 企业 7 家，AA 企业 16 家，规上服务业企业近 40 家；培育高新技术企业 5 家。

小蓝园区入驻机构 6 家，主要为企业和劳动者提供传统业态的人力资源服务，包括人员招聘、人事代理、职业指导、职业培训、人才测评、劳务派遣、业务外包、人力资源管理咨询等。

全省 2 家人力资源孵化基地获评省级人力资源服务孵化基地，均落户园区。目前 2 家孵化基地已吸引 30 家小微人力资源服务企业入驻（其中，在孵人力资源服务企业 22 家，毕业企业 8 家），通过孵化基地与 200 余家人力资源服务创业企业及创业团队建立了联系。基地给入驻孵化园区的初创小微企业提供便利便捷、服务完善、成本较低的孵化服务，入驻企业可享受水电、物业等各项补贴。协助落实创业扶持政策、创业教育和培训、开业指导和经营辅导等，为有梦想的创业者实现梦想提供平台。

2. 产业链打造服务创新

随着园区软硬件实力的增强，园区内入驻企业逐年增加，优质人力资源服务企业和配套服务机构已呈集聚态势，人力资源服务产业链趋于完善。目前产业园入驻企业可为区内企业提供包括各类人才招聘、猎头服务、技能培训、人才测评、人事代理、劳务派遣、服务外包、人力资源管理咨询、人力资源信息软件服务等在内的各类人力资源服务。

经开园区努力克服疫情不利影响，助力入园企业以市场变化为导向，客户需求为根本，为甲方提供灵活用工、劳务派遣等全方位、多层次、宽领域、高效率的人力资源服务，并创新提出"互联网+人力资源行业"承揽服务模式，努力做到让产品与用户需求无缝对接，真正满足用户的多元化需求。同时，借助园区的直播招聘平台、高校以及高层次人才联谊会等资源开展招聘活动，不断提升招聘信息的发布广度、招引人才的层次，实现更有效和更高质量就业。

高新园区充分发挥人力资源产业"百亿楼"的集聚效应，吸引国内外知名人力资源服务机构入驻，增强产业集聚和辐射带动功能，延伸相关服务业和产业链发展，打造人力资源服务产业集聚平台。通过产业园物理空间扩容，升级改造，制定相关人力资源服务产业扶持政策，使产业园更适宜人力资源企业集聚、成长、发展。在发挥园区产业集聚和企业孵化效应的基础上，积极探索产业园发展新模式。园区自主研发"用工众包"平台系统，链接园区之外的全国各地用工资源；搭建"线上"产业园，直接为高新区重点企业和园区人力资源机构赋能，服务高新区重点产业的用工需求。

小蓝园区结合园区实际，引进国内外知名人力资源服务企业落户，引导本地优秀人力资源服务企业入驻，使产业园更适于人力资源企业集聚、成长和发展。

3. 服务地方发展战略

"种下梧桐树，引来凤凰栖。"园区时刻秉承"尽心尽力做服务，一心一意谋发展"的服务理念，不断创新运营管理模式，帮助企业解决成长问题。通过辐射效应，链接全市以及全省的人力资源服务机构，构建人才创新、创业平台，助力各类人才留昌、留赣，促进区域经济高质量发展。

一是主动承接各类就业创业活动。组织"国聘行动"走进中国南昌人力资源服务产业园，2家公共就业和人才服务机构、30家经营性人力资源服务机构参加，为172家用人单位提供网络招聘服务，提供招聘岗位数4387个，参加招聘人数6030人，达成初步意向人数836人。举办现场招聘会8场，157家用人单位参加，提供招聘岗位数17950个，参加招聘人数7180人，达成初步意向人数682人。产业园积极开展校招、讲座与技能培训等活动，2021年组织活动共25场。其中线上招聘会7场，推介16620个优质岗位信息；线下招聘会5场，推介12300个优质岗位信息；培训类活动9场，吸引488家企业，607位怀有创业梦想的学员参加；高层次人才活动4场。

二是及时分享企业用工和招商信息。组织人力资源机构进重点企业，及时将各类企业招工需求、用工条件、用人数等信息与产业园共享。引进高层次人才团队和项目，设立大学生创业孵化基地，提供包括资金、场地、技术、渠道等在内的创业指导。目前，引进的40多个项目解决了100余名大学生的就业难题。

三是充分发挥"互联网+"模式优势。组织直播带岗活动，统筹疫情防控与就业创业工作，推出"互联网+就业"的"直播带岗"服务模式。采用"企业介绍+线上答疑+现场连线"的形式，通过设立"直播带岗"服务平台，"屏对屏"推介岗位，"面对面"提供就业创业指导。"直播带岗"系列活动累计吸引 10 万余人在线观看，打通招聘、求职线上对接的新通道，让招聘会变得"触网"可及。

四是积极投身全市引才工作。响应南昌市 10 万人才来昌留昌创业就业"百场校招"活动，充分发挥各人力资源机构信息、资源优势，通过线下、线上方式，与省内外知名高校联系，开展招聘会、创业项目展示、直播带岗等，宣传南昌城市产业风貌、人才政策及就业创业政策。截至 2022 年 2 月底，人力资源服务机构共举办"百场校招"活动 500 余场，参与企业 2.7 万家次，达成意向签约 6.5 万人。

（三）产业园主要经济社会指标（见表1、表2）

表1　2021 年中国南昌人力资源服务产业园经济效益指标

名　称	开园运营时间	建筑面积（万平方米）	入驻企业数量（家）	营业收入（含代收代付）（亿元）	纳税额（亿元）
南昌产业园	2017 年 10 月	10.3	295	102.3	1.35

数据来源：根据各园区入驻机构数据汇总。

表2　2021 年中国南昌人力资源服务产业园社会效益指标

名称	服务人次（万人次）	服务用人单位（万家次）	帮扶就业和流动人数（万人次）	提供就业岗位（万个）	引进高层次人才（万人）
南昌产业园	259	5.8	135.7	55	0.57

数据来源：根据各园区入驻机构数据汇总。

二　政策制度建设情况

（一）优化营商环境的举措

一是不断完善园区生活配套。引进了江西慧心缘餐厅，为园区企业解决

163

就餐问题。继续为入园企业提供免费停车位，解决企业员工停车难、停车贵问题，确保园区服务全方位、人性化。

二是畅通多元化活动交流渠道。围绕重点企业用工需求，依托重点企业用工监测系统和全省人力资源产业监测系统，为企业和政府提供实时更新的用工数据。不定期开展用工企业走访，完善和调整服务方案，帮助入驻机构提供切实可行的服务，助力企业快速发展。通过举办茶话会、论坛、培训、讲座等多种方式，共同分享行业发展动态、法律咨询、税务优化、人力资源信息，为入驻企业提供资讯服务。

三是促进校企合作。积极与各大高校开展校企对接，邀请学生代表参观区内重点企业，引导学生来昌就业创业。通过举办"春风行动"人才招聘会、人才交流会、留赣就业专场招聘会、民营企业招聘月、毕业生线下双选会、"国聘行动"及南昌人力资源服务供需对接会、招聘夜市就业汇等系列活动，为企业招才引才。

三 管理运营发展情况

（一）园区管理运营模式

园区采用市场化运作模式开展运营管理工作，运用"互联网+"思维建设产业园线上、线下平台，推进传统+新型互联网人力资源企业快速成长和发展，逐步打造成为真正的智慧园区。

第一，政府引导，多方联动。产业园各园区由人社部门宏观统筹，不断健全园区公共服务平台，及时给予相应的政策引导和资金扶持。

第二，市场运作，共同参与。吸引有经验的专业化运营团队参与，通过成立专门的运营公司，专业化、市场化运作产业园，具体负责产业园日常服务、宣传、招商、沙龙培训、市场对接、融资、项目推介等活动。

第三，规范管理，暖心服务。建立健全系列规章制度，对入驻企业采用标准化方式进行统一管理，提供"一站式"的暖心服务。

（二）园区精细化管理

1. 健全精细化管理制度

园区运营管理公司内部建有人力资源制度、行政管理制度、总经理办公会议制度、财务制度、孵化基地孵化制度、入园管理制度、退园机制、物业管理制度、品牌建设制度、奖励制度、月度统计等相关制度；坚持开展"每天走访，每季覆盖，每年提升"的服务工作，及时了解掌握企业发展业态、资金需求、人员配置、经营等方面的痛点，拉进与企业的距离，助推企业快速发展；健全运营服务投诉机制，建立投诉通道，安排专门人员处理投诉，提高解决问题的时效性。

2. 丰富各方交流合作形式

一方面与银行和投融资机构建立合作关系，为产业园以及区内中小微企业解决人力资源企业融资难、融资贵的问题；另一方面加强人力资源服务机构与用工企业联系，带领入园机构深入用工企业，促进双方合作。同时，安排专人对接服务，不断加深双方沟通交流。

3. 推动人才、技术成果引进

一方面加大招商力度，依托产业园及相关平台，采取机构招商、平台招商、产业链招商等方式，用"以商引商"的理念为地方落实招商工作。另一方面加大引才，开展系列人才活动，加深高层次人才对人才政策的了解，促进高层次人才间的交流，增强高层次人才的认同感。

（三）从业人员队伍建设

经开园区运营公司设有运营负责人、招商部、综合部、财务部，合计12人，全部拥有专科及以上学历。

高新园区运营公司设立12个岗位编制，其中2人具有人力资源行业及产业园资深运营管理经验，10人针对招商、企服、品宣、讲解、运维、党建六大工作板块进行分工，开展各项服务工作。运营团队在不断地实践与磨合中逐渐成熟，是为入驻企业提供优质高效服务的有力保障。

小蓝园区由小蓝经开区党群部（人社局）人社（人才）科进行日常管理，待人力资源运营商确定后注入更大的力量，把产业园小蓝园区运营得更好。

四　服务体系优化情况

（一）服务内容

1. 服务专区

各分园区分别设有服务大厅，含医保、社保、就业、创业等人社业务窗口，并配有档案存储区、休闲书吧、果饮吧、自助服务机、妈咪小屋等功能服务区，配有党员活动中心、红色驿站、党建实训室、心理咨询室等红色服务区。

2. 办公专区

为入驻企业提供会议室、远程视频室、路演厅和办公区，为企业提供"一站式"基础配套服务。

3. 孵化专区

主要包括财务咨询、税务代办服务、工商登记代理代办服务、会计代理记账、商标代理等服务，降低企业运营成本，助力企业快速成长。为满足入孵企业的发展需求，孵化基地整合外部优质资源，为入孵企业提供包含人力资源规划、薪酬设计、绩效体系、法律服务、企业网站小程序建设等在内的增值服务。

（二）信息化建设

为打造产业园智慧园区，产业园建立了1个中心、5大信息服务平台以及16个子系统的"互联网+人力资源服务"系统。五大平台包括人才综合服务平台、园区运营管理平台、人力资源业务平台、政府决策辅助平台、南昌市人才"港、网、窗"一体化服务平台，共同搭建产业园智慧园区的系统架构。通过整合省、市人力资源信息平台及高校毕业生就业网络信息平台，建设统一的人力资源信息服务管理平台，进行全省人才大数据分析；利用该平台开展了一系列政策申报、企业招聘、人才求职、人力资源管理等日常工作，并结合人社部平台开展了"国聘行动"专项活动，结合市人社局平台开展了贫困劳动力线上招聘对接活动及"春风行动"线上招聘等活动。其中大数据驾驶舱基于南昌市人社局等部门数据来源，从全市城镇就业情况、高校毕业生就业形势、农村劳动力转移情况、工业园区用工情况、公共就业服务机构登记情况、职业培训情况、创业担保贷款情况、贫困劳动力就业扶持情况、青年见习工作情况、退补渔民就业情况等十个维度进行了分析展示。

五　产业园建设中的问题和未来发展趋势

（一）园区建设中遇到的问题

一是产业园服务地方产业发展能力有待加强。产业园聚集了全市大量优质人力资源机构，但在为重点产业人力资源配套服务链接方面，以及为企业输送蓝领用工及高端人才猎聘服务方面，效果还不够明显。

二是产业园扶持优惠政策和力度有待加强。目前全国产业园繁荣发展，提供了更加优惠的财税政策，吸引机构注册。更多的机构为追逐避税而进行迁移，给产业园建设带来了"产能过剩"和园区之间的恶性竞争。

（二）产业园未来发展目标、方向任务

1. 加大招商力度，广泛开展招商活动

主动"走出去、请进来"，高效开展线索搜集、挖掘人力资源服务行业新业态，重点关注互联网人力资源产品及新项目，双向考察、投资洽谈、签约落地，为产业园高质量发展提供新支撑、注入新动力。

2. 加大培育力度，重点培养特色机构

通过兼并、收购、重组、联盟、融资等方式，重点培育一批有核心产品、成长性好、竞争力强的人力资源服务企业，鼓励发展有特色、有潜力的中小型专业人力资源机构，努力为园区传统业态注入新活力。

3. 加大服务力度，畅通服务企业通道

进一步做好园区企业服务，优化营商环境，发挥产业优势，紧盯重点新兴产业人才需求，规范行业行为，发挥产业园在"链资源""促就业"过程中的重要作用。

4. 加大培训力度，为园区机构赋能

依托产业园健全的服务体系，重点帮助园区机构，提高从业人员专业化、职业化水平，着力打造一批素质优良、结构合理的人力资源服务业人才队伍。

B.14
稳步推进丝路经济带人才高地建设步伐

郑化卫 赵 伟 刘联波*

摘　要： 本报告回顾总结了 2021 年中国西安人力资源服务产业园在新冠肺炎疫情防控常态化背景下，着眼"双循环"发展新格局，积极探索创新，实现自身稳步发展的相关情况，客观分析了当前发展面临的困难和问题，并研究提出了下一步发展目标和措施、对策。未来将坚持以打造人力资源特色服务出口基地"陕西品牌"为主线，不断提升服务质量和建设水平，切实以服务贸易水平的新提高，带动和促进产业园建设的新发展，为谱写西安新时代追赶超越新篇章做出积极贡献。

关键词： 人力资源服务　产业园　西安　出口基地

一　发展情况

（一）产业园概况

中国西安人力资源服务产业园（以下简称"西安产业园"）于 2017 年 5 月获批晋升为全国第 11 家、西北首家国家级产业园，下设碑林、西咸、曲江、高新、国际五个分园区，主园区位于西咸园区。目前，西安产业园运营面积 44.3 万平方米，入驻人力资源服务机构 58 家，从业人员 2400 余人。

---

* 郑化卫，西安市人社局党组成员、副局长；赵伟，西安市人社局人力资源市场处处长；刘联波，西安市人社局人力资源市场处二级调研员。

2021 年，西安产业园积极克服新冠肺炎疫情影响，危中寻机，积极探索创新，坚持以产业引导、政策扶持和环境优化为重点，以建立专业化、信息化、产业化、国际化的人力资源服务体系为目标，从健全管理制度、完善服务体系、提高服务质量、推动人力资源服务业快速发展等方面入手，着力打造"立足西安、辐射全省、西部领先、全国前列"的综合性示范园区，产业园公共服务能力显著提升、产业规模不断壮大，对经济增长的贡献率稳步提升，为西安追赶超越、建设国际化大都市做出了新的贡献。

西安产业园的发展带动和促进了人力资源服务业的蓬勃发展，全市人力资源服务机构总数突破 2500 家，从业人员 20000 余人，人力资源服务产业营业收入突破 400 亿元。同时，西安产业园积极鼓励入驻企业开展对外劳务合作及国际人力资源服务贸易，现有人力资源服务贸易企业 19 家，2021 年服务人数为 26230 人次，服务用人单位 1797 家次，人力资源服务贸易出口额为 2892.89 万美元，为人力资源服务业快速发展开辟了新领域。

（二）产业集聚情况

西安产业园以"主园区引领、分园区辐射带动、多园区错位发展"的思路，不断优化功能和产业结构布局，加大招商引资力度，形成了覆盖人力资源服务全产业链，功能完备、各具特色的发展格局。

碑林园区为进一步提高产业园综合效益，新引进了教育、财会、保险、医疗、信息化等不同业态企业，满足各行业专业化分工和多维性需求，促进企业多样化发展。西咸园区进一步加大招商引资力度，人力资源服务业务涵盖人力资源服务各种业态。曲江园区成为多种业态并存，满足不同层次人力资源服务需求的综合性园区。高新园区行业分工专业化水平、服务产品精细化程度越来越高。国际园区通过引进知名人力资源企业，培育人力资源服务新业态，逐步发展成为独具特色的园区产业链及区域标志性的高端引智平台及涉外商务综合体。目前，已与多家大型跨国企业、知名创业公司达成战略合作意向，共同致力于推进以国际人才和科技项目引领经济与技术发展。

（三）产业园主要经济社会指标

西安产业园结合自身实际，广泛动员园区内外人力资源服务机构参加"国聘行动""高校毕业生就业服务周"等活动，扎实开展线上、线下招聘服务，在服务重点行业和重点群体就业方面，取得了良好效果。2021年产业园运营效益稳中有升，实现营业收入 62.33 亿元，纳税额 1.299 亿元（见表 1）；提供服务 36.9 万人次，帮扶就业和流动人数 93.2031 万人次，为 13.2044 万家次用人单位提供服务，提供就业岗位 277.5899 万个，成功引进各类高层次人才 1.8682 万人（见表 2）。2021年中国西安人力资源服务产业园服务数据见表 3。

表 1　2021 年中国西安人力资源服务产业园经济效益指标

名称	开园运营时间	建筑面积（万平方米）	入驻企业数量（家）	营业收入（含代收代付）（亿元）	纳税额（亿元）
碑林园区	2015 年 7 月	4.5	26	1.50	0.080
西咸园区	2016 年 12 月	3.8	7	13.00	0.380
高新园区	2018 年 3 月	2.0	11	30.68	0.456
曲江园区	2015 年 8 月	15.0	8	15.40	0.330
国际园区	2020 年 12 月	19.0	6	1.75	0.053
合　　计		44.3	58	62.33	1.299

数据来源：中国西安人力资源服务产业园统计数据。下同。

表 2　2021 年中国西安人力资源服务产业园社会效益指标

名称	服务人次（万人次）	服务用人单位（万家次）	帮扶就业和流动人数（万人次）	提供就业岗位（万个）	引进高层次人才（万人）
碑林园区	10.8	0.11	19	0.82	0.021
西咸园区	4.1	0.2844	3.3281	7.2165	0.0062
高新园区	10.64	1.98	8.175	8.0534	1.79
曲江园区	8.36	10	60	260	—
国际园区	3	0.83	2.7	1.5	0.051
合　　计	36.9	13.2044	93.2031	277.5899	1.8682

表3　2021年中国西安人力资源服务产业园服务数据

名称	诚信机构（家）	举办招聘会（场次）	举办培训班（场次）	培训人数（人次）	专题活动（次）
碑林园区	1	6	11	4000	2
西咸园区	6	80	22	960	7
高新园区	3	143	22	1100	33
曲江园区	4	—	160	50000	40
合　计	14	229	215	56060	82

二　政策制度建设情况

（一）最新出台的产业园相关政策

为进一步提高人力资源服务经济社会发展的能力，陕西省人社厅与西安市人社局共同研究制定了《陕西省省级人力资源服务产业园管理实施办法（试行）》，对产业园建设发展相关内容做了进一步细化。该办法提出：对于被认定为省级、国家级人力资源服务产业园的，在正式挂牌运营后，从就业工作资金中分别给予不低于300万元、500万元的园区平台运营补助，鼓励有意向的区县规划建设省、市级人力资源服务产业园，形成梯次搭配、错位发展产业发展格局，做好区域产业发展的人才配套工作。

各园区及园区所在地人社部门结合实际，也研究出台了许多相应的政策，支持产业园建设发展。

碑林园区针对疫情影响，进一步修订完善"十项帮扶措施"，提出凡入驻企业免缴物业费、水费；免费提供人才招聘服务；企业享受信息平台宣传服务，免费使用会议室、培训室，员工免费参加产业园举办的各类培训、讲座、论坛活动；享有内部停车位租赁服务；享受政府税收优惠政策及国家专项资金支持和补贴；享受创业扶持资金，小额贷款担保等资金支持；享受区政府房租、税收补贴及其他优惠政策；推荐企业入驻并签订协议满一年的，对推荐方和入驻企业分别等额给予一个月租金奖励；签订入驻三年的企业房租均按第一年租金标准收取，三年后根据市场情况再做适当调整。

西咸园区修订完善《人力资源服务机构入驻优惠政策实施细则》，将申报流程调整优化为企业申报、申报受理、部门联审、专题研究、公示、形成奖补意见、兑现发放等7个流程，进一步把控风险，形成工作闭环。

高新区制定出台《西安高新区打造"硬科技创新人才"最优发展生态10条支持政策》，实施突出贡献、人才引育、职称评审权利三项奖励政策，明确：对新引进的知名人力资源服务机构，3年内按其当年企业收入和利润及对地方经济贡献，给予高管团队每年最高1000万元奖励；对为高新区发展做出突出贡献的人力资源机构，每两年按照每家10万元标准给予一次性奖励；免除为区内企业服务的各类人才职称评审费用，为符合条件的硬科技创新人才开辟职称评审绿色通道，支持符合条件的单位享有中级及以下职称评审权。

曲江园区先后制定出台《西安曲江新区实施创新创业券的若干政策》《双创券运营考核管理办法》《产业园区、孵化器和众创空间认定申报》《西安曲江新区关于鼓励企业多层次资本市场挂牌的奖励办法》等，全面推广双创券，举办活动40余场，线上线下参与人数15000余人次；累计政策申报受理40余项，受理企业政策申报次数200余次，申报项目170余条；积极构建文化金融生态体系，与深圳文交所建立"文化产业板"曲江专区，全面谋划资本运作模式，为园区企业拓展服务渠道，助力园区企业进入全国性专业资本市场。

国际园区积极协助入驻企业对接相关政策部门，全面落实人才和科技产业的支持政策，并根据企业发展需求，围绕疫情防控、资源对接、产学研合作、政策服务等制定出台惠企政策，对入驻的优质人力资源企业给予一次性房租减免。

（二）优化营商环境的举措

西安市人社局着眼应对人力资源流动对人力资源市场建设的迫切需要，

采取多种措施，加强人力资源服务机构管理，提升人力资源服务质量。按照"证照分离"改革要求，与行政审批服务局联合制定《涉企经营许可事项告知承诺制及优化审批服务实施方案》，将人力资源服务行政许可等事项办理改为"告知承诺制"，进一步缩短办理时限，方便办事企业。与西安人力资源服务行业协会建立沟通协作机制，发挥桥梁纽带作用，及时宣传解读政策、发出活动倡议。持续开展诚信服务主题创建活动，积极推荐选送27家人力资源服务机构、13名企业负责人分别参加省级人力资源诚信服务示范机构、人力资源服务业领军人才评选。助推人力资源服务业高质量发展，加强劳动力市场监管的做法被国家发改委转发。

碑林园区通过悬挂条幅、制作展板、编印《园区简报》，印制宣传画册以及各项业务工作手册，制作形象宣传片等，加大园区推介宣传力度；优化园区办公场所和软硬件配置，提升企业办公场所环境的舒适感和满意度；定期走访入驻企业，开展问卷调查，征求意见建议。

西咸园区认真梳理即申即享类优惠政策8条，全部纳入"进大厅、上平台"网上平台办理，力争申报材料再精简、时间再缩短，先后兑现各类奖补资金260.86万元。

高新园区探索出台人力资源发展专项支持政策，促进人力资源服务行业聚集发展；评选表彰为高新区发展做出突出贡献的人力资源机构，通过典型引领、以点带面，在全区形成示范效应和带动作用。

曲江园区通过线上入手、线下联动，在企业设立、成长、发展三个不同的阶段，为企业提供全方位政策引导、服务、资源对接；及时开展新冠肺炎疫情对企业影响的调查，了解掌握企业经营状况和需求；积极动员、多方联动，分两批先后上线核酸检测、腾讯视频会议、平安保险复工复产综合保险、新冠肺炎保险、雇主责任险、猫头鹰人才市场产品，助力企业安心复工；上线"知识产权""渲染平台""财税服务""法律服务"产品，帮助企业打通复工经营痛点、堵点，减轻企业经营压力；通过政策宣贯会、重点企业拜访、专题讲解方式，送政策上门，联合西安曲江文化产业融资担保有限公司推出创业贷、成长贷、助力贷、租金贷等政策性担保产品，为企业注入金融"活水",助力企业健康稳定发展。

国际园区协调引进税务服务、法律咨询、行政代办等支持企业发展,为入驻企业免费提供共享办公室及咖啡洽谈区。

三　管理运营发展情况

（一）管理运营模式

为加强产业园管理,陕西省人社厅与西安市人社局协调成立由省人社厅主要领导任组长,厅分管领导、西安市人社局主要领导和分管领导任副组长,省、市人社部门相关处室负责人为成员的产业园领导小组,加强对产业园的规划指导。

碑林园区成立产业园运营办公室,坚持以"孵化、培育、整合、开发中小微企业和众创载体,提供全方位服务的科技型、智慧型综合园区"为标准,建立"一站式"服务综合平台,为社会和大学生提供良好的创业就业生态发展环境。西咸园区由西咸新区人力资源服务中心负责整体招商和运营管理,由西咸新区城建投资集团有限公司提供物业、通信、安保及停车等相关配套服务。高新园区采用购买第三方服务的方式,由西安神州数码有限公司负责具体运营。曲江园区积极探索"政府引导+市场参与+服务平台"模式,由管委会负责相关行政管理职能,由企业参与市场化运营,协调各分园区运营机构"统一规划、统一品牌、一区多点、错位发展",依托星空企服平台,培育和发展社会服务组织,推进公共服务的社会化;充分发挥区位特点和特色资源优势,对特色项目进行投资孵化,采取"以投代补"模式,孵化新平台,促进产业融合发展,提升园区"造血"功能。国际园区探索建立了"管委会+管理公司+行业协会"三位一体的建设运营模式,集成提供市场化服务,有效实现了政策服务、企业管理、社会资源的统筹配置与融合发展。

（二）园区精细化管理

碑林园区为入驻企业建立诚信档案,对企业经营管理、违规处罚、诚信情况等进行全方位评估，每年对诚信企业进行表扬，对失信企业和个人进行约束和解除劳动关系，将鼎泰达人力资源服务有限公司等5家企业树立为"诚实守信、业绩突出"先进典型，营造了企业"讲诚信、争上游"的新风尚；坚持定期走访入驻企业，了解企业需求及经营发展情况；积极与高校合作，先后在园区成立了"西北大学陕西省情研究院人力资源研究中心""西北大学公共管理学院实习基地""思源学院商学院就业实习基地"，将入驻企业状况、运营人员变化、生产效益等情况进行分析和讨论，提出改进方案，转变管理方式，调整有关政策，帮助入驻企业健康发展；联合西北大学省情研究院开展"加大民营产业园建设"课题研究，撰写的《关于进一步促进民营人力资源服务产业园发展的建议》，受到省有关领导的重视。

西咸园区出台《关于鼓励人力资源服务机构入驻中国西安人力资源服务产业园西咸园区的意见》，从租金补贴、产业发展奖励、引进人才奖励、宣传活动奖励等方面给予奖励支持，以政策扶持助推人力资源服务产业及入驻企业更好更快发展；制定园区机构运营统计表，每季度定期统计上报相关运营情况，作为入驻企业年度考核和优惠政策奖补依据；结合西咸人才网、产业园等微信公众号，为入驻企业提供多渠道宣传推广等服务；整合人社部门职能，适时开展"Hope Road公益大讲堂"等活动，为入驻企业提供政策解读、培训研讨等服务支持。

高新园区建立健全准入和退出机制，进一步激发入驻企业的活力和创新能力，发挥产业集聚和协作服务优势，提高人力资源服务业的供给质量和能力。

曲江园区充分利用星空企服政企服务平台为政府与企业搭建功能性服务桥梁，利用金融服务平台，帮助企业解决融资难题，助力企业发展；利用企业策划平台，开展各类文化交流活动及策划推广业务，打造自有品牌活动，承办大型活动。

（三）从业人员队伍建设

西安产业园坚持将从业人员素质提升和队伍建设作为提升产业园服务质量的关键来抓，按照省人社厅相关要求，重申对人力资源专职工作人员的资格条件；积极选派人员采取赴外培训、参展交流、以工代训等活动，帮助其开阔眼界，提高能力素质；依托西安人力资源服务行业协会，聘请业内专家学者，不定期对从业人员进行专业培训。

碑林园区通过公开招聘方式，引进了一批专业人员，负责产业园运营管理、业务衔接等工作。

西咸园区通过选派人员参加学习培训等方式打造专业化服务队伍，积极鼓励园区机构与全国同行业互动，参与全国大型行业培训、峰会、论坛等专业分享活动，大力创新服务发展方式，促进行业服务科技转化，提升从业人员对市场的观察能力和认知度。

高新园区通过重视人员招聘与筛选、建立科学有效的激励机制、优化与创新管理理念、创造更多的学习机会，引领员工之间展开相互学习，实现优势互补。国际园区按照"引进海外高层次人才组建团队，为海外高层次人才创新创业提供服务"的建设思路，引进组建了主要由留学海归创业人员组成的运营团队。

四　服务体系优化情况

（一）积极拓展优化服务内容

1. 不断完善配套公共服务，着力提升整体服务质量和层次

西咸园区起步区功能设施配套完善，主园区规划建设园区展厅、路演大厅、创客交流服务区、高层次人才"一站式"服务区、党群活动区、市场化创业孵化服务区、高层次人才创新创业港等多样化功能区，为"秦创原"量身打造人才全程化便捷服务，以高精度人才服务、全要素市场化人力资源服务，助力西咸新区加快完成创新体系建设。曲江园区为入驻企业提供包括受理政策申报、新闻资讯发布、金融等"一揽子"服务。高新园区积极筹建"人才创新港"，为各类人才提供人才认定、职称评审等"一站式"服务。

2.积极开展特色服务工作，助力入驻企业健康发展

碑林园区定期组织召开新老入驻企业合作交流会，促进资源共享，共同发展；定期邀请区人社局、税务局等领导和专家为企业解读人事、税收政策，联合区科技局召开政策培训会、区人社局进行就业创业政策宣讲，受到入驻企业好评。高新园区着力为入园企业及社会公众打造政策、公共、金融、信息、配套等"五大服务体系"。曲江园区着力打造"互联网+"信息平台，为入驻企业提供人才服务、政策解读、项目申报、数据统计等各项线上线下服务，帮助企业享受政策红利，进一步提高园区服务功能，推进园区健康、快速发展。国际园区依托现有的产业定位和资源基础，搭建了集增值创业、休闲娱乐、智慧物业等功能为一体的智慧园区综合服务平台，整合资源，形成多层次创新创业服务体系。

3.持续开展疫情防控和重点群体帮扶就业，助力企业复工复产和乡村振兴

西安产业园充分发挥桥梁纽带作用，为重点用工企业牵线搭桥，帮助解决用工难题，助力企业复工复产。同时，通过倡导人力资源服务机构积极为疫情防控捐款捐物，鼓励员工担任志愿者等方式配合开展相关活动，展示人力资源服务机构良好形象。碑林园区充分发挥服务优势，组织入驻企业参加西安市蓝田县、宝鸡市千阳县、咸阳市武功县、汉中市城固区等地区举办的就业扶贫专场招聘会，提供就业岗位1246个，安排就业人员488人。西咸园区统筹推进园区疫情防控，指导企业加强对员工的健康管理，做好园区日常消杀、扫码登记、测量体温等监督工作；加强疫情期间企业各类信息发布，对于助力战"疫"的企业进行宣传推广，推送并落实新区关于有效应对疫情稳定经济增长的相关扶持政策，积极做好各项减负保障工作，助力企业平稳发展。

（二）着力加强园区信息化建设

碑林园区建立了媒体驱动网络空间和社交空间，利用网站、公众号、报纸和液晶电视等宣传优势，为入驻企业提供宣传、信息、投资等综合性创业创新服务，形成了以官方网站为主、发展辐射"园区官网+招聘网"并行，

既能宣传又能应用的功能性模式。

西咸园区充分拓宽就业服务渠道，自主开发建设了"一带一路西咸新区公共就业综合信息服务平台"（简称"西咸 E 就业平台"），通过电脑、手机、自助就业服务机将就业服务覆盖到辖区全区域，面向各类人群免费提供公共人才服务、求职招聘服务、退役军人专项就业服务以及其他就业创业服务等"集成化、便捷化、智能化"的系统综合服务。

曲江园区积极推动平台向数据化驱动迭代升级，先后完成企业信息数据管理系统、资金申报及报表录入与统计功能、智能化园区管理系统、政策申报、活动统计、金融产品云服务交易系统等平台功能改善，逐步推动数据畅通，为管委会制定政策提供帮助。

高新园区开通了微信公众号、建立了企业机构的微信群，及时发布行业动态，充分征求意见建议，积极整合网上"一站式"服务平台的系统和路径，着力打造"智慧园区"。

国际园区积极推进搭建智慧云服务平台，融合园区管理服务、生活服务及对接服务，区分管理运营方、服务机构、入驻企业等不同对象，提供不同的 App 服务端，实现不同的服务需求和多方资源的对接，通过"科技化手段+平台化服务"，打造个人安居乐业、企业蓬勃发展、产业持续集聚的服务生态。

（三）积极提升园区品牌形象

西安产业园组织入驻企业积极参加第十九届中国国际人才交流大会、全国第一届人力资源服务业发展大会等活动，充分展示建设成就，推介宣传人才工作、招商引资相关政策；整合园区资源，积极申报人力资源特色服务出口基地，进一步拓展园区功能作用。碑林园区积极协助重点群体就业创业，品牌和影响力日趋显著。西咸园区围绕产业园布局、功能、成效等进行展示宣传，吸引优质人力资源服务机构入园发展；成功举办"2021 年留学归国人员西咸行""产业园主园区招商推介会暨入园企业表彰大会"等活动，"省级人才发展改革试验区""秦创原留学人员联盟西咸新区人才交流中心"等相继落户，园区品牌形象进一步提升。曲江园区协助入驻园区的陕西佳诚人才集团积极承担第十四届全国运动会、全国第十一届残运会暨第八届特奥会志愿者相关知识培训，圆满完成了全部培训工作，受到了组委会、执委会、志愿者所属单位等众多组织单位的赞扬和肯定。

五　产业园建设中的问题和未来发展趋势

（一）园区建设中遇到的问题

对标全国先进产业园，西安产业园建设发展还存在很大的差距和诸多不足。

1. 产业政策支持力度不够

尚未出台统一的人力资源服务产业园建设专项扶持政策，特别是税收奖励比较欠缺，存在个别企业在本地运营，但到税收优惠政策好的其他地区纳税的现象。

2. 产业园载体有待进一步拓展

高新园区、曲江园区入驻空间接近峰值，产业承载能力不足，难以吸纳更多优质企业入驻园区，进而提升产业园综合效益。

3. 统筹协调发展不够

产业园建设发展不够平衡，其他区县、开发区还没有规划建设省、市级产业园区，没有形成发展梯次；各园区之间也未形成良好的合作关系，"大西安"效应不够明显。

（二）"十四五"期间产业园发展目标、方向任务

西安产业园将按照国家和省市"十四五"规划的要求，紧紧围绕全市"九个方面重点工作"，采取多种措施推进产业园创新发展，力争上规模、增效益，不断提高服务质量和效益，为社会经济发展提供强有力的人才支撑。

1. 进一步重视和加强对人力资源服务业发展的组织领导

出台配套激励政策，着力激发市场活力，促进人力资源服务产业快速发

展。指导有意向的区县、开发区，抓紧立项建设省、市级产业园，形成梯次搭配的合理布局，进而带动和促进人力资源服务业蓬勃发展。

2. 不断培育壮大人力资源市场

按照人力资源服务许可事项"告知承诺制"办理规程，精减优化工作流程，积极为企业和办事群众提供方便。积极实施骨干企业培育计划，重点培育一批有核心产品、成长性好、竞争力强的综合性人力资源服务骨干企业，引进国内外知名人力资源服务企业 30 家以上，培育形成 10~15 家在全省乃至西部和全国具有示范引领作用的龙头企业和行业领军企业。

3. 进一步加强人力资源服务产业园的运营管理

配备专职人员负责人力资源产业园运营管理，制定切合实际、操作性强的优惠政策，加强各级财政资金支持，加大园区投融资支持力度。指导各产业园区进一步完善产业园建设的政策体系，形成各自不同的鲜明特点；进一步发挥平台优势，推进产业园建设创新发展。

4. 积极开展"互联网+"人力资源服务行动

鼓励运用云计算、大数据等技术，开展网上招聘和面试活动，推动人力资源服务业和互联网的进一步融合。建立和完善全市统一的人力资源公共服务平台和公共服务网络，实现公共服务机构和经营性服务机构信息系统的互联互通和数据共享，建成覆盖全市、上下贯通、便捷高效的人力资源信息化服务系统。积极推进人力资源服务诚信指标评价体系建设，加快人力资源服务标准化工作进程，不断规范和提升人力资源服务水平。

5. 积极构建区域人力资源产业集群

集聚知名人力资源服务机构，构建区域人力资源产业集群。梳理引企入驻名单，积极推进战略合作，拓宽合作领域，探索创新模式，借智借力助推转型升级发展。

（三）2022年产业园重点工作任务

一是以人力资源特色服务出口基地建设为契机，进一步修订完善招商引资政策，力争将有劳务出口资质的机构引入产业园，整体发力，进一步提高服务贸易水平。

二是协调邀请丝路沿线省市与西安市政府联合举办第四届中国（西安）丝路经济带人力资源发展高峰会，发布人才供求信息，研究签订人才工作战略合作协议，进一步加快丝路经济带人才高地和人才智力集散地的建设步伐。

三是根据重点急需产业人才需求，采取政府购买服务或市场化运作方式，为用人单位及猎头机构搭建交流合作平台。

四是参照目前在高层次人才引进中开展发放"西安伯乐奖"工作的程序办法，进一步拓展受奖范围，探索将 D 类和急需紧缺的硕博人才引进纳入受奖范围，切实发挥政策的导向激励作用，助力人才引进工作。

碑林园区将进一步提升园区品质，带动其他企业发展；设置专项扶持资金，加速产业成长步伐；积极协调落实好税收减免、财政补贴、人才补贴等各项政策，支持企业健康顺利发展；坚持"走出去"学习、"引进来"指导的方式，同"一带一路"相关的其他省市产业园联手合作、建立联盟、取长补短、资源共享、互利共赢；关注低龄老年人力资源，通过政策辅助把老年人个体价值转化为社会的现实价值；积极参加各类论坛、会议、展会、赛事等活动，加强沟通合作交流，建立产业园经济圈；坚持校企结合，优势互补，充分发挥西北大学陕西省情研究院人力资源研究中心以及思源学院实习基地的作用，认真研究分析新形势下大学生创新创业发展中的热点和难点问题，总结经验和规律，为大学生创新企业提供经验和路子，为省委、省政府决策提供政策依据，树立新形象。

西咸新区将围绕"建设省级人才发展改革试验区"等目标，引进不少于 20 家优质人力资源服务机构，形成集人力资源服务企业聚集、人才创新创业、人才成果展示、资源交流共享为一体的人才服务新链接，以高精度人才服务、全要素市场化人力资源服务，为陕西秦创原创新驱动平台量身打造人才全程化便捷服务，力争打造成为西部地区最大的人才集聚地和丝路起点上的国际化人才交流平台。

曲江新区将以"产业人才培训"为方向，实现园区发展"校企合作"

新模式，打造西部首个产教一体化发展的学院式创新创业示范园区；建立"人力资源+文化产业"深度融合发展的新模式，由文化产业与人力资源机构进行深度合作，建立文化旅游细分行业专业人力资源服务机构，进行文化产业和人力资源服务产业升级，促进人力资源服务产业园区专业化服务能力提升；依托星空企服平台，打造专业、系统、便捷、商业化的"一站式"线上企业服务体系，助力企业高效实现政策解读、政策申报、资金申报、项目审批、中介服务、金融支持、数据统计等功能，优化园区服务环境，打造良好园区生态，提高园区运行管理效率。

高新园区将抢抓全球人才流动新机遇，大力引进海内外高层次人才，在创新创业、人才认定、子女就学、安居保障等方面争取创新突破，力争引进一批国内外顶尖人力资源机构，全力打造"人才特区"；在打破政府公共信息不对称、发布"盲区"基础上，强调政策定向订阅推送、申报统一路径、活动整合分类发布；鼓励相关机构承担信息更新、汇总发布的工作，用公益行为打造企业的品牌形象，同时降低政府运营成本。

国际园区将根据自身发展定位，不断加强专业化、信息化、产业化、国际化的人力资源服务体系建设，努力走出一条独具特色的产业园管理运营发展模式。

B.15
健全公共服务平台建设
共推人力资本服务提升

齐 放　齐东健　高 颜*

摘　要： 本报告分析了中国北京人力资源服务产业园通州园区概况、产业集聚情况、产业园主要经济社会指标等基本情况，以及产业园政策、优化营商环境的举措等制度建设情况；呈现了产业园管理运营情况；分析了产业园建设中遇到的问题，如产业园区的智能化建设还不够全面、产业园区的高端产业还不够多等。在此基础上提出产业园未来发展方向：培育特色产业，提升规模能级；强化人才保障，优化管理机制；提升发展水平，激发发展动能；强化党建引领，彰显责任担当。

关键词： 人力资源服务　产业园　通州　公共服务

一　基本情况

（一）产业园概况

中国北京人力资源服务产业园通州园区（以下简称"通州园区"）坐落于北京城市副中心运河商务核心区，兼具地域、交通、基础设施及产业集

---

* 齐放，北京市通州区人力资源和社会保障局产业园服务中心负责人；齐东健，北京市通州区人力资源和社会保障局产业园服务中心科员；高颜，北京市通州区人力资源和社会保障局产业园服务中心科员。

群等多方面区位优势，是集人力资源机构办公、行业集会、公共服务、商务服务、商业配套服务于一体的综合性人力资源产业载体。

通州园区楼宇承载地为通百天成中心，园区占地面积 14615 平方米，总建筑面积 55000 平方米，产业可用面积 27300 平方米（含商业配套）。楼宇地上部分共 5 层，分为 A、B 两座，其间以廊道相连。在功能设计方面，采用了功能多样化集成与空间差异化布局的理念，兼顾企业办公区域的私密性与服务活动区域的互动性，确保企业办公效率与员工办公体验得到双重保障。

通州园区设有政务服务区、商务服务区、党建活动区、企业创新展示区、企业办公区、公益阅读区及多功能会议室。引进金融、商务、公益电影院、时尚下午茶，为入驻企业提供配套商业服务。全方位、多领域、多角度服务园区入驻机构，助力打造最佳营商环境。

（二）产业集聚情况

通过参与全国性行业会议，举办园区高峰论坛、招商推介等主题活动，提升园区知名度及影响力。严格依据园区准入标准，对符合条件的高精尖机构进行择优引进，全国领军人力资源服务机构汇聚园区。截至 2021 年底，51 家人力资源企业及上下游机构进驻，入驻率达 80%，提供人力资源服务外包、人才寻访、战略咨询人力资源全链条服务，层次丰富，业态齐全，逐步打造人力资源服务新高地。园区集聚中国国际技术智力合作集团有限公司（简称"中智"）、北京外企、科锐国际、东方慧博等知名人力资源机构；培育汇众联合、东方立人、通智立达等成长型人力资源企业；引进北京人力资源服务行业协会、北京华夏国际人才研究院智库组织；吸引华夏银行、培慕科技有限公司、北京潞丰律师事务所等人力资源服务上下游企业。

（三）产业园主要经济社会指标

2021 年，通州园区 51 家入驻企业发展态势良好，全年实现营业收入 45 亿元，纳税额 2.5 亿元（见表 1）。通州园区通过举办京津冀人力资源服务机构结对共建活动，赴内蒙古翁牛特旗与奈曼旗开展劳务协作，举办"春风行动""国聘行动""教培行业人才专项服务季"等产业园专场网络招聘会等多项活动，提供精准就业服务，促进百姓实现就业。累计服务企业1.8万家次，服务人次61万人次，帮扶就业和流动人数3.4万人次，提供就业岗位4.5万个，引进高层次人才2.2万人（见表2）。

表1　2021年中国北京人力资源服务产业园通州园区经济效益指标

名称	开园运营时间	建筑面积（万平方米）	入驻企业数量（家）	营业收入（含代收代付）（亿元）	纳税额（亿元）
通州园区	2019年10月16日	5.5	51	45	2.5

数据来源：中国北京人力资源服务产业园通州园区统计数据。

表2　2021年中国北京人力资源服务产业园通州园区社会效益指标

名称	服务人次（万人次）	服务用人单位（万家次）	帮扶就业和流动人数（万人次）	提供就业岗位（万个）	引进高层次人才（万人）
通州园区	61	1.8	3.4	4.5	2.2

数据来源：中国北京人力资源服务产业园通州园区统计数据。

二　政策制度建设情况

（一）产业园的相关政策

中国北京人力资源服务产业园通州园区以产业政策、人才政策为基础，辅以"一企一策，一事一议"，协调相关部门做好入驻企业及人才的政策保障工作。在政策方面，北京市出台了"猎十条"，支持猎头机构引才引智；实施告知承诺制，简化人力资源服务机构办事手续。通州区政府实施了《关于加快推进北京城市副中心高精尖产业发展若干措施》（简称"通八条"），并配套出台了《关于加快推进北京城市副中心高精尖产业发展若干措施》

实施细则，涵盖通州区重点企业落户奖励、发展专项扶持资金以及企业高管及专业人士服务，全方位为通州区企业长远发展提供有力的政策支持。通州园区实施了《支持鼓励中国北京人力资源服务产业园通州园区建设的若干措施》，对满足政策条件的园区企业给予相应的房租补贴和贡献奖励。入园企业可享受包括资金奖励、住房保障、个人荣誉等多方面的人才奖励政策。

（二）优化营商环境的举措

依托区重点产业"服务包"工作机制，通州园区严格执行"服务包"制度，以服务清单对象为抓手，拓宽服务半径，全面开展精准、务实、高效的服务工作。助力园区企业与区内近 300 家企业开展劳务协作、供需对接，树立了人力资源服务产业园区服务优、效率高的良好品牌形象。为不断完善园区配套服务，引进了外企商务服务公司入驻一层服务大厅，全面满足园区入驻企业对商务服务的需求。

为提高通州园区国际化服务水平，不断优化办事流程，园区积极配合区政务服务管理局、区公安分局开展外国人来华工作许可、居留许可"两证联办"相关工作，实现外国人来华工作许可、居留许可证件的"一窗受理、同时取证"业务，使办理时限由原来的 12 个工作日缩短至 7 个工作日。

同时，根据北京市通州区人民政府第 45 次常务会议精神及《支持鼓励中国北京人力资源服务产业园通州园区建设的若干措施》中第三条"房租补贴"和第四条"贡献奖励"内容对 2020 年度园区内符合条件的企业给予相应的房租补贴和贡献奖励，惠及企业 26 家，奖励资金共计 194 万元。

三　管理运营发展情况

（一）运营模式

按照北京市人力资源和社会保障局（本文以下简称"人社局"）《关于建设中国北京人力资源服务产业园区的请示》要求，通州园区定位于"政府公共服务+人力资源产业发展",打造以城市副中心为内核,以京津冀地区为辐射半径的全业态国家级人力资源服务产业园区。具体发挥疏解非首都功能、为副中心建设发展提供动能及推进京津冀区域协同发展三大作用。

通州园区采用"政府+资产管理+市场化运营"的运营模式,政府注重发挥宏观监管、政策引导和公共服务的作用,减少行政干预,给予园区运营团队更多自主权,提高园区建设和运营效率。设立园区协调小组作为议事协调机构,为园区企业提供服务,帮助协调解决行政、资产管理方面的问题。园区楼宇产权方履行园区资产管理、物业管理等职责,并由其聘请专业机构,对园区进行市场化运营。园区不断优化工作机制,制定《中国北京人力资源服务产业园通州园区管理办法》,明确职责分工,严格内部管理,理顺工作流程,确保园区运转有序。

(二)园区精细化管理

1. 加强人力资源服务业理论研究与创新

在"十四五"开局起步之年,北京市高标准推进"两区"建设,推动构建京津冀协同发展的高水平开放平台,大力建设国家服务业扩大开放综合示范区和北京自由贸易试验区。通州区作为京津冀协同发展的桥头堡,通州园区为助力"两区"建设,提升人力资源服务业发展水平,与园区智库型机构北京华夏国际人才研究院合作,在大力建设"两区"的新形势下,探索如何更好地发挥中国北京人力资源服务产业园通州园区在推动副中心经济社会发展中的重要作用,共同开展"中国北京自由贸易试验区、服务业扩大开放先导区和中国北京人力资源产业园通州园区"融合发展课题研究,形成有价值的调研报告。

2. 推进人力资源服务业数字化体系建设

围绕推动北京城市副中心高质量发展、深入实施城市副中心数字经济战略,深入研究探讨人力资源服务业数字化发展节奏,探索结合人力资源服务产业园的发展优势,从而提高京津冀人力资源服务企业集约化发展效益。举办第二届北京城市副中心人力资源发展高峰论坛,对"数字技术+人力资源服务业"进行深度解析，为建立北京城市副中心数字化人力资源服务支撑体系提供保障。

3.深化人力资源服务标准化建设工作

发挥园区在京津冀三地人力资源服务业的辐射带动作用，组织两场京津冀三地人力资源机构专题培训，通过学习研讨、业务交流，提升京津冀人力资源服务机构从业人员的专业知识和工作能力。

4.推进园区统计服务工作个性化发展

通州园区按季度开展园区及企业数据统计，对园区的统计口径、统计指标都进行了明确与细化。对园区企业的税收、引才数据、服务人才等重要数据进行了采集，并进行行业研究分析，根据数据变化分析园区发展情况。定期开展问卷调查并实地走访企业收集问题、需求要点等，进行汇总归类，园区联合工作组就此召开座谈会进行讨论，针对企业需求制订工作计划，及时满足园区企业诉求。

5.强化园区防疫保障园区安全生产

针对疫情常态化防控情况，园区疫情防控小组定期召开防疫工作部署会，明确防疫责任，细化防疫措施，保障园区疫情防控工作严格到位。园区工作小组定期进行安全生产检查，时刻强化园区工作人员安全生产意识，认真检查园区内设备设施情况，始终强调安全生产无小事，要把安全生产工作做好，要把有关安全生产工作做实做细。明确规定节假日期间，要做好值班值守工作，加强巡查巡视，加强应急管理，确保平安。

（三）从业人员队伍建设

1.增加人员力量，提升服务意识

通州园区现有员工84人，其中负责园区公共服务人员15人，物业服务人员54人，负责资产管理工作人员15人。其中30岁以下的员工25人，30岁至50岁的员工共40人，大于50岁的员工有19人。从政治面貌上看，通州园区有中共党员16人，占园区员工人数的19.05%；有共青团员6人，占园区员工人数的7.14%。从性别看，女性职工有41人，占园区员工人数的48.81%。

2. 建立绩效管理机制，提升工作效能

通州园区为强化园区从业人员工作效能，提升园区工作人员管理服务水平，制定了绩效管理制度。园区从业人员上岗之前均须经过专业培训，全面了解工作事项，签订岗位职责书，依据员工岗位职责书对其工作完成情况进行考核。

3. 实行"以师带徒"工作模式，提高从业水准

通州园区新入职的从业人员上岗后，要按照"以师带徒"开展工作，结合日常工作持续开展交替式学习和培训。以"素质提升、创先争优、师徒共赢"为主线，充分发挥"以师带徒"工作模式在人才培养中的引领作用。加强理论学习与专业实践的相互结合，促使职工将所学知识更高速高效地融入实际工作中。

四　服务体系优化情况

（一）服务内容

通州园区在公共服务方面，为助力副中心打造国际一流的和谐宜居之都示范区，持续优化区域引才聚才环境，加速提升区域营商环境水平，为驻区外籍人才提供更便利的服务，并配合区级有关部门，设立人才引进及工作居住证、外国人来华工作许可证及居留许可、外籍人员参保、商标注册、自贸区政策解读等相关业务的"一站式"服务窗口，提供社保、税务、政务等自助查询服务。人力资源综合服务大厅对外服务事项增加至109项，共涉及区委组织部、区人社局、区商务局、区公安局、区市场监管局等部门的5个业务种类、42个经办事项，以及天津滨海新区和北三县的4地"跨域通办"窗口、67个经办事项。为促进中国（北京）自由贸易试验区、国家服务业扩大开放综合示范区建设，立足北京市城市副中心战略定位，通州园区提供自贸试验区产业扶持、税收优惠、人才引进等方面的政策解读指引和政策兑现服务；提供"外资企业投诉服务"；提供"外埠人员工作居住证"以及涉及财富管理、绿色金融、金融科技、城市科技、文化设计、专业服务等重点领域政务服务事项的联动办理服务；为企业人才提供日常生活公共服务资源的对接服务。提供外国人永久居留、境外人员查询在京居住期间有无犯罪记录等政务服务事项的咨询、受理和联办服务。为北京城市副中心"两区"建设搭建国际化、标准化、规范化"一站式"综合服务平台。

同时，依托产业园党群服务中心设立新业态就业群体暖心驿站及务工人员之家，让群众冷可取暖、热可纳凉、渴能饮水、累可歇脚、伤可用药、饥可热饭。通州园区党群服务中心为纪念建党百年华诞，弘扬伟大奋斗精神，激发奋进力量，召开了以"百年荣光守初心、爱党为党践使命"为主题的纪念中国共产党建党 100 周年主题党建活动。为深入宣传学习党的十九届六中全会精神，切实把全会决策部署和工作要求落实落地，把党的百年奋斗重大成就和历史经验转化为推动园区高质量发展的强大动力，开展了"全园+"系列学习活动。园区全面提升了公共服务深度、品质及效率，打造了更加适应企业发展的公共服务体系。

为满足企业办公业务需求及职工日常生活需求，通过引进各类相关服务机构，着力打造高水平、人性化的第三方配套服务体系。在金融服务方面，引进银行机构打造具备人力资源业务特性的金融服务板块；在商务休闲方面，引进高端商务咖啡厅打造静谧舒适的商务休闲板块，并将园区公益阅读空间与其合并运营；在法律咨询方面，引入了相关法律咨询公司，满足园区企业的相关需求。在生活配套方面，建设健身中心、公益电影院，以满足园区各企业多方面生活需求。通州园区还建有立达广场，可满足大型招聘会等活动空间需要。园区已建设完成三个多功能会议室、两个报告厅，可服务于园区乃至副中心企事业单位。此外，园区还将引进体检、出行等服务机构，进一步匹配园区企业的各类服务需求。

为持续吸引业内优质企业入驻园区，实行"管家式"服务模式，"一对一"服务于园区入驻企业。委派服务专员提供入驻手续、工商注册、资质申请等专属服务，做到让企业省心、省时、省力，高速、高效、高质入驻园区。

（二）园区信息化建设

通州园区努力打造集线上线下服务于一体的创新型数字化园区，提供系列化"一站式"数字化服务，提升管理服务效率。通过数字化园区平台，有效整合前后台一体化管理服务，在为企业提供各项服务便利的同时，详细展示了通州园区的具体情况，有效提升了园区的服务品质及宣传效果。

通州园区也借助互联网、云平台和智能化手段，努力建设园区的线上服务平台，在新的形态下形成新的沟通场景。为园区各企业提供更优质的业务服务与良好的用户体验感，为各企业及时获得相关通知或反馈有关需求提供快速通道，有效提高了园区内有关信息的利用率，实现了文字、图片、语音、视频的全方位沟通、互动。将园区微信公众号打造为园区文化与实时动态对外宣传的主要阵地，充分利用其覆盖面广、传播速度快的特点，提升园区对外宣传力度。及时同步与人力资源服务业密切相关的信息，为园区企业便捷快速掌握业内政策等内容提供有效保障。

五　产业园建设中的问题和未来发展趋势

（一）产业园区建设中遇到的问题

当前，中国北京人力资源服务产业园通州园区初具规模，资本、技术、人力资源等要素的聚集效应日益凸显，但是产业园建设过程中存在的问题也不容忽视。

一是产业园区的智能化建设还不够。运用大数据、云计算、移动互联网等新技术、新方法提供服务的方式还不充分，服务效率还需提升。

二是产业园区的高端产业还不够多。人力资源外包服务、劳务派遣等业态仍是大部分机构的主营业务和主要利润来源，猎头、培训和智力支持等高附加值的核心项目还不多。

（二）产业园未来发展目标、方向任务

"十四五"期间，通州园区将以推进北京城市副中心高质量发展为目标，重点面向生态化、智能化、国际化、智库化方向转化，力争扩大服务区域和业务外延，打造区域性人力资源服务新高地，努力建成与北京城市副中心地位相匹配、具有国际竞争力和跨国服务能力的全球人力资源配置和服务体系的重要枢纽。具体计划如下。

（1）培育特色产业，提升规模能级。一是着力打造智库产业园集群，支撑园区可持续发展。持续吸引国际、国内优质人力资源服务企业及与人力资源服务业相关联的专业咨询机构、研究机构、专家工作室等智库类机构进驻园区，研究制定智库产业发展规划，形成智库产业集群，探索"产业+智库"发展模式，打造"软科学+硬科学"智库集成，搭建以人力资源服务为主线，多种产业类型共同发展的园区生态系统；二是以"专精特新"为导向，打造园区创新发展基础。构建"专精特新"企业培育发展体系，设立"专精特新"中小企业培育名单，通过优化政策、培育主体、融通要素、强化服务等方式，支持"专精特新"中小企业发展，提升企业技术创新能力、市场竞争力和品牌影响力，发展成为"小巨人"企业。依托"专精特新"中小企业，组建创新联合体或技术创新联盟，开展协同创新，通过强化产业协同，推动形成产业链上下游协同创新、供应链互通的融通创新产业生态。

（2）强化人才保障，优化管理机制。一是依托京津冀人才一体化发展示范区，加强人才流通协同发展。在天津、河北布局设点，深化京津冀人力资源市场合作，促进区域内人才的有序流动，领衔构建京津冀人力资源市场一体化发展格局。举办京津冀人力资源服务业发展大会，通过会议展示京津冀区域人力资源服务业最新动态和发展趋势，以及人力资源服务提供商最新成果，加强京津冀区域人力资源服务供需对接，打造京津冀区域人力资源服务交易、展示品牌的重要盛会，形成京津冀区域人力资源行业的"晴雨表"与"风向标"。二是依托园区人力资源综合服务大厅，打造"类海外"环境，服务国际人才。设立"一站式"服务窗口，建设国际人才服务体系，

面向海外人才构建便捷化、全要素、开放式的创新创业空间载体，提供全流程便捷服务，为"两区"建设提供所需要的国际人才配套服务，构建国际人才全链条服务体系。

（3）提升发展水平，激发发展动能。以园区功能定位"四区两平台"为指导，搭建人力资源服务业合作交流平台，举办品牌峰会、高端研讨等活动，总体围绕人力资源服务业发展的机遇与挑战，共同展望人力资源服务业发展的新前景、新趋势。通过论坛等活动增进行业内前沿创新研究、企业管理经验的交流分享、互鉴互促，树立和巩固园区作为行业权威产业平台的标杆地位，大力营造促进行业发展的良好氛围。支持和鼓励人力资源服务企业优化升级，发挥人力资源服务业在推动形成实体经济、科技创新、绿色金融等产业体系方面的带动作用，提供人力外包、劳务派遣、人才寻访、战略咨询等全链条人才服务。园区通过论坛形式提供"一站式"集成服务，打造具有国际水准的产业和学术交流平台，提升园区的国际影响力。

（4）强化党建引领，彰显责任担当。积极履行产业园临时党支部的工作职能，充分发挥党建引领作用，提升园区非公企业党建工作的整体质量。一是强化党建工作凝心聚力功能，创新园区企业思想观念，充分发挥党组织思想政治工作优势，将非公企业的思想和行动凝聚在推进园区建设升级的生动实践中。二是注重提升产业园临时党支部组织力，找准党建工作与非公企业发展的融合点，定期举办党建活动，创新活动方式，通过筹办主题沙龙、红色观影、公益阅读等系列活动，让园区企业通过党建活动，提升企业发展软实力，奠定助推企业升级进步的文化基础。紧密园区企业间的沟通联系，为企业间实现合作发展拓宽渠道，构建园区和谐共赢的工作氛围。

B.16
发挥产业园集聚效应
引领产业高质量发展

王守成　刘　芳　张　伟*

摘　要： 本报告主要介绍了中国天津人力资源产业园的发展概况，围绕园区建设情况、产业聚集程度、制度创新成果、管理运营发展、服务体系、信息化建设等方面阐述了产业园在发展过程中形成的各种制度做法和创新模式。同时，在分析当前产业园面临的问题和困难的基础上，以"加快培育一批国际知名人力资源服务机构，提升人力资源服务专业化水平，形成具有天津特色的人力资源服务模式"为目标，从创新建设管理模式、增强企业吸附能力和提升专业化服务水平三方面对下一步产业园发展方向和趋势进行了研究探索。

关键词： 人力资源服务　产业园　天津　"一园两核多点位"

天津市委、市政府高度重视人力资源服务业发展，将其纳入全市服务业总体发展规划，并列入15个重点行业之一进行统筹调度。作为促进人力资源服务业发展的重要抓手，天津集中多方力量和优势资源，围绕"一园两核多点位"布局，积极推进中国天津人力资源服务产业园建设，坚持政府引导和市场主导，在促进就业创业、优化资源配置、市场化招才引智、人力

---

* 王守成，天津市人力资源和社会保障局人才开发处处长；刘芳，天津市人力资源和社会保障局人才开发处四级调研员；张伟，天津市人力资源和社会保障局人才开发处一级主任科员。

资源服务出口等方面持续发力，积极打造"立足天津、服务京冀、辐射北方、全国驰名"的人力资源服务产业集聚区，促进全市人力资源服务业快速发展。2021 年，全市人力资源服务机构达到 2700 余家，营业额超过 900 亿元。

一 基本情况

（一）产业园概况

中国天津人力资源服务产业园紧紧围绕全市产业分布，以"一园两核多点位"为总体布局建设发展，2021 年总建筑面积 30.7 万平方米。一园：以中国天津人力资源服务产业园和平园区（以下简称"和平园区"）作为中心园区，于 2019 年 5 月正式挂牌运营，坐落于和平区创新大厦，建筑面积 23 万平方米，毗邻天津市海河综合经济发展带、天津市和平路中心商业区等繁荣商圈，人口稠密，交通便利。两核：以中国天津人力资源服务产业园滨海泰达园区（以下简称"泰达园区"）和天津市人力资源发展促进中心园区（以下简称"发促中心园区"）作为两翼核心。泰达园区于 2019 年 10 月挂牌运营，位于滨海新区于家堡金融区内，依托国内第一个国家综合改革创新区、国家重点支持开发开放的国家级新区——天津市滨海新区，采取泛空间建设方式，负责滨海新区全部人力资源企业的监管、核查、服务工作。发促中心园区位于河东区，2012 年 5 月挂牌运营，建筑面积 3.6 万平方米，是天津地区政府主导的专业化企业招聘、人才求职聚集区，软硬件水平和服务功能都达到国内一流水平。多点位：以分布于天津市武清、津南、红桥等区的人力资源服务产业园作为支撑点位。武清园区于 2018 年 4 月挂牌运营，位于武清主城区西部新区的核心区域，建筑面积 5114 平方米；津南园区于 2019 年 10 月挂牌运营，位于天津市津南区海棠众创大街，建筑面积约为 6000 平方米；红桥园区以天津西站为核心，建筑面积约 1 万平方米。

（二）产业集聚情况

中国天津人力资源服务产业园充分发挥各点位区位、载体、资源等优势，积极打造各具特色、优势互补的人力资源服务产品开发和供应基地。

一是产业聚集程度不断提升。截至 2021 年底，入驻企业达到 337 家，营业收入 64.93 亿元。万宝盛华、瑞可利、智联招聘、中国国际技术智力合作集团有限公司（简称"中智"）等国内外知名人力资源服务机构均在天津投资开展业务。云账户、一合、中轩等一批本土特色品牌迅速崛起。二是产业生态逐步完善。目前，产业园的产业链日趋完善，已形成招聘求职、培训测评、高级人才寻访、管理咨询、劳务派遣、人力资源外包和人力资源软件服务等全链条的服务体系，累计服务用人单位 12.65 万家次，服务人才 508.77 万人次，帮扶就业 17.3 万人次，提供岗位 36.38 万个。三是各园区实现特色发展。和平园区发挥市中心商务楼宇集聚优势，大力发展总部经济，吸引知名人力资源服务机构总部入驻，并设立了中国人事科学院天津基地；泰达园区依托经济技术开发区外资企业和项目集聚优势，围绕航空航天、装备制造、生物医药等主导产业，积极拓展高端猎头、管理咨询等服务业务，为空客、诺和诺德、丰田、大众等跨国公司提供人力资源服务；发促中心园区建成全市面积最大现场招聘固定场所，并充分发挥公共人力资源服务平台优势，为用人单位、人力资源服务机构和人才提供"一站式"服务；红桥园区以"工业机器人"等新职业建设为抓手，构建职业培训、评价、考核完整体系；津南园区依托天津海河教育园区人才、科技资源优势，积极打造高端服务业发展新模式，率先引进了国内首支政企合作人力资源产业引导基金，初期募资 2 亿元；武清园区依托区位优势，服务京津冀协同发展国家战略，与京冀两地 300 余家知名人力资源机构建立了常态化联系机制，并成立了"泛人力资源产业联盟"。四是服务区域发展作用凸显。京津冀三地共同签署了人力资源服务产业园数字化协同发展战略合作协议，通过数字化协同合作为人力资源服务业发展赋能，促进京津冀三地人才链、产业链、项目链高度协作。

（三）产业园主要经济和社会指标

2021 年，中国天津人力资源服务产业园新入驻人力资源服务企业 100 家，入驻企业达到 337 家，营业收入 64.93 亿元，纳税额 2.48 亿元，服务人次 72.69 万人次，服务用人单位 4.75 万家次（见表 1、表 2）。

表 1   2021 年中国天津人力资源服务产业园经济效益指标

名称	开园运营时间	建筑面积（万平方米）	入驻企业数量（家）	营业收入（含代收代付）（亿元）	纳税额（亿元）
和平园区	2019 年 5 月	23.0	172	35.00	1.30
泰达园区	2019 年 10 月	2.0	75	9.00	0.50
发促中心园区	2012 年 5 月	3.6	10	5.10	0.05
红桥园区	2021 年 4 月	1.0	3	0.03	—
津南园区	2019 年 6 月	0.6	28	0.80	0.03
武清园区	2021 年 10 月	0.5	49	15.00	0.60
合　计	—	30.7	337	64.93	2.48

注：红桥园区 2021 年 4 月底投入运营，纳税额暂未统计。
数据来源：中国天津人力资源服务产业园统计数据。

表 2   2021 年中国天津人力资源服务产业园社会效益指标

名称	服务人次（万人次）	服务用人单位（万家次）	帮扶就业和流动人数（万人次）	提供就业岗位（万个）	引进高层次人才（万人）
和平园区	15.00	1.00	0.70	1.50	1.60
泰达园区	3.00	1.20	1.60	0.70	—
发促中心园区	24.50	2.10	3.50	13.60	0.01
红桥园区	0.19	0.02	—	0.18	—
津南园区	10.00	0.30	2.00	3.30	0.20
武清园区	20.00	0.13	7.00	12.00	0.02
合　计	72.69	4.75	14.8	31.28	1.83

数据来源：中国天津人力资源服务产业园的统计数据。

二　政策制度建设情况

（一）市级扶持政策

（1）2013年，天津市人民政府办公厅出台《关于加快我市人力资源服务业发展的若干意见》，针对推进人力资源服务业高质量发展明确了主要目标、重点任务和支持举措。推进建立"一园两核多点位"的产业布局，构建链条清晰、多层发展的产业体系。

（2）2018年，天津推出"海河英才"行动计划，对人力资源产业园建设给予资金支持。建设国家级和市级人力资源服务产业园可享受500万元和200万元经费资助。对帮助用人单位引进高层次人才的人力资源服务机构，每引进1人给予最高20万元的奖励资助。

（3）2019年，天津市人力资源与社会保障局（简称"人社局"）出台《关于充分发挥市场作用促进人才顺畅有序流动的实施意见》，明确围绕"一园两核多点位"产业布局，推进"中国天津人力资源服务产业园"建设。充分发挥产业园集聚发展和辐射带动作用，引进一批国内外知名机构，培育一批本土特色服务品牌，扩大全市人力资源服务产业规模，形成完整人力资源服务产业链。

（4）2020年，天津市人民政府办公厅出台《关于进一步做好稳就业工作的实施意见》，鼓励人力资源服务产业园开展公共就业服务，并根据成效给予就业创业服务补助。对人力资源服务机构向重点缺工企业一次性输送30人以上的，按每人最高600元给予奖励。

（5）2021年，天津市人力资源和社会保障局出台《天津市人力资源和社会保障事业发展"十四五"规划》，进一步明确了发展人力资源服务业的规划任务，要充分发挥国家级人力资源服务产业园辐射带动作用，加强市、区两级人力资源产业园建设，引导各区建设和区域经济发展匹配度高、特色鲜明的人力资源服务聚集区。

（二）区级支持政策

（1）《和平区关于建设中国天津人力资源服务产业园的若干措施》对人力资源服务产业园在资金资助、招商引资、产业集聚、创新支持、招才引智、管理保障等方面给予精准扶持，对新引进的人力资源服务机构，给予最高 1000 万元的扶持资金和租金补贴，对企业高层管理人员设置奖励。

（2）《津南区海棠众创大街专项政策（试行）》对人力资源服务产业园在高层次人才引进、建设众创空间，以及企业发展、管理和服务等方面给予多元化支持保障。如入驻企业可享受每年 400 元每平方米的运营补贴、3 年房租减免、最高 1200 元每平方米的一次性装修及设备补贴等。

（3）《武清区支持人力资源服务产业园建设办法（试行）》（2021 年印发）以政府购买服务的形式支持入园机构承接公共服务事项。鼓励通过行业协会、商会等组织，引导推介企业开放应用场景，支持入园企业发展。对入园企业依据地方财政贡献给予最高 100% 的奖励，同时可享受房租、物业费等减免政策。

（三）持续优化营商环境

（1）放宽市场准入。积极推进人力资源服务领域"一制三化"改革，从"承诺制、标准化、智能化、便利化"等方面入手，进一步精简要件、优化流程、提高效率，营造良好人力资源市场发展环境。对申请人力资源服务许可证的企业，实行"一次办、马上办、网上办"，相关要件材料可先承诺后补齐。加大人力资源服务对外开放力度，放宽外资设立人力资源服务机构在从业年限、股权比例等方面的限制，吸引更多外资企业来津开展人力资源服务业务。

（2）搭建应用场景。以政府购买服务的形式，通过行业协会等组织机构引导、向企业发放"人才综合服务券"、授权指定供应商等多种途径，支持产业园内人力资源服务机构承接各类人力资源服务事项，搭建应用场景，支持企业发展。

（3）给予优惠补贴。通过房租补贴、物业费减免、高层次人才引进奖励等各项措施，吸引优质企业入园，降低企业开办费用。和平园区给予新引进机构最高 1000 万元扶持资金，武清园区对入园企业依据地方财政贡献给予最高 100% 的奖励，泰达园区对向企业输送用工的机构给予每人 300 元的用工输送补贴。

（4）建立对接服务机制。建立与人力资源服务龙头企业"一把手"直接联系机制，帮助协调解决疑难问题和诉求。依托天津十大产业人才创新创业联盟，构建人才工作矩阵，横向联络 10 余个政府部门 30 个专业化处室，建立"一小时反应、一天内对接、一周内反馈"的服务机制，为人力资源服务企业提供专属服务和精准服务。

三 管理运营发展情况

中国天津人力资源服务产业园坚持"政府引导，企业主体，市场化运作"的基本思路，各点位结合自身特点，创新运营模式，加快建设发展。

（一）政府引导统筹推进

和平园区在人力资源服务产业园建设中发挥政府在发展过程中的规划引导、政策激励和组织协调作用，专门成立了和平区人力资源服务产业园工作领导小组，由区委副书记、区长任组长，区委常委、常务副区长和分管招商的副区长任副组长，区相关部门为责任部门，统筹推进和平区人力资源服务产业发展，研究产业园发展战略、建设规划和发展布局，制定招商引资和产业引导政策，不断完善园区运营管理机制。

（二）多个核心多点辐射

泰达园区结合区域产业发展实际，本着"政府支持培育、市场配置运作、企业专业发展"的理念，初步实行"轻资产、泛空间、国际化、市场化"的运作模式，依托于家堡双创大厦、新金融大厦、华夏金融中心、建发大厦、宝策大厦等现有楼宇资源的地缘和业缘优势，构建"一个核心、多点辐射、统筹发展"的空间布局，以于家堡为中心、辐射服务整个滨海新区，引进行业新理念和新技术，促进本地人力资源产业聚集，服务产业人才引进，未来将为培育区域人力资源产业竞相发展、链条完整、综合服务生态圈及打造"人才特区"发挥重要支撑作用。产业园在运营上采取"税收对价"机制，通过"三个转变"即"从行政手段转变为经济手段和市场手段""从依赖政府投资转变为实现自我造血""从被动进行招租转变为主动开展招商"，实现楼宇的封闭运营、滚动式、可持续地发展。

（三）实行市场化管理方式

津南园区、红桥园区采用引入运营公司模式，分别与北京科锐国际人力资源有限公司、广泽企业管理集团展开全方位合作，由第三方独立负责载体建设、产业招商、园区运营等工作。邀请国内知名人力资源专家、产业园管理人才、创投机构负责人和知名高校，共同举办"沽上人力资本高峰论坛"，促进人力资源产业校企合作、创新发展、国际交流，挖掘人力资源潜力。

（四）强化从业人员队伍建设

产业园积极开展人力资源服务机构从业人员培训。培训内容包含法律法规、人力资源服务京津冀区域协同地方标准、行业发展方向与最新动态、业务理论知识与业务技巧等诸多方面的知识。为适应疫情防控需要，培训采用线上报名、网络教学、线下自主学习、在线考核相结合的方式进行。

四　服务体系优化情况

（一）搭建公共服务平台

园区各点位所在区普遍将人力资源和社会保障公共服务平台引入园区，

配套提供就业创业、人事人才、社会保险等经办服务。以北方人才网、天津人才工作网等人才门户网站为载体，搭建网络服务平台，提供政策查询、岗位对接、档案存储等方面的线上服务。整合人社、公安、科技等部门社会保险、人才落户、职称评审、项目申报、资助申领等方面的事项，为企业和人才提供"一站式"服务。建立专业化的服务专员队伍，与重点企业和高层次人才建立"一对一"联系，定期征集并协调解决相关问题诉求。为引进人才发放人才"绿卡"，配套金融、交通、医疗、子女入学等支持政策，打造人才在天津工作生活"一卡通"。

（二）提升配套服务质量

充分发挥平台优势，与驻园企业共同研究推出"就业服务卡"，解决就业供需双方的困难问题。举办人力资源企业校园宣讲会，提供优质就业岗位，打通高职、蓝领名校人才输送渠道，增强企业人才的交付能力。注重园内企业人才培养，建立"园区+项目+人才"发展模式，支持和服务人力资源机构申报人才重点项目。成立"泛人力资源产业联盟"，串联人力资源、财会、法务、风投、知识产权等领域知名企业，搭建跨界融合、互助互惠、共商共赢平台，切实发挥现代服务业优势，助力人力资源服务机构快速发展。

（三）组织特色服务活动

分领域、分人群举办招聘会等各类人才交流对接活动，提升供需对接效率，服务用人单位 10 万余家、人员 150 余万人。参加第一届全国人力资源服务业发展大会，通过特装展位集中展示园区发展成果与风采，吸引人力资源服务机构入园发展。举办京津冀人力资源服务产业创新发展峰会，以探索人力资源产业互联与生态构建为主题，就产学研创新融合进行了深度研讨。成立中国天津人力资源服务产业园产教融合中心。

（四）推进信息化建设

中国天津人力资源产业园致力于打造便捷高效、覆盖广泛、对接供需的信息化平台。依托"就业超市"等品牌项目，开展线上线下联合招聘服务活动，构造政府、用人单位、高校、求职者四方联动的人力资源供需平台，通过大数据、云计算等技术，全面建立"线上智能匹配，线下精准对接"的人才交流服务体系。建立大数据集成展示平台，将政府、人力资源服务机构、用人单位等信息进行有效集成，分类展示。通过远程视频技术及人才简历解析功能，实现招聘事前、事中、事后的全流程数字化管理，有效拓展人才和劳动力用工来源半径，变革传统的招聘方式，实现招聘求职效率和质量的双提升。北方人才市场与汉王集团合作开发"北方汉王"系统，极大地提升了流动人员人事档案信息化工作效率，不仅应用于全市流动人员人事档案图像采集和信息处理，而且逐步向其他省市推广。

五 产业园建设中的问题和未来发展趋势

（一）产业园建设发展面临的问题

一是理论探索不足。产业园目前已有明确的发展规划，但仍处于"摸着石头过河"阶段，各产业园分园在经验总结、理论探索、经营模式创新等方面着力不够。二是吸附能力不足。在引进国内外知名机构、引进配套业态和泛人力资源服务机构等方面，驱动力和政策供给、资源投入相对疲弱，招商引资效果不显著。三是孵化功能偏低。对初创企业和小微机构的扶持力度不够，专业化辅导欠缺，对本土品牌的扶持力度有待加大。四是缺乏产品创新。人力资源服务产品更多集中在代理、派遣等传统领域，与大数据特别是5G技术融合的新产品研发和应用还亟待加力。

（二）下一步重点任务

中国天津人力资源产业园将以建设人力资源出口服务基地为契机，加快培育一批国际知名人力资源服务机构，提升人力资源服务专业化水平，形成具有天津特色的人力资源服务模式。

1. 加强建设管理模式创新

以市场需求为导向，推动中国天津人力资源产业园管理创新、技术创新、服务创新、产品创新，实现人力资源服务产业链强链、补链、延链，打造集职业提升、创业孵化、人才测评、成果转化、融资代理等为一体的全产业链生态体系。运用多元融合、资本融合、技术融合等多种形式探索园区平台运营新模式，搭建人力资源服务展会平台、大数据集成展示平台、园区招商平台。不断探索符合市场规律、适应发展需要、运转灵活高效的运营管理模式。

2. 增强吸附和孵化能力

重点围绕生物医药、智能制造等重点产业发展需求，大力引进国际、国内知名人力资源、财会金融、企业咨询、法务咨询、风投基金等高端服务业。建立人力资源服务产业人才创新创业联盟。以联盟为载体不断推动资金、人才、项目等关键要素汇聚，推动人力资源服务产业升级。

3. 提升专业化服务水平

依托"就业超市"等特色品牌项目，提升园区人力资源信息交流活跃度，搭建直接、快速、高效的人才对接渠道，形成政府就业率提高、企业招人更高效、人岗匹配更便捷的多赢局面。加强人力资源服务理论、模式、技术创新，拓展服务渠道和服务形式，将人力资源服务产业园打造成人力资源公共服务枢纽和产业创新发展平台。

B.17
筑巢引凤聚产业 百花齐放促发展

陈玉元 魏鹏 高晖*

摘 要： 本报告围绕产业园建设概况、产业集聚情况、主要经济社会指标等方面回顾总结了2021年度中国广州人力资源服务产业园的发展情况。系统介绍了产业园政策制度建设、运营管理模式和优化服务体系等内容。此外，针对园区建设中遇到的困难和问题，对"十四五"期间广州产业园发展进行了展望，探索建设高标准人力资源市场体系，不断开创共建共治共享发展新局面，助推人力资源行业高质量发展。

关键词： 人力资源服务 产业园 广州 高标准人力资源市场体系

一 基本情况

近年来，广州市委、市政府牢固树立以人民为中心的发展思想，按照习近平总书记关于广州实现老城市新活力、"四个出新出彩"和在中央人才工作会议上讲话精神的总要求，以满足经济社会发展的人力资源服务需求为出发点，以加快构建具有全球竞争力的人才制度体系、聚天下英才而用之为总体目标，以构建人力资源现代服务业体系、打造粤港澳大湾区国际科技创新中心和人才高地作为重要使命，以建设华南地区和东南亚人力资源服务与配

---

* 陈玉元，广州市人力资源和社会保障局一级调研员（市管干部）；魏鹏，广州市人力资源和社会保障局人力资源流动管理处处长；高晖，广州市人力资源和社会保障局人力资源流动管理处二级调研员。

置中心为主要任务，深入贯彻人才强国和就业优先战略部署，大力推动人力资源服务产业园、人力资源行业高质量发展，在人力资本领域培育新增长点，形成经济社会发展新动能。

（一）产业园概况

广州认真贯彻落实党中央关于人力资源工作的决策部署，围绕"一江两岸、双核驱动、多点支撑"定位，在2018年10月广州正式获批设立国家级人力资源服务产业园的坚实基础上，以政策支持为牵引，以科学规划为基础，以园区建设为重点，形成合力、持续发力、精准助力，全面启动中国广州人力资源服务产业园（以下简称"广州产业园"），全方位、立体式、多层次服务粤港澳大湾区就业创业工作。目前，人力资源和社会保障部（以下简称"人社部"）批复的7个分园区均已开园运营，各园区秉持"政府主导、社会参与、市场运作"的原则根据各自资源禀赋和产业基础联动发展。

1. 天河核心园区聚焦"一港一区一圈"，借助经济优势，塑造"天河样板"

天河区作为广州第一经济大区、创新强区，是广州建设枢纽型网络城市和粤港澳大湾区深度合作区的核心区域，经济总量连续14年领跑全市。近年来，天河核心园区（以下简称"天河园区"）充分发挥区位优势，重点打造以"一港一区一圈"为区域特色的人力资源服务产业布局，即"一港"天河人才港、"一区"中国广州人力资源产业园先导区、"一圈"天河人力资源服务业商圈，着力打造百亿级人力资源服务产业集群，助力天河区产业转型升级，促进区域经济蓬勃发展。天河园区布局为"一港一区一圈"，三大分园区功能联动、资源互动，示范引领天河区人力资源服务业创新发展，实现市场优质资源率先导入，服务创新经验率先导出，打造人力资源服务产业园建设的"天河样板"。

（1）天河人才港

天河人才港（以下简称"人才港"）位于天河智慧城，总面积5500平方米，是天河区委、区政府重点打造的公益性高端人才综合服务平台，2016年11月28日正式开园运营，2018年10月纳入中国广州人力资源服务产业园核心园区之一。作为全市最早开园运营的人力资源服务产业园，人才港通过统筹政府、市场、社会等各方资源，以人才集聚引领技术、资本等创新要素集聚，打造完整的创新创业生态链，逐步建立与天河高端、高质、高新现代产业相匹配的人才服务体系，进一步增强天河作为国家中心城市核心区对人才的集聚力、辐射力和影响力。此外，人才港主动承接和举办技术推广、项目路演、产业论坛等各类活动，曾荣获第三届全国智能制造创新创业大赛总决赛优秀组织机构、2018"创客中国"创新创业大赛"互联网+大数据"全国专题赛优秀组织单位。

（2）天河区人力资源服务产业园先导区

中国广州人力资源服务产业园先导区（以下简称"先导区"）位于天河科贸园，总面积4700平方米，与广州（国际）科技成果转化天河基地、天河科技金融集聚区同一选址，2020年12月28日正式开园运营。先导区立足人力资源服务业与实体经济、科技创新、现代金融协同发展的总体要求，着力构建开放共享的创新人力资源服务生态体系，引领人力资源服务新业态发展。先导区打造公共服务空间和办公空间两大功能区，公共服务空间包括"一站式"人才服务大厅、人力资源服务行业发展成果展示区、多功能会议中心等，办公空间包括科技型人力资源企业孵化区、知名人力资源机构进驻区等。

（3）天河人力资源服务业商圈

天河人力资源服务业商圈是中国唯一位于一线城市中心商业区的人力资源服务机构集聚地。区内600余家人力资源服务机构自发集聚在环天河环体育中心延伸至珠江新城CBD一带，形成业内知名的"天河人力资源服务业商圈"，占全广州高端人才服务市场的比例超过70%，具备了完善的测评、招聘、猎头、租赁、咨询等专业服务功能，在机构集聚度和服务规模方面都在华南地区处于领先位置。

2. 琶洲互联网创新人才集聚区以先导区为牵引，多点布局协同发展

琶洲互联网创新人才集聚区（以下简称"海珠园区"）动员社会多方力量，整合琶洲现有空置楼宇资源，按"机构嵌入式集聚，园区点状式分布"总体思路，推动人力资源服务产业集聚发展，现已形成以广报中心先导区、保利天幕广场、环球贸易中心、中洲中心、华新中心（华新创新岛）为核心的人力资源产业骨架。目前，琶洲园区总面积 3.5 万平方米，已于2021 年 10 月 23 日正式开园运营。海珠园区建立了完善的公共配套服务体系，依托园区现有政务服务中心，对接全市工商税务等公共服务事务。设立粤港澳大湾区劳动争议联合调解中心广州（琶洲）速调快裁服务站，为园区企业提供法律咨询指引、争议风险预警、案件快速调查处理、数据信息共享等配套服务，全面承接全市涉港、涉澳及琶洲试验区内的劳动争议调查处理工作，进一步链接粤港澳大湾区人力资源相关需求。

3. 南沙粤港澳人才合作示范园区立足大湾区自贸试验田，建设创新人才集聚新高地

南沙粤港澳人才合作示范园（以下简称"南沙园区"），定位为"南沙粤港澳人才合作示范园区"，2020 年 4 月正式开园运营。南沙园区位于南沙国际人才港，园区规划使用 15 层共 3.2 万平方米，地处粤港澳大湾区地理几何中心，在有着"城市客厅"美誉的南沙自贸区蕉门河中心区，周边集聚了以中铁建南方中心、小马智行全国总部、云从科技 AI 全球总部和研发中心、微软广州云暨移动应用孵化平台等为代表的一批中小企业商务总部和科技创新企业。南沙园区在首届全国人力资源创新大赛粤港澳赛区中荣获2020 年度人力资源服务产业园最具国际化示范园区奖项。

4. 番禺青年人才创新创业服务园区依托产业集聚优势，打造"一园两区多站"

番禺青年人才创新创业服务园（以下简称"番禺园区"）地址位于广州市番禺区桥兴大道 10 号番禺人才大楼，建筑面积约 6000 平方米（1～4 层为配套功能区，包括"一站式"服务、现场招聘、会议、培训等；15～17 层为机构入驻区），配套设施完善，离地铁站距离约 300 米，交通地理位置优越，已于 2020 年 12 月正式开园运营。番禺园区总体布局为"一园两区多站"，即建设一个综合性人才创新创业服务园，包括中心综合服务区和广州大学城-国际创新城服务区两个主要服务区，在区内多个重要科技园区设立人才服务基站。

5.越秀现代服务业人才服务园区布局"一中心一商圈",建设"一站式"政务服务平台

越秀现代服务业人才服务园区（以下简称"越秀园区"）以"匠心越秀，广聚人才，服务羊城，辐射湾区"为理念，按照"一中心一商圈"布局建设。"一中心"指选址东华北路9号大楼分两期建设广州越秀国际人才中心（下称中心），大楼总高9层、总面积约4000平方米，打造涵盖人力资源服务产业服务、创业培训、人力资源和社会保障（本文以下称为人社）政务服务和高端人才服务等一体化的精品平台。"一商圈"指依托传统、成熟的北京路—东山口人力资源服务商圈，面积约15平方公里，辐射带动周边人力资源服务行业集聚发展。2021年7月，越秀园区中心一期完工并揭牌开园。

6.广州开发区海外高层次人才服务园区探索运营管理新模式，集成"一核一圈"综合体

广州开发区海外高层次人才服务园区（以下简称"黄埔园区"）以"立足广州、联动港澳、面向世界，打造粤港澳大湾区高端人力资源服务产业新标杆和最优营商环境新平台"为定位，坚持"政府主导＋市场运作"，系统推进人才供给公共配套、HR产业基地孵化与人才一体化综合服务建设，打造人力资源产业与人社事业联动融合、相互促进、特色鲜明的特色园区。园区全国首创"黄埔人才指数"系统，受到国家人社部、省人社厅领导高度肯定。自2021年5月黄埔园区正式开园以来，已引进21家高端人力资源及各类配套服务机构，整体入驻率超95%，园区新增营业收入达58亿元，税收近3亿元。一是强化"一核"＋"多圈"高质量规划引领。园区以科学城为核心区，依托10万平方米物业空间，筑牢以人力资源服务产业为核心、上下游产业链和园区综合服务协同的主体功能"核"。以知识城、临港经济区、生物岛为核心，串联知识城人才大厦、广州国际人才城等载体，营造国际人才创业、安居、投融资、子女教育等全链条生态"圈"。二是强化"一园"＋"多区"高端化资源集聚。集中打造产业集聚区、人才交流区、"一站式"服务区等功能"多区"，全力推动高端化人才创新资源在园区集聚。产业集聚区着力引进国内外排名TOP100的人力资源服务机构，打造人力资源产业航母舰队；人才交流区创新开设线下招聘、人才沙龙、人才大讲堂、人才咖啡屋等功能空间，打造高层次人才之家；"一站式"服务区聚焦人才社保、就业等高频业务，形成线上与线下一体的人才服务驿站。三是强化"一站"+"多窗"高品质运营服务。整合社保、就业、专技、人才交流四个中心进驻开设涵盖政策兑现、社保就业、人才服务等十多个公共服务窗口，带动高端猎头、人才测评、管理咨询等高端人力资源服务机构和法律、金融、知识产权等配套服务机构全产业生态链条入驻。同时，构建全流程一体化人才智慧型服务与决策平台，实现人力资源公共服务与经营服务同园办理，真正实现"一网通办""全程无忧"，从单向管理转向双向互动，从线下转向线上线下融合，推进人才管理决策科学化、人才治理精准化、人才服务高效化，打造"黄埔人才工作大脑"。四是强化"人才"+"产业"引育留闭环体系。坚持人才引进培育与产业发展深度结合，通过人才引领产业、产业集聚人才的良性循环，畅通"人才强→科技强→产业强→经济强"通道，释放出"引进一批人才、带来一批项目、壮大一大产业"的强大链式效应，促进人才链与创新链、产业链、资金链、信息链深度融合，构建起"百名院士、千名领军、万名才俊"的"百千万亿"人才集群，让人才与产业比翼齐飞。坚持"环境好、人才聚、事业兴"发展思路，落实人文关怀、生态营造，打造"人才离成功最近的地方"。高品质建设国际人才社区，提供国际人才会客厅、人才政务超市等超强服务业态。高规格打出"金镶玉"人才政策等政策组合拳，开创"上管老、下管小"人才服务先河，形成招才引凤、助凤"涅槃"的强大磁力。

7.花都临空产业人才服务园区紧密结合区域产业特点，集聚"一区两中心三基地"

花都临空产业人才服务园区（以下简称"花都园区"）于2021年10月正式开园运营。花都园区位于粤港澳大湾区北部、广州市北大门、国家级空港经济区的红谷时尚产业园内，地址为广东省广州市花都区新雅街永利路9-1号。花都园区一期已投入使用总面积约5600平方米，二期预计投入超 2 万平方米，按照"1 年成型，3 年成规模，5 年成标杆"的发展思路，致力于为花都打造优质人力资源配置枢纽，建立高层次人才创新创业的高效合作平台。

（二）集聚情况

目前，世界 500 强中的人力资源服务企业（万宝盛华、任仕达、德科）均在广州设立了分支机构，在内地和香港主板上市的人力资源上市公司（科锐国际、猎聘、人瑞人才），均在广州设立了地区总部或分支机构。广州的本土企业也蓬勃发展，2015 年以来共有 4 家人力资源服务企业在新三板挂牌，2018 年中国服务业企业 500 强评选中，广州红海人力资源有限公司、广东南油对外服务有限公司两家人力资源服务企业入选，占全国人力资源服务企业的一半。中国广州人力资源服务产业园正在逐步发展成为华南地区和东南亚人力资源服务与配置中心、"一带一路"国家（地区）人力资源服务配置枢纽、粤港澳大湾区国际人才高地和连通世界人力资本集聚地。

天河人才港现已引进中国南方人才市场、中国海外人才服务基地、南油对外服务、薪太软、领到雇佣、一览英才网、团剧、粤好人才、核优人力、华普亿方等各类型人力资源服务机构平台，以及广州市软件行业协会、广州市游戏行业协会、天河区人才服务协会、天河科技园信息产业联合会等行业协会和人才组织，为企业提供专业化、精细化的人力资源全过程服务。2016 年开港至今，天河人才港注重活动品牌建设，塑造活动特色，已形成天河人才文化节、海外项目中国行、全球创新创业训练营、天河人才粤港澳交流行、精英人才职训营等系列精品活动，各类活动已举办超过 1200 场，提供政策申报服务 7000 余次，提供"双创"服务 800 余次，为 1000 余个"双创"人才和团队对接资源，服务各类人才超 6 万人次，媒体宣传覆盖人群超 2000 万人次。其中天河人才文化节已成为天河区吸引人才的名片之一。开园以来迎接全国各省市考察调研共 115 批次，天河经验得到广泛推广。

天河先导区已引进广东省人力资源研究会、广州人力资源服务协会、广东省人才市场、广州仕邦人力资源有限公司、广州南方人才市场有限公司、广东邮电人才服务有限公司、广东银雁科技服务有限公司、广州百强人力资源服务有限公司共 8 家人力资源服务机构及行业协会。

天河人力资源服务业商圈内集聚了 600 余家人力资源服务机构，包括广州人才集团、方胜、智唯易才等国内知名综合服务机构总部；仕邦、锐旗、倍智、合摩、骏伯、午马等民营机构总部；前程无忧、58 同城、智联招聘等国内主流人才网分支机构；猎聘、光辉国际、米高蒲志、锐仕方达等国内外知名猎头分支机构；合益、怡安翰威特、韬睿惠悦等国际知名咨询公司分支机构；诺姆四达、北森等测评机构分支机构。

海珠园区重点集聚国内外人力资源服务龙头企业和创新型企业，综合集成产品创新、成果转化、品牌培育推广、信息共享发布、国内外交流合作、企业孵化、产学研协同创新、人才培养与开发等多项复合型产业功能，依靠"互联网+"为企业提供"一站式"、全方位的线上线下专业化人力资源服务，重点打造琶洲人力资源服务核心园区。目前，才星（广州）科技服务有限公司、广东智联网络信息有限公司、广州南方人才人力资源有限公司等20 家人力资源机构已入驻海珠园区，主要业务涵盖人才招聘、人才测评、人才资源开发与管理咨询、人力资源外包、人力资源培训、咨询服务等，形成了以人力资源要素集聚为核心的产业生态圈，推动产业集聚的发展，为海珠区提供坚实的人力资源保障。

南沙园区经遴选程序批准进驻企业 16 家，进驻代表企业包括华南人力资源服务行业龙头企业仕邦集团旗下南仕邦公司和欢创集团旗下欢派公司、国内两大人才评价头部企业之一诺姆四达集团南方公司、国内人力资源行业背景调查领域排名第一的八方锦程下属南沙八方锦程公司、国内及华南地区知名猎头公司锐仕方达南沙公司、午马猎头公司等，业务涵盖人力资源外包、劳务派遣、高端人才寻访、人才测评等领域。

番禺园区结合园区大楼的区域空间和园区人力资源服务功能需要，以"内外并举、政企协调、空间集约、创新发展"的理念着手功能区划，划分为"七区一基地一平台"的功能格局,"七区"即青年创新创业项目入驻区、高校项目入驻区、双创展示区、粤港澳人才交流区、"一站式"服务区、共享使用区、聚才区,"一基地"即大学生创新创业实践基地,"一平台"即线上产业园平台。园区牢牢抓住广州大学城粤港澳大湾区青年人才智核优势,采取"政府主导、政策配套、高校培养、产创融合、专业运营、全程服务"模式打造产业闭环,形成优质人力资源服务生态圈,采用"线上+线下"的产业园模式,真正激发"引才、聚才、育才、留才"联动效应,吹响广州番禺招贤纳士的集结号。

黄埔园区在人才最集中的科学城投入 3 亿元大力建设海外高层次人才服务园区,推动人才产业基地、人才公共服务中心与人才行政中心一体化建设,区人才交流中心、就业中心、社保中心、专技中心四家公共服务机构正式进驻办公,为人才、企业提供配套公共服务。此外,黄埔园区聚焦高端化、现代化、生态化,培育千亿级人力资源服务产业群,高品质建设国际人才社区,提供国际人才会客厅、人才政务超市等超强服务业态,让"国际科学家""国际工程师""港澳之家"等生活安心、心无旁骛;高规格打出"国际人才自由港 10 条""海外尖端人才 8 条""金镶玉"人才政策等政策组合拳,开创"上管老、下管小"人才服务先河,形成招才引凤、助凤"涅槃"的强大磁力;高标准设立黄埔人才引导基金,成功撬动约 60 亿元社会资本,打造覆盖人才项目初创期、成长期、成熟期等全生命周期投资平台,带动省半导体及集成电路产业投资基金等多只基金签约落户,形成"人才+资本+产业"的强大合力。截至 2021 年末,园区已成功引进君润人力、人力窝、博士科技、三社人力、创智人力、哲力智享等 21 家人力资源企业及配套服务机构,涵盖人才测评、灵活用工、劳务派遣、人事代理、猎头、人力资源咨询等多个人力资源服务细分领域,同时引进了商务服务、知识产权及相关法律服务、金融服务等配套服务企业,园区企业类型丰富,覆盖人力资源各细分领域,构建"人才+企业+政府"人力资源生态体系。2025 年,入园机构营收有望突破 500 亿元,跻身为全国一流人力资源服务产业园行列。

（三）产业园主要经济社会指标（见表1、表2）

表 1　2021 中国广州人力资源服务产业园经济效益指标

名称	开园运营时间	建筑面积（万平方米）	入驻企业数（家）	营业收入（含代收代付）（亿元）	纳税额（亿元）
天河核心园区	2016 年 11 月	1.02	33	51.35	1.83
琶洲互联网创新人才集聚区	2021 年 10 月	3.5	20	13.3	0.29
南沙粤港澳人才合作示范园区	2020 年 4 月	3.2	16	78	5
番禺青年人才创新创业服务园区	2020 年 12 月	0.6	6	1.18	0.01
越秀现代服务业人才服务园区	2021 年 7 月	0.4	4	149.21	2.13
广州开发区海外高层次人才服务园区	2021 年 5 月	1.35	21	58	2.9
花都临空产业人才服务园区	2021 年 10 月	0.56	1	1.19	0.01
合计	—	10.63	101	352.23	12.17

数据来源：中国广州人力资源服务产业园的统计数据。

表 2　2021 年中国广州人力资源服务产业园社会效益指标

名称	服务人次（万人次）	服务用人单位（万家次）	帮扶就业和流动人数（万人次）	提供就业岗位（万个）	引进高层次人才（万人）
天河核心园区	97.3	17.35	42.84	29.83	1.83
琶洲互联网创新人才集聚区	8.25	0.18	2.58	1.4	0.03
南沙粤港澳人才合作示范园区	42.87	0.18	2.42	0.83	0.01
番禺青年人才创新创业服务园区	55.00	1.99	0.31	8.12	0.00
越秀现代服务业人才服务园区	43.46	1.48	6.58	0.27	0.55
广州开发区海外高层次人才服务园区	31.37	2.66	12.57	31.13	0
花都临空产业人才服务园区	0.05	0.02	0.50	0.01	0.02
合　计	278.30	23.86	67.80	71.59	2.44

数据来源：中国广州人力资源服务产业园的统计数据。

二 政策制度建设情况

（一）扶持政策体系

广州市始终以改革创新、政策扶持引领发展，打出人力资源市场体制机制改革"组合拳"。2016年，广州市率先出台全省首个加快发展人力资源服务业的意见，提出"10个专项、2个办法、3个平台"的重点任务，打出了一系列全面深化人力资源市场体制机制改革的"组合拳"，共发放奖励补贴510万元。

2019年，广州进一步出台促进人力资源服务机构创新发展办法，作为"广聚英才计划"的配套文件，聚焦创新形成了"产业意见+机构扶持办法"的政策体系，推出了扶持人力资源机构发展的10条具体措施。

2020年，广州市组织开展首届人力资源创新服务机构评选。实施《广州市促进人力资源服务机构创新发展办法》，严密组织开展首届人力资源创新服务机构评选，评选出广州友谊对外服务等10家人力资源创新服务机构，发放奖励1000万元，2021年，评选出1家人力资源创新服务机构，4名产业领军人才，4个创新项目，发放奖励420万元，有力支撑了人力资源行业高质量发展。

2021年6月，正式印发《中国广州人力资源服务产业园管理服务办法》，分别从国家级产业园的范围、建设原则、增设、调整和监督评估，管理运营、园区扶持政策、资金管理等方面对产业园的管理服务进行了规范，作为广州市国家级人力资源服务产业园建设管理的指导性文件。

2020年以来，天河区陆续出台《广州市天河区推动经济高质量发展的若干政策意见》《广州市天河区推动经济高质量发展重点人才激励办法》《天河区加快推动高端专业服务业高质量发展的若干政策措施》等政策文件，从主体产业、创新策源、空间载体、服务供给、人才激励和需求对接六大板块，集聚全区资源为企业和人才提供全方位支持和服务，最大限度地提升企业和人才的获得感。其中，针对高端专业服务业（含人力资源服务业）企业配套了落户奖励、稳增长奖励、成长性奖励、研发创新补助等全方位政策支持。在人力资源服务产业园扶持政策方面，入驻人才港的人力资源服务机构均实行免租政策，入驻先导区的人力资源服务机构和社会组织实行办公场地租金补助政策。2020年4月8日，天河区出台《广州市天河区打造科技成果转化基地试行办法》，对入驻先导区的人力资源机构和社会组织，给予不超过300平方米办公场地三年的租金和管理费补贴，为园区建设发展提供制度保障。

海珠区制定了专门促进人力资源集聚发展的政策扶持奖励办法，加大对人力资源服务产业的扶持力度。2019年出台《广州市海珠区发展和改革局等13个部门关于印发海珠创新岛"1+6+1"产业政策体系文件（修订版）的通知》，辟出专章对人力资源服务业进行专项扶持，对于新落户且对本区经济社会发展贡献100万元以上的人力资源服务机构，按照企业对区年度经济社会发展贡献，连续3年最高可享受80%的贡献奖；对新落户在经认定的本区各类产业载体的人力资源服务机构，租赁自用办公用房建筑面积超过500平方米的，连续3年可享受最高100万元的年度办公用房补助。

为优化南沙产业发展环境，南沙区制定"1+1+10+N"产业政策体系文件，其中配套出台了《广州南沙新区（自贸片区）促进现代服务业发展扶持办法》《广州南沙新区（自贸片区）集聚人才创新发展的若干措施》等政策。为加快引进、培植人力资源服务行业，结合原有的产业政策体系，2021年南沙区出台《关于做好中国广州人力资源服务产业园南沙园区遴选入驻工作的通知》《广州市南沙区人力资源和社会保障局关于印发中国广州人力资源服务产业园南沙园区发展扶持办法的通知》和《广州市南沙区人力资源和社会保障局关于印发中国广州人力资源服务产业园南沙园区发展扶持办法实施细则的通知》，对入驻南沙园区的人力资源服务机构（企业）给予园区入驻奖励和园区贡献奖励，激发机构的"造血"能力。同时，在办公用房、物业管理、公共设施使用、行业交流活动、优质品牌活动落户、项目引荐等方面给予一定的支持，从各维度促进人力资源服务机构提供更专业、优质的服务。

番禺园区成立了人力资源产业园（番禺青年人才创新创业服务园）建设工作领导小组，组长由分管区人力资源与社会保障局（以下简称"人社局"）的常务副区长担任，领导小组下设产业园建设管理办公室，办公室主任由区人社局分管副局长担任。此外成立了人力资源产业园专家咨询委员会，由专家指导产业园管理工作，专家成员有高校人力资源相关专业的教授2人，副教授3人。通过两次修订，番禺区拟定《中国广州人力资源服务产业园番禺分园发展扶持办法（征求意见稿）》，现已完成了向相关职能部门和社会公众征求意见，并通过了区人社局组织的合法性审核、廉洁性评估、公平竞争审查等内部审议流程，准备报区司法局审批。

越秀区出台"钻石29条"有关服务业扶持政策，对包括人力资源服务产业园在内的越秀区新落户优质企业，可享受最高500万元的开办奖励、连续3年最高补助租金参考价100%的办公用房补助。对产业园内越秀区的存量企业，可享受最高500万元增资奖励及最高100万元的扩产奖励。同时，人力资源服务业作为高端服务业之一，还可享受针对高端服务业的开办奖励、贡献奖励、品牌创建奖励、行业活动奖励等。

为进一步引导黄埔园区的建设，黄埔区广州开发区先后推出《广州市黄埔区、广州开发区、广州高新区支持人力资源服务产业园发展办法》《广州市黄埔区、广州开发区、广州高新区进一步支持人力资源服务产业园发展办法》，政策涵盖场地租赁、研发创新、人才引进、交流会展等项目，从多个维度对园区企业给予项目扶持。此外，黄埔区广州开发区颁布的现代服务业产业政策《广州市黄埔区、广州开发区、广州高新区进一步促进现代服务业发展办法》，围绕项目落户奖、经营贡献奖、成长壮大奖、企业人才奖、新业态发展奖、资金配套六个项目，从落户、成长、人才鼓励、资金配套等全方位对现代服务业企业给予政策扶持。上述各项相关政策扶持最高可达1亿元，鼓励人力资源服务机构做大做强。

花都区于2021年10月印发《中国广州人力资源服务产业园花都临空产业人才服务园区发展扶持办法》，为实际入驻园区的机构和签订相关协议享受政策的机构提供以下扶持项目：场地租赁补贴、物业管理补贴、公共设施使用补贴、经营贡献奖励、引进人才奖励、品牌活动补贴、差异化发展扶持、头部企业发展扶持，促进花都园区发挥培育机构、集聚人才、服务产业的作用，推动人力资源服务业发展迈上新台阶。

（二）优化营商环境的举措

天河人才港积极促进人力资源服务业高质量发展，倡导和推动辖内55家人力资源服务机构自发组建"天河区人力资源服务机构联盟"，并相继成立"一带一路"企业服务分联盟、脱贫攻坚招聘分联盟、高校招聘分联盟，引导联盟成员共同参与"一带一路"、粤港澳大湾区建设，以及脱贫攻坚劳务输出、高校毕业生就业创业等工作，鼓励人力资源服务机构发挥专业优势，在稳就业、稳增长方面做出积极贡献。入驻在人才港的天河区人才服务协会作为人力资源服务业资源互通、信息交流、商机对接的服务平台，不定期开展各种形式的人力资源服务供需对接、行业主题沙龙、行业发展高端论坛等活动，最大限度发挥优势，不遗余力助推人力资源服务机构抱团互助谋发展、跨界融合促转型，努力擦亮天河人力资源服务机构服务品牌，扶持人力资源服务机构做大做优做强。

海珠园区积极落实高标准人力资源市场体系建设行动，率先开展小微企业劳动关系事务托管服务项目，在"政府扶持，双方自愿"原则下，通过构建小微企业、人力资源机构、产业园运营方以及政府部门四级框架，鼓励专业的人力资源机构为小微企业提供一年的免费用工咨询服务、入职离职管理、劳动合同管理、规章制度管理、社会保险管理五项劳动关系事务托管服务，推进劳动用工信息共享和业务协同。以加强劳动者的社会保障为重点，培育本土人力资源机构拓展业务，以企业多样化、个性化需求促进人力资源企业提高服务质量，开发多元化服务产品，维护劳动关系和谐稳定，建设和谐用工示范商圈。

南沙园区以"政务+服务+产业"特色配套服务为企业发展提供强有力的支持与保障。投入4200平方米用于打造人才"一站式"服务大厅、人才评价中心、人才培训中心等功能布局，目前，已全面对外运营。其中，人才

"一站式"服务大厅内设大湾区国际人才"一站式"服务窗口、高端人才VIP 服务窗口及文化展示区，提供全链条人才公共服务，实现集中办理、"一站式"办结。搭建用人企业与人力资源服务机构对接平台，鼓励组织各类人力资源行业交流活动，举办多种形式的展览展示、研讨交流和项目推介活动，加大人力资源服务行业宣传推介力度，引入国际新服务理念和思维，加快提升本地区的人力资源服务水平。2021 年，南沙园区共开展各类型活动 77 场，受邀参加了第一届人力资源服务业发展大会、广州首届人力资源博览会，为园区入驻单位进行推介并开设展位进行人力资源服务产品展示，提升南沙人力资源产业园的品牌影响力，更大范围地对外宣传南沙营商环境，同时促进与其他地区人力资源服务行业供需双方交流与合作。

黄埔园区创新人才服务新模式，为辖区电子信息生物医药、智能装备等九大产业集群提供人才支撑，多项营商环境改革举措领跑全国：一是全国首创"黄埔人才指数"政商服务平台，构建企业服务键对键、政策兑现面对面、工作效能实打实的"有呼必应"人才服务综合平台；二是建成全国首个粤港澳大湾区劳动争议研究机构，助推粤港澳大湾区要素自由流动，打造一流营商环境，为三地人才保驾护航；三是全国首推"区块链+AI"商事服务模式，开启企业开办"全天候、零见面、一键办"服务新模式，实现线上线下 0.5 天办结；四是全国首推"秒批"政务服务改革，实现数据多跑路，群众少跑腿的数字化服务模式；五是全国首创"上管老、下管小"人才服务模式等，为人才安心创业解决后顾之忧；六是陆续出台先进制造业、现代服务业、总部经济、高新技术产业 4 个"黄金 10 条"和人才、知识产权 2 个"美玉 10 条"，以及"金融 10 条""区块链 10 条""纳米 10 条""新基建 10 条"等专项政策，形成了具有全国影响力的产业发展促进政策体系。

花都园区积极打造法治化营商环境新高地，牢固树立"人才问题根本上是企业问题"的理念，积极运用大数据、云计算、人工智能和区块链等技术，加快"数字政府"建设，数字赋能"放管服"改革，让"数据多跑腿，企业少跑腿"。深化重点产业项目审批代办、项目首席官、暖企专员等机制，完善"政企通"等平台，精确服务各级各类企业。深入推进"亲商助企 26 条"及实施细则落地落实，建立政策兑现事项清单，加快实现惠企政策一次申报、快速兑现。依法规范行政审批、行政执法和司法行为，构建亲清政商关系，打造法治化营商环境新高地。

三　管理运营发展情况

（一）园区管理运营模式

天河人才港和先导区采取由政府部门牵头抓总、市场化专业服务机构具体运营的模式，通过政府公开招标方式引入第三方机构负责园区管理运营，做好园区入驻机构招募、市场资源对接、日常管理服务等工作。

海珠园区采取政府部门牵头抓总、市场化专业服务机构具体运营的模式，通过竞争性磋商引入第三方机构负责园区招商选资、产业培育发展、人才供给保障、品牌活动打造等专业化服务。

南沙园区由人社局主管，通过服务外包的形式聘请专业的园区管理机构进行园区运营管理、招商等工作。

番禺园区采用第三方产业园运营商管理的模式，管理机制为"建设领导小组+建设管理办公室+专家咨询委员会+产业园管理公司+第三方产业园运营商"。

越秀园区委托区属一级国有独资企业进行日常运营。利用该公司在产业园区建设运营、创新性金融业务、产业基金管理、金融科技、政府投融资顾问等领域的丰富成熟经验，积极发挥区属公有物业助力产业经济发展的载体作用，实现双赢。

黄埔园区采用"政府引导、市场运作、开放创新、聚集发展"的建设运营模式。建设期，由区人社局作为项目业主单位，区人才集团为共建单位，区建管中心为建设业主；运营期，由区人社局指导监督，区人才集团运营。

花都园区坚持"政府主导、社会参与、市场运作"的模式，引入海创人才南方创业服务中心专业团队运营管理园区，为园区项目导入上市企业、国家高层次人才资源，同时，承接园区招商和日常管理服务工作，并为入驻机构搭建工商注册、法律、知识产权、财务等个性化服务平台。

（二）园区精细化管理

天河人才港作为人力资源服务资源综合服务平台，在现有的模式上，将按照广州国家级人力资源服务产业园核心区的标准继续完善功能布局，以整合针对各类型高端人才、区内人力资源服务行业企业的各类创新性服务为主，联动天河区人才服务协会以及区内各战略主导行业、新兴行业的行业协会，综合政府主导与市场引导的作用，整合公共服务与市场服务的资源，协调人力资源服务行业与其他行业的发展，探索以服务资源整合和服务共享为特色的、小而精的国内产业园新模式。天河人才港每年与知名人力资源服务机构或专业组织合作，发布天河区人才结构、人力资源服务行业或人才政策白皮书一次，通过有效的数据分析、调研统计、归纳总结，为天河区制定政策、企业调整人才发展战略提供决策依据。2021 年，天河人才港联合广州日报 GDI 智库团队制作《2021 年广州市天河区人才发展报告》，从天河区人才机制创新与政策举措、人才发展情况、第七次人口普查数据解读、人才发展环境分析、人才需求等方面详细剖析天河区人才结构与就业状况，提出人才发展对策与相关建议。

海珠园区全面建立园区分工协调机制，清晰界定权责，理顺工作流程，依托"政府主导+市场化运作"模式，协同园区运营机构探索制定针对"机构嵌入式集聚，园区点状式分布"的产业园认定管理办法，建立健全园区招商联动协调机制，落实联席例会制度。此外，加强行业数据统计分析政府主导，联合专业运营机构和楼宇物业形成三级工作机制，针对全区人力资源机构，持续性开展季统、月统工作，动态采集企业业务、税收、人才结构、企业需求等情况，进一步分析入驻企业在入园后的发展情况与需求方向，为提供精细化服务打下翔实的数据基础。同时，注重加强与园区企业的联系交流，通过实地入户走访，了解各园区人力资源服务机构集聚情况及配套机构、安全建设、服务水平等实际业态，精准掌握园区人力资源服务业的发展状况、面临的制约因素和问题。

南沙园区制度日趋完善，目前已根据南沙园区发展需要完成《中国广州人力资源服务产业园南沙园区管理制度》《中国广州人力资源服务产业园南沙园区入驻企业年度考核办法》《中国广州人力资源服务产业园南沙园区接待服务规范》《中国广州人力资源服务产业园南沙园区疫情防控管理制度》《园区安全生产管理制度》《入驻单位档案管理规范》《园区进驻单位经营发展定期评估制度（含经济数据等园区发展经营情况定期汇报规范）》等相关园区制度，为园区精细化运营提供了保障，随时可了解园区入驻单位经营情况，协助企业做大做强。

番禺园区运营方结合园区专长资源，有序整合，为该园区打造一个整体的强势品牌。产业园区的核心在于盘活园区内各方资源和提高共享空间利用效率，而非简单的运营管理，为此，番禺园区运营方始终关注政策动态，与园区内的众多企业之间保持密切关系，利用各类高效平台加强信息的互通性以及人员的协作能力。线上产业园区建设的目的就是要利用物联网、信息化等各种新兴技术，打造多方面融合的服务平台，发展产业园区的创新性、扩张性和持续性，形成以智慧产业发展技术应用的"智慧产业园区"，提供精细化管理与服务。

黄埔园区管理制度与园区正式运营时间同步，内容包含园区入驻指引、运营考核机制、运营管理制度、接待流程规范、安全规范、疫情防控、应急预案等方面，产业园园区管理制度对规范园区运营管理，明确标准化服务流程，确保园区服务标准化制度化等方面都具有重要意义，进一步完善中国广州人力资源服务产业园（广州开发区海外高层次人才服务园区）运营管理模式，维护园区正常运营秩序，更好地为入驻企业及机构提供良好的办公环境及园区配套服务，推动园区标准化制度化建设。

花都园区着力健全和完善企业入驻园区管理相关制度，制定了《花都临空产业人才服务园区入园申请须知》《花都临空产业人才园区服务协议》《花都临空产业人才服务园区对进驻企业考核、退出制度》等。

（三）从业人员队伍建设

为打造人力资源服务标杆园区，各产业园区以国家级产业园标准建设运营。2021 年，各产业园建立完善了园区内部管理制度及清晰合理的组织结构架构，并配备精干专业的产业园区运营管理团队，团队成员工作职责涵盖招商、运营、宣传、物业管理等方面，同时，在团队组建及工作过程中将持续敦促产业园运营管理方致力于提高团队成员的专业素养和服务水平，全力保障产业园区的运营管理工作往专业化、精细化的方向优化。

2021 年，广州产业园专职管理人员数量 40 人，其中博士 1 人，硕士 4 人，本科学历 26 人。各产业园定期组织从业人员开展相关培训，通过举办人力资源行业座谈会，劳动法律法规研讨活动等相关主题系列活动，有效提升人力资源服务机构从业人员专业能力和职业素质。

四 服务体系优化情况

（一）服务内容

天河人才港设置"一站式"服务大厅，涵盖人力资源、政策受理、场地咨询、注册登记、财税法律、知识产权、媒体推广、风险投资等创业"管家式"贴心服务。2021 年，增设外国人工作许可窗口，与天河区在全市率先设立的两个国际社区联动，共同为海外人才提供政务办理的便利服务。此外设置活动共享空间、会议室、路演厅，为天河区企业举办各类人才交流活动与展览服务提供免费场地。2021 年，天河人才港举办"赢在大湾区"精英人才职训营空中直播课程 5 场，线下职训营 4 场；举办线上政策宣讲 3 场，线下政策宣讲 9 场，发布政策短片 1 条，服务企业超 2000 家；举办人力资源供需对接会 6 场，粤港澳合作与交流活动 4 场；走访区内 40 个园区，累计设立 42 个人力资源服务站，为设站园区提供政务服务，对接优质双创服务及人力资源服务。

海珠园区积极打造完整人力资源服务产业链，精准立足园区入驻企业不同阶段的发展需求，一是搭建人才、产业服务平台，聚焦人才和产业发展的服务需求，围绕企业引进、企业留驻、企业培育等关键要素，搭建平台实现企业需求的精准对接；二是畅通供需对接渠道，定期开展政校企合作论坛、HR 联盟、名企高校行等特色活动，协助企业组团引进紧缺人才，为产业人才提供全周期、集成式服务，为区内重点企业、人力资源服务机构搭建供需对接平台，畅通重点企业与高校、产业园区与机构间的人才供给渠道；三是孵化培育创新型企业，依托小微企业劳动关系事务托管服务项目，构建小微企业、人力资源机构、产业园运营方以及政府部门四级框架，鼓励专业人力资源机构为小微企业提供基础劳动关系事务服务，实现人力资源机构服务产品与企业服务需求精准对接。

南沙园区重点打造人才政务服务中心、人才评价中心、人才培训中心（"三中心"），人才大数据动态管理平台和人力资源全链条服务平台（"两平台"），人才政务服务中心涉及 18 个部门的 364 个人才服务事项，可为各类国际人才提供教育、就业、科研资助、商事登记、政策兑现等全方位的专业、高效、便捷的"一站式"综合服务。人才评价、培训中心配备了情景模拟室和观察室、人机对话实验室、面试洽谈室、培训室、考试室、无纸化会议室等多功能场所，可提供招聘、考试、培训、活动、路演、会议等公共功能服务。园区重点对接港澳及国际知名人力资源服务机构，提升人力资源服务能级和国际竞争力，为南沙主导产业提供人才综合服务、人才数据库和人才政策咨询等线上线下全链条服务，提升南沙国际人力资源配置能力，为南沙创建"国际化人才特区"提供有力支撑。

番禺园区针对不同群体提供专项服务，一是提供毕业生报到、档案管理、人才引进等大学生公共服务；二是提供创业导师培训服务、创新创业项目投资资本引入、行业交流等青年创新创业服务；三是提供企业经营法律服务、人才招聘服务、投融资服务、企业注册服务、企业进驻服务、企业经营财税服务。

越秀园区充分发挥全省公共服务满意度连续 6 年第一的突出优势，逐渐形成"全链条人力资源政务服务"和"全景式高端人才服务"两大服务品牌。"全链条人力资源政务服务"指广州越秀国际人才中心提供涵盖人社、医保、税务、银行等多部门联动的综合服务平台，已开通 46 个企业高频事项的园区综合服务，积极探索入园企业医保社保全域服务。"全景式高端人才服务"指利用广州越秀国际人才中心打造越秀国际人才会客厅，为各类高端人才和国际人才提供入户广州、健康医疗、住房保障、子女入学、就业创业、交流分享等全方位、全景式的 1 对 1 专属服务。

黄埔园区坚持党建引领，打造党建基地，夯实"15 分钟党群服务圈"，为企业、人才提供快速响应的"微服务"，促进人才集聚，打造党建、人才建设高地。产业园引进配套知识产权、法律咨询服务、金融服务等机构，市场化手段完善园区配套服务，为企业和人才提供专业咨询服务。园区公共服务区打造了人才路演厅、5G 评测中心、人才展厅、公共会议室等园内公共服务设施，为各进驻单位提供培训、招聘、会议、孵化等功能服务。此外，黄埔区提供"红专员""红管家"服务，以人才公寓为核心，构建人才安居保障体系和人才安居新生态，为高层次人才提供住房补贴或免租入住的人才公寓，解决人才的住房需求。其中，在产业园核心区域内共设有 5 栋人才公寓楼，合计 1989 户人才公寓，吸引各类高层次人才聚集黄埔安居。

花都园区拥有花都区图书馆分馆、商务办公、众创空间、洽谈室、路演室、人才公寓等配套设施，集办公、培训、会展、餐饮、休闲健身"五大功能"于一体，打造园区"一站式"服务管理。同时，产业园运营团队为进驻企业提供财税、法律等个性化涉企服务。

（二）园区信息化建设

天河人才港利用受众面广的微信公众号及视频号打造线上服务平台，发布最新创新创业、人才引进政策、产业扶持政策以及各类行业资讯，让企业、人才能够更加迅速快捷地获取各种信息，为创业者提供优质创新型创业服务和环境。疫情期间，天河人才港协助天河区人力资源服务机构联盟开发"天河企聘"公益招聘微信小程序，免费为广大用工企业提供用工需求发布、线上供求匹配对接等服务，为广大求职者提供求职岗位查询、线上供求匹配对接等服务。

黄埔园区全国首创"黄埔人才指数"大数据系统，以"人才引领，数据赋能"为宗旨，打造集政府、重点企业、人力资源服务机构和人才为一体的数字化、场景化、生态化、产业化的智慧型服务与决策平台。系统涵盖中国经开区、粤港澳大湾区、黄埔区域三大人才指数和智慧人才服务平台，指标体系科学完善，数据实时动态更新，数据穿透企业，构建人才生态。系统通过数据共治共享、需求精准链接、服务在线集成为企业、人才创新为企业、人才提供全生命周期人力资源服务产品，极大程度地解决人才评价底数不清晰、政策不精准、服务不系统的问题。2021年7月，"黄埔人才指数"大数据系统代表广东省人社系统亮相首届全国人力资源服务业发展大会，得到了人社部李忠副部长及省、市领导的高度肯定和赞许，并受到《人民日报》、《光明日报》、《南方日报》、广东电视台等各大媒体深度报道。

南沙园区打造"线上智能园区"，落实日常运营与维护。通过电子化、信息化手段实现产业园入驻申报、数据发布、政策推送、企业推广、园区办公生活等智能化服务。目前，南沙国际人才港官方网站已上线，展示南沙园区相关资讯，并链接国际人才招考网及人才素质测评系统，目前国际人才招考网已完成招聘报名项目19个，完成报名人数4500余人次，人才素质测评系统完成测试项目27个，完成测试8000余次。此外，南沙园区上线南沙国际人才港供需平台小程序，园区会议室预定、活动报名、园区介绍、参观预约、企业申请入驻等服务均能通过小程序完成。

越秀园区深入发展"互联网+政务服务"办理模式，持续推进园区综合服务事项的网上办理，目前所有园区服务事项均已开通网上办理渠道，其中引进在职人才入户事项等9个事项已实现全流程网办。同时，园区依托电子大屏幕等显示设备以及政府相关网站，加强日常宣传和信息发布工作，进一步提高区信息化服务水平。

花都园区公众号已经注册完成并投入使用，对花都园区发生的重大事件进行宣传并发布招聘活动。园区官网目前已完成网站设计与网页搭建，注册备案后可投入使用。

五 产业园建设中的问题和未来发展趋势

（一）园区建设中遇到的问题

这些困难问题各产业园均有不同反映。

天河园区反映，一是产业园专项扶持政策形式比较单一，仅仅是给予入园企业补贴办公用房租金，该政策对于处于初创阶段或发展起步阶段的人力资源机构具有较明显的促进作用，但是对于已有一定产值规模或业内知名龙头企业而言则缺乏吸引力；二是园区公共服务平台、信息化平台建设方面比较滞后，园区尚未搭建起技术创新、金融服务支持平台；三是城市间、区域间产业园建设面临同质化问题，缺乏区域特色，各产业园区之间对市场资源的竞争逐渐"白热化"。

海珠园区反映，一是产业园专项扶持政策比较优势不明显。产业扶持政策是人力资源服务产业成功导入的关键要素，人力资源服务产业属轻资产行业，对租金成本尤为敏感，琶洲核心园区多为高端商业楼宇，租金价格较高，导致企业前期办公场地成本投入较大，目前人力资源服务产业扶持政策是按照企业的年度经济社会贡献，给予办公用房补助和贡献奖，但奖励门槛偏高，兑现周期长，导致企业对入驻园区持观望态度。二是产业业务结构单一，服务能力不足。目前琶洲人工智能与数字经济试验区的快速发展，唯品会、阿里巴巴、腾讯、科大讯飞、树根互联等总部企业陆续进驻，巨大的中高端人力资源需求正在加速释放。但园区内企业目前主要以劳务派遣、外包传统业态为主，猎头、人力资源管理咨询、人才培训等相对高端业态在产业链结构中占比较低。产业业务结构单一，难以有效满足市场对人力资源服务差异化、个性化、高端化的需求，资源整合与对接能力较弱，亟须产业园充分发挥产业升级和带动作用，有效组织供需双方有效对接，帮助入驻企业赢得更多市场机会，增强入驻园区吸引力。

南沙园区反映，入驻企业与区内主导产业业务结合度不高。一方面区内企业的人力资源服务需求未被充分转化，导致其所承载主导产业的人力资源服务业务有限；另一方面人力资源服务机构业务服务水平有限，不能根据客户差异化的需求提供不同的产品服务。入驻企业主要服务的客户还是集中在劳动密集型产业。

越秀园区反映，一是资金扶持力度不足。近年区级财政紧张，难以安排财政资金推出针对园区的奖励措施，缺乏园区招商引资的直接吸引力；二是整体建设周期过长，主要用于企业入驻的二期场地尚未落实到筹建资金，等待大楼完成整体建设尚需时日，这期间因入驻机构过少而导致园区活跃度不足，大楼载体培育功能和集聚辐射带动行业发展作用不明显；三是品牌建设和平台聚合效应不足。越秀园区处于刚开园起步阶段，在品牌知名度和资源积累方面较为薄弱，尚未建立与其他平台的联动聚合机制，园区日常活动次数少、形式单一。

（二）"十四五"期间产业园发展展望

"十四五"期间，广州市将持续全面贯彻落实习近平总书记在中央人才工作会议上的讲话精神，加快建设世界重要人才中心、创新高地和粤港澳大湾区高水平人才高地，落实国家关于加快发展现代服务业和人力资源服务业的要求，进一步强化产业集聚发展和辐射带动作用，进一步推动市区深度融合发展，推进产业、区域发展与就业协同，建设高标准人力资源市场体系，不断开创共建、共治、共享发展新局面。

一是助推人力资源服务产业高质量发展。全面贯彻落实国家、省、市关于推进新时代人力资源服务业高质量发展的有关部署，立足新发展阶段、贯彻新发展理念、服务构建新发展格局，推动创新发展、协同发展、集聚发展、开放发展和规范发展。以"引进头部机构、实现产业集聚、树立园区品牌"为总体思路，根据自身定位不断优化园区服务功能和产业布局，持续加大招商引资力度，积极引进高端人力资源服务机构，配套引进法律、金融、知识产权等各类服务机构，打造功能更加完善的人力资源服务产业集聚发展平台。

二是探索建立人力资源服务产业园考核评估机制。在落实《中国广州人力资源服务产业园管理服务办法》有关要求的基础上，制定人力资源服务产业园发展规划，探索产业园评估指标体系，建立园区统计报送制度，落实评估保障机制，加强评估结果运用，为指导评价产业园发展和规范化管理提供依据。对园区统计口径、统计指标、统计方式进行明确和细化，通过走访企业、开展座谈会等方式加强与企业的沟通，了解企业经营水平及企业困点、难点，对重要数据进行动态采集，以便后续深入开展园区统计评估及行业研究分析等工作，为进一步分析入驻企业的发展情况和需求方向，推进产业园统计工作的特色化、专业化发展，提供数据支撑。

三是坚持不懈发挥产业园稳、保、促就业功能。继续认真贯彻人才强国和就业优先战略部署，坚持以国家级人力资源服务产业园为抓手，充分发挥产业园内产业集聚、服务齐全、功能完备的独特优势，统筹开展综合性就业服务活动。积极协助开展年度高校毕业生等重点群体促就业"国聘行动"、全国人力资源市场高校毕业生就业服务周活动；组织发动全市公共就业服务机构及经营性人力资源服务机构有针对性的储备就业岗位和开展专场招聘会等专项招聘活动，为促就业、稳就业、保就业工作提供有力支撑。

其中，天河园区突出区位优势推动天河人力资源服务产业重要布局。立足天河园区"两轴两带多片区"协同发展格局，支持区内人力资源服务机构布局粤港澳大湾区，积极参与"一带一路"人才输配，拓宽天河园区链接世界的"人才航线"。发挥天河人力资源服务机构集聚优势，重点打造"一港一圈一区一基地一大厦"人力资源服务业布局，推动天河人力资源服务产业园园区标准化、专业化和智慧化发展。

海珠园区将广州人力资源博览会作为琶洲核心园区的标志性品牌活动，打造成为具有全国影响力的行业盛会，长期落户海珠园区，每年举办；谋划开展人工智能与数字经济人才猎头大赛，针对重点企业的高端人才需求，吸引国内外一流猎头机构为海珠区经济发展招才引智。

南沙园区将围绕粤港澳大湾区航运物流、高端制造、金融商务、科技创新、生命健康等主导产业来构建与之相适应的人力资源服务体系，积极引导国内外知名人力资源服务机构入驻，通过发展基于当地产业特点的服务能力，形成服务于区域产业的吸引产业人才、招聘产业人才、培训产业人才、调配产业人才、评估产业人才的专业服务市场，成为产业发展的重要配套服务，丰富产业园业态结构，建成高端人力资源服务产业园的"集聚区"和人力资源服务机构品牌"孵化器"。

番禺园区将在产业园领导小组的直接领导下，以招引人力资源机构入驻并做大做强为重点，以建成规范高效的"一站式"公共服务平台为抓手，建立并完善全园区各项管理和考核制度，打造品牌化、多元化的人力资源服务体系，为各类用人企业和入驻园区的人力资源机构提供全方位、高品质的服务。

越秀园区将发挥本级财政资源配置主导作用，研究出台越秀园区扶持优惠政策，为入园企业和运营机构提供各类奖补和特色服务内容，提高园区入驻直接吸引力，增强园区核心竞争力。

黄埔园区将依托园区资源集聚的优势，引进并培育创新能力强、技术含量高、服务业态新的中小企业，积极搭建供需对接、互动交流和资源共享的合作平台，促进园区企业之间、园区企业与全市各产业机构之间对接，推进市区融合、产业融合，促进产业转型升级，培育一批在人力资源领域有上市潜力的"专精特新"企业，全力协助中小企业完成融资融智，提升核心竞争力，帮助中小企业办大事。

花都园区将充分发挥"双枢纽辐射"优势，充分释放"一区一城一港"平台聚才效益，适应世界级城市群和参与全球竞争的大湾区空间载体，致力于打造以"一区两中心三基地"为总体功能布局的特色园区，构建一个优质人力资源服务机构集聚区、国际高端人才交流中心、创新创业展示中心，建成海外高层次人才项目孵化基地，现代产业人才培训基地，声光电、箱包皮具、珠宝等产业职业技能标准发布基地。

B.18
深入推进服务体系建设
打造园区建设新标杆

彭子苑　林家乐　黄宇　林浩*

摘　要： 本报告围绕产业园建设情况、主要经济发展和社会指标、管理制度和服务体系优化等方面，介绍了中国深圳人力资源服务产业园的发展总体情况，按制度建设与管理运营、产业集聚与服务体系、信息化建设与科技创新等模块分别进行阐述，全面分析了产业园对人力资源服务产业发展的支持与促进作用。根据"一园四区，多点支撑"的战略布局，市一级人力资源部门统筹协调各园区管理，在园区发展、平台建设上做到了因地制宜、突出重点、科学规划、差异发展。最后结合人力资源市场变化和产业园发展趋势，提出了产业园未来发展的思路。

关键词： 人力资源服务　产业园　深圳　粤港澳大湾区

一　基本情况

中国深圳人力资源服务产业园（以下简称"深圳产业园"）在国家人力资源和社会保障部（以下简称"人社部"）、广东省人力资源和社会保障厅（以下简称"人社厅"）的指导下，以立足深圳、服务华南、辐射全国、加快

＊ 彭子苑，深圳市人力资源和社会保障局市场处处长；林家乐，深圳市人力资源和社会保障局市场处副处长；黄宇，深圳市人力资源和社会保障局市场处原四级调研员；林浩，深圳市人力资源和社会保障局市场处四级调研员。

建设粤港澳大湾区人才高地为发展定位，规划深圳人才园、龙岗区天安云谷智慧广场、南山区深圳湾科技生态园、宝安区人才园为四个核心园区，前海国际人力资源服务产业园、罗湖区粤港澳大湾区人才创新园为支撑园区，形成"一园四区、多点支撑"园区格局，助推深圳乃至广东、全国人力资源服务业高质量发展，在促进就业创业、优化人才配置、助力乡村振兴中发挥重要作用。

（一）各分园区概况

1. 深圳人才园园区

深圳人才园（以下简称"人才园园区"）于 2017 年 11 月正式开园，地处福田竹子林片区，园区建筑总面积 4.5 万平方米。依托深圳人才园一体化的人力资源和社会保障公共服务平台，打造多个功能平台，包括"一站式"人力资源公共服务平台、知名人力资源服务机构入驻区、人力资源信息发布平台、产业园展示平台、高端人才交流沙龙等。该园区定位为：高端引领、科技赋能，致力于建设成为全国领先的人力资源服务创新示范区和产品转化基地。

2. 龙岗区天安云谷智慧广场园区

龙岗区天安云谷智慧广场园区（以下简称"龙岗园区"）于 2016 年 7 月开园营运，是深圳市第一家开园运营的人力资源服务产业园。位于龙岗区坂雪岗科技城天安云谷，地处深圳几何中心，该片区路网四通八达，交通便利。园区核心面积 1.7 万平方米，通过搭建"实体和虚拟两大载体"，创新"人力资源公共服务、人力资源产业集聚平台和产城融合保障平台三大平台"，实现了园区"集聚产业、拓展业态、孵化企业、培育市场四大功能"，打造了"智慧化、市场化、信息化、国际化"园区特色。该园区的定位为：致力于建设成为深圳乃至华南地区优秀制造业人力资源服务供应枢纽和中心。

3. 南山区深圳湾科技生态园园区

南山区深圳湾科技生态园（以下简称"南山园区"）于 2017 年 7 月正式开园，位于南山区粤海街道，总面积 2.3 万平方米。南山园区地处粤港澳大湾区的核心圈层，周边聚集了众多上市企业及科技创新企业，氛围浓厚，创新活力十足。该园区的定位为：致力于建设成为深圳乃至粤港澳大湾区优秀高科技人才的配置服务中心。

4. 宝安区人才园园区

宝安区人才园（以下简称"宝安园区"）位于宝安区福海街道，面积1.4万平方米，室外广场面积4270平方米，于2017年12月正式运营。该园区着力打造集产业集聚、创业孵化、人才交流、综合公共服务、技能人才培养于一体的人力资源综合服务园区，并充分发挥"海归岛"创业就业服务作用，打造园区活动品牌，提升园区软实力，进一步深化园区"一站式"人才服务功能。该园区定位为：致力于建设成为海归人才和国际人才会展交流服务的枢纽和中心。

5. 前海国际人力资源服务产业园

前海国际人力资源服务产业园（以下简称"前海园区"）于2019年12月揭牌，2022年1月正式开园。园区位于深圳市前海合作区梦海大道前海民生互联网大厦前海国际人才港，建筑面积约4.8万平方米。战略定位为"以一域服务全局"，规划"四港九中心八大业态"功能布局，以实现"立足前海、辐射湾区、服务国家"为愿景，以聚集港澳台地区及国际人力资源服务机构为主要工作，以吸引更多港澳青少年来内地学习、就业、生活为根本使命，将围绕"国际、人才、服务、创新"四大要素，构建"线上+线下"服务平台，努力打造深圳人才服务创新展示窗口。该园区定位为：致力于建设成为中国引进全球人才的物理地标、情感地标，建设成为全球人才粤港澳大湾区就业、创业、投资和生活的门户、第一站和首选地。

6. 罗湖区粤港澳大湾区人才创新园园区

罗湖区粤港澳大湾区人才创新园（以下简称"罗湖园区"）位于深圳市罗湖区宝安北路，由罗湖区人民政府与深圳市人才集团有限公司共建。园区于2019年11月试业运营，于2020年11月正式开园，建筑面积2.5万平方米。园区聚焦人才产品及人才创新服务，以科技创新为底盘，打造数字园区+实体园区的创新型运营模式，聚焦人力资源企业总部的引入，构建人力资源服务产业大型生态圈：人力资源和科技+科技服务+社会组织+政务服务，形成多区联动、全面发展的格局。园区提供投资管理、人才基金、IT 研发、"人才优选"职场福利等解决方案，人才 SOHO 数字创业平台，园区综合运营等多项服务，全面聚焦打造人才全生命周期服务的生态圈。该园区定位为：致力于建设成为科技引领、为人力资源全生命周期提供全链条服务的创新示范区。

（二）园区产业集聚情况

目前，深圳产业园聚集了人力资源招聘、培训、劳务派遣、测评、管理咨询、服务外包、高级人才寻访、管理软件服务以及职业社交媒体、大数据、人力资源研究等各类机构，涵盖人力资源服务全产业链。

2021 年，深圳产业园入驻机构共 147 家，涵盖了国内各大人力资源服务一线品牌，包括中智、外企德科、上海外服、前程无忧、智联招聘等。还有细分领域国内优秀服务供应商，包括垂直细分行业网络招聘服务商一览网络、制造业外包服务龙头英格玛、国内猎头领先者展动力、千里马，以及其他各类规模较大或成长性较好的优质人力资源服务机构。深圳产业园通过示范引领，在人力资源服务领域切实发挥了聚集、辐射和带动的良好效应，打造了良好的人力资源服务生态圈。

（三）产业园主要经济社会指标

1. 经济效益指标

截至 2021 年底，深圳产业园总建筑面积超过 17 万平方米，共 147 家人力资源服务机构进驻园区，全年营收达到 246.97 亿元，纳税额 6.17 亿元，成为推动产业集聚发展和服务人才的重要平台（见表 1）。

表 1　2021 年中国深圳人力资源服务产业园主要经济效益指标

名称	开园运营时间	建筑面积（万平方米）	入驻企业数量（家）	营业收入（含代收代付）（亿元）	纳税额（亿元）
人才园区	2017 年 11 月	4.5	8	35.15	1.30
龙岗园区	2016 年 7 月	1.7	45	63.58	0.78

续表

名称	开园运营时间	建筑面积（万平方米）	入驻企业数量（家）	营业收入（含代收代付）（亿元）	纳税额（亿元）
南山园区	2017 年 7 月	2.3	28	98.01	3.68
宝安园区	2017 年 12 月	1.4	21	13.79	0.20
前海园区	2022 年 1 月	4.8	22		
罗湖园区	2020 年 11 月	2.5	23	36.44	0.21
合计		17.2	147	246.97	6.17

数据来源：中国深圳人力资源服务产业园的统计数据。

2. 社会效益指标

截至 2021 年底，深圳产业园各人力资源服务机构共提供服务 632.45 万人次，服务用人单位 58.64 万家次，为 367.50 万人次提供就业帮扶和有序流动，提供招聘岗位 263.83 万个，引进高层次人才 1.59 万人（见表 2）。

表 2 2021 年中国深圳人力资源服务产业园主要社会效益指标

名称	服务人次（万人次）	服务用人单位（万家次）	帮扶就业和流动人数（万人次）	提供招聘岗位（万个）	引进高层次人才（万人）
中国深圳人力资源服务产业园	632.45	58.64	367.50	263.83	1.59

数据来源：中国深圳人力资源服务产业园的统计数据。

二　政策制度建设情况

（一）园区管理相关政策

1. 人才园园区

为规范好产业园运营管理，人才园园区制定了《中国深圳人力资源服务产业园深圳人才园园区出租方案》等相关规章制度，对园区出租、来访接待、会议室申请等日常运营管理进行了全面规范。同时，根据《深圳市人力资源服务机构场租补贴实施办法》对园区入驻机构场地租金实行"两免两减半"优惠政策，即，机构入驻园区的，自核准进驻当月起，以12个月为一个年度，第一年度、第二年度的场租租金按100%标准减免，第三年度、第四年度的场租租金按50%标准减免，场租减免连续最长不超过48个月。

2. 龙岗园区

2015年，龙岗园区在全市率先出台《关于鼓励人力资源服务机构入驻人力资源服务产业园的意见》，在政策层面对产业园发展提供经费保障和房租减免、产品创新、素质提升、品牌培育及参与公共服务采购等政策保障措施。2020年7月，为促进产业健康有序发展，出台了《深圳市龙岗区经济与科技发展专项资金支持人力资源服务业发展实施细则》，进一步完善了人力资源服务业和产业园的扶持政策。主要内容包括房租补贴、经营管理奖励、年度综合贡献奖励等。

（1）房租补贴：按入园机构入驻面积，从机构进驻开始，租金按区有关部门核定的实际执行标准，第一年、第二年给予全额扶持；第三年、第四年按50%给予补贴（即"两免两减半"优惠政策）。对入驻产业园的"创客空间机构"给予租金全额补贴，补贴时间最长不超过4年。

（2）经营管理奖励：在园区年度考核中获评三星级、四星级、五星级的，除授予机构星级称号外，分别给予3万元、6万元、10万元的经营管理奖励。

（3）年度综合贡献奖励：对龙岗区年度综合贡献100万元以上的人力资源服务机构给予相应奖励，最高奖励金额600万元。

3. 南山园区

（1）入驻机构房租补贴政策

根据《南山区自主创新产业发展专项资金经济发展分项资金实施细则》，人力资源服务产业园入驻机构房租补贴政策为：支持拥有核心产品、成长性好、竞争力强的全球人力资源强企、猎头公司及国内知名人才服务机构入驻园区；对经核准的入驻机构，在第一年和第二年每年可按租赁价格的70%的比例给予最高100万元的租金补贴，在第三年和第四年每年可按租金价格的50%以内的比例给予最高70万元的租金补贴。

（2）人才住房补租配租政策

南山园区建成后，自2017年起，南山园区入驻及区内人力资源服务机构被区政府作为专业服务类机构，增加纳入南山区人才住房补租配租政策范围，如符合相关政策及条件，根据纳税额、人才规模、是否纳入统计数据等在申报系统里的分数，企业一定数量的员工可以享受每人每年2万元的房租及以房屋实物享受优惠的租金补贴。

4. 宝安园区

2017~2021年，宝安园区先后出台《宝安人才园机构入驻实施方案》《宝安人才园机构入驻操作细则（试行）》《中国深圳人力资源服务产业园宝安园区（宝安人才园）入驻机构考核办法（试行）》《宝安人才园租金、费用收取及流程管理方案（试行）》，提供场租"三免两减半"、入驻装修补贴、品牌成长奖励、鼓励创新奖励、人才活动资助、人才引进奖励、政府采购支持等优惠政策，吸引了多家全球和国内知名人力资源机构；出台《海归岛运营管理办法（试行）》《海归岛分岛设立及管理办法（试行）》《海归岛海归人才服务联盟管理办法（试行）》，为海归人才提供定期免费场租、服务活动资助、高层次人才补贴等优惠政策，在海归人才创业孵化方面取得显著成效。

5. 罗湖园区

罗湖园区属于市场化自主运营园区，目前已制定《创新园入驻管理规定（暂行）》《入驻企业装修管理规定（暂行）》《人才创新园房屋租赁合同》《人才产业园规章制度（修改2.0）》《安全检查及隐患治理管理细则》《人才产业园设施设备规章制度（修改1.0）》等符合园区自身发展相关的政策，构建园区基础运营基底，通过数字化平台建设叠加效应，以打造数字化园区为最终目标，开园以来初显成效。

（二）优化营商环境的有关措施

2021 年是实施"十四五"规划开局之年，也是全面建设社会主义现代化国家起步之年，优化营商环境、促进招商引资是园区建设发展的一项重要工作。

一是制定出台引领性政策措施。深圳市人力资源部门牵头制定《深圳市人力资源服务业发展"十四五"规划》，规划引领，持续制度创新，加大政策扶持，包括落户扶持、研发投入扶持、专利申请扶持、新迁入企业扶持、项目落户奖励等多专项扶持政策，主动为符合条件的园区入驻企业、项目申报兑现政策，确保各项优惠政策真正落实到位，提升政策效能，营造良好投资软环境。

二是降本增效提服务，切实缓解企业成本压力。随着新冠疫情复杂发展，人力资源服务企业和租赁市场承受更大压力，园区紧贴市场租赁行情，加大政策扶持力度，建立和完善以市场主体和社会公众满意度为导向的营商环境评价体系，切实降低企业租赁成本，以更具优势的价格吸引企业入驻园区。同时在企业入驻园区后，积极挖掘企业需求，以优质服务满足企业的需要，并提供各类活动策划、场地支持等增值服务，为入驻企业创造一个全方位、多方面的服务体系，提供更完善的配套设施，更大力度的业务扶持政策。

三是打造园区承载项目平台，优化园区企业市场环境。积极推进建立"飞地经济"模式，充分发挥园区"筑巢引凤"作用，有效提升园区承载力，探索与经济发达地区共建共享"飞地产业园"，积极引导园区人力资源企业顺应产业创新发展趋势，推动人力资源企业转型升级，主动承接产业转移，着力引进落地一批重大产业链项目，实现园区新旧动能转换，促进园区经济绿色转型高质量发展。

四是坚持要素集聚，优化园区发展环境。推动各类优质人力资源服务企业向园区集聚，定期在园区内举办人力资源管理专业论坛、人力资源管理或服务产业沙龙活动，逐步完善人力资源服务产业链、生态链，优化园区发展环境。

三 管理运营发展情况

深圳产业园坚持政府主导和市场化运作相结合，市、区人力资源部门分别主导产业园的建设发展，包括规划园区，制定扶持政策及配套政策，统筹研究产业园重大事项，协调整合各方资源等，为产业园运营管理营造了良好发展环境。

（一）园区运营管理模式

各园区营运管理各有特色，为探索园区高效运营管理模式提供了多种借鉴。

人才园园区采用政府采购委托服务方式，由深圳市人力资源和社会保障局通过政府采购委托第三方专业人力资源服务机构负责园区建设、招商、资源对接以及日常管理服务等，园区较好地实现了政府指导下的市场化管理运营模式。

龙岗园区由龙岗区人力资源局下属事业单位龙岗区人力资源服务中心负责园区管理运营，在政策落实、提升执行力和运营效率等方面具备较好优势。

南山园区作为人才配套服务进驻深圳湾科技生态园，园区入驻机构由南山区人力资源局负责招商引进后，由入驻机构与生态园开发及运营单位深圳湾科技发展有限公司直接签订房屋租赁合同，物业管理由生态园专业物业公司实行统一管理。为加强产业园管理服务，南山人力资源局目前由行业发展科和人力资源行业服务部两个部门统筹管理产业园，行业发展科负责行业发展及产业园规划、政策制定，人力资源行业服务部主要做好人力资源服务产业园日常管理服务工作，履行产业联盟秘书处职能，推进统一、规范的人力资源市场建设，促进区域人力资源充分开发、合理流动、有效配置等工作。

宝安园区采取政府主导运营方式，由宝安区人力资源局下属事业单位人力资源服务中心负责园区运营，主要包括平台招商、机构对接、机构考核、品牌宣传、活动组织、人才服务、外国人服务、创业孵化、设施维护等工作内容。此外，园区内特设的"海归岛"专区，采取政府购买服务方式，引入第三方机构负责"海归岛"日常运营服务。

前海园区为深圳市前海深港现代服务业合作区管理局局属返还物业，由前海管理局委托局属人力资源机构前海国际人才服务中心负责运营。园区运营实行收支两条线，园区租金上缴财政，前海管理局通过购买服务的方式对运营工作予以经费保障。

罗湖园区为企业自主运营园区，由深圳市人才集团下属子公司深圳市人才产业园有限公司全面负责园区的运营、建设与发展，产业园公司围绕"人才+科技+资本"三位一体的运作模式，承担园区规划招商，园区服务平台搭建及项目策划，运营服务体系构建，线上产业园开发运营及园区生态系统构建等具体工作。

（二）园区的精细化管理

通过发挥政府优势，集中资源办好产业引导、人才服务和行业资源对接等工作，出台园区一系列日常运营、管理、服务细则和入驻机构考核管理办法，以产业园入驻机构及其服务企业为核心开展行业调研，深入分析园区企业招工用工规律和特点，定期开展园区统计、行业分析，探索建立人力资源服务标准，引导促进人力资源服务业标准化建设发展。同时以深圳产业园联席会议制度为抓手，建立全市统筹协调、联动推进的工作机制，对园区的整体规划、园区定位、政策标准等重要事项进行统筹协调，充分发挥各园区产生的行业效应。

（三）运营管理人员队伍建设

围绕各园区运营发展需要，采用招才引智与培训选拔相结合方式，挑选熟悉人力资源服务产业、园区规划、管理运营、产业扶持政策及信息化平台搭建的专业人员组成园区管理运营团队，通过园区互访、座谈、调研、定期培训、参观学习等方式，不断提高从业人员的职业素养和专业水平。

四 服务体系优化情况

（一）服务内容

各园区均秉持以人力资源服务为基础，以多样化全方位相关政务服务为支撑，全面打造"一站式"服务体系，通过服务聚集推动产业聚集，以优势互补产生"1+1>2"的产业效应。

1. 人才园园区

依托深圳人才园一体化公共服务平台为全市广大企业及市民提供全方位的人力资源和社会保障公共服务。作为人力资源信息展示及宣传平台，依托产业园信息系统建立人力资源信息交流与分享机制，在构建园区示范引领、行业资源对接等方面将各园区有效链接在一起，进一步促进了产业园整体的品牌建设和宣传效应，成为产业园宣传的重要窗口。

2. 龙岗园区

园区内配套设置人才引进、社会保障、公安户政及出入境管理等28个服务窗口，可受理近百项政务服务，为企业和市民提供专业、高效、快捷的"一站式"人力资源公共服务。智慧广场将园区保障服务体系全方位融入天安云谷现有产城综合体，依托天安云谷高端智能专属服务区，实现了线上线下整体响应的园区管理服务运营模式，全面实现集商务办公、商事服务、投融资金融服务、贴身管家生活服务、城市社区服务为一体的全方位智能化服务体系，使人力资源服务从单一的生产聚集区，向生产、研发、消费、居住为一体的新型多功能区全方位发展。

3. 南山园区

南山区政府在深圳湾科技生态园设置了南山区行政服务大厅创新广场分厅及警务服务大厅、知识产权保护中心、党群服务中心等多个公共服务机构，为深圳湾科技生态园及周边企业和市民提供政策咨询、工作指引、需求收集、业务办理等"一站式"服务，也为产业园入驻机构提供了以申报产业园房租补贴等政务服务为主，产业服务和人才服务为辅的服务。同时还可以免费共享人才会客厅、菁英讲演厅等公共配套及会务大厅，为产业园入驻机构举办各类高峰论坛、人力资源产业联盟专业讲座等提供了便利条件。

4. 宝安园区

园区服务依托六大功能平台：一是全链条人力资源产业集聚平台，集聚国（境）内外知名人力资源服务机构，提供招聘、猎头、培训、咨询、测评、劳务派遣、服务外包等全链条人力资源市场化服务；二是全方位人力资源公共服务平台，为各类人才、企业、机构提供高效快捷的人力资源公共服务；三是国际国内人才交流共享平台，携手深圳国际人才交流中心以及国内外高校、协会，引进国内外高精尖缺人才，提供国际国内高端人才和创新项目引进服务，提升国际人才服务精度和细度；四是综合性就业保障服务平台，落实国家、省、市、区就业创业扶持政策，提供综合性公共就业服务；五是产业技能人才培养集聚平台，依托"工匠联盟·工匠基地"和"大学生实训基地（深圳·宝安）"，打造国内首个以"工匠型"技能人才引进、培养、评价、交流为特色的人才集聚平台；六是留学生创业孵化平台，设立留学生创新创业园、港澳青年创新创业实践基地，为留学生创业提供技术支持、资本对接、创业指导等优质创业生态资源。

5. 前海园区

该园区立足全球视野、国际标准、国家战略高度落实各项园区服务：通过运营服务聚集一批国际高端人力资源服务机构、人才生态资源要素，助力建设全球人才配置中心和全球人才枢纽港；通过451项国际人才政务服务全覆盖、100项"一站式"服务包、10项行动计划，一体化实现园区服务的目标和功能定位。

6. 罗湖园区

一是以线下有限空间为载体，建立专业化、资本化、产业化、数字化的人力资源服务特色园区，营造人力资源服务产业四个生态圈，引进一批有人力资源行业代表性和国际资源的知名企业，优化营商环境，促使园区形成行业资源实时对接、随时有新意的创新产业基地。

二是以线上无限空间为平台，以全球化为基点，拓展人力资源业务创新，加大国内外、行业内外学术、项目交流，打造国际一流的人力资源服务交流合作线上平台。深化国内外企业和组织间的交流，将英国、德国、荷兰、加拿大、以色列、美国硅谷、日本大阪、韩国首尔、中国港澳台及内地等的各类人才项目带入园区，加大国际国内的合作开发力度，增强园区的产业活力。

三是以"互联网+AR+VR"智能硬件等高新技术为手段，紧跟人力资源行业的发展趋势并引领蓬勃发展。与腾讯、华为等深圳本土大型科技公司合作，导入国内外人力资源科技企业资源。应用各类高新技术，以虚拟沙龙平台，虚拟现实路演、发布平台，虚拟现实个人信息查询平台，虚拟线上业务合作平台等模式，通过国内外相关媒体平台进行立体化宣传，打造一个全新的科技生态人力资源服务产业园。

四是拟联合专业投资机构和大型国企成立人才猎投基金，通过"双GP"合作模式成立人才猎投基金，首期规模1亿元，首期出资3000万元。通过为早期人才科创企业提供资金和核心团队搭建服务，以资金和服务入股，推动被投企业快速成长，做大做强。

五是建立健全统计体系，以人力资源数据为基础，发布人力资源服务业行业报告，建立相关大数据平台，为全国乃至全球人力资源行业发展、政府决策、企业用人、个人发展和征信系统建设提供有力详实的理论依据和数据支持，为未来全行业的发展奠定坚实的数字化基础。

（二）关于园区信息化建设

深圳产业园建立完善信息化展示、自助服务系统和公共服务预约系统，按照"互联网+"人力资源服务的发展理念，通过云平台、数字化、大数据建设等方式，引导各园区企业大力发展基于互联网信息技术的新型人力资源服务产业。

宝安园区围绕智慧人才服务、智能人才数据分析、线上人力资源开发三个方面，打造湾区人才港——人才综合服务云平台，包括人力资源服务网站、人才地图和智慧驾驶舱大数据分析系统、微信公众号、外籍人才服务小程序、线上培训教室等载体，将人力资源服务、企业服务、国际国内人才服务及就业服务等信息和资源统一整合，持续建设完善更加全面和便利的人才、人力资源服务系统。其中，"人才地图"和"智慧人才驾驶舱"收录企业、人才数据约14万多条，将各类高层次人才以及2013年以来引进的基础性人才数据纳入其中，通过数据分析比对，可为深圳市完善人才政策、对接产业人才需求提供参考；网站栏目为初来深圳的企业人才提供"一站式"政策、生活服务、"智能匹配"、线上培训室为各类人才提供优惠政策智能匹配服务和技能提升、"服务联盟"为企业和人才提供线上园区人力资源服务和公共服务；微信公众号、外籍人才服务小程序 Service 为在深圳的外籍人才提供综合信息服务。

罗湖园区紧跟国家战略发展脚步，推出了"人才优选"小程序，搭建了全生命周期的人才福利平台，涵盖了衣、食、住、行、旅游、购物、娱乐、教育、健康、保险十大类服务，为企业提供"一站式"多场景全方位优质服务，切实提高企业员工的幸福感、满意度。还推出 SiteLattice 自助建站 SaaS 平台，集合了中小微企业所需要的线上平台功能，在同一平台内满足企业对外展示和对内管理的需求。企业用户可通过平台自助搭建官网页面，在 2 小时内完成公司官网的设计与发布。

五　产业园建设中的问题和未来发展趋势

（一）园区建设面临的问题

深圳产业园建成以来取得了丰硕成果，同时也遇到一定的困难和问题。

一是各园区的运营机构、管理方式各不相同，对产业园运营的理解和执行也有所不同，同时，个性化、细分领域服务日渐成为入驻机构人力资源服务的重要部分，如何兼顾各方发展需求，在深圳产业园发展的统筹协调上存在一定困难。

二是目前各园区场地基本处于饱和状态，缺少大面积成片场地，难以满足大型服务机构的办公需要，较大地影响了引进大型机构入驻园区。同时，各园区在空间拓展上都存在较大的难度，一定程度上影响了产业园的进一步发展。

三是园区的同质化竞争明显，均在争抢全球、全国优质人力资源服务机构进驻，在扶持创新型小企业发展方面存在短板，不利于行业的反垄断，也不利于新型企业激发"鲶鱼效应"，促进行业健康发展。

（二）产业园未来发展目标、方向和任务

围绕深圳市人力资源服务业发展"十四五"规划，深圳产业园要充分发挥人力资源服务产业园"集聚产业、培育市场、孵化企业、拓展业态、服务人才"的作用，进一步完善形成布局合理，优势互补、功能完善，技术引领、管理创新、服务配套齐全的"一园四区、多点支撑"人力资源服务产业园发展格局；实现产业功能叠加，促进产业融合，推进产业园服务体系建设，加强园区品牌建设，提升园区整体实力和品牌效应；推动产业园成为全国人力资源服务业的技术创新中心、资讯中心、研究智库和高端会议展览聚焦地。展望未来有以下几方面目标及方向。

一是加大龙头企业集聚和协作发展。充分依托前海国际人才港建设，积极引进国（境）内外高端人力资源服务机构，支持世界企业 500 强、中国企业 500 强、中国服务业 500 强、人力资源服务的"独角兽"企业落户本市，积极引导龙头企业合作共赢，协同发展。

二是促进产业园区联动和资源共享。推动组建深圳人力资源服务产业园联盟，加强本市产业园及市外产业园的合作，与广州市产业园建立合作机制，完善产业园区联动、服务共享、整合资源，提升资源利用效率，增强深圳市人力资源服务业的整体竞争力。

三是加强产业园科技孵化能力。推广"产业园区+孵化基地"孵化模式，强化人力资源服务产业园区的孵化功能，培育模式新颖、科技含量高、市场前景广阔的高端业态、高端产品和服务，补全高端创新业态短板，优化产业结构。

　　四是进一步扩大园区规模，将新设立但尚未纳入国家级园区的福田产业园区、龙华产业园等纳入国家级产业园区范围，加大建设力度，产生更大、更优的规模聚集效应。

　　五是高质量建设前海示范集聚区。结合"深港合作、一带一路、自贸试验区"等战略，支持前海自贸区加快发展国际人力资源服务产业园，切实在国际人力资源服务建设方面创建新引擎。

B.19
服务22条产业链　助推区域一体化

欧阳伟　曾知山　银红玉　蒉象锐*

摘　要： 长沙市聚焦落实"三高四新"①战略定位和使命任务，将人力资源服务产业园建设作为打造中部人才高地、服务经济社会高质量发展的重要举措，按照"省市共建、一园多区"的发展模式，大力推进园区建设。本报告介绍了长沙产业园开园以来的发展概况，分别就园区建设概况、产业集聚情况、相关政策制度的建设、管理运营发展、服务体系等方面阐述了产业园的建设成果和发展过程中形成的政策及创新模式，也指出了园区建设中的不足之处，制定了园区未来的发展目标任务。

关键词： 人力资源服务　产业园　长沙　"22条产业链"　"三高四新"

近年来，长沙经济发展迅速，"22条产业链"的纵深推进，也释放了旺盛的人力资源需求。为推进全市人力资源产业的集聚发展，为高质量发展提供更有力的人力资源支撑，2018年以来，按照省市共建的建设思路，长沙启动了人力资源服务产业园建设，先后建成3个集聚园区。各分园区充分发

---

* 欧阳伟，中国长沙人力资源服务产业园（天心园区）管理服务中心主任；曾知山，长沙经济技术开发区人力资源和社会保障局副局长；银红玉，长沙高新区人力资源服务中心主任；蒉象锐，湖南博尔捷园区管理服务有限责任公司运营总监。

① "三高四新"，指"三个高地""四新"建设，是2020年9月习近平考察湖南时提出。三高，是指着力打造国家重要先进制造业高地；具有核心竞争力的科技创新高地；内陆地区改革开放高地。四新，是指在推动高质量发展上闯出新路子；在构建新发展格局中展现新作为；在推动中部地区崛起和长江经济带发展中彰显新担当；奋力谱写新时代坚持和发展中国特色社会主义的湖南新篇章。

挥业态结构、服务对象、辐射范围等方面优势，围绕"22条产业链"、长株潭人才一体化等领域，积极与产业链、重点用工企业开展合作，引导人力资源机构积极为产业精准引才，成为实施强省会战略、推动长沙人力资源行业高质量发展的有力抓手。

一　基本情况

（一）产业园概况

2018年7月，长沙产业园正式开园。同年12月，经湖南省人力资源和社会保障厅（以下简称"人社厅"）授牌，成为湖南省首家省级人力资源服务产业园。2019年8月，经国家人力资源和社会保障部（以下简称"人社部"）批准，成为第16家国家级人力资源服务产业园。园区按照"一园三区"的整体规划布局，结合长沙市的产业优势，以"跨区协同联动，错位互补发展"的方式建设，"一园"即中国长沙人力资源服务产业园，"三区"指长沙天心区人力资源服务园（以下简称"天心园区"）、长沙经开区人力资源服务园（以下简称"经开园区"）、长沙高新区人力资源服务园（以下简称"高新园区"）。

开园3年多以来，长沙产业园整体呈"品"字形态稳步发展，已建设成为湖南省内规模最大、功能最完备的现代人力资源服务产业园，被评为全国首批人力资源特色服务出口基地、省级现代服务业示范集聚区、湖南省众创空间。

1. 天心园区

天心园区位于长沙天心经济开发区，长株潭城际铁路和长沙地铁1号线交汇处，与湖南省政府属于同一市辖区，紧邻全省政治经济文化中心。在空间上位于长沙、株洲、湘潭三市城市群几何中心，是长株潭城市群的融城枢纽，属于三市"半小时经济圈"。目前，园区已投入使用一期2.8万平方米、二期2万平方米，并按照"四中心一研究院"的功能布局建设,"四中心"即人才大数据中心、国际人才交流中心、产业链服务中心、创新孵化中心,"研究院"即长株潭人才协同发展研究院。同时,根据人力资源服务产业特点,搭建了"全国首家人力资源服务产业园创新中心、人才职业发展主题社区、一站式企业服务中心、院校合作基地、省级行业协会、专业化运营平台"六大功能性平台,形成了多层次的服务体系。

2.经开园区

经开园区位于长沙经开区东六路与人民路交汇处的长沙科技新城,地处中国(湖南)自由贸易试验区长沙片区核心区域,长沙地铁6号线贯穿园区,到市中心、机场、高铁站均只需15分钟,地理位置优越,产业集中,"4个一刻钟生活圈"通达全城。产业园一期规划面积2.6万平方米,投入资金约4亿元。园区坚持高起点、高标准、高要求,重点打造"两基地"创新"三大平台"建设"六大功能分区",构建一个人力资源与产业联动融合、相互促进、特色鲜明的多功能园区。

"两基地"即国家人力资源特色服务出口基地、高端猎头基地;"三平台"即湖南省规模最大的线下无纸化、信息化、智能化的人才集市、运用"区块链+互联网"技术的人才大数据平台和以国有平台公司"星城人才"为支撑的企业创新集聚平台。建设"六大功能分区"即产业集聚区、双创孵化区、公共服务区、金融服务区、人才居住区以及生活配套区。

3.高新园区

高新园区位于长沙高新技术产业开发区,采取"政府主导、市场主体、一核多元、优势互补"的综合运营模式,重点建设成为"云上无边界,线下全场景"的现代化共享人力资源服务产业园。着力打造"两园一中心四基地","两园"即云上人力资源平台园和线下人力资源生态园,"一中心"即人力资源共享服务中心,"四基地"即麓谷企业广场高端人力服务基地、中电软件园人力软件开发基地、芯城科技园人才培训基地、麓谷信息港人才派遣外包基地。

（二）产业集聚情况

长沙产业园自开园以来，始终坚持用产业链思维建设园区，注重全产业链的完善，构筑产业生态链。同时，园区积极鼓励人力资源服务企业数字化转型升级，在各细分领域不断创新，持续提升服务能力。

1. 天心园区

天心园区初步形成了"行业服务机构+品牌服务机构+细分领域机构"的品牌聚集效应，重点引进了大中华地区人力资源服务品牌100强机构中的16家，并集聚了湖南人才市场、株洲钻石人力、湖南湘楚人力等本土知名人力资源服务机构，吸引了湖南省人力资源服务协会、湖南省人力资源管理学会两大行业机构。在人才招聘领域，有云研科技、聚能人力、巨达人力、捷拓人力、智领招聘、蚂蚁天承等，主要聚焦大学生、蓝领普工、困难人群、兼职人员、白领人群、灵活就业人群的就业服务；在人才寻访领域，有上海外服、科锐国际、锐仕方达、一览网络等，主要侧重中高端人才猎聘和海外人才引进服务；在人才培训开发领域，有安博人云、知学云、新风向等，主要提供系统化数字化人才开发服务。目前园区已形成了集人事代理业务、劳务派遣、人力外包、人才招聘、人才寻访、人才测评、培训开发、管理咨询、互联网+人力资源为一体的综合性链式产业园。

2. 经开园区

企业集聚发展、产业提档升级是产业园建设的核心使命，经开园区围绕区域发展战略，"招优补链"重点引进百强人力资源服务机构6家，国家级、省级诚信示范机构10家，并成立了人力资源服务协会。在高级人才寻访领域，有锐仕方达、迈斯咨询、维真背调等；在人力资源信息化开发领域，有长沙市人才大数据中心、数字人才、海润天恒、汉科技术等；在派遣外包领域，有乐业人力、海纳明人、锐博集团等。产业园已形成集招聘猎头、派遣外包、培训咨询、背调测评、人力资源信息化开发等业态为一体的人力资源服务产业集群。

园区于2022年2月成功获批全国首批、全省唯一"国家人力资源特色服务出口基地"，现已引入上海外服、海创中心、湘辉国际船舶、国湘人力等人力资源服务出口机构 10 余家。为海外人才寻猎、境外劳务等业务的开展提供了强有力的平台支撑。

3. 高新园区

高新园区已入驻湖南湘辉、58 到家、中国专业 IT 社区 CSDN、人瑞人才、双高人力、今日人才、理才网、艾珂等人力资源服务机构。业务版块涵盖招聘猎头、派遣外包、人才测评、教育培训、薪酬福利、人力软件开发等业务。

（三）产业园主要经济社会指标

截至 2021 年，长沙产业园整体建筑面积 28.9 万平方米，入驻企业 318 家，营业收入 158 亿元，纳税额 3.8 亿元（见表 1）。同时，园区积极发挥人力资源的调配功能，助推人才链和产业链融合发展，服务用人单位 12.44 万家次，帮扶就业和流动人数 79.46 万人次，引进高层次人才 3400 人（见表 2）。

表 1　2021 年中国长沙人力资源服务产业园经济效益指标

名称	开园运营时间	建筑面积（万平方米）	入驻企业数量（家）	营业收入（含代收代付）（亿元）	纳税额（亿元）
中国长沙人力资源服务产业园	2018 年 7 月	28.9	318	158	3.8

数据来源：中国长沙人力资源服务产业园统计数据。

表 2　2021 年中国长沙人力资源服务产业园社会效益指标

名称	服务人次（万人次）	服务用人单位（万家次）	帮扶就业和流动人数（万人次）	提供就业岗位（万个）	引进高层次人才（万人）
中国长沙人力资源服务产业园	180.55	12.44	79.46	92.4	0.34

数据来源：中国长沙人力资源服务产业园统计数据。

二　政策制度建设情况

（一）最新出台的产业园相关政策

为进一步发展和壮大长沙人力园服务能力，推动人力资源服务产业集聚发展，省、市、区及各园区均形成了较为科学和系统的产业政策体系。

长沙市人力资源和社会保障局结合产业园建设情况和人力资源服务业发展情况，2021年8月出台了《长沙市人力资源服务产业园运营补贴实施办法（试行）》《长沙市人力资源机构引进人才、项目、企业奖励办法（试行）》《长沙市人力资源机构品牌建设奖励办法（试行）》。其中《长沙市人力资源服务产业园运营补贴实施办法（试行）》主要围绕产业园基础设施建设、政策补贴、政策兑现，以及企业孵化、技术研发和公共服务平台建设、招商宣传、会展补贴、人力资源培训、人才招聘等公共服务项目，引导园区健康有序发展。

长沙天心经济开发区为进一步优化营商环境，发布了《长沙天心经济开发区推动区域经济高质量发展的若干政策》（天开管〔2021〕40号），就租金补贴、纳税贡献奖励、培优培强奖励、创新创优奖励等，给予入园企业入驻和发展支持。

长沙经济开发区立足中国（湖南）自由贸易试验区湖南片区发展，先后出台了《关于推进国际人才港建设加快人才集聚发展的若干措施（试行）实施细则》（长经开管发〔2021〕86号），重点围绕加快海外人才引进、促进国内人才集聚、提升人力资源服务等三个方面给出了十四条支持措施，贯穿引、育、留、用各个环节。如，对机构入驻，给予最高500万元的入驻奖励，并享有租金、物业、装修、贷款等各项补贴；对机构引才，给予最高100万的引才奖励，人才在经济开发区可享受购房、租房、子女入学等福利政策。

长沙高新区则在深入调研、借鉴外地经验的基础上，出台了《长沙高新区加快建设人力资源服务产业园的若干意见》（以下简称《意见》），全方位引进、培育、扶持人力资源服务业发展。《意见》共有十大政策点，概括为"532"，即入驻、中介、引才、税收贡献、重大活动 5 项奖励，租房、购房、装修 3 项补贴，人才公寓和人才购房 2 大配套。

（二）优化营商环境

近年来，按照国家、省关于优化经济发展环境的要求和总体部署，长沙市紧扣"三高四新"战略，通过与最优者"对标"、与最强者"比拼"、与最快者"赛跑"，更高标准、更宽领域、更深层次地全力推进全市营商环境持续优化，并从公平普惠生态向个性特色服务提升，全力打造"人无我有，人有我优"的具有长沙特色的营商环境品牌。在全国工商联发布的 2021 年度"万家民营企业评营商环境"调查结果中，依据营商环境综合得分，湖南在全国省份中排名第 8 位，长沙在全国城市中排名第 9 位，均居中部城市第一。

长沙各产业园所在区域更着力打造企业—园区"全天候、零时差"政务对接，推动政务服务效能提速。长沙天心经济开发区成功入选湖南省首批省级园区相对集中行政许可权改革试点单位，加大申请市、区两级对园区的放权力度，申请区政府对园区赋权事项 58 项，基本实现了"园区事园区办"。长沙经济开发区充分发挥国家级经济开发区和自贸试验区"两区"叠加比较优势，结合园区实际，主动作为，争当优化营商环境改革的"先行者"，2019 年、2020 年、2021 年连续三年位居国家级经济开发区营商排行榜全国前十，中部第一。长沙高新区创新推进惠企政策"免申即享"，推进建设"15 分钟政务服务圈"，打通政务服务"最后一米"，开发上线"高新区企业百事通"帮扶平台，实现企业问题可视化、可预警、可追溯、可评价。

三　管理运营发展情况

（一）园区运营管理模式

长沙产业园各园区组织管理模式基本遵循"政府搭台、市场运作、社会参与"原则，既发挥好市场的决定性作用，又要突出政府的引导作用，积极探索"领导小组+管理中心（办公室）+运营公司"混合型管理运营模式。其中管理中心主要负责统筹园区发展、平台公司管理以及行政资源协调。园区运营公司主要负责园区招商、品牌活动、企业服务、宣传推介和供需服务等工作。

（二）园区系统科学管理

1. 注重流程制度建设

全面建立园区工作制度、办公会议制度、招商入驻和退出管理制度、企业走访管理制度等，科学设置部门，明确职责分工，严格内部管理，理顺工作流程，确保园区运转有序。

2. 落实产业招商政策

通过一定的优惠政策，吸引优质的人力资源服务企业向产业园集聚，并根据园区各部门联审及上门核实结果，落实园区产业政策。2021 年，长沙产业园兑现入驻企业各类补贴、奖励项目超 1500 万元。

3. 推动企业转型升级

聚焦培育人力资源服务品牌机构，引导和扶持具有新模式、新产品的高潜力人力资源服务机构做大做强，重点引导企业入规升高。聚焦孵化人力资源服务新兴企业，充分整合园区创新创业资源，通过企业投融资活动的 VC 来了、深入高校扶持创新创业的创业路演、科技人才交流会，助力创新企业快速成长。

4. 夯实企业服务功能

搭建信息发布交流平台，发布人才供求、政策和政府购买服务项目等人力资源信息，提供"互联网+"信息共享服务。搭建供需对接的共用实体平台和企业服务延伸平台，为企业提"管家式""保姆式"服务。

5. 建立立体宣传体系

充分整合国内、省内品牌媒体资源，构建园区"线上+线下"立体宣传体系，积极为园区企业提供展示窗口，切实增强产业招商推介和企业服务实效，提升园区品牌形象。

（三）从业人员队伍建设

长沙产业园重点围绕产业招商、日常运营、品牌宣传、活动策划、供需服务等工作，建立了科学合理的组织架构，其核心运营团队成员均具有多年产业园运营管理经验或人力资源服务企业从业经验，并坚持"以岗位培训和业务知识培训相结合、内部培训与外出培训相结合"的原则，多形式、多渠道对产业园运营人员进行专业素养提升。同时，园区年度内积极开展人力资源服务职业技能竞赛、人力资源服务企业经理人培训班、劳动关系协调员训练营，持续强化人力资源服务业从业人员终身职业培训体系的建设，努力提升人力资源服务行业领军人才培养力度。

四　服务体系优化情况

2021年，长沙产业园紧扣"三高四新"战略、"长株潭人才协同一体化"战略，不断完善创新园区服务内容，切实将长沙产业园打造为湖湘人才服务高地。

（一）产才融合，以人才链的"强"，托举产业链的"优"

1.精心统筹，构建人才服务顶层设计

2021年，长沙产业园组织召开长株潭人才一体化发展联席会议，并组建长株潭人才协同发展研究院。研究院先后编制了《湖南省普通高校毕业生就业发展报告（2018—2020）》《长株潭城市群对应届毕业生吸引力分析报告（2017—2020）》等报告，报告详细分析了湖南省、长沙市对应届毕业生人才吸引现状与成绩，并与对标城市进行多维度对比，分析毕业生吸引力的区位优势和成功经验。同时，会同智联招聘出台了《中国城市人才吸引力排名》《中国城市95后人才吸引力排名》两个专业的分析报告。

2.创新孵化，助力创新创业人才发展

长沙产业园立足园区创新中心，全面搭建了"导师资源平台""投融资

平台""高校资源平台""行业资源平台"以及"基础创业服务平台"五大平台。同时，创新中心充分利用人力资源企业优势，联合长沙市科学技术协会、长沙市企事业科协联合会打造了长沙首个"科技人才服务中心"，并积极与天心区高校合作，推动高校创新创业和科技成果转换，深入到高校举办创业活动，创业路演，辅导高校老师和学生创新创业，科技成果转化及金融服务对接活动。

3. 筑桥引路，推进高端骨干人才引进

园区企业科锐国际、锐仕方达等猎头企业，聚焦为省、市重点企业提供中高端人才招聘服务，目前已与省内智能制造、金融、互联网等行业头部企业建立合作，重点为铁建重工、中联重科、中车、博世汽车部件、省属金融控股集团公司等企业引进博士、专家、总经理等高端岗位人才。上海外服湖南公司积极发挥外服集团总部海外咨询服务优势，助力为湖南智能制造企业提供海外人才引进及海外市场调研与咨询。安博人云聚焦数智化人力资源赋能，为企业提供"线上+线下"综合性、系统化人才发展服务方案，为中车、中联重科、三一集团、中国航发南方公司等重点企业，提供人力资源服务累计超5000人次。同时，园区先后策划组织"聚国际才智·筑创新高地"政策推介暨才智交流活动、高层次人才创新发展实训、"高精尖缺"人才揭榜荐才活动、"博士后工作站挂牌"仪式等高层次人才服务专项活动。

（二）区域协同，助力"长株潭一体化"快速发展

1. 注重园区协同，发展园区叠加效应

园区聚焦长株潭都市圈建设，积极对接株洲高新人力园、湘潭雨湖区、湘潭九华工业园，并于2021年11月17日签订长株潭人力资源服务产业园联盟合作框架协议，旨在重点解决轨道交通、装备制造、航天航空等新兴优势产业发展的人力资源需求。同时，园区积极融入长江经济带、港珠澳大湾区建设，先后与武汉、合肥、佛山签订战略合作协议，并与中国人才交流协会、高层次人才委员会、测评委员会等平台建立了友好合作关系，重点针对园区经验交流、宣传推广平台、区域联合活动等跨区域服务合作达成战略

合作。

2. 注重就业服务，助力区域人才服务

2021年2月至3月，园区联合长株潭三市区人社局开展"稳岗送春风，温暖长株潭"三市千企万岗招聘月活动，并采取线上与线下相结合方式，在招聘月中分批开设天心区、岳塘区、石峰区重点企业线下专场招聘会，本次活动线上、线下共吸引长株潭三市3000多家企业参与，发布岗位数超6.4万个，在线求职人数超2万人，简历总投递次数近2.3万次。

3. 创新引领未来，赋能地区行业发展

2021年12月22日，经开园区积极响应"长株潭一体化"号召，主动对接三地产业园，举办长株潭首届人力资源创新发展大会。旨在促进区域人力资源服务业创新发展，不断推进人力资源服务的产品创新、技术创新、业态创新及服务创新模式，赋能新时代人才工作发展。

（三）赋能发展，系统服务"三高四新"发展战略

1. 创新产业服务模式

聚焦产业链服务，积极推进长沙产业园与周边市县和周边工业园区以及经济开发区合作，将产业园的服务延伸到相关市县和专业园区，扩大园区的辐射半径。邀请外地产业园来我园区参观交流，积极推进产业园品牌影响力；聚焦重点企业服务，建立产业园人力资源服务"工具包"，依据入驻机构的主营业务的特点，有针对性的对接三一重工、远大集团、山河智能、蓝思科技、比亚迪等经济开发区及周边地区的优质企业，通过活动邀约、上门参观拜访等方式，带领机构走进名企开展服务；聚焦园区企业服务，不断加强不同业态机构之间的交流联系，鼓励园内机构互补，抱团融合，实现产业链合作转型升级。

2. 夯实供需服务落地

天心园区在2019年园区与湖南省20条、长沙市22条工业新兴优势产业链战略合作基础上，2021年园区又深化供需对接活动，2021年11月园区与天心区软件产业协会签署了协同发展合作框架协议，并于12月联合园区

安博人云、英格玛、智服人力、一览网络、捷特人力等6家企业，集中调研大唐先一、京湘电力、中国联通湖南分公司、湖南林科达、长沙计支宝、湖南宝微科技、湖南乐听科技等9家区内企业，对企业发展问题进行现场诊断、提出专业指导意见；高新园区创新"四名"网络招聘模式，与名网、名校、名企、知名HR机构合作，采取线上人岗匹配、远程面试、空中宣讲等新技术新手段，开展了"2021春风行动"网上招聘、"蓝领工人网络招聘周"、"麓谷金领"中高端人才网络招聘月、"春招在线"云校招等线上招聘活动。充分借助和发挥知名人力资源企业的作用，举办招聘活动56场，帮助中联、威胜、中兴通讯等名企引进了急需人才3000余人；经开园区精准对接山河智能、远大集团、蓝思科技、北汽福田、住友橡胶等重点企业，组织开展人力资源服务供需对接会。"2021春风送岗行动"园区成立春招小分队，奔赴平江、湘阴、芷江、桑植、慈利、安化、桃源、汉寿、双峰、新化等6个市州、11个县区进行驻点招工。通过跨区域劳务协作平台、发送招聘宣传信息5000余次，1000余名驻点县区新聘员工入职长沙蓝思科技等重点企业。人才集市每月逢8日开展线下招聘会，并同步线上直播带岗服务，2021年累计开展30余期直播带岗活动。充分发挥产业园的人力资源调配功能，全年为经济开发区输送各类人才近10万人次。

（四）智慧园区，全面提升园区服务效能

1. 智慧园区平台

平台系统主要包括基础功能服务，建立日常通知、活动报名、政策发布、入驻企业信息管理、企业人力服务需求信息管理等，全面汇聚区域产业发展情况、政策信息以及人才交流活动信息等，不断优化人力资源服务供需线上对接和跟踪，切实让政府、企业、人才在不同时空场景下，即时获取动态数据资讯，真正实现从实体产业园向虚拟产业园的延伸，突破产业园时间空间限制。

2. 招聘服务平台

充分运用"互联网+招聘"的线上、线下双模式，信息化统一运营。线

上线下双平台信息化融合，数据共享，互联互通，提供信息匹配、数据分析、人才需求、人才走势等高效、智能服务。

3. 智能人才市场

智能人才市场通过物联网，将门禁、展位、大屏、移动端物物相连，实现无纸化招聘。

4. 人才大数据平台

基于智能人才招聘管理系统、长沙高新人才网、高新区人才数据、企业调研数据、社保及个税数据等，整合多个数据来源，形成统一的人才视图，为智能化服务及管理决策提供支撑。

5. 云上人力资源产业园

通过线上平台的虚拟园区端口，让政府、企业、人才在不同时空场景下，即时获取动态数据资讯，足不出户完成各项业务办理，同时在不同移动终端完成信息传递与互动交流，打造一键式全场景人才服务社区。

五　产业园建设中的困难和未来发展趋势

（一）园区建设中的困难

一是园区协调有待进一步优化。长沙产业园投入使用时间较短，"一园三区"工作较为独立，尚未建立系统的工作协调机制，在业务层面缺乏必要的沟通协作，尚未发挥整体的"协同效应"。

二是投融资机制有待进一步完善。从园区产权制度看，长沙产业园采用的是典型的政府主导型建设机制，政府相关机构作为园区的职能主管部门和建设直管单位，不仅负责园区的总体规划、政策供给和公共服务，还要负责园区的建设投入及融资，由此表现为建设主体单一、出资主体单一、融资渠道单一和投融资模式单一等特征，还没有形成多元化的投入机制。

（二）园区未来发展目标任务

1. 天心园区

到 2025 年，打造驱动力更强的人力资源产业园，整合长株潭三市人力资源服务产业资源，努力建成中西部领先、全国一流的国家级人力资源服务产业园。一是实现园区面积进一步扩大，产业规模进一步增长，营收突破 100 亿元，纳税额突破 5 亿元，入驻企业超过 500 家。二是实现产业结构一步优化。逐步调整目前产业园企业结构，力争使企业结构更加合理，服务主体进一步多元化，服务业态更加丰富，产品附加值显著提高，各类业态协调发展。三是实现服务能力进一步提升。不断加强人才引进培养能力，培育一批具有行业影响力的企业，使整个产业园的服务能力进一步提升，为"三高四新""长株潭一体化"等国家、省、市重大战略提供人力资源支撑和保障的能力显著增强。

2. 经开园区

经开园区作为中国（湖南）自由贸易试验区国际人才港的重要组成部分，担负着引才引智的核心职能。未来三年，园区将主要围绕长沙经济开发区工程机械、汽车及零部件、电子信息"两主一特"产业特色，充分发挥人力资源服务产业园在集聚产业发展、促进就业创业、优化人力资源配置等方面的作用。一是紧靠经济开发区战略布局，助力于高能级自贸试验区"国际人才港"的打造，大力推进长株潭人才一体化，积极争创国家吸引集聚人才平台示范区、国际人才创新创业园，着力打造中部地区人力资源服务出口高地；二是积极推进人力资源产业与实体经济、科技创新、现代金融的融合发展，建立人力资源产业投资基金，探索"人力资源+资本""人力资源+科技""人力资源+互联网"的新发展模式；三是积极推进与区县和专业园区以及周边经济开发区的合作，将产业园模式复制到相关区县和专业园区，筹建专业性人力资源服务分园区和分基地，构建"一园多点、一园多基地"的发展模式，通过辐射效应，力争到 2025 年，人力资源机构聚集达 300 家，实现年营业收入 100 亿，利税 5 亿元以上，把经开区人力资源服务产业园打造成湖南人力资源服务产业的重要引擎。

3. 高新园区

计划"十四五"末期，园区人力资源机构达到 500 家以上、营业收入 150 亿元以上、纳税额 10 亿元以上，重点建设人力资源大厦，打造长沙高新区云上人力资源服务产业园。线上虚拟园区将进一步吸纳更多非长沙的人力资源服务主体入驻长沙高新区，并依托线上产品交易平台、人才数据共享平台等云端服务渠道，提供定制化人力资源服务。同时在不同移动终端完成信息传递与互动交流。云上人力资源服务产业园整体规划为人才服务、信息共享、学习培训和产品交易四大板块，形成涵盖工作、生活和社区三大场景的全生态人力资源服务的云上综合体。高新园区还将建设科技创新企业人力资源全生命周期服务体系，针对种子期、苗木期企业，提供以"人力资源方案一揽子解决"为特色的"妈妈式"服务，包括员工管理平台、社保劳动关系托管、人才政策代申报、"共享人资专干"、培训辅导、项目路演、融资贷款等服务，解决人才起步之难。针对成长期、壮大期企业，提供以"组织优化、人才投资"为特色的"园丁式"服务，包括组织管理咨询、高级合伙人招募、人才基金投资、人才平台建设。针对成熟期企业，提供以"同行同学、专属定制"为特色的"同行式"服务，包括积蓄产业人才池、制定产业人才专项政策、支持建设企业培训中心、定制企业需求菜单等服务。

B.20
全力推进智慧园区建设
打造招商引智"强磁场"

刘干 姚岚 周虎 陈晨*

摘　要： 本报告从中国合肥人力资源服务产业园的基本情况、政策制度建设、管理运营发展、服务体系优化等方面详细介绍了该园区两年运营中的突出亮点及初步成效。下一阶段，园区将紧跟国家战略，加强与长三角、长江经济带、粤港澳、京津冀、成渝经济圈人力资源服务机构的交流合作，全面打造"智慧园区运营服务平台"，推进合肥产业园智慧化转型，建立健全人力资源大数据中心，强化政府对人力资源服务行业基础数据的掌控和分析，更好地推进产业发展对人才资源需求的引领作用。

关键词： 人力资源服务　产业园　合肥　长三角一体化　智慧园区

一　基本情况

中国合肥人力资源服务产业园（以下简称"合肥产业园"）是安徽省依托国家级合肥经济技术开发区（以下简称"合肥经开区"）、合肥滨湖科学城、国家级合肥高新技术产业开发区及合肥新站高新技术产业开发区创建的国家级人力资源服务产业园，旨在集聚国内外一流人力资源服务机构，整

---

* 刘干，合肥市经济技术开发区人事劳动局局长；姚岚，合肥市经济技术开发区人事劳动局就业和人才处处长；周虎，中智合肥产业园管理有限公司总经理；陈晨，中智合肥产业园管理有限公司品牌宣传部经理。

合和推动高端人力资源服务业发展，全面提升安徽省及合肥市人力资源服务业的规模和水平。

合肥产业园按照"一园三区"的总体布局，竭力打造与区域经济发展相匹配、各具特色的人力资源服务产业平台。"一园"指已投入运营的国家级合肥经济技术开发区人力资源服务产业园，是核心园区；"三区"指三个分园区，分别是滨湖合肥人力资源要素大市场园区、合肥国际人才城园区、合肥新站高新园区，目前已基本建设完成。

核心园区以合肥经开区作为建设主体，2016年下半年，启动项目建设，2019年8月20日经人力资源和社会保障部（以下简称"人社部"）批准获"国家级"人力资源服务产业园称号，当年11月23日正式开园，是人社部批准设立的第17家国家级人力资源服务产业园，也是安徽省首家国家级人力资源服务产业园。

（一）园区概况

合肥产业园核心园区位于国家级合肥经济技术开发区天门路80号，坐落在合肥大学城的核心区域，周边紧邻19所高等院校。合肥经开区区内千百亿级产业集聚，以集成电路产业为核心引擎，驱动新一代信息技术、新能源汽车、智能终端等战略性新兴产业迅速崛起，集聚长鑫存储、蔚来汽车、大众汽车等一大批龙头企业，"新芯"产业（新能源汽车、芯片）抢占全球风口，设有合肥经开综保区和合肥新桥科创示范区等重要平台，是中国（安徽）自由贸易试验区合肥片区核心区。合肥产业园依托科技创新、产业基础和人力资源优势，围绕集聚产业、培育市场、孵化企业，扶持行业新锐力量，打造人力资源服务高地。

合肥产业园核心园区以"高起点、高标准、高质量"为发展原则，园区占地75亩，总建筑面积12.76万平方米，建设8栋单体建筑，总投资7.05亿元。以"立足合肥、服务安徽、面向长三角"的综合性人力资源服务产业园为发展定位，实现公共服务与市场服务相结合，形成经济效益、就业效益、人才引进效益三位一体的发展体系。聚焦专业化、产业化、信息化、国际化，规划布局产业发展区、公共服务区、人才公寓区、配套服务区"四大功能区"，创新搭建人力资源"一站式"服务、人力资源培训、人力资源会展、知名人力资源机构区域性总部、人力资源大数据、人力资源基金投融资"六大服务平台"。

（二）产业集聚情况

1. 入驻人力资源机构情况

截至 2021 年底，合肥产业园已入驻企业 139 家，其中核心园区入驻 118 家，包括中智安徽、英格玛、猎聘、智通人才、锐仕方达等全球百强及大中华区百强企业 15 家、安徽省 3A 级及以上信用等级人力资源企业 33 家（其中合肥产业园有 20 家被评定为 5A 级人力资源服务机构，占全省超五成）、省外区域性总部 12 家、创新类服务企业 29 家，战略合作企业及机构 21 家，园内还落地了安徽省、合肥市、合肥经开区三级人力资源服务协会，为各地人力资源机构交流互通夯实平台基础。在服务业态方面，涵盖人力资源外包、业务流程外包、招聘及猎头、灵活用工、薪税、培训、测评、职业教育、员工心理健康、劳动法律咨询为一体的业态丰富、链条完善的人力资源服务产业链，有效促进安徽省人力资源服务业高质量发展。

2. 引入新业态 打造行业先锋聚集区

合肥产业园 2021 年引入"智灵犀"灵活用工服务平台，落户中国安徽自由贸易区合肥片区。该项目作为 2021 年世界制造业大会的签约项目，由中智集团投资建设，得到了省、市、区三级政府、市场监管部门、税务部门的大力支持，将作为自贸区创新试点项目、灵活就业服务"试验田"以及招商引资示范项目，在服务就业、缓解结构性就业矛盾等方面发挥创新引领作用。

（三）产业园主要经济社会指标

截至 2021 年底，合肥产业园入驻实现营业收入 166.43 亿元、纳税额 3.57 亿元，累计提供服务 229.05 万人次，成功引进高层次人才 3.62 万人，具体见表 1、表 2。

表1 2021年中国合肥人力资源服务产业园经济效益指标

名称	开园运营时间	建筑面积（万平方米）	入驻企业数量（家）	营业收入（含代收代付）（亿元）	纳税额（亿元）
合肥产业园	2019年11月23日（核心园区）	13.6	139	166.43	3.57

数据来源：中国合肥人力资源服务产业园的统计数据。

表2 2021年中国合肥人力资源服务产业园社会效益指标

名称	服务人次（万人次）	服务用人单位（万家次）	帮助实现就业和流动人数（万人次）	提供就业岗位（万个）	引进高层次人才（万人）
合肥产业园	229.05	10.79	57.98	65.92	3.62

数据来源：选自合肥产业园的年度报告，除开园日期外其他数据内容为一园三区合并统计结果。

二 政策制度建设情况

（一）最新出台的产业园相关政策

1. 促进人力资源服务产业园及人力资源服务机构发展专项政策

为进一步推动合肥产业园的产业集聚优势，根据《合肥经济技术开发区扶持人力资源服务产业园发展若干意见的通知》（合经区管〔2018〕95号）文件相关规定，印发了《中国合肥人力资源服务产业园发展若干意见实施细则的通知》（合经区人〔2020〕22号），细则实施两年后，2021年又发布了《中国合肥人力资源服务产业园发展若干意见实施细则（修订版）》（合经区人〔2021〕134号），就装修补贴、租金补贴、经营奖励、人才公寓补贴、人才引进奖补、企业专属绿色通道、子女入学、总部及区域总部奖励、品牌建设奖励、信用等级评定奖补、市级就业创业"一站式"服务示范中心认定及奖补、人力资源服务机构引才引智奖励、人力资源服务业行业协会活动资助等方面助力入园企业快速发展。

合肥经开区支持企业引育人才，对新引进技能人才的企业给予补贴，出台了《合肥经济技术开发区推动经济高质量发展若干政策》（合经区管〔2021〕127号），设立招工服务协作站，以中国合肥人力资源服务产业园内人力资源服务机构为主要承建单位，对当年为区内企业送工1000人次以上的给予补贴；实施租房（购房）补贴，对新落户、重点产业企业中符合条件的各类人才租房或购房的，连续3年给予配套补贴。

合肥市人力资源和社会保障局发布了《合肥市第三方机构引进急需紧缺人才奖补实施细则（试行）》（合人社秘〔2019〕248号），鼓励第三方机构对接产业需求，帮助企业引进急需紧缺人才。凡是在新一代信息技术、新能源、智能制造、生物产业、节能环保、新材料、新能源汽车、数字创意八大战略性新兴产业和家用电器、装备制造、汽车及零部件产业、食品加工产业四大优势主导产业，以及现代农业、现代服务业中的电子商务等产业领域内，合法经营的人力资源服务机构通过招聘、猎头等方式帮助企业从外地（市）引进紧缺人才，便有机会获得奖补。

2021年，安徽省出台《关于发挥人力资源服务机构作用促进市场化引进人才工作的意见》（皖人社秘〔2020〕277号），该《意见》鼓励社会力量特别是人力资源服务机构广泛参与市场化引进人才工作，拓宽引才渠道，服务经济社会发展。市场化引才优秀单位可优先入驻中国合肥人力资源服务产业园，并在各类评定、购买服务、培训、学习研修等活动中给予倾斜。引才成绩突出的人力资源服务机构，认定为市场化引才优秀单位，最多将给予10万元奖补。

2. 人才引进相关政策

合肥经开区为加大对高层次人才的引进、培养力度，发布了《合肥经济技术开发区鼓励高层次人才创新创业若干政策》，设立"高层次人才专项资金"，包括创办企业奖励、办公用房补贴、引导基金扶持、当选人才奖励、项目资助补助、重点项目扶持、租房（购房）补助、开辟绿色通道、人才引进补助、工作平台补助、学术研修补助等11条奖励政策。

合肥市为推动重点产业高质量发展，为高层次人才干事创业创造良好环境、提供广阔舞台，印发了《关于进一步吸引优秀人才支持重点产业发展的若干政策（试行）》（合办〔2020〕18号）（以下简称《政策》），主要是围绕企业和人才十分关注的稳岗安居等问题，突出重点产业、重点人群，通过提供人才免费租房、补贴购房以及发放岗位补贴、柔性引才奖补等措施。《政策》指出，在合肥首次购买自住住房的重点产业企业的高层次人才，可根据人才的层次，对应享受60万元、40万元、20万元、10万元标准的购房补贴；对重点产业企业通过项目合作从市外柔性引进的非本单位研发人员，符合条件的按实付工薪的30%给予企业引才补贴，单个项目（人才）补贴不超过50万元。此前，合肥市已出台《关于建设合肥综合性国家科学中心打造创新之都人才工作的意见》（合发〔2017〕17号），安排20亿元经费支持人才创新创业。

针对高校毕业生来合肥就业创业工作，合肥市发布了《关于进一步支持人才来肥创新创业的若干政策》（合办〔2018〕18号）、《关于支持高校毕业生来肥就业创业的意见》（合政办〔2020〕20号）及《支持高校毕业生来肥就业创业的意见实施细则》（合人社秘〔2021〕24号），其中包括一次性面试补贴、个人社保补贴、一次性就业补贴、人力资源机构引才补助、举办线上招聘会补贴等，从方便来合肥落户、支持企业用工、拓宽就业渠道、加强安居保障等9个方面细化措施。

（二）优化营商环境的举措

1. 服务优化

为打造合肥市场化、法治化、国际化一流的营商环境，合肥市人民政府印发《合肥市优化营商环境行动方案（2021版）》，该《方案》中指出，将优化企业注销简易程序操作流程，实现企业开办"零成本"，企业注销"一网通"；拓展"非接触式"办税缴费服务，完善增值税留抵退税政策和企业所得税更正申报办事指南，落实减税降费政策；加大对重点领域、重大项目的金融支持力度，持续推进普惠金融服务，缓解中小企业融资难、融资贵问题，提升小微企业融资便利度。并在全市13个县（市）区、开发区开展政务服务事项"就近办""一窗办",完善"7×24小时政务服务地图"功能,推出50项"智慧办"事项,进一步激发了市场主体活力,助推经济高质量发展。

2. 打造区域性人力资源共享平台

2021年,合肥产业园先后举办中国(合肥)第三届人力资源创新发展高峰论坛、安徽省人力资源管理风控论坛等大型行业活动,引入长三角行业知名专家,聚焦行业创新赋能、蓝领招聘、长三角中高级人才寻访、人力资源精益外包、科技助力人力资本、新生代员工管理、人力资源服务战略化、劳动用工的风险防范与合规管理等多个维度,探讨产业园区及人力资源市场建设的发展方向,帮助园区企业学习新思维、新政策、新技术,促进合肥人力资源市场发展打开新局面。

3. 发挥园区党委优势　落实"我为群众办实事"

合肥产业园园区党委以"党建引领业务发展"为原则,落实"我为园区企业办实事",全年完成总计110件,协助34家入园企业完成申报装修补贴、房租补贴、经营奖励、人才公寓补贴等,共整理材料744份,协助企业获得奖补共计818.3万元。使入园企业在政策方面"应享尽享"。园区党组织还与合肥金融港园区党组织进行党建共建,带领部分入园企业与金融港企业进行业务对接,解决金融类企业在人才招聘、人力资源外包、薪税等方面的需求。

三　管理运营发展情况

(一)园区管理运营模式

根据人社部出台的《国家级人力资源服务产业园建设管理办法(试行)》,合肥经开区管委会于2018年成立产业园建设工作推进小组,下设办公室,办公室设在人事劳动局,区分管副主任任组长,区人事劳动局局长任副组长,人事劳动局、财政局、投资促进局、人力资源中心、产权方国企合肥海恒集团 5 家单位主要负责人为小组成员，以"产业园建设工作推进小组+办公室+产业园运营管理公司"三位一体的管理体制，按照政府主导、市场运作的方式，负责产业园日常运营工作的实施、协调，以及各项园区重大事务的贯彻落实。

为强化产业园的运营管理，2018 年，合肥经开区管委会通过招投标方式引入中智集团市场化运营管理园区，2019 年初，中智集团在合肥注册成立了全资子公司——中智合肥产业园管理有限公司，负责园区规划布局、运营管理、招商引资、企业服务、承接活动等工作。

（二）园区精细化管理

1. 加强长三角、长江经济带区域产业园协同发展

合肥产业园紧跟国家战略，加强与长三角、长江经济带区域国家级产业园的互联互通、深度合作，提升服务水平和行业知名度。2021 年，分别在合肥、上海两地召开长三角人力资源服务上海·合肥融合对接会、长三角人力资源服务产业园协同创新服务对接会，近 50 家知名人力资源服务机构参加会议，与科锐国际、佩信集团、人瑞人才、必博人力等 13 家百强机构达成入园意向及战略合作，推动了长三角人才一体化发展。

2021 年 11 月 16 日，上海、宁波、合肥、长沙、武汉等 11 家国家级人力资源服务产业园区联合发起"长江经济带国家级人力资源服务产业园区区域合作协同发展行动"，为长江经济带企业搭建供需对接和交流合作平台，打造区域协同发展新样板，构筑高水平对外开放新高地。

2. 创新举措开创"三招三引"新局面

园区积极组织入园人力资源服务机构、重点企业开展"云端送岗 助企招才"线上招聘会、合肥市重点用工企业用工服务对接会、国家级合肥经开区重点企业与中国合肥人力资源服务产业园人力资源要素对接会等活动，联合 227 家用人单位及入园人力资源机构参与人社部组织的走进国家级人力资源服务产业园专场招聘活动，同时参与 2021 年"智汇合肥高校行"秋招活动，组织"芯屏汽合""集终生智"等 12 大产业链龙头企业直播带岗，全

年发布岗位数达 65.1 万个，举办各类招聘会 1200 场次，广邀各类人才来合肥就业创业，为合肥勇当"两个开路先锋"，加快实现"五高"，聚力建设"七城"提供智力支撑。合肥产业园充分发挥稳就业、保就业作用，努力增强园区企业、政府、需求市场之间的三方互动，服务各类人才近 200 万人次。

围绕"三招三引"工作，产业园启动"人力资源蓄水池项目"，在企业、学校、第三方人力资源机构利用精细化合作模式，为合肥重点企业培养和储备技能型人才。截至目前，累计已开设精工班 67 个，开班人数 2563 人，其中完成实习人数 2168 人，输送普工 6470 人。

此外，合肥产业园创新推出"共享用工"新模式，同时，由行业龙头企业牵头，在安徽省成立了第一个共享用工联盟。"共享员工联盟"由经开区人事劳动局指导，行业龙头企业牵头共建。如今已汇集海尔智家、联宝、世纪金源等 34 家企业，涉及智能家电、电子科技、汽车制造、酒店服务等多个行业。目前，合肥市已有 69 家企业通过共享用工形式，解决了 3874 名员工的就业问题。

在招商引资方面，合肥产业园建立健全招商项目调度机制及入园企业二次开发体系，以项目推进阶段进行分类，明确目标、倒排计划、责任到人，创新招商思维，与同行加强合作，成功引入诚通人力、CDP 集团、社宝科技等标杆企业入园，并通过二次开发引入安徽 5A 级人力资源服务机构，实现年营收 8 亿元的增量，下一步将继续推进上海外服（安徽）公司项目落地，将合肥产业园打造成为行业头部企业聚集区。

3. 倡导行业自律、行业规范

园区开园至今，在行业自律、行业规范方面持续引导，奋力打造一个国际化、专业化、有温度的人力资源服务产业园。企业间推崇公平公正的行业竞争，反对同行互轻的恶意竞争。为了避免园区内相关企业开展恶意竞争，多次发起《合肥市人力资源服务行业自律公约》和《合肥市人力资源服务行业规范》倡议，完善人力资源服务市场体系，维护市场经营秩序，推动人力资源服务业的标准化建设和规范化管理，提升服务质量和效率。秉承服务行业的理念，坚持在促进和谐劳动关系建设上做标杆、当示范。园区积极帮助企业进行品牌建设、行业梳理、资源整合等，全方位为入驻企业提供服务，充分发挥自身的引领作用，引导企业进行优势互补，达成战略上的联盟，共同发展。

（三）从业人员队伍建设

1.打造高端人才队伍

合肥产业园全年举办高层次人才服务培训班、HR 智享会、创优"Si 享汇"、海博会等人才发展培训活动 100 场次，参与培训人数 2 万人次，联动省区市三级协会，与混沌学园、得到（知识服务平台）及 21 家人力资源服务百强机构合作，邀约行业专家、学者，从弹性福利、RPA 数字化转型、灵活用工发展、HR SaaS 平台等新业态着手，为合肥高层次从业人员提供学习交流平台。通过举办第 12 届挑战杯创新创业项目征集大赛暨 2021 年高校毕业生创业项目扶持资助决赛、合肥市 2021 年度（第二十二届）职业技能大赛人力资源管理师技能竞赛等行业活动，不断挖掘创新性人才及人力资源服务行业专业技能佼佼者，带领合肥人力资源服务业管理者走进蔚来汽车、太古可口可乐、京东方等重点企业，深入了解企业需求、学习创新人才管理模式，全力打造一支具有国际化思维的高精尖人才队伍。

2.专业技能培养

为提升当地人力资源服务业从业者的专业技能，合肥产业园携手省区市人社部门，与政府携手开展 2021 年度安徽省"企业人力资源管理师"、"劳动关系协调员"技能培训班，心理咨询师培训班、社会服务人才研修班、人力资源服务机构从业人员培训班、"大数据时代的人才测评"培训班，全国人力资源外包及灵活就业培训班等系列专业课程，培训数量达 1300 场次，人才培养数 13 万人次，进一步提升了当地的人力资源服务水平。

四　服务体系优化情况

（一）打造"一站式"人力资源服务平台

在整合人力资源和社会保障系统公共服务资源的基础上，协调市场监管、税务等部门在园区开设办事窗口，为入园企业提供"一站式"服务，窗口全年共办理劳动合同备案 12.2 万条，服务企事业单位 2.67 万家，办理灵活就业人员社保申报及各项业务共计 5734 人次，各项失业待遇申领业务 8331 人次。同时拓展公共服务采购渠道，引进提供公共就业、大学生创业、人才培训、人事考试、职业技能鉴定、人才继续教育等服务的专业机构，首创安徽"外国专家服务之家"，持续扩充外国专家服务联盟机构，打造公共服务多元化集约平台。中智合肥产业园管理有限公司组建业务代办中心，提供"管家式"服务，为入驻企业办理社会保险、注册登记、证照审批、纳税申报等业务。邀请银行、保险及金融结算、信用担保、小额贷款、风险投资、律师事务所、会计师事务所等专业机构来园区设立办事机构，纳入省立医院、安徽医科大学第二附属医院、省立儿童医院、省妇幼保健院等 11 家服务机构入库，为入园企业提供投融资、资金解决方案、法务咨询、财务咨询、子女入学、医疗等服务。

（二）倾力打造智慧园区　健全信息化建设

为推进产业园智慧化转型，建立健全人力资源大数据中心，强化政府对人力资源服务行业基础数据的掌控和分析，更好地适应产业发展对人才资源需求的引领作用，合肥产业园制定了"智慧园区运营服务平台方案"。"智慧园区"运营服务平台是基于入园企业及用工企业、就业人员、政府三方主体，以服务数据、岗位需求和供给为纽带，以入园企业"线上+线下"服务为依托，形成的区域性人力资源供需资源配置及用工服务平台（已进入研发论证阶段）。

（三）建设智能制造工业互联网产业人才综合服务平台

为加强工业互联网人才队伍建设，打造一支具有交叉知识结构、良好综合素养与创新实践能力的工程技术人才队伍，合肥产业园着力建设智能制造工业互联网产业人才综合服务平台，包括以数据中心、供需人海等线上平台和实训基地、展示中心、交流中心等线下平台。通过线上线下联动，全方位整合智能制造、工业互联网人才培养和实训资源，最终实现为产业输出优秀人才助力制造业数字化升级。

五　产业园未来发展趋势

（一）夯实创新人才基础 服务地方重点产业

根据《关于推进新时代人力资源服务业高质量发展的意见》及《安徽省"十四五"人力资源和社会保障事业发展规划》的指导意见，合肥产业园将围绕重点产业发展，通过引入猎头、管理咨询、人才测评等高端服务业态，为联宝科技、蔚来汽车、长鑫存储、大众安徽等地方重点产业的人才补给提供有力的支撑。加快拓宽功能建设，进一步建立公共实训基地，推动人力资源服务机构深度融入制造业产业链，围绕制造产业基础高级化、产业链现代化提供精准专业服务，为企业与人力资源机构搭建交流对接、合作发展平台，不断健全安徽省人力资源大市场体系，打造区域性人力资源配置中心。

（二）助力长三角一体化、中部崛起战略 推动高质量发展

高质量推动长三角一体化、中部崛起战略发展，与上海、苏州、杭州、宁波、长沙、武汉等国家级产业园协同合作，借助长三角人力资源服务产业园协同创新共享空间和协同创新信息平台两个载体，外延合作区域，通过开展产业园发展高峰论坛、共建创新人才培育产业基地、人力资源产业发展示范区等形式，积极深入与各园区人力资源机构的互访交流，从区域协作、项目合作、业务对接等多维度进行产业创新，挖掘市场潜力，打造支撑创新人才共同体建设的引领性平台，助推区域人力资源服务产业高质量发展。

（三）深化"放管服"改革新举措 优化运营体系

以一流的工作作风、一流的营商环境，加快建设新功能，发展新产业，

聚集新人才。一方面，合肥产业园将不断提升国家级园区的运营服务水平，推进产业园信息化建设，建立健全人力资源大数据中心，利用"智慧园区运营服务平台"有效地推动人力资源服务和互联网深度融合，更好地适应产业发展对人才资源需求的引领作用；另一方面，优化健全园区组织管理体系，落实国家及省区市的产业园政策，加大奖补力度鼓励市场化引才，推动人力资源机构创新力度。

（四）激发人才创新活力 建设国际人才高地

合肥产业园将打造成人力资源特色服务出口基地，积极将国际知名人力资源服务跨国公司分部和具有国际影响力的人力资源服务机构引入园区，建立开放创新交流平台，开展高端对话、学术交流等活动，引进具有国际化视角的创新理念、服务产品、新型业态，不断完善高端人才、专业人才来合肥工作、科研、交流的政策，依托中国科学技术大学国际金融研究院创新创业孵化中心、美国达拉斯海外人才工作站等载体，建设辐射全球的海外引才平台，完善海外人才项目"预孵化"机制，通过举办大型国际人才交流论坛、博士后创新创业大赛等主题活动，为经济社会发展提供强有力人才支撑，建设成为国际化人力资源服务产业高地。

B.21
"一园多区"发展　赋能产业升级

王京荣　陈　欢*

摘　要： 本报告围绕中国武汉人力资源服务产业园的基本情况、政策制度建设、管理运营发展和服务体系优化等方面，介绍了武汉产业园"一园多区"的发展现状，重点总结了2021年武汉人力资源服务产业园推进国家级园区发展的主要做法和经验成效。同时提出"十四五"期间，将锚定国家中心城市、长江经济带核心城市总体定位，围绕产业集聚、赋能创新、协同发展精准发力，推动人力资源服务业高质量发展。

关键词： 人力资源服务　产业园　武汉　"一园多区"

一　基本情况

（一）产业园概况

中国武汉人力资源服务产业园（以下简称"武汉产业园"）于2019年8月20日经人力资源和社会保障部批准，成为国家级人力资源服务产业园。按照"立足武汉、服务湖北、辐射华中、影响全国"的发展定位，根据武汉的区域地理特点，从产业发展格局、资源分布条件出发，遵循"精准引入、系统培育、加快融合、协同发展"的总体思路，采取"政府主导、市

---

* 王京荣，武汉市人力资源和社会保障局人力资源流动管理处处长；陈欢，武汉市人力资源和社会保障局人力资源流动管理处副处长。

区共建、专业运营"的模式，实行"一园多区"布局，重点推动建设武汉中央商务区园区、光谷园区和车谷园区。

中央商务区园区于 2017 年 5 月正式开园运营，地处老汉口发祥地江汉辖区，总建设规模为 8 万平方米，一期核心启动区约 2 万平方米已建成并投入使用。园区坚持以"集聚产业、拓展服务、创新示范、培育市场"为定位，围绕加快建设实体经济、科技创新、现代金融、人力资源协同发展的产业体系，着力打造集人才引进、培养、开发使用于一体的人力资源服务产业链，引导各类人才创业就业，全力为各类产业发展提供人才支撑，经济社会效益日益显现。

光谷园区于 2021 年 11 月正式开园，园区规划以光谷中心城为核心区、光谷 7 大产业园区为服务区，最终形成"1+7"的人力资源服务产业园发展格局，重点服务武汉东湖国家自主创新示范区及周边辐射区域，为光电子信息产业集群、国际生命健康产业、智能制造、环保节能、现代服务业、集成电路和半导体显示、数字经济等产业和企业提供人力资源服务。园区核心区建筑面积 4.8 万平方米，含光谷人才大厦 2.8 万平方米、光谷国际人才港 2 万平方米。园区坚持按需匹配，聚焦光谷急需、市场急缺，以解决光谷企业人力资源需求为立足点，以服务光谷产业发展为导向，实现落户一家人力资源企业，引进一批急需人才，服务一片高新企业，推动一个产业发展。

车谷园区 2017 年 2 月建设产业园过渡园区，2021 年推进正式园区建设，12 月正式揭牌开园，园区位于武汉经济技术开发区数字文化产业基地智谷文化产业园，主体建筑面积 2.2 万平方米。园区重点服务区内新能源和智能网联汽车、新能源、新材料、智能家居、通用航空、生命健康等重点产业，为先进制造业企业提供人力资源配置等服务。

（二）产业集聚情况

武汉产业园积极推动人力资源产业向纵深发展，产业规模不断扩大，产业能级不断提升，社会效益不断增强，集聚了一批国内外知名的人力资源服务机构,培养了一批中高层次专业人才,为经济社会发展提供了优质的人力资源配置和管理服务。

1. 入驻人力资源机构情况

武汉市政府将人力资源服务业招商引资纳入目标任务,武汉市人社局主要领导多次亲自带队,赴北上广成渝等地举行产业园招商引资推介活动,走访知名人力资源服务企业,2021年,成功引进18家省外知名机构签约入驻。目前,园区已入驻人力资源服务企业81家,全国人力资源服务百强机构六成在园区落户。中央商务区园区集聚上海外服、北京外企、万宝盛华、科锐国际等50家知名人力资源企业,其中4家上市企业、13家大中华区百强企业、7家湖北省人力资源领军企业、12家湖北省诚信示范企业。开园以来累计营业收入达到350亿元,服务各类人员约400万人(次),新培育全省人力资源领军人才6人,高级经济师4人。光谷园区目前入驻锐仕方达、中智湖北等20家有示范效应的高端、创新型人力资源机构与国内外知名人力资源机构。入园企业主要从事招聘求职、人事代理、猎头、管理咨询、派遣外包、"互联网+人力资源",以及档案整理、档案数字化和档案寄存等业务。车谷园区新园区目前引进腾飞人才、德行天下、元田源人力、新强人力等11家企业,围绕服务汽车、新能源、新材料三大产业集群,以及智能家居、通用航空、生命健康等"数、智、网、端"等战略性新兴产业发展需求,与国测咨询、中全人才、力德人力等中国百强人力资源公司签订入驻意向协议。

2. 产业链打造、业态发展、产品服务创新等发展情况

武汉产业园秉持"全域开放 赋能共生 融合共享"的发展理念,在平台建设、管理运营、政策体系、服务保障等方面积极探索,重点培育商业模式创新、技术创新、产品创新的创新型人力资源企业,鼓励人力资源企业主动应对社会精细化需求、新兴信息技术驱动,运用互联网、人工智能、云计算、大数据等技术,推进与金融保险、科技交流、健康服务等领域跨界融合,加强"人力资源+资本+互联网"深度合作,发展具有高创新性、高技术性、高附加值的人力资源产业链条,引领行业不断创新进步。围绕稳链、补链、强链，开展产业链招商，形成了包含招聘、高端人才寻访、管理咨询、人才测评、薪酬福利人力资源软件及综合解决方案在内的较为完整的人力资源产业链。

2021 年，园区成功举办第二届武汉市人力资源服务业创新创业大赛，大赛项目紧密结合 AI、大数据、云计算等新技术，覆盖人力资源服务业发展全生态链，呈现"专、精、深"发展趋势。园区定期举办"江汉人才国际峰会""江汉 HR 新视界年度峰会""HR 创见大会"等高层次人力资源产业活动，邀请国内国际知名专家、行业领军人才、企业精英代表围绕不同主题，共同探讨人力资源行业发展趋势，加强交流合作，助力新理念、新产品、新技术的推广发展。同时，紧跟业态发展趋势，自制原创高端访谈栏目——《江城 HR 访谈录》，访谈对象涵盖武汉地区人力资源行业高级管理者、各领域商业领袖及学术科研学者等；推出产业交流期刊《汉园志》，形成了多个活动品牌，通过多元化的形式，鼓励业内专家交流创新理念和产业发展趋势，发布创新技术和产品，进一步促进人才、政策、资金、技术等要素的集聚，打造园区品牌，为中部地区优化人才配置，推动经济高质量发展提供强大动力。

3. 服务国家地方发展战略

武汉产业园全力贯彻落实党中央、国务院关于发展人力资源服务业、建立人力资源协同发展产业体系的决策部署，加强区域协同发展，聚焦长江经济带发展、中部崛起等重大战略。

2021 年 11 月，武汉产业园承办全国人力资源市场高校毕业生就业服务周活动暨首届长江经济带人力资源服务产业创新发展高峰对话会，正式启动长江经济带产业园区域合作协同发展行动，上海、宁波、合肥、长沙、武汉等 11 个国家级人力资源服务产业园建立协同发展沟通机制，为长江经济带企业搭建供需对接和交流平台，打造区域协同发展新样板，构筑高水平对外开放新高地。

武汉产业园还先后与上海、长沙、合肥、南昌、佛山、济南等地产业园签订战略合作协议，在人力资源科技成果、科技人才等创新要素流动方面，加大开放共享力度，开展产业创新合作、行业对接合作。服务湖北省"一主引领、两翼驱动、全域协同"的区域发展布局，组织园区企业与湖北宜昌、襄阳人力资源产业园开展产业对接和交流，围绕产业园功能定位、人力资源行业与地方支柱产业的协同发展等方面展开深入探讨，进一步加强武汉城市圈之间的协同协作、一体化发展。

（三）产业园主要经济社会指标

截至 2021 年底，产业园总建筑面积达到 9 万平方米，入驻企业数量达到 81 家，2021 年营业收入达 230.16 亿元，纳税额达 3.13 亿元（见表 1）。2021 年服务 171.1 万人次，服务用人单位 7.89 万家次，帮扶就业和流动人数达 56.82 万人次，提供就业岗位 47.53 万个，引进高层次人才 0.722 万人（见表 2）。

表 1　2021 年中国武汉人力资源服务产业园经济效益指标

名称	开园运营时间	建筑面积（万平方米）	入驻企业数量（家）	营业收入（含代收代付）（亿元）	纳税额（亿元）
中央商务区园区	2017 年 5 月	2.0	50	155.27	2.16
光谷园区	2021 年 11 月	4.8	20	39.08	0.65
车谷园区	2021 年 12 月	2.2	11	35.81	0.32
合　计	—	9.0	81	230.16	3.13

数据来源：中国武汉人力资源服务产业园的统计数据。

表 2　2021 年中国武汉人力资源服务产业园社会效益指标

名称	服务人次（万人次）	服务用人单位（万家次）	帮扶就业和流动人数（万人次）	提供就业岗位（万个）	引进高层次人才（万人）
中央商务区园区	155.0	1.45	45.38	37.00	0.7
光谷园区	5.6	6.10	5.60	6.95	0.0115
车谷园区	10.5	0.34	5.84	3.58	0.0105
合　计	171.1	7.89	56.82	47.53	0.722

数据来源：中国武汉人力资源服务产业园的统计数据。

二　政策制度建设情况

（一）最新出台的产业园相关政策

武汉市政府出台《关于促进人力资源服务业高质量发展的实施意见》，建立市级人力资源服务业发展专项资金，用于支持园区建设、骨干企业培育、业态拓展延伸、人才引进培养、创新项目扶持、重大活动举办等，激发市场主体活力，厚植行业发展根基。2019年出台实施细则，推进政策落实。各园区从推动产业集聚、鼓励招才引智、打造行业品牌等方面提供精准支持。

中央商务区园区出台园区支持政策，从支持产业集聚、企业创新发展、企业能级提升、人才培育等方面为入驻企业量身定制"政策菜单"，从奖励增量、激活存量的角度出发，在用房、引智、财政、鼓励素质提升等10个方面提供精准政策支持，助力入驻企业发展壮大。中央商务区园区开园以来面向入驻企业及相关人才发放各类政策补贴资金超过7000万元，全力激发园区人才创新创业活力，带动产业做大做强。

光谷园区出台《关于促进人力资源服务业高质量发展的若干政策》，从推动产业集聚、支持做大做强、鼓励招才引智、促进开放合作、引导业态升级、助力主导产业、加大政府采购、打造行业品牌、提升人员素质、实行"一事一议"等10个方面，引导人力资源服务业高质量发展。2021年9月印发《关于申报2020年度东湖高新区促进人力资源服务业高质量发展资金支持的通知》，发布产业园认定奖励、产业园运营补贴、入园奖励、入园补贴、入园企业高级管理人员激励、企业新设补贴、入库奖励、经营贡献奖励、上榜奖励、招才引智奖励、落户奖励、国（境）外业务拓展奖励和补贴、业态升级奖励、业态升级补贴、助力主导产业奖励、行业协会活动经费补贴、自主品牌建设奖励、宣传推广补贴等18项政策。

车谷园区 2021 年 8 月出台《关于支持中国武汉人力资源服务产业园车谷园区发展的扶持政策》，包括一次性入驻奖励支持、购房补贴、租房补贴、装修补贴、财政奖励；对领军企业、领军人才、诚信示范机构、星级机构、人力资源服务业创新创业大赛获奖的企业给予评优奖励；对企业高管给予个税奖励；鼓励入驻企业参与公共服务产品采购；入驻企业可申请免费使用公共会议室、培训教室和招聘场所等。

（二）优化营商环境的举措

武汉产业园开园以来，始终将服务园区企业，打造产业园与入驻企业共生关系作为工作重点，从提高运营效率、完善产业体系、强化支持政策、提升服务品质等方面不断优化营商环境。

一是打造优质政务服务环境。推进"一网通办""一窗通办""一事联办"，打造精简规范的审批环境，进一步开放人力资源服务业领域市场准入，鼓励社会资本以多种方式参与发展，加快形成有利于就业创业、诚信守法、公平竞争的市场环境。

二是搭建市场化引才平台。发挥骨干人力资源服务企业示范引领作用，认定首批重点人力资源服务机构，支持参与全市重点引才项目，服务"学子留汉"工程，先后与武汉大学、华中科技大学等知名高校，联合举办集中式校园巡回招聘活动 12 场，千余家企业提供近 8 万岗位，吸引逾 10 万高校毕业生参与，精准对接高校毕业生和高薪优岗，成功搭建人力资源服务进校园平台。

三是积极服务入驻企业。举办企业座谈会，建立多层次微信交流群实时沟通，方便入驻企业获取信息、反映问题。听取入驻企业意见建议，帮助协调解决租金偏高等实际困难，降低企业经营成本；新增共享工位 40 个，提高园区空间使用效率；积极兑现产业园入驻企业支持政策，完成园区网络升级等。在园区设立劳动人事争议仲裁庭和金融法庭，定期开展"百名仲裁员服务千企"活动，探索打造线上劳动关系调解智慧平台，进一步和谐园区劳动关系，减少企业劳动关系运行成本。

三　管理运营发展情况

（一）园区管理运营模式

武汉产业园根据各园区特点，探索建立不同的运营管理模式。

中央商务区园区建立"政府领导、部门服务、企业运营"的三级管理体系，畅通园区管理机制，促进园区运营规范化、市场化、专业化，全面提升园区服务质量。一是专设园区管理机构，由区政府分管领导和相关政府部门负责人组成园区发展办公室，具体负责园区发展规划等重大事项决策；组建区人力资源产业发展服务中心，专职从事产业园日常管理服务工作。二是引进专业化运营团队，负责园区招商、交流、宣传、服务等工作，提升园区运营的专业能力。三是组建园区综合党委，统筹推动各类资源在产业园整合，做到组织融入、资源融合、服务融通、产业融汇，把组织资源转化为发展资源，助力园区企业高质量发展。

光谷园区运营坚持"政府推动、市场化运作"的原则，采取"产业园建设领导小组+产业园建设管理办公室+园区日常运营管理层"的运营组织构架，实现产业园"一体多位"的"整体规划、分期建设、统一管理、多点位运转"。光谷园区的光谷人才大厦由拥有20年园区运营及人才服务经验的武汉留学生创业园进行运营。

车谷园区建设按照"政府主导，市场化运作"模式，由武汉经开区主导运营打造了包含公共招聘、多功能服务、人社服务的公共服务区域和企业办公区域为一体的"一园两区"。规划建设人才招聘大厅，组织入园企业不间断召开线上线下O2O招聘会；整合企业办公区，引进重点人力资源服务企业入驻；设置公共服务区，将设立社会保险、档案管理、人才招聘、人事争议仲裁、公共就业和人才服务等窗口，方便入园企业就近办理业务；提供多功能服务区，建设洽谈室、会议室、培训室等功能区，满足企业的办公商务需求。

（二）园区精细化管理

武汉产业园不断提高管理服务精细化水平。园区在为企业提供"拎包入驻""一站式"服务等综合服务基础上，产业园不断完善标准化制度建设，规范园区企业入驻、管理及退出机制，制定会议场地、共享工位等公共空间使用管理办法等。同时，不断完善园区基础配套建设，如建设员工食堂、职工之家，解决企业员工后顾之忧，丰富文化生活。

园区成立产业园发展研究院，特聘20余名业内专家，作为产业园发展"智囊团"，深入研究产业生态发展，为园区高质量发展出谋献策。为促进人才合理流动和高效集聚，以产业发展为导向，着眼现代化产业体系建设和城市发展战略，围绕武汉市人才流动均衡情况，从供需与匹配、行业发展等入手进行调研分析，发布《武汉市人才热力指数报告》，聚焦全市人才学历、薪酬、行业、流动等维度数据，为人才求职就业及流动提供指导。

（三）从业人员队伍建设

武汉产业园结合产业需求和企业缺口，助力企业领导力发展、打造人才雁阵格局，积极营造惜才、爱才、重才的浓厚氛围，激发人才干事创业的积极性，聚天下英才而用之，把"惟楚有才"的美誉变成"人才兴鄂"的现实生产力，真正把"第一资源"转化为高质量发展的"第一动力"。园区努力为行业优秀人才成长创造条件，鼓励参与各类人才培养计划的选拔，目前园区已有1人入选市政府津贴专家，11人入选省级人力资源服务业领军人才，11人入选市级人力资源服务业领军人才。今年，园区联合武汉人力资源服务协会及人力资源服务机构，开展了"HR的十二项管理修炼""科技赋能民法管理""数智经济下的人力资源管理创新"论坛等人力资源服务机构管理培训活动，围绕如何发展行业新路径鼓励引导人力资源服务机构准确贯彻新发展理念，增强管理能力，提升服务质量，全面提高从业人员素质和技能，为广大人力资源从业者提供新思路和新启发。

四　服务体系优化情况

（一）服务内容

1.搭建园区公共服务平台

园区集中提供社保经办、人事人才、工商税务等政务服务，对其他政务服务实行"线上预约、线下集中办理"模式，为园区企业和人才提供"一站式"公共服务，确保企业办事"不出园区"。采取轮值制度整合发改局、司法局、税务局、行政审批局等多部门进驻园区联合办公，"公共法律服务工作站"落户园区；常态化开展"企业问计"，简化一系列审批环节，并推出"定制+上门"服务，为重点单位上门提供便捷高效的政务服务。发挥园区服务齐全、功能完备的独特优势，为劳动者和用人单位提供专业培训、人才测评、求职招聘、管理咨询、外包服务等一揽子、"一站式"闭环服务。

2.搭建线下业务对接交流平台

2022年开展"赋能供需·产业互联"系列供需对接活动十余场，组织园区企业与新能源研究院、未来科技城、金融城、融创智谷、武汉大学科技园等重点产业集群、高等院校开展供需互联活动，深挖地区支柱产业的人力资源服务需求，打通供需壁垒，搭建产业间服务对接平台，促进行业间资源共享、业务协作，拓展企业业务市场。着力提高人力资源服务效率和社会化服务能力，结合产业园当前需要和方向任务精准发力，策划推出"银企合作""校企合作""一企一站"活动，促进行业间资源共享、业务协作，精准对接千余家用工企业。

3.开发专业共建新模式

强化就业优先战略，推进园区、校区、社区"三区融合"，组织园区企业专家进高校进社区宣讲或开设实战课程，利用人力资源企业了解用工方需求的优势，对高校专业设置和人才培养提供合理化建议；鼓励社区和园区提供相应实习岗位，帮助在校生更好地适应社会，促进三方共育共赢。

（二）园区信息化建设

加强中国武汉人力资源服务产业园信息平台建设，优化线上招聘服务，联动"武汉人社"官微"招聘平台"，组织开展百日千万网络招聘国家级人力资源服务产业园专场活动和国聘行动，设立全市巡回校招和协会理事单位招聘专场，开辟高校毕业生和技术技能人才招聘专区，打造常年不打烊线上公益招聘会。

各园区结合自身特点，不断加强信息化建设，提升信息化水平。中央商务区园区以实体园区和网上园区为载体，通过打造人力资源供应链平台、人力资源电子地图、公共服务平台以及多功能共享空间，建立供需互联、数据互联、服务互联、空间互联四位一体的产业互联平台。该平台连接人力资源服务供需双方、政府管理部门、行业协同组织等，既能作用于园区日常管理运营，也可助力行业信息互通，帮助人力资源公司降本增效。2022年公共展示大厅的数智化升级，进一步优化了平台功能和体验，改造完成集时代引领和产业服务等为一体的线上智能交互平台，助力行业信息互通共享。车谷园区部署公共就业信息化平台，所有数据可与湖北省公共招聘网连通，该平台可以支持线上网络招聘会和线下现场招聘会两种招聘会模式。用户可根据需要在网上申请入驻招聘，也可选择在产业园举办线下招聘会，两种招聘会模式均支持直接在线申请招聘展位，信息实时同步。平台支持O2O招聘会模式，形成天天都是招聘会，大大提升招聘效率。

五　产业园建设中的问题和未来发展趋势

（一）园区建设中遇到的问题

一是光谷园区、车谷新园区于2021年底正式开园，园区运营、管理、服务等工作还需要结合实际情况，逐步摸索完善，尤其是下一步优质企业招引、产业园扶持政策兑现、园区管理等工作，有待进一步加强。

二是现有园区企业仍存在龙头性企业较少，个性化、综合性服务能力、创新能力有待提高等问题。园区产业集聚、整体合力和影响力均需进一步提升，加速规模化、集团化、规范化发展，以更好地匹配经济高质量发展的人才及人力资源服务需求。

三是产业数字化成为经济发展新动能、新引擎，人力资源数字化转型势在必行。武汉产业园人力资源行业数字化转型还面临着许多挑战，作为湖北省唯一的国家级人力资源服务产业园，在园区数字化升级和行业转型引领方面的作用有待进一步加强。

（二）展望"十四五"期间产业园未来发展目标、方向任务

武汉产业园运营近 5 年来，努力推动人力资源产业高质量发展，实现了良好的产业效益、经济效益和社会效益。下一步，产业园将紧紧围绕武汉建设国家中心城市、长江经济带核心城市总体目标定位，以推动人力资源产业发展为重点，围绕产业集聚、赋能创新、协同发展精准发力，以招商引资、供需对接为抓手，加快打造全国有影响力的人才集聚新高地，推动人力资源服务业高质量发展。

一是提升园区集聚发展水平。聚焦武汉"965"产业集群，引进一批人力资源头部企业、总部企业，扶持一批跨界融合创新的人力资源服务项目，培育引进一批高层次人力资源服务专业人才，力争形成具有区域辐射力、全国竞争力和全球影响力的人力资源服务"武汉军团"。

二是加强园区政策扶持力度。建立中国武汉人力资源服务产业园建设工作领导小组，形成整体合力，统筹推进中央商务区园区、光谷园区和车谷园区建设。加大园区建设扶持力度，推动产业园制度建设，确保产业扶持政策落实到位，园区管理和服务规范有序，园区人力资源服务机构服务链完备，供给机构满足人力资源配置服务需求，提升服务能级，打造市场化、国际化营商环境。

三是加快园区数字化建设。整合升级现有产业园平台，推进人力资源服务与大数据、云计算、区块链等数字技术的深度融合，加快智慧化、数字化

产业园建设，打造先进的人力资源服务产品信息发布与线上交易平台，建立健全线上、线下一体的人力资源服务产业模式，完善政策推送、求职招聘、企业推广等服务功能，不断提升中国武汉人力资源服务产业辐射带动力。

四是强化区域协同发展。发挥"一主引领"作用，加快打造武汉城市圈升级版，推进与"襄十随神""宜荆荆恩"城市圈融合，推动全省人力资源共建共享、实现全域高质量发展，打造专业化、信息化、产业化、国际化的人力资源生态圈。发挥长江中游城市群省会城市会商机制作用，加强与长沙、南昌等城市交流合作，共同打造中部地区人力资源配置枢纽。发挥长江经济带核心城市作用，加强与长三角、成渝城市群的合作对接，促进长江经济带人力资源服务协同联动。

B.22
协同推进高质量发展下
人力资源产业园建设

方建光　陈晓晖*

摘　要： 本报告围绕中国宁波人力资源服务产业园（以下简称"宁波产业园"）的基本情况、政策落实、机构建设、管理运营、疫情应对等近阶段工作进行阐述。2021年是"十四五"开局之年，宁波产业园为宁波建设"共同富裕先行市"，开启现代化建设新征程继续提供优质人力资源服务，多项工作指标保持稳健增长势头。在"十四五"期间，宁波产业园将积极应对后疫情时代的挑战与机遇，补齐工作中仍存在的短板，聚焦区域实体经济发展，体现"国字号"产业园战略引领作用、全面推进区域人力资源服务业高质量发展。

关键词： 人力资源服务　产业园　宁波　"人力资源+资本+互联网"

一　基本情况

中国宁波人力资源产业园的前身为2012年9月创建的浙江宁波人力资源服务产业园，经过7年的园区建设和业务开拓，获得显著成效和持续进步，在2019年8月得到国家人力资源和社会保障部正式批准设立国家级人

---

* 方建光，宁波市人力资源和社会保障局人才开发和市场处处长；陈晓晖，宁波市人力资源和社会保障局人才开发和市场处一级主任科员。

力资源服务产业园。宁波产业园把握难得的重要战略机遇，从"一核多极广覆盖"的集群化产业基地系统升级成为"一核驱动多团组联动"的国家级产业引领示范园，目前产业园业态已覆盖包括海外人才输送、高端猎头、人才测评、职业培训、人才派遣、职员招聘、服务外包等行业全业态类型，成为区域人力资源服务行业不可或缺的领军力量、浙江"人才强省"战略全面落实的重要支点、长三角南翼重要的人力资源服务采购和供应基地，园区建设多项工作在省内乃至全国保持领先地位。在浙江省人力资源和社会保障厅发布的《浙江省人力资源服务业发展白皮书（2021）》中，宁波共有50家机构入围全省人力资源服务业综合百强，入选数位居全省第一；百强榜单前20强中，宁波占据10席，为区域乃至全省人力资源服务产业发展提供重要力量。

（一）产业园概况

宁波产业园以"立足宁波产业发展实际、服务全省人才强省战略，辐射长三角经济全局"为战略定位，纵深打造"人力资源+资本+互联网"融合的产业协同体系及"一区一品"的区域特色错位发展机制。近年来，宁波产业园更不断以切实举措深度强化"产业集聚、企业孵化、市场培育、高地打造、人才服务"的功能定位，以核心园区为引领示范，以北仑、保税、镇海、余姚、慈溪等北片园区团组和奉化、宁海、象山等南片园区团组为两大产业发展带，构建区域联动、错位发展的产业园辐射协同体系，实现人力资源服务全境覆盖、产业园全市联动。

2021年是"十四五"开局之年，在这一年中宁波产业园克服新冠肺炎疫情带来的不利影响，不忘初心、砥砺前行，于困境中继续保持艰苦奋斗的发展势头。截至2021年底，园区总面积在原有的12万平方米基础上获得显著拓宽，聚集吸引350余家国内外知名人力资源服务机构，提供120余种业态丰富的服务产品，搭建"人力资源服务+区域优势产业"的生态耦合产业圈。园区机构在做好自身工作的基础上，更积极帮助宁波全市引进一大批高端人才，助推宁波"甬上乐业"品牌效应不断显现、人才队伍持续壮大、人才结构逐步优化，"我选宁波、我才甬现"品牌建设和生态环境优化持续推进，宁波人才净流入率保持多年位居全国主要城市前列，多年来宁波产业园始终保持着大体量、素质优的人力资源供给和服务水准，为宁波人才工作保驾护航。

（二）产业集聚情况

产业集聚是产业园建设的生命线，早在2011年，宁波就率先提出并积极践行人力资源服务业产业集聚发展理念，为产业园建设打下坚实的产业资源禀赋基础，近年来，宁波产业园坚持依照"功能完善、机制健全、运行有序、服务规范"的工作准则，在推进区域产业集聚上全面强化以下工作。

一是筑巢引凤、以园区建设促进业态集聚。大力加强园区规范化、标准化建设，同时积极引领行业高质量发展，建设人力资源服务业集聚高地，2021年，全市1588家人力资源服务机构行业总营收1266.37亿元，同比增长43.7%，较2016年增长超过4倍，宁波产业园在其中发挥主体性作用，产业园总营收434.69亿元，占全市行业总额的34.3%，纳税额11.8亿元，引领全市人力资源服务业发展，直接服务各类人才223.2万人次，主要经济指标在疫情逆境中继续保持持续增长势头。

二是以企兴业、借助优质机构促进产业集聚。目前宁波产业园已汇集包括科锐国际、万宝盛华等在内的多家国内500强企业，以及日本精益、杰艾集团、杰博人力等多家国际知名业内机构，2021年新增入驻各类优质人力资源服务机构54家。此外，宁波产业园发挥外贸重镇的经济优势，全力支持宁波人力资源服务机构积极拓展国外业务，大力支持企业积极开拓海外市场、布局数字贸易人才市场，鼓励国内机构在境外设立分支机构、引才站点，同时亦支持具有国际影响力的优质人力资源服务机构在宁波建立区域总部、工作站和分支机构；群策群力吸附集聚优质人力资源、内外联动扩大产业园辐射力，2021年10月，科技部发布"魅力中国——外籍人才眼中最具吸引力中国城市"榜单，宁波位列全国第七，宁波国际人力资源服务体系建设初见成效。

三是以赛促聚、举办专业性赛事促进创新资源集聚。宁波产业园连续七年成功举办中国（宁波）人力资源服务创新创业大赛，前六届大赛吸引超过 2000 个优质项目集聚赛场、120 余个获奖项目累计获融资超过 20 亿元，多个重量级获奖项目顺利落户宁波、带动新业态发展。2021 年举办的第七届大赛克服疫情困难，吸收到来自全国共 24 个省份 38 个城市和地区的数百个项目参赛，最终 20 个团队脱颖而出入围决赛，在决赛现场，宁波产业园与其中 15 个决赛项目直接对接投资合作和落地意向，为新一轮的产业集聚提供新鲜力量。

（三）主要经济社会效益指标

截至 2021 年底，全市人力资源服务机构全年服务用人单位超过 45 万家次，帮助 311 万人次实现就业和流动。宁波产业园在其中发挥核心骨干作用，全年服务用人单位超过 7.8 万家次，联系提供就业岗位 46.1 万个（见表 1、表 2）。

表 1　2021 年中国宁波人力资源服务产业园经济效益指标

名称	开园运营时间	建筑面积（万平方米）	入驻企业数量（家）	营业收入（含代收代付）（亿元）	纳税额（亿元）
宁波人力资源服务产业园	2019 年 9 月	12	350	434.69	11.8

数据来源：2021 年宁波产业园的年度统计报告。

表 2　2021 年中国宁波人力资源服务产业园社会效益指标

名称	服务人次（万人次）	服务用人单位（万家次）	帮扶就业和流动人数（万人次）	提供就业岗位（万个）	引进高层次人才（万人）
宁波人力资源服务产业园	223.2	7.8	136.3	46.1	0.29

数据来源：2021 年宁波产业园的年度统计报告。

在奋发努力、超额完成各项经济指标的同时，产业园也带动大量人力资源服务机构积极承担更多社会责任：在省助力脱贫攻坚榜上宁波有 16 家人力资源服务机构，在助力企业复工复产榜上宁波有 21 家机构，宁波产业园推出一系列有效举措，积极助力脱贫攻坚、帮助企业复工复产、促进就业和地区协作，为后疫情时代的经济秩序恢复提供人力资源服务供给保障。

二　政策制度建设情况

（一）产业园相关政策

宁波的人力资源服务业起步较早，政府重视程度高，在产业集聚、市场规范、环境营造等方面均出台了相关产业扶持政策，如 2016 年出台了《关于加快发展宁波人力资源服务业的实施意见》，2019 年将人力资源服务业正式纳入全市"3433"服务业倍增发展行动，制定出台的《关于加快发展人力资源服务业的实施意见》（甬政办发〔2016〕13 号）等政策，发挥"有为政府"和"有效市场"的双向联动效应，切实提升政策的实效性和贯彻度，为人力资源服务业发展提供宽松的外部政策环境。与此同时，宁波高度重视产业园聚集效应的发挥，颁布了《宁波市级人力资源产业园区认定及管理暂行办法》，出台《中国宁波人力资源服务产业园发展规划》，以宁波产业园为龙头，构建区县市、省级乃至国家级人力资源服务产业园建设制度体系，形成梯度循环的内生性政策动力源。

2021 年是"十四五"开局之年，宁波市对"十三五"期间的人力资源产业政策进行全面梳理，修订《宁波市人力资源和社会保障行政处罚自由裁量权适用办法》等政策，整理总结了《2021 年宁波市人力资源服务业发展报告》及《"十三五"期间宁波市人力资源服务业发展报告》等报告，充分肯定宁波产业园在"十三五"期间的积极贡献，并针对新时期的工作目标出台《宁波市人力资源和社会保障事业发展"十四五"规划》《宁波市人力资源服务业高质量发展行动计划》等顶层设计纲领性文件，为宁波产业园新一轮发展指明方向，同时出台《关于进一步规范劳务派遣管理的指导意见》等细则性政策，为产业园具体事务运行的持续优化提供准绳。

（二）行业营商环境建设

宁波产业园营商环境建设是全宁波营商氛围的缩影和代表，根据《2021万家民营企业评价营商环境报告》，2021 年，宁波营商环境在全国主要城市中排名第五，继续保持在第一方阵。近年来，宁波市陆续推出《打造国际一流营商环境实施方案》《营造公平竞争营商环境促进民营企业高质量发展的实施意见》等政策文件，为包括人力资源服务业在内的中小企业创造良好营商环境，宁波市人力资源和社会保障局在全省率先"解绑"人力资源服务业相关行政许可，取消举办人才招聘会、人力资源对接会等活动的行政许可要求，同时指导各区县（市）出台行业发展支持政策，按照"最多跑一次"要求，精简表单、压缩时限，让人力资源机构"轻装上阵"，充分激发市场主体活力。2021 年，以宁波产业园为引领示范，人力资源服务许可和劳务派遣许可审批流程得到大幅度简化和优化，服务的便捷性和适用性得到快速提升。

宽松管理不等于松懈规范，严格的规范意识同样是良好营商环境的保障。在做好服务的同时，宁波产业园也积极配合上级部门加强市场监管、落实随机抽查，健全年度报告公示等制度。加强网络招聘平台运营监管，积极配合做好"双随机、一公开"监督检查。2021 年，宁波产业园一方面积极配合上级管理部门，落实清理整顿人力资源市场秩序专项行动任务，积极配合做好规范标准、取缔非法、整改缺失等各项任务，进一步规范了人力资源服务市场秩序。另一方面，宁波产业园积极发挥协会行业自律职能，每年培育选树诚信示范、龙头领军、专业骨干等机构，积极发挥"良币驱除劣币"良性效应。"十三五"以来，宁波产业园先后有 13 家（次）机构获评"全国人力资源诚信服务示范机构"，发挥先进示范作用，维护诚信服务品牌声誉。

（三）特色制度建设

特色发展是后产业园时代下各园区战略重组的必然方向，宁波产业园的特色制度建设分为两阶段，第一阶段是以切实利好政策吸收优质企业入驻，在租金减免、税收奖励、人才激励方面下大力气筑巢引凤，如对入驻产业园核心区域的优质企业给予三年200万元奖励，优质机构享受三年合同免租优惠，入驻产业园的机构予以优惠房租支持，对所有入驻企业提供公共商业配套设施。

拼政策更要拼服务，2021年以来，宁波产业园特色制度建设进入第二阶段：以特色政策、特色服务实现"园企共进"，以服务降本增效、以服务创造价值、以服务引领行业。一是加强特色专业园建设，保税区建立了全国第一家专业人力资源服务产业园——数字外贸人力资源服务产业园。运用数字贸易新技术、新业态、新模式，在数字外贸人才引进、保障和培训方面发挥创新引领作用。二是加强特色领域的制度创新驱动，不断拓展"人力资源+服贸""人力资源+金融""人力资源+数贸"等新兴交叉领域，出台新一轮行业融合促进政策，鼓励机构深度参与长三角一体化等重大工作，支持机构承办各行业人力资源供需对接活动，助推产业园内各企业积极链接港澳航运人力市场、推动服贸货贸人才拓展、加强中东欧国际人才合作、拓展一带一路国际教培服务、布局"海外仓"国际营运人才培育。三是加强特色业态的提前布局，通过政府购买市场服务、园区鼓励专业服务外包方式，在培育和扩大区域人力资源服务市场方面推出诸多特色制度，以多种方式引进、孵化猎头、网络招聘等市场急需的高端机构和业态，助推人力资源服务向高端业态转型。产业园通过引才服务外包形式，加大海内外高层人才创新创业项目征集力度；通过互设飞地等方式引进国内外知名机构30余家，涵盖了金融、法务等新兴高端服务业态，成效显著。

三　管理运营发展情况

（一）产业园管理体制

宁波产业园在国家人力资源和社会保障部（以下简称"人社部"）的指导和省市人力资源和社会保障部门（以下简称"人社部门"）的管理和支持下，不断健全产业园管理体制和运营机制，积极探索"适应发展需要、符合市场规律、运转灵活高效"的运营管理新模式。在顶层设计上采用多部门联席会议制度，定期开展人力资源产业发展政策研讨，统筹指导工作，加强与组织和财政部门的沟通，积极挖掘发展中存在的突出问题，推动各项助企举措得到全面落实。重视市场优化配置资源作用的充分发挥，实行"管委会+经济实体+社会中介"三位一体开发建设模式。为园区开发建设培育宁波产业园园区投资管理公司，按照"管办分离、政企分工"的原则，采用行政管理主体与开发建设主体既分离又联动的管理体制，并与上级管理部门共同努力，共同探索各级人力资源服务产业园评估考核规范指标体系工作。

（二）产业园运行机制

宁波产业园在园区运营中主要采取四大运行机制，一是市、区（县）两级联创机制，各园区基础设施建设以市级投资为主，园区内部建设实行由市、区（县）财政引导、多元化投资共建。二是园区建设咨询决策机制，发挥专家在发展战略制定、重大项目论证、科技成果转化、人才培养等方面专业优势。三是产业创新发展机制，鼓励和支持入园机构探索发展科技人力资源服务，通过科技创新和市场推广推进新技术与传统人力资源服务结合。四是多元投融资机制，建立复合型投融资机制，形成政府引导、多元投入的社会化融资格局，设立人才发展专项资金，各区县均予以一定的配套补助，积极推动政府购买人力资源服务，定期组织行业供需对接，促进人力资源服务业与实体经济相向发展。2021 年，宁波产业园更进一步加强了园区核心园区与南北片区园区之间的互动融合，推动不同片区、园区之间的紧密联系、组团出访、融合发展。

（三）从业人员队伍建设

近年来，宁波产业园各类机构的专业化水平、市场拓展能力不断提升，从业人员队伍建设持续推进，人力资源服务行业创造价值的绩效继续保持全行业上游水平，行业社会贡献度继续领跑社会平均水平。2021 年，宁波产业园内人力资源服务行业从业人员的数量和质量都呈现上升趋势，在疫情期间，宁波充分发挥人力资源服务机构以及人力资源服务队伍在脱贫攻坚、区域劳务协作等方面市场化配置作用，尤其疫情期间，宁波上千家人力资源机构向定点企业输送人力资源超 25.9 万人，助力 1.3 万余家重点企业复工复产，在抗疫复产保卫战中涌现出一大批优秀的人力资源服务从业先进工作者。

四 服务体系优化情况

（一）公共服务

2021 年，宁波产业园根据上级领导要求，进一步强化公共服务意识，从内部建设和对外服务两条线入手抓好公共服务提质增效工作。首先，在内部建设上，积极响应号召、开展"三服务"和"四送四助"活动，开展形式多样、各具特色的窗口服务技能提升活动，以业务培训为抓手，优化服务品质，大力推进经办事项标准化，持续深化"一件事"集成改革，建立事项动态调整机制，建立公共服务标准管理和评价指标体系，加快建设产业园业态展示区，完善产业园数据资源标准库，不断完善流程操作标准和程序制度规范，加大培训指导力度，提升园区管理服务人员业务能力和管理服务水平，推进产业园服务提质扩面。

其次，在对外服务方面，运用"三层四步五落实"工作法，全面提升公共服务的覆盖面、深入性和美誉度。积极响应人社走进基层联心行动、帮扶企业贴心行动、服务群众暖心行动，着力解决企业用人困难事、人才发展烦心事，沟通传递有关行业发展信息及政策动态，有针对性地为企业发展做好服务。全力协办"高洽会""留创行"等年度重大引才活动，积极响应青年才俊"弄潮行动"、优秀学子"汇流行动"，推广创新线上引才、直播带岗等引才新模式，利用全球引才网络平台线上引才渠道，推进高端人才集聚，加强与入园企业的联络沟通，建立企业联络员制度，支持园区机构承办各类人力资源供需对接活动、开展自主品牌建设，引导机构发展培育新经济、新业态，大力推进园区内灵活用工公共服务平台建设。

（二）协调互动增值服务

宁波产业园注重争取政府资源和市场力量，找准"政府力量"和"市场效应"的黄金结合点，发挥好产业园在人力资源服务业与区域优势特色产业之间的协调互动增值促进作用。充分发挥产业引导、政策扶持和环境营造的引领作用，顺应区域发展需求和当地产业特征相契合，因地制宜打造特色产业人才对接高地。尤其注重协调产业互动、服务区域经济协同发展。围绕重点产业需求大力实施供需对接工程，先后联合汽车零部件、装备制造业等行业协会举办镇海绿色石化、北仑临港装备、保税数字贸易、慈溪智能制造、奉化服装纺织、宁海旅游文创等10余场产业特色鲜明的人才供需对接会，推动人力资源机构与实体企业全面对接，有效助推双方的协同发展。

与此同时，也通过人力资源行业协会等载体，积极促进人力资源服务机构之间、从业人员之间的协调互动，积极打造"人力资源+资本+互联网"融合发展产业体系，宁波产业园园区内组建了浙江省第一个人力资源服务行业协会，协会工作一直走在前列，宁波产业园大力发挥行业协会在行业示范、行业自律和行业交流等方面的引领作用，营造公平竞争的市场环境，助推产业园企业抱团取暖、组团出击，不断改善行业发展生态。同时产业园积极开展人力资源服务业专业技术人员继续教育，不断提升产业园从业人员自身的人力资本价值。

（三）搭建交流平台服务

宁波产业园依照"政府引育、市场主导、企业主体"的方针，以"企业+资本+人才+项目"模式为抓手，积极促成园区内部之间及园区内外的交流合作。首先，加强与科教系统的交流合作，近年来，宁波产业园与国内外知名大学和科研院所通力合作，在全国率先建立起"人力资源产业学院"，采用联合办学模式，为宁波乃至全国输送园区所需各类人才。实施"宁波人力资源服务产业园区领军人才培养计划"，每年选派一批人力资源服务骨干企业人才，到著名专业院校、知名企业学习培训，为宁波人力资源服务业高质量发展储才蓄能。

同时，宁波产业园还加强与其他国家级产业园的交流合作，近年来多次组队前往上海、深圳、重庆、成都等地产业园学习考察，也迎来江西、青岛等地产业园的同志们来甬交流座谈、传授经验，通过交流沟通、相互学习，有力地促进了各地产业园建设水平。2021年7月，宁波市人力资源产业高级访学活动在武汉举行，10月，宁波产业园还受邀参加首届长江经济带人力资源服务产业创新发展高峰论坛，并做专题报告，同时宁波产业园积极支持长三角人力资源服务产业园联盟的建设发展，助力实现跨区域人力资源服务产业链的有机链接，积极倡导国家级产业园之间形成统一的行业共识、共通的管理规制、及时的信息交互、互认的信用考评，取得了积极的联动成效。

（四）信息化建设

信息化建设、数据化运营是产业园建设实现现代化转型的必由之路，宁波产业园对信息化建设高度重视，主要采用对外接轨和对内整合两种途径加快信息化进程。首先是，积极对外接轨，全面融入人社系统网络政务和智慧城市建设大局，2021年开始，宁波人社局全力启动建设资源集聚、对接精准、服务高效的人力资源数字化公共服务平台，实现企业需求发布、机构信息对接、企业用工监测和精准实时匹配的功能集成，宁波产业园全程参与数据平台建设，积极发挥公共人力资源服务机构的企业招工引才主渠道作用，同时积极引进和培育"互联网+人力资源服务"高新企业，助推人力资源服务数据库及网络建设，促进线上、线下两个市场接轨互动。

其次，宁波产业园积极开展园区内信息节点的整合工作，积极打造"掌上办事""掌上办公""掌上治理"的"数字产业园"建设，积极开发"移动端+PC端"网上产业园，创建营运"人才服务产业+"微信群，开设空中微课堂，创建产业园微信公众号、视频号，及时推送产业园相关政策信息；不断强化人力资源服务业宣传，充分利用微信、微博等新媒体方式，全面提升影响力，努力营造积极正向的人力资源服务业舆论氛围。鼓励机构运用"O2O"等新模式拓展自身业务，比如，支持智囊团网整合全国2万家猎头服务机构，服务全国客户超过4000家，吸引风险投资超过3000万元，被国家科技部认定为科技型中小企业。

五 产业园建设中的问题和未来发展趋势

（一）园区建设中存在的问题

新发展时期下，国家级人力资源产业园更面临战略抉择与转型升级，机遇与挑战并存。双循环新发展格局释放新需求，数字化产业变革注入新活力。同时，城市竞争更加激烈，海外引才难度增加，对人力资源服务产业园不断提出新挑战，宁波产业园面临着理念、制度、模式等全方位深层次的重塑重构压力。

对照新形势、新发展、新需求，宁波产业园还存在一些不足之处，一是行业高端业态动能仍显不足，劳务派遣业态比例仍然过高，产业园内高科技、高附加值、高层次业态产品供给及后续能力有待提升；二是头部机构数量仍显不足，全国性品牌效应有待更好凸显，产业园内总部型企业、本土龙头企业、上市企业数量仍然较少，需要加快育强拔尖进程；三是"产园对接"仍有很大空间，产业园间发展差异较大，信息共享程度、数字化产业园建设有待全面提速。

（二）未来的发展目标

坚持以习近平新时代中国特色社会主义思想为指导，全面贯彻党的十九大精神，认真落实市委市政府部署要求，忠实践行"八八战略"，奋力打造"重要窗口"，全面提升人力资源服务业的人才支撑、信息融入及智慧引领的水平，通过产业园建设的思路创新、政策创新、服务产品创新，实现宁波人力资源服务业和实体经济产业新一轮的高质量发展。

以产业园建设为重要动力源，全面推进区域人力资源服务业转型升级，到 2025 年宁波市人力资源服务业年产值争取达到 2000 亿元，力争引进培育上市公司 1~2 家；持续健全高端人才信息库，到 2025 年末引进培育行业领军型人才 100 名左右、行业高层次人才 1000 名左右，行业从业人员接近 3 万人；持续做大做强、做专做精国家级产业园，建成省级产业园 4 家、市级产业园 6 家，宁波产业园要在各项工作中发挥排头兵和主力军作用。

在新发展时期，宁波产业园要重新梳理产业园顶层设计和系统架构，以"产业思维"重新审视自身的行业定位和园区结构，在园区环境优化上，要实现由"小窗口"向"大平台"转变，在园区主体培育上，要实现由"小企业"向"大集群"转化，在园区能级提升上，要实现由"小服务"向"大融合"进军，"着力加快建设实体经济、科技创新、现代金融、人力资源协同发展的产业体系"。

1. 全力支持产业创新业态升级工程

一是积极引导人力资源服务业转型升级，鼓励骨干企业利用大数据等新技术，推动人力资源服务全业态升级。二是积极引进国内外人力资源服务高端企业（机构），引进培育专业化服务机构，鼓励本土人才服务机构提升运营能效、加强交流合作，联动打造多层次业态、全方位产品的人力资源服务业产业链。三是创新人力资源服务业业态，全力支持高技术、高附加值业态培育发展，加快发展专精特新人力资源服务机构。

2. 全力支持赋能实体协同发展工程

一是发挥宁波产业园经济导向作用，全力构建支撑实体经济、促进就业、服务人才、促进区域协同发展的人力资源服务现代产业体系。二是以宁波产业园为战略节点，深度推进人力资源服务机构紧缺人才引进进程，全面扩大紧缺人才引进及培育规模。三是以宁波产业园为辐射源，推动人力资源合作工作站建设，支持本市人力资源服务机构在劳务输出重点区域设立人力资源引进（校企合作）工作站，加大对技能人才等人力资源的引进力度。

3.全力支持领军机构深度引育工程

一是以宁波产业园为战略基地，加大人力资源服务业总部机构引进力度。推动大型人力资源服务机构在产业园设立或迁入，并支持全国人力资源服务业百强或列入省优先引进名录的人力资源服务机构在产业园设立总部。二是加紧孵化培育人力资源服务业本土龙头机构，支持人力资源服务机构向综合性机构发展。三是鼓励产业园内人力资源服务机构多渠道上市融资，提升产业园内上市企业的整体数量和经营质量。

4.全力支持品牌战略提标提质工程

一是以宁波产业园为示范，强化抱团发展模式，支持各区市（县）因地制宜建设专业产业园，形成产业园区集群。二是强化产业园信息交互共享发展，以信息化统筹等多种方式，强化产业园间统筹联动机制，提升园区运营能力和服务能级。三是以园区为载体，扩大中国（宁波）人力资源服务创新创业大赛在国内外的影响力，支持举行行业性、专业性的人力资源服务供需接洽会，集中推介宁波市人力资源服务产品。

5.全力支持行业人才引育全链工程

一是加大高层次人才引进培养力度，支持行业人才申报高级经济师等职称认定。鼓励有条件的经营性机构设立博士后工作站。二是加速培育人力资源服务业高精尖专人才，支持知名高校在宁波市开设人力资源专业研究生班。三是积极组织行业高管参与境内外的培训交流、学术交流和研修活动。

6.全力支持市场生态环境升级工程

一是进一步规范人力资源市场秩序和行业规范。二是进一步强化行业自律建设，以行业信用评价、对外工作交流等方式，建立行业自律公约，提高从业人员自我约束能力。三是进一步扩大人力资源服务业参与范围，鼓励人力资源服务机构、高校、科研院所开展深层次合作交流，积极争取宁波市级产业发展基金等金融力量、全面助益人力资源服务业高质量发展。

B.23
以数字化驱动建立人力资源服务工作站

张哲峰　何永胜 *

摘　要： 本报告从产业园建设概况、政策制度建设等角度对中国石家庄人
力资源服务产业园的运营发展进行了介绍。石家庄市以人力
资源服务产业园建设为重要抓手，坚持战略集聚与产业发展相结合，
产生了良好的经济社会效益。产业园注重产业服务，建设数字化
园区，并创新性地在市域内各个区县建立人力资源服务工作站，
将产业园服务功能延伸并与产业发展相结合，有力地促进了区域
人力资源服务业的发展。

关键词： 人力资源服务　产业园　石家庄　人力资源服务工作站

一　基本情况

（一）产业园概况

2019 年以来，石家庄市积极贯彻落实人力资源和社会保障部与河北省
《人力资源服务业行动计划》，坚持京津冀协同发展战略，围绕重点产业发
展，开展调研论证，以"一园多点，一园多能"规模布局，"立足石家庄，
服务京津冀，面向全世界"，坚持"战略性集聚和系统性开发"的发展理
念，建设"一站式公共服务、人力资源服务机构集聚、人力资源服务创新

---

* 张哲峰，河北省人力资源和社会保障厅三级调研员；何永胜，石家庄市人力资源和社会保障
局科长。

孵化、立体化人才系统开发、人力资源信息化服务、国际交流与合作"六大服务功能，积极拓展人力资源产业，为机构赋能，为人才赋能，促劳动力就业、促人才配置、促经济发展，打造国际知名人力资源服务平台、高层次人才集聚高地和海内外人才创新创业基地，为服务区域经济转型发展提供人才支撑和智力保障。

2021年1月12日，经人力资源和社会保障部批准成为河北省首家、全国第20家国家级人力资源服务产业园，名称定为"中国石家庄人力资源服务产业园"，涵盖高新、桥西、正定园区。

中国石家庄人力资源服务产业园总面积约27万平方米，其中核心园区为高新园区，位于石家庄市高新区长江大道315号，总面积21万平方米；桥西园区位于石家庄市桥西区塔谈大街6号塔坛国际商贸城3号写字楼，总面积4.2万平方米；正定园区位于石家庄市正定新区阳光路39号传媒大厦，总面积1.8万平方米。

（二）产业集聚情况

1. 截至2021年底，石家庄产业园入驻人力资源服务及周边业态服务机构125家

其中，园区上市企业有58同城信息技术有限公司、同道精英（天津）信息技术有限公司、顺利办信息服务股份有限公司、软通动力信息技术（集团）股份有限公司、前锦网络信息技术（上海）有限公司、人瑞人才科技控股有限公司、北京科锐国际人力资源股份有限公司、嘉驰英才（上海）信息科技有限公司8家，园区国内外知名机构27家，如58同城信息技术有限公司、同道精英（天津）信息技术有限公司、北京外企服务集团有限责任公司、上海仁联劳务服务有限公司、前锦网络信息技术（上海）有限公司、人瑞人才科技控股有限公司、北京科锐国际人力资源股份有限公司、北京北大纵横管理咨询有限责任公司、江苏云学堂网络科技有限公司、嘉驰英才（上海）信息科技有限公司、北京和君咨询有限公司等，吸引入驻省级优质机构119家，如河北诺亚人力资源

开发有限公司、河北万古人力资源服务有限公司、河北冀联人力资源服务集团有限公司等。

2. 人力资源服务工作站与人才城

在石家庄市域范围内建设人力资源服务工作站。在石家庄市委组织部、市人力资源和社会保障局（以下简称"人社局"）指导下，充分发挥中国石家庄人力资源服务产业园资源优势进行服务延伸，在石家庄市域范围内建设人力资源服务工作站，对接国家级人力资源服务产业园的平台资源，通过人才引进、人力资源服务提升，赋能工作站所在区县经济高质量发展。在石家庄藁城区、鹿泉区、栾城区、晋州市、高邑县、井陉县等17个区县建立人力资源服务工作站。依托工作站建设，打造资源平台，赋能人才发展，促进产业培育。针对区域产业需求，以工作站为桥梁纽带，开展供需双向匹配。

打造石家庄国际人才城。人才城重点进行高层次人才集聚，引进高级人才寻访（猎头）、从事人力资源服务新兴或高端业态服务机构等中高端服务业态机构入驻，重点向高端价值链发展，依托区内创新创业要素，强化产业园创新孵化功能，引进孵化机构和孵化平台，打造"高端人才集聚、产业业态高端、服务功能完善"的高层次人才项目孵化基地；积极引进国际人力资源服务机构，吸引海内外知名人力资源服务机构入驻，建设"海外人才之家"，探索海外人才培训新模式；强化国际合作，定期举办对标访学、论坛沙龙等活动，面向全球进行智力引进，打造国际化智力高地。

开创"人力资源服务产业+金融产业"协同发展服务模式。统筹协调区域内金融机构（银行、信托、证券、担保等），发挥园区人力资源服务优势，将人力资源服务产业与金融服务业相结合，重点为区域金融经济发展提供行业专业化人才，如精算师、金融分析师、高级基金经理等人才，助力区域金融业高质量发展。

建设人力资源信息化平台。基于大数据聚合、网络信息管理和网络舆情监测技术，大力发展高效在线招聘、职业生涯规划、在线面试、背景调查与信息检索等在线全流程信息化人力资源服务，打造数字化产业园区；同时根据产业发展格局，建设"人才大数据分布地图"，摸清人才底数，勾画产业人才分布，充分利用云计算和大数据，为用人主体和人才提供高效便捷服务。

3.助力京津冀协同发展

石家庄产业园立足服务国家重大发展战略，助力京津冀协同发展，创新举办了"京津冀人力资本发展报告会""京津冀人力资本管理论坛"等系列活动。活动吸引了国内外知名人力资源服务机构创始人、行业专家、世界 500 强与中国 500 强企业代表、行业协会代表、河北省省属企业高管、金融科技行业总部高管等行业精英"线上线下"同步参与，架起了本地与全球人力资源服务机构对接的桥梁，推动了区域人力资源服务行业发展壮大，先后被河北新闻网、河北新闻联播、《石家庄日报》等媒体宣传报道。

（三）产业园主要经济社会指标

中国石家庄人力资源服务产业园总面积约 27 万平方米，总投资 21.3 亿元，入驻人力资源服务机构 199 家。2021 年全年营业收入 31.5 亿元，纳税总额 6100 万元（见表 1）。

表 1　2021 年中国石家庄人力资源服务产业园经济效益指标

名称	开园运营时间	建筑面积（万平方米）	入驻企业数量（家）	营业收入（含代收代付）（亿元）	纳税额（亿元）
高新园区	2019 年 6 月	21.0	80	17.0	0.31
桥西园区	2019 年 12 月	4.2	48	10.5	0.16
正定园区	2019 年 12 月	1.8	71	4.0	0.14
合计	—	27.0	199	31.5	0.61

数据来源：中国石家庄人力资源服务产业园统计数据。

石家庄产业园 2021 年全年服务 69.39 万人次，帮扶就业和流动人数 8.66 万人次，提供就业岗位 6.93 万个，引进高层次人才 2000 人，诚信机构企业数量 4 个，举办招聘会 533 场次，举办培训班 1764 场次，培训人数大约 34 万人次，发布求职信息 8 万多条（见表 2）。

表 2　2021 年中国石家庄人力资源服务产业园社会效益指标

名称	服务人次（万人次）	服务用人单位（万家次）	帮扶就业和流动人数（万人次）	提供就业岗位（万个）	引进高层次人才（万人）	诚信机构企业数量（个）	举办招聘会场次（场次）	举办培训班场次（场次）	培训人数（万人次）	发布求职信息条数（万条）
石家庄产业园	69.39	3.72	8.66	6.93	0.2	4	533	1764	34.32	8.04

数据来源：中国石家庄人力资源服务产业园统计数据。

二　政策制度建设情况

（一）最新出台的产业园相关政策

近年来，石家庄市先后制定了以下政策措施：《石家庄市中长期人才发展规划纲要（2011—2020 年）》、《石家庄市人才发展促进条例》、《印发〈关于实施现代产业人才集聚工程的若干措施〉的通知》（石办发〔2018〕8 号）、《关于建设中国石家庄人力资源服务产业园的实施方案》和《鼓励支持人力资源服务产业园发展的若干措施》（〔2019〕-50）、《关于印发〈石家庄市人力资源服务业发展行动计划〉的通知》（石人社字〔2019〕2 号）、《印发〈关于落实鼓励支持人力资源服务产业园发展的若干措施实施细则〉的通知》（石人社字〔2019〕71 号）、《关于印发〈石家庄市市级人力资源服务产业园认定办法（试行）〉的通知》（石人社规〔2019〕1 号）、《石家庄市人力资源服务产业园发展扶持资金管理办法》（石人社字〔2020〕84 号）、《关于高质量建设人才强市的实施意见》（石字〔2021〕

7 号）、《关于进一步吸引留住人才的若干措施（试行）》（石政办发〔2022〕6 号）。

2021 年，高新园区出台了《高新区鼓励支持人力资源服务产业园发展的若干政策（修订）》，加大了奖补力度，扩大了奖励范围；配套《石家庄高新区关于建设石家庄高新（国际）人力资源服务产业园的实施方案》，明确政策支持，突出激励作用，释放创新活力；高新园区制定机构入驻管理制度与手续办理相关流程，并形成《产业园入驻机构考核管理办法》《产业园发展若干措施的实施细则》《产业园入驻管理条例》《产业园入驻机构须知》等配套制度一起执行，从制度层面保障产业园日常管理与运营考核。2021 年，桥西区相应配套出台了《关于建设发展石家庄市桥西区人力资源服务产业园的实施方案》《鼓励支持人力资源服务产业园建设发展的若干措施（试行）》《中国石家庄人力资源服务产业园桥西园区管理服务办法》《中国石家庄人力资源服务产业园桥西园区招商入驻及管理办法》等政策文件，提供贡献奖励、柔性引才、人才创业等扶持政策，引导培育人力资源服务行业发展壮大，同时制定合理的考核退出机制，尊重市场经济淘汰机制，对运营不规范、存在违法违纪行为的企业予以清退，保持行业平稳健康发展。正定园区出台了《关于建设正定新区人力资源服务产业园的实施方案》《正定新区鼓励支持人力资源服务产业园发展的若干意见》《入驻企业管理条例》等政策文件与园区管理办法文件。

（二）优化营商环境的举措

为增强市场主体活力，省、市两级不断深化"放管服"改革，为人力资源服务机构破障碍、筑坦途。

1. 推进人力资源市场立法

《河北省人力资源市场条例》列为《河北省人民政府 2021 年立法工作计划》二类项目，积极配合省司法厅推进立法工作。

2. 放宽市场准入

新设人力资源服务机构审批方式在全省推行告知承诺制。

3. 下放权限、优化流程

将职业中介许可全部下放到市（县、区）；年报和备案按照属地原则，实行同级管理。同时，编制标准化工作流程，依托"人力资源服务机构管理系统"，积极推行网上申报、不见面审核，做到了"网上办、就近办、一次办"。

4. 加大交流力度

每年举办京津冀人力资本管理论坛、高峰论坛等活动，推进人力资源服务机构之间交流合作，提高从业人才整体素质。

5. 培树行业"领头雁"

大力贯彻人力资源服务京津冀区域协同地方标准，全年认定 5A 级机构 2 家、4A 级机构 6 家、3A 级机构 7 家、2A 级机构 1 家、1A 级机构 1 家。签署京津冀人力资源服务产业园数字化协同发展战略合作框架协议，京津冀 13 对人力资源机构签订共建协议，促进京津冀人力资源服务协同发展。

6. 产业园建设取得突破

督促各市加快产业园建设，新建省级产业园 2 个、区县级产业园 4 个。目前河北省共有国家级产业园 1 家、省级产业园 5 家、市县级产业园 11 家。

7. 人力资源服务行业促就业行动成效显著

组织各类人力资源服务机构，搭建线上线下相结合服务平台，提供就业岗位 128.8 万个，达成就业意向 27.9 万人，服务重点群体 26.9 万人次，开展劳务输出 7.9 万人次，线上线下培训 40 万人次。

三 管理运营发展情况

（一）园区管理运营模式

石家庄产业园建立"园区管委会+园区管理办公室+园区运营机构"的多层次管理体系。园区管理专业委员会负责统一规划、指导和监督；园区管理办公室负责产业园建设和监督；园区运营机构负责产业园日常运营、全国招商及公共服务。

（二）园区精细化管理

1. 制定区域行业标准化文件

作为河北省唯一的国家级人力资源服务产业园，牵头进行了人力资源服务产业园与高端才智服务石家庄市地方标准制定工作。产业园邀请行业专家与标准化专业人士，针对人力资源服务产业园与高端才智业务服务内容及标准进行沟通梳理，最终制定并发布《人力资源产业园服务规程》（石家庄市地方标准 DB 1301/T 397—2021）》《高端才智服务规程》（石家庄市地方标准 DB 1301/T 396—2021），并于 2022 年 1 月份开始正式实施，提高区域人力资源服务产业园与高端才智服务规范性。

2. 建立园区月度统计上报制度

由市人社局牵头，建立园区月度统计上报制度，对入驻企业经营活动进行日常监督、管理、考核，每月对园区企业的发展情况进行跟踪统计上报并给予评估，跟进评估情况对入驻机构考核与管理。

3. 高标准完成石家庄市"双清单"编制工作

产业园受市人社局委托开展调研工作，最终完成 300 家企业调研，含生物医药、电子信息、装备制造等主导产业，完成 107 家人力资源服务机构调研，并编制《中国石家庄人力资源服务产业园服务供给清单》《石家庄市生物医药产业人力资源服务需求清单》《石家庄市新一代电子信息产业、石家庄市装备制造产业人力资源服务需求清单》《石家庄人力资源服务供需调研报告》，助力产业发展。

4. 强化制度保障

从制度层面保障产业园日常管理与运营考核及相关统计工作；帮扶机构发展，开展入驻机构调研，刻画价值图谱，解决入驻机构供需对接。

5. 精选优质服务机构入驻

机构精准摸底帮扶，促进机构精准对接。按照国家级产业园建设要求，制定"请进来、走出去","线下+线上"招商政策,创新招商模式,通过全国性论坛峰会线上宣讲及园区风采展示吸引全国知名人力机构入驻。

(三)从业人员队伍建设

为保障人力资源产业园建设运营,各园区成立了由区管委会主任/区政府常务副区长任组长,区管委会副主任/区委组织部长任副组长,区人社局、发展改革局、财政局、市场监督管理局、税务局、行政审批局、科技局、金融局、住房和建设局"一把手"为成员的人力资源服务产业园建设工作领导小组,下设由各成员单位工作人员组成的领导小组办公室筹备组。同时,区人社局为加快推进国家级人力资源服务产业园前期建设运营工作,组建由局班子成员任组长,各科科长和优秀工作人员为成员的工作专班,全面推进园区建设发展。

各园区运营公司组建专业运营管理团队。高新园区运营团队24人,均为本科及以上学历,其中硕士研究生及以上学历4人,均具备人力资源从业证书;桥西园区运营团队6人,均为本科及以上;正定园区运营团队14人,其中研究生学历1人,本科学历14人,持有人力资源行业相关证书者3人。团队成员均具有丰富的园区管理经验和团队管理经验,分别负责日常招商管理、行政运维、品牌宣传等工作。

四 服务体系优化情况

(一)服务内容

1. 提升公共服务水平

园区坚持把发展人力资源服务产业和推进社会保障公共事业有机结合,打造服务区域产业、联动服务升级的公共服务功能专区。政务服务本着全科政务服务的宗旨,将人才、金融、税务、行政、就业、社保、仲裁等业务全部揽入园区公共服务,为产业园打造优质的配套服务,也是各园区所在区域重要的综合民生服务窗口。同时可以通过 LED 大屏发布招聘信息，让办事群众或企业可以体验"一站式"服务。

2. 完善配套服务

完善园区办公配套服务。调研整合产业园及周边办公、生活资源，设计排版印刷成册，形成《产业园"一站式"服务指南》《产业园服务一览表》发放至入驻企业，建立"产业园机构管理微信群"，实时发布产业园新闻动态、政策信息、资源信息。创刊"新视界"电子新闻内刊，半月一期，传播大事、宣传企业。

提供机构发展配套服务。提供行业法律法规、人力资源政策咨询服务，开展企业用工、社会保险、医疗保障等政策内容的解读，提升企业内部从业人员的业务能力和知识储备。运营期内，根据企业提出的新的人力资源服务及人才服务需求，同步完善园区服务内容，提升园区服务质量，解决企业发展中人才短缺等难题，为企业发展提供人才保障和智力支持。

3. 开展特色服务

打造幸福模式园区，探索"1+2+N"服务模式，搭建"办公服务与生活服务"平台，开展产业园环境 6S 评比活动，优化园区办公环境。引导行业需求，定期面向园区机构老板、区域重点行业等，举办国际性人力资源论坛或全国性行业峰会、展会，常态举办公益系列沙龙、公开课，辅助公共职能部门服务质量水平和能力提升培训等系列活动，扩大产业园区及入驻机构品牌影响力，定期进行行业调研分析，制定行业发展规划，为人力资源服务产业发展提供决策依据和数据支持，全面提升行业规范化、市场化、数据化能力。

4. 加强产业服务延伸

在石家庄市各县（市、区）探索创建人力资源服务工作站，与区域产业发展深度融合，精准对接。截至目前，各地工作站积极对接所在区县组织部、人社局、就业局等部门，开展区域企业需求调研、"春风行动"、政策宣讲、在线直播培训等活动近百场次，为各所在区县引进人才、提供就业岗位、提升人力资源服务水平，吸引一批行业急需人才来石家庄。

（二）园区信息化建设

1. 数字化产业园建设

为进一步提升中国石家庄人力资源服务产业园的建设运营速度与质量，更好地为入驻机构和区域内企事业单位服务，产业园进行数字化升级建设。项目目前分为三部分：（1）数字化前台（产业园官网）；（2）ERP 中台和融媒体中心建设；（3）人才发展大数据平台。截至目前，园区 ERP 系统已上线，提升运营效率；产业园门户网站已完成，打造线上服务；领导驾驶舱建设已完成，实现数据共享；产业园融媒体中心已建设完成，作为国家级人力资源全产业链数字化共享融媒体平台，为各人社组织单位和产业园入驻机构提供更好、更广泛、常态化的多功能信息枢纽服务，实现直播带岗、在线培训等功能。

2. 产业园信息化系统建设

结合桥西区金融产业集聚特色，桥西区倾力打造"金融机构及高端人才信息管理系统"平台。坚持实用性、真实性、先进性、可扩展性、安全性、灵活性的原则进行研发，系统已涵盖百余家人力资源服务机构，千余家家银行证券、保险信托等金融机构以及近 1.7 万名金融行业专业人才等相关信息。依托该信息系统平台，可以更高效准确地掌握人力资源服务机构及人才信息，实现园区运营信息化，人才服务有的放矢，满足促进人力资源服务业发展的需求，更好地为社会经济实体组织提供人力资源相关配套服务。

3. 国际人才共享（石家庄）中心区域大数据平台

正定园区为石家庄市行业人才发展提供大数据服务——打造国际人才共享（石家庄）中心区域大数据平台，旨在为石家庄人才全面赋能，系统化盘点与分析人才现状以及人才建设的整体环境与人才的吻合度、差异度；系统将依托区域化特征数据形成区域人才需求数据、区域人才竞争发展指数、人才创新指数等相关数据标准，作为依据形成区域人才发展研究报告、行业发展报告等，为区域相关政策法规、发展规划提供依据指导。大数据平台的建立将对石家庄人才产业结构的建设与相关人才建设支撑环境的调整提供数据依据与理论支撑，也对国际人才共享（石家庄）中心的健康发展提供平台性的赋能。

五　产业园建设中的问题和未来发展趋势

（一）园区建设中遇到的问题

目前，存在的主要问题：在产业园的管理上，需注重资源整合、强化协同创新；在作用发挥上，要扩大集聚规模、提升附加价值；在服务方式上，产业园整体信息化建设水平较低。

（二）产业园未来发展目标、方向任务

产业园搭建了一个促进主导产业企业与人才、高校之间的高质量创新、发展、共享的交流平台，多方资源集聚，对接产业、链接资本，建立人力资源服务产业创新发展与产业专家人才项目对接引进的综合基地，服务区域产业高质量发展。以规模化、集聚化、专业化、数字化、国际化为园区发展目标，全方位提升园区服务能级，全力建设共创共赢、共建共享的人力资源服务生态体系。

1. 发展目标

大力推动产业园上水平、上质量、上效益，努力实现产业规模明显扩大，行业结构明显优化，服务质量明显提升的目标。2022年，入驻园区人力资源服务机构达到200家以上，年营业收入达到40亿元以上。按照年均30%左右的增长，到2025年，年营业收入达到100亿元以上。

2. 重点工作

（1）园区招商运营持续发力

深化"引进+培育"的招商策略，重点引进规模适中、服务优良、具有社会责任感，能为地区发展提供优质人力资源服务的企业；塑造产业园特色，增强对百强机构的吸引力，提升整体入驻机构质量。搭建线上与线下结

合的人力资源供需服务发布平台，结合人力资源服务机构服务产品和区内生物医药和电子信息等重点产业企业需求，持续更新与发布人力资源服务供需双清单，对内帮扶产业园入驻机构业务发展，对外提高区内人力资源服务水平。

（2）人力资源服务工作站建设提质增速

实现工作站区域拓展。为提升中国石家庄人力资源服务产业园辐射范围，全面赋能石家庄周边县区；搭建数字化工作站运营平台。借助中国石家庄人力资源服务产业园数字化平台建设项目，实现数字化运营服务。

（3）数字化产业园搭建完善

人力资源服务产业结合数字化技术发展是未来行业发展趋势，建设数字化人力资源服务产业园，以数字化技术赋能人才发展、推动人力资源服务与数字化技术融合创新，促进行业转型升级，激发人才创新创业活力和劳动力配置效率，进行数字化产业园的生态整合，达成政、企、民融合发展生态圈，促就业、促人才配置、促经济发展。

（4）建立国际化发展战略

产业园发展要结合国家人才强国战略，充分发挥"石家庄国际人才城"载体作用，参与世界竞争和建设发展，重点有以下两点：一是建设海外人才服务平台、海外人力资源服务供给站等，提升园区国际化人才项目服务能力，对标国家人力资源特色服务出口基地建设；二是围绕国际化人才的配置需求、国际化人才的胜任力模型建设、国际化员工的管理等问题，分析国内企业在国际化进程中对于海外专业化人才的用工管理需求，建立贴合实际的海外人才服务解决方案。

B.24
创新管理优化服务　提升园区规范化水平

杨志宏　李光耀　张伟国　马晓明*

摘　要： 本报告围绕沈阳产业园的基本概况、政策制度建设、管理模式与运营、服务体系优化等方面，介绍了产业园建设和产业集聚的简要情况，梳理了产业园主要经济社会效益指标，盘点了产业园在配套政策、制度建设、公共服务、园区管理、队伍建设等方面的经验做法及取得的成效，进一步分析了当前发展面临的困难和问题，研究提出了产业园未来发展的目标、方向和任务。下一步，沈阳产业园将坚持"立足沈阳，服务辽宁，服务东北，全国有位"的战略定位，充分发挥"培育、孵化、展示、交易"功能，为建设"数字辽宁、智造强省"、做好"三篇大文章"和服务"沈阳建设国家中心城市"提供强有力人才支撑。

关键词： 人力资源服务　产业园　沈阳　产业集聚

一　基本情况

（一）产业园概况

中国沈阳人力资源服务产业园（以下简称"沈阳产业园"）于2021年

---

* 杨志宏，沈阳市人力资源和社会保障局局长；李光耀，沈阳市人力资源服务与行政执法中心主任；张伟国，沈阳市人力资源服务与行政执法中心副主任；马晓明，沈阳市人力资源服务产业园铁西区建设工作领导小组办公室主任。

1月12日被国家人力资源和社会保障部（以下简称"人社部"）正式批准建设国家级产业园，这是由国家人社部与辽宁省政府共建、辽宁省人力资源和社会保障厅（以下简称"人社厅"）和沈阳市政府指导、沈阳市人社局与铁西区政府共同承建的辽宁省首家、全国第21家国家级人力资源服务产业园。

沈阳产业园综合办公区面积为55207.26平方米，分为A、B两座楼盘，地上共11层；1~2层为公共服务区，3~11层为企业办公区，单个写字间面积在80~300平方米之间。园区企业总部聚集区由3栋楼组成，面积为4700平方米，单栋面积为1400平方米左右，地上共四层，专门作为企业总部或区域总部入驻用房。产业园现配套有地上车位390余个，地下车位242个，供入驻企业员工及外来办事人员停车使用。

（二）产业集聚情况

1. 服务机构（企业）集聚情况

截至2021年底，人力资源服务机构（企业）入驻178家，其中实体入住72家，虚拟入驻106家。

从这几年的实践情况看，沈阳产业园的产业发展集聚呈现如下特点。一是招商成果呈现持续扩大趋势。按照"高中低端结合、上下游配套"的设计理念，完善沈阳产业园的产业布局，新增招商入驻企业27家，包括HRoot百强企业中智沈阳经济技术合作有限公司产业园分公司入驻，市优质人力资源服务企业辽宁中智英才人力资源服务有限公司、辽宁中盾稳发展有限公司等，均已在产业园全面运营；还有9家重点企业正在洽谈入驻过程中。二是培育本地人力资源企业做大做强。支持辽宁迈格人力资源服务有限公司、沈阳德港柏劳务有限公司等8家新增的规模以上人力资源企业，整合各类资源和平台，开展跨行业、跨领域合作，推动人力资源服务业与其产业相互促进、配套发展。三是大力招引人力资源和社会保障行业协会等入驻产业园。辽宁省人力资源和社会保障行业协会、沈阳市人力资源服务行业协会以及沈阳市职业培训协会，还有与人力资源服务业配套的辽宁省企业家联合会、辽宁省企业协会等，先后入驻产业园，成为产业园建设与发展的重要依托与助推力量。

2. 园区产业链打造情况

沈阳产业园在建设与发展过程中，在辽宁省人社厅的指导下，逐步确立了"立足沈阳、服务辽宁、辐射东北、全国有位"的建设定位，形成了"人力资源服务产业战略性集聚和整体性系统开发"的工作理念，组织实施了集"全方位、配套一条龙"公共服务，打造区域性人力资源服务产业集聚地和创新创业人才吸纳集聚地，为新时代辽沈地区振兴提供及时、配套的人力资源支撑和智力保障。

推进入驻园区企业新业态孵化。产业园积极帮助入驻企业拓展相关新业务、孵化新的企业主体。截至 2021 年末，产业园已帮助入驻企业拓展孵化新的企业主体 15 家。

发展教育培训业态。产业园积极贯彻落实党和国家开展技能培训的部署、要求，通过创新审批流程、合作共享和孵化引进等方式，引入职业技能培训机构 7 家。

创建线上云平台。与入园企业合作创建集推介宣传、线上招聘、培训指导功能等为一体的产业园线上云平台，扩大产业园影响力，加大宣传力度，健全人力资源企业推介平台及完善线上职业技能培训的功能链条，方便企业或个人足不出户就能解决用人、选才和就业问题。

优化人力资源服务产业结构。沈阳产业园已形成了人力资源外包、人力资源招聘、人才测评、劳务派遣、职业培训、高级人才寻访等相对完整的人力资源服务业态，满足不同层次人力资源服务需求。

3. 服务国家地方发展战略情况

积极参与国聘行动。响应人社部号召，积极参加由人社部、中央人民广播电视总台、教育部、国有资产监督管理委员会、科技部、团中央共同主办的国聘行动，沈阳产业园组织 69 家企业参与招聘活动，提供岗位 7203 个，借助国聘行动平台，帮助沈阳市重点企业面向全国广纳人才。

参与全国大会交流。受人社部邀请，2021 年 7 月下旬，产业园团队随辽宁代表团赴重庆参加第一届全国人力资源服务业发展大会，在辽宁省展区，充分展示了沈阳产业园的形象，通过各类媒体、展板、沙盘、宣传片、宣传册等方式，面向全国做了推广宣传，同时借助全国大会的难得契机，也与兄弟省市的产业园同行进行了交流学习，获得了大量宝贵的产业园建设经验。

助力全省产业升级。积极参加全省人社系统"进企业、稳岗位、保用工"专项活动，在市、区人社局组织指导下，围绕沈阳市"5+3+7+5"的20条产业链的重点企业主动开展对接服务，活动期间对接企业1351家，提供各项服务4311次，解决企业问题764件，组织招聘活动共127场，发布岗位8892个，招聘25586人，帮助企业解决用工5792人。

帮助企业复工复产。新冠疫情发生以来，产业园及入园人力资源服务机构企业充分履行社会责任，有针对性地对接助力1426家企业用工选才4300余人，帮助企业快速复工复产。

积极开展公共就业服务。按照沈阳市委打造"舒心就业"民生品牌的战略要求，充分发挥沈阳产业园及其入园企业优势，积极参与稳就业和引人才等公共服务，把就业、招聘信息第一时间送到社区，为社区待业人员及时推送岗位需求及相关政策，帮助其实现无忧虑、零距离与零成本就业。

发挥产业园辐射带动作用。随着沈阳产业园品牌影响力的逐步提升，辐射带动快速显现，紧邻产业园的金谷科技园目前共进驻人力资源服务企业达24家，已经成为沈阳产业园的配套园区，引领带动全区域人力资源服务企业蓬勃发展。

积极为行业发展贡献智慧。成立了产业园专家委员会，聘请了7名人力资源领域的知名专家，为产业园建设与发展出谋划策，研究形成在全国具有影响力的成果；组织入园的行业协会等机构、团体，开展科研课题研发，其中一些优秀成果先后在《中国人才》《中国人事科学》等国家级杂志以及《辽宁日报》等地方报刊发表；还有一些优秀成果荣获国家及省科研成果奖。

（三）产业园主要经济社会效益指标

截至2021年底，沈阳产业园入驻企业178家（实体入住72家，虚拟入驻 106 家），营业收入 44.6 亿元，纳税额 0.71 亿元。举办线上线下招聘会共 186 场，服务用人单位 5.6 万家次，提供就业岗位 9.8 万个，帮扶就业和流动人员就业 29.3 万人次；累计开展培训班 300 余场次（见表 1、表 2）。

表 1　2021 年中国沈阳人力资源服务产业园经济效益指标

名称	开园运营时间	建筑面积（万平方米）	入驻企业数量（家）	营业收入（含代收代付）（亿元）	纳税额（亿元）
沈阳产业园	2017 年 11 月	5.5	178	44.6	0.71

数据来源：中国沈阳人力资源服务产业园统计数据。

表 2　2021 年中国沈阳人力资源服务产业园社会效益指标

名称	服务人次（万人次）	服务用人单位（万家次）	帮扶就业和流动人数（万人次）	提供就业岗位（万个）	引进高层次人才（万人）
沈阳产业园	58.4	5.6	29.3	9.8	0.28

数据来源：中国沈阳人力资源服务产业园统计数据。

二　政策制度建设情况

（一）出台系列优惠政策，发展环境持续改善

2021 年以来，辽宁省委、省政府及组织人社部门先后制发了一系列政策措施，主要有《优化人才环境、充分发挥人才作用的若干政策》《关于"实施兴辽英才计划"打造人才高地的若干政策》《辽宁省人才工作领导小组鼓励和支持柔性引进人才若干措施》以及《辽宁省省级人力资源服务产业园管理办法（试行）》等。2021 年 11 月，人社部和辽宁省人民政府共同签署了《共同推进辽宁人力资源和社会保障事业高质量发展战略合作协议》等。

沈阳市委、市政府及人社部门也陆续出台了《沈阳市建设创新创业人才高地的若干政策措施》《进一步强化稳就业举措的实施意见》《对贡献突

出人力资源服务机构奖励的实施细则》《推进沈阳人力资源服务产业园发展实施办法》《沈阳人力资源服务产业园招商优惠政策》《沈阳市人力资源服务产业园管理办法（试行）》等一系列政策措施。

沈阳产业园所在地沈阳市铁西区委、区政府及组织人社部门高度重视人才发展工作和沈阳产业园的建设与发展，不仅出台了一系列人才引进聚集各项政策措施，更是加强对沈阳产业园的资金投入，使园区的建设不断升级。省、市、区政策持续升级，为沈阳产业园发展创造了良好的政策环境。

（二）制定实施相关制度，内部管理更加规范

沈阳产业园先后制定了《产业园招商流程》《产业园企业入驻流程》《产业园企业入驻工作流程》《产业园运营服务工作流程》《产业园企业退出工作流程》《产业园会议室使用管理制度》《产业园安全生产制度》《业主服务手册》等相关制度及流程文件。这一系列文件的出台和实施，保证了沈阳产业园招商、管理、服务的规范化、专业化和各项工作环节的无缝链接。

（三）健全政务办事程序，公共服务更加便利

沈阳产业园领导小组及其办公室，积极沟通协调了区人社局、市场监督管理局、税务局及医保、养老等部门入驻产业园，并在产业园设立专门办事窗口，配备专项工作人员，让入驻机构（企业）足不出园，就能解决社保、注册、纳税、医保、养老等急需解决的问题。同时，区人社局将所有面向入驻机构（企业）需要办理的业务事项，在产业园"一站式"服务，深受入驻机构（企业）的欢迎。

（四）完善基础设施建设，服务功能更加健全

1.完善公共服务区域建设

在园区公共区建设完善茶歇区和健身运动功能区，为入驻园区企业和员工提供舒适的洽谈、休闲、运动健身的场所和环境；完善食堂配套功能，为入园区企业和员工提供良好的餐饮环境。

2. 主视导引系统全面建成

产业园全面升级园区视觉导引系统，将主视觉主体工程及门牌、楼层示意、LOGO墙、文化办公系统等全部改造完工，完善了产业园的形象功能和宣传导引功能。

3. 场厅环境持续升级

完成了多功能国际会议厅的系统升级；线下人才招聘市场也正在按计划升级改造；线上人才招聘直播间正在加快建设，拟于近期上线，人才网络招聘市场的功能进一步健全。

三 管理运营发展情况

（一）园区管理运营模式

沈阳产业园坚持"政府主导、多管齐下、市场化运作"的运营理念。沈阳市政府成立了沈阳人力资源服务产业园建设工作领导小组，其职责是：贯彻实施国家发展人力资源服务产业的有关法律法规、政策规定及省市有关要求，综合管理沈阳人力资源服务产业园，研究和解决产业园开发、建设和管理过程中的重大问题等。沈阳市政府常务副市长任小组组长，市人力资源和社会保障局局长和铁西区政府区长为副组长，办公室主任由沈阳市人力资源和社会保障局局长兼任。铁西区政府成立了产业园铁西区建设工作领导小组，负责产业园区企业的招商入驻、品牌建设、驻园企业日常服务、园区运营管理等工作。通过混合所有制形式，与人力资源服务行业优秀民营企业合作成立产业园招商运营管理平台公司，负责省、市、区制定的人力资源服务业发展战略及其政策措施的执行落地；负责产业园的招商引资、运营管理、品牌推广；协助入园企业房租、税收、补贴等优惠政策的统一申报等方面所需服务。

（二）园区建设布局

在功能布局上，按照国家级产业园建设要求，在园区设立产业集聚、品牌集散、企业孵化、协同创新、公共服务五大功能；在楼宇空间上，设立产业集聚区、公共服务区、职业培训区、综合保障区四大区域，既满足各类与人力资源服务业相关企业入园发展的需要，又满足入园企业对人力资源和社会保障事务、后勤保障、文化休闲娱乐等需要。

（三）园区精细化管理

1. 人力资源社会保障服务系统化

完成了1000平方米的人力资源和社会保障公共服务区，设有140个服务窗口的"五险合一"的服务大厅，内设咨询环岛，采用"一柜通"服务系统，打造软硬件设施一流的现代化人力资源和社会保障各项业务综合服务集聚区。

2. 招聘服务平台逐步智能化

开展人力资源招聘服务功能区建设。充分利用"互联网+"人力资源招聘技术，引进园内最先进的人力资源招聘系统软件，建立健全集信息采集、数据报表、数据分析、信息发布、现场呼叫等功能于一体的智能化人力资源市场配置服务体系。

3. 流动人员档案管理电子化

全面做好流动人员纸质人事档案系统扫描、图像处理、数据存储备份等项工作，建立健全数字流动人员人事档案资源库，为流动人员人事档案电子化管理、"一窗式"办理各项手续、个人和企业查询等，提供快捷便利的优质高效服务。

4. 非公企业党建平台化

建设了产业园区党建之家，为入园的非公有制企业建立并不断完善非公有制企业党的建设平台；帮助入园企业建立健全党的组织，加强对入园非公有制企业党的领导，发挥产业园党建优势和政治引领作用。

（四）从业人员队伍建设

1. 加强产业园招商引资工作人员队伍建设

逐步引进了混合所有制组建的第三方运营商及其平台，负责产业园的招商、运营等项工作；在产业园自身从业人员队伍建设上，逐步精减政府公职人员的数量，依据第三方运营公司吸引社会上优秀管理人才、专业人才和资本运营人才等，加入产业园的运营管理，进行市场化运作。

2.加强产业园管理服务工作人员队伍建设

强化机构（企业）入驻产业园后的入驻手续办理、相关合同签订、各项优惠政策和扶持措施等管理服务人员责任制落实。

3.加强产业园后勤保障工作人员队伍建设

强化入驻机构（企业）的后勤保障服务等从业人员的责任制落实。

4.加强驻园企业员工队伍建设

通过举办鹊桥会、座谈会、政策宣讲、相关培训等多种活动，提升驻园企业员工的政策水平、服务能力及增强产业园的凝聚力。

四　服务体系优化情况

（一）配套服务功能逐步完善

1.活动服务

建成多功能服务大礼堂，设有 800 余座席，为入园企业召开大型会议、学术交流、专业论坛、总结表彰等活动提供全方位服务。

2.会务服务

建成多功能会议厅、教室等，为入园企业召开不同规模的洽谈会、座谈会、研讨会、经验交流会和教育培训活动提供全方位服务。

（二）教育培训载体逐步加强

1.建成综合性人才测评基地

通过人才测评基地，为入园企业或求职择业个人提供人才素质能力评价、职业发展规划设计、职业优势与特点评估等服务。

2. 建成人才继续教育基地

为入园企业及其职工提供创新力开发、高新技术推广、国内外先进科技理论知识提升等服务。

3. 建设职业技能考评认定基地

与省、市行业协会等联合共建相关职业技能等级培训与考评认定基地，为入园企业及其职工或所服务对象等，提供职业技能培训、企业内训、以工代训、实操实训和职业技能等级资格考核认定所需服务。同时，对参训参评未就业者提供就业帮扶服务。

（三）服务平台建设逐步健全

1. 加强人才招聘运营管理平台建设

与入驻企业联合搭建，共同打造立足沈阳，覆盖辽宁的智能化、专业化、规模化的线上线下人才招聘服务平台。

2. 加强创新创业人才测评管理平台建设

与入驻企业联合搭建，共同打造新时代解决求职择业者的就业、创业及未来职业发展规划问题的服务品牌。

3. 加强数字化综合人才培养服务平台建设

与入驻企业联合搭建，共同打造劳动者充分就业、高质量就业和企业人才素质能力提高的开发、培养、管理、服务的智能化、专业化、规模化平台。

（四）全面推进校企合作

发挥产业园集聚集群优势，与省内各大高校、高职院校开展政、产、学、研领域全范围深度合作。目前沈阳产业园已经与沈阳化工大学、辽宁轨道交通职业学院等 12 所院校签订全面战略合作协议。产业园联合金谷人才市场到沈阳化工大学和沈阳工业大学开展了"四个精准"校招活动，取得了明显的效果。

五　产业园建设中的问题和未来发展趋势

（一）产业园建设中遇到的问题

1. 人力资源服务业发展活力不足

辽沈地区作为老工业基地，目前正在加快产业转型升级，相比南方发达地区而言，民营企业规模相对较小，同时受疫情等因素影响，人力资源服务需求也出现较大波动，行业发展不确定性增加。

2. 规模性人力资源服务企业较少

受经济发展等多因素影响，在全国有影响力的人力资源服务品牌不多，特别是本土企业培育发展不充分，普遍规模较小。

3. 从业人员素质能力有待提升

随着产业结构升级和技术变革的发展，人力资源行业的发展更迭速度加快，对从业人员各方面的水平和能力提出了更高要求，也对产业园的管理和服务水平提出了挑战。

（二）产业园未来发展目标、方向、任务

沈阳产业园将全面贯彻党的十九大和十九届历次全会精神，深入落实辽宁省及沈阳市"十四五"规划的部署和要求，坚持"立足沈阳，服务辽宁，辐射东北，全国有位"的战略定位，充分发挥产业园"培育、孵化、展示、交易"功能，为建设"数字辽宁、智造强省"、做好"三篇大文章"和服务"沈阳建设国家中心城市"提供强有力的人才支撑。

1. 统筹推进产业园建设

深入落实国家、省、市人力资源服务产业园管理办法，坚持"统筹规划、市区共建、以区为主，突出特色"的原则，统筹规划全市人力资源服务产业园建设。持续开展招商引企，加大本土企业培育，引导人力资源服务企业向价值链高端延伸，实现入园企业的中高端培育和孵化，打造人力资源

全产业链生态服务体系。支持有条件的区县围绕区域发展的内生需求，建设富有特色的区域产业园，推动形成"一园多区、多点支撑"的发展格局。

2. 促进人力资源服务业高质量发展

加强对产业发展的政策规划引导，整合形成多元化政策服务体系。加大产业园信息化建设，鼓励人力资源服务机构提供基于大数据、移动互联网等人力资源服务。加强人力资源服务队伍建设，引进急需紧缺核心骨干人才，扶持领军人才发展。鼓励产业园筹办具有一定影响力的行业峰会、专项活动等，提升品牌影响力。

3. 服务地区经济社会发展

依托产业园，打造人力资源协同应用场景，为重点产业链、重点企业发展搭建线上线下对接平台，以产业链吸引人才链，以人才链反哺产业链，助推产业升级。发挥产业园的就业服务主渠道功能，融合公共就业服务机构和经营性机构优势资源，着力促进重点群体就业，形成协同"稳就业、保就业"的新动能。

4. 优化产业园发展生态

完善政府引导与市场机制相结合的管理、服务和运营体系，吸引风险投资、科创服务、金融服务等市场要素进入产业园。深化政府职能转变和"放管服"改革，实施人力资源服务许可告知承诺制，强化事中事后监管；加强诚信体系建设，开展诚信示范机构评选；大力推进"一网通办"，积极营造良好的行业发展生态。

B.25
集聚创新强园区　双业共进开新局

张维国　王文杰　刘国庆[*]

摘　要： 本报告系统介绍了中国济南人力资源服务产业园建设基本情况、园区运行机制和发展模式。从不同角度分析了园区物理空间不足、产业结构不够合理、企业自主创新能力较弱等问题，有针对性地提出了找准人力资源人力资本服务产业发展的新目标、新定位，打造区域性产业发展的专业化、标准化人力资源服务高地，促进产业创新融合，完善双轨并行、协同发展体系等具有可操作性的发展建议。

关键词： 人力资源服务　产业园　济南　双业共进

2021年1月12日，中国济南人力资源服务产业园（以下简称"济南产业园"）获批国家级人力资源服务产业园，成为省内第2家国家级产业园，山东省也成为我国第3个拥有两家国家级产业园的省份。近年来，济南市不断完善政策体系，加大资金支持力度，强化园区运营管理，有效促进人力资源服务业集聚发展和人力资本服务业探索创新，产业发展水平不断提升，企业发展环境持续优化，人力资源服务业和人力资本服务业双轮驱动的发展格局基本形成，为"十四五"时期本市人力资源和人力资本服务业加快发展奠定了坚实基础。

---

[*] 张维国，济南市人力资源和社会保障局副局长（正局级）、党组成员；王文杰，济南市人力资源和社会保障局产业发展处处长；刘国庆，济南市人力资源和社会保障局产业发展处副处长。

一　基本情况

（一）产业园概况

济南产业园由山东省、济南市和历下区、高新区三级政府共同打造，总建筑面积超过 20 万平方米，由中央商务区和历下区、高新区三个园区组成。

中央商务区园区（核心园区）位于济南中央商务区与自贸试验区"双区叠加"的中心地带，总建筑面积 14.1 万平方米，分两期建设。一期 7.5 万平方米，主楼 21 层，为产业楼；裙楼 4 层，为公共服务区。二期 6.6 万平方米，预计 2023 年投入使用。

历下园区位于济南市历下区解放路 22 号历下大厦，区位优势明显，交通便利，建筑面积 1.7 万平方米，由人力资源机构办公、公共服务和商务服务三大功能板块组成，于 2016 年 5 月开园。

高新园区于 2018 年 11 月 1 日正式开园运营，位于汉峪金融商务中心A6-4 号楼，地上 22 层，地下 5 层，建筑面积 4.6 万平方米，设置"培育、孵化、展示、交易"四大功能板块和"展示展览、人才交流合作、会议、企业功能孵化、政务服务、公共服务、中高端人才招聘、入驻企业办公"等八大功能配套区。

（二）产业集聚情况

1. 入驻企业基本情况

济南产业园集聚人力资源服务企业 98 家。中央商务区核心园区已有近20 家国内外知名人力资源服务企业提交入驻申请，济南市人才服务中心入驻公共服务区，以提升人才服务效能，完善公共服务体系。历下园区在园企业（机构）34 家，园区引进上海外服（山东）人力资源服务有限公司、中智山东人力资源服务有限公司、同道精英（天津）信息技术有限公司济南分公司、山东百聘有才人力资本管理有限公司等知名企业（机构）5 家；拥有上海外服 1 家上市企业；培育出山东华杰人力资源管理有限公司、山东百格服务外包集团有限公司等本土骨干企业。高新园区入驻企业数量达 64 家，其中国内知名人力资源服务机构 22 家、培育拟上市人力资源服务机构 5 家、国家及省级诚信示范机构和省内十强 6 家，高新技术企业 6 家，孵化企业 8 家。

2. 园区产业链打造，业态发展、产品服务创新等情况

济南产业园明确发展定位，找准发展路径，坚持差异化战略，实现协同发展。中央商务区核心园区聚焦人力资源人力资本服务产业领军企业、机构以及产业链上下游企业，构建以猎头、薪酬规划、管理咨询、人力资源服务外包、教育研修、职业发展等高端业态人力资源服务企业为主，法律咨询、知识产权、金融服务、科技型企业、教育培训、会计等要素齐备的完整产业链。历下园区重点培育发展前景好的中小型人力资源服务机构，以及为其提供金融等服务的相关机构，为产业发展储备力量。高新园区在人力资源领域实现了涵盖人力资源服务外包、劳务派遣、人才甄选、人才招聘、中高端人才寻访、管理咨询、培训、人才测评、SAAS 等全链条的产业结构，其中基础类与中高端服务类的比例为 4：6。在业态发展过程中，一方面，大力发展中高端服务类及创新服务类，另一方面，推动基础类业态开拓创新、促进业态转型升级。

3. 服务国家地方发展战略

全国新旧动能转换先行区，中国（山东）自由贸易试验区，黄河流域生态保护和高质量发展三大国家战略在济南交汇叠加，在当前重要战略机遇期，为广大人才筑梦圆梦提供了干事创业的沃土。历下园区作为服务人才的重要载体平台，依托国家级品牌，构建全要素完整产业链，提供人才寻访、测评、管理咨询、招聘等特色化、精细化人力资源服务，为区域招才引智、经济社会全面高质量发展提供强力支撑。高新园区在人力资本产业领域，率先在全省乃至全国提出了以人才评估定价为核心，以"银行授信、保险担保、政府补偿、基金支持、配套参与"为主体的多维协同人力资本服务体系的创新模式。

（三）产业园主要经济社会指标（见表1、表2）

表1　2021年中国济南人力资源服务产业园经济效益指标

名称	开园运营时间	建筑面积（万平方米）	入驻企业数量（家）	营业收入（含代收代付）（亿元）	纳税额（亿元）
济南产业园	2016年5月	20.4	98	110.24	1.33

数据来源：中国济南人力资源服务产业园统计数据。

表2　2021年中国济南人力资源服务产业园社会效益指标

名称	服务人次（万人次）	服务用人单位（万家次）	帮扶就业和流动人数（万人次）	提供就业岗位（万个）	引进高层次人才（万人）
济南产业园	252.49	13.76	31.93	17.68	0.63

数据来源：中国济南人力资源服务产业园统计数据。

其他经济社会效益指标：历下园区山东华杰人力资源管理有限公司、山东新天地人力资源有限公司、山东脉驰人力资源有限公司、山东齐鲁社保服务有限公司、济南邦芒人力资源有限公司、山东百格服务外包集团有限公司6家企业被评为省级以上人力资源诚信服务机构，其中山东华杰人力资源管理有限公司被评为全国人力资源诚信服务示范机构；上海外服（山东）获山东省人力资源服务机构成长创新奖补、山东华杰获山东省人力资源服务机构助力重大发展战略奖补，企业实力和影响力得到提升。2021年，历下园区共举办53场招聘会，其中线上招聘会13场，线下招聘会40场，坚持"线上+线下"双管齐下，探索"直播带岗"等线上招聘新模式，拓展"招聘夜市"等线下招聘新形式，进一步畅通就业供需渠道。高新园区内诚信机构5家，2021年，举办招聘会243场次，举办培训班298场次，培训28400人次，发布求职信息124.59万条。

二　探索培育人力资本服务业

党的十九大报告指出"在中高端消费、创新引领、绿色低碳、共享经济、现代供应链、人力资本服务等领域培育新增长点、形成新动能"，济南市借十九大春风创新开展人力资本理论创新，不断探索培育人力资本服务业。2019 年，国家发展改革委将人力资本服务业列入新版《产业结构调整指导目录》，标志着人力资本服务业进入创新发展的新时代，济南市人力资源人力资本服务业双业共进的发展新格局初步形成。

近三年来，济南人力资本产业研究院坚持问题导向，聚焦人才发展中的实际问题，创新探索人力资本解决方案。创建了第一个人才定价模型——"四 CAI"模型，第一个人才价值评估系统——人才评估定价系统，第一个人力资本金融创新模式——银行授信、保险担保、基金支持、政府补偿、配套参与的多维协同金融创新模式，第一个人力资本服务平台——全国人力资本产业公共服务平台，第一个人力资本概念的国家级产业园——中国济南人力资源服务产业园；制定了第一个人力资本产业统计制度——济南市人力资本产业统计报表制度，第一批人力资本产业标准——《人力资本服务术语》和《人力资本服务·人才评估定价指南》；落地了第一批人力资本价值融资案例——山大华天、和同信息等；推出了第一批人力资本价值出资企业——菁英公司、"一站式"服务公司等；申办了第一个人力资本新职业——人力资本管理师；开办了第一批人力资本方向本科班、研究生班；申报了第一批人力资本产业知识产权；复制了第一个"有价城市"……突破了一道道难关，完成了一次次创新，实现了一次次跨越，成功构建了人力资本产业的"四梁八柱"。

下一步，济南市将依托高新园区持续推动人力资本创新发展，优化产业布局和产品服务体系，在大数据平台、数智化综合解决方案、"一站式"职业教育培训聚合平台等方面持续深耕，推动实现市场化。

三　政策制度建设情况

（一）最新出台的产业园相关政策

济南产业园聚焦产业提优升级，主动对标先进地区，拟定了更超前、更具引领性的一揽子扶持政策，于 2021 年 4 月出台了《中国济南人力资源服务产业园中央商务区核心园区支持管理办法》。该《办法》从经营场所、企业落户、经济贡献、人才引进等 12 个细分领域给予企业优惠扶持。比如，在经营场所上，房租"三免两减半"，即前三年免收房租、后两年减免房租 50%；在企业落户上，按注册实缴资金额最高给予 1000 万元奖励；在年度经济贡献上，分档给予最高 60% 的一次性奖励；在高层次人才奖励上，根据个人实现的年度贡献额，超过 15% 的部分全额奖励；在品牌建设上，最高给予 2000 万元奖励；在上市融资上，最高给予 150 万元区级奖励等。此外，对园区内企业，在研发创新、活动举办、注册审批、行政业务、公共资源等方面，分别给予不同程度奖补和帮扶。

（二）优化营商环境举措

历下园区通过人才供求、政策、服务、评价四点"聚焦"，不断优化人才发展生态，打造一流服务环境，以技能人才评价主体为抓手，尊重企业，放权于企业，让企业从评价结果的接受者转变为评价工作的主导者，推动人才工作取得突破性进展。充分发挥"法院＋人社＋工会"三方联动效能，大力培育"和谐、和美、合作、合力"的劳动文化，积极创新"和合劳动"社会治理模式，全线贯通历下区劳动争议协商、调解、仲裁、诉讼全链条平台，全面构建"1234"劳动争议化解新格局，形成高效、便民、经济、互惠的多元化解机制，维护职工合法权益，促进劳动关系和谐稳定。

高新园区继续完善配置基础设施建设，提高公共服务水平。用近 2 万平方米、共 6 层的物理空间为高新产业园入驻企业打造了展示展览区、基础人才招聘区、中高端人才洽谈区、联合办公空间、公共休闲区、公共会议区、党建活动区、妈妈小屋等多个公共服务区域，为企业提供全方位、多维度的运营服务支撑。启动各项公共服务平台建设，赋能入驻机构发展。一是针对企业人力资源管理体系需求着手打造集企业家测评、诊断、私董会等为一体的领导力发展中心；二是为解决劳动者与企业岗位的适配程度、帮助企业完善人才成长和评鉴方法、提升高新区各行业人才质量，集成英国培生集团、创联教育、58 大学等国内外优质资源打造山东国际高技能人才培训基地，丰富产业生态；三是为提前化解人力资源机构和各企业招工、用工风险，促进高新区和谐劳动关系建设，打造高新产业园劳动关系调解中心；四是联合山东省行为科学学会成立"齐鲁人力资源管理研究会"，加强对中小企业创新的支持；五是创新打造了以高层次人才培养为主，兼具科学研究、社会服务、文化传承和国际交流等功能的园区虚拟大学。

四　管理运营发展情况

（一）园区管理运营模式

济南产业园探索建立了政府引导、行业主管、市场化运作"三位一体"的管理模式。市、区人力资源和社会保障局（以下简称"人社局"）作为行业主管部门，切实履行行业监管职责。一是完善公共服务体系，将原来分散的服务窗口合并一处，实行"一窗受理、集成服务"，为企业提供社保、就业、人才、监察、仲裁等综合服务，提高办事效率，助力企业业务拓展；二是加大行业监管力度，就业、仲裁、监察三大职能部门齐抓共管，劳动争议仲裁院通过在人力资源企业设立基层调解组织、开展公益性培训等形式，提高企业防范、化解用工矛盾的能力。劳动监察大队通过对企业用工规范化情况进行不定期抽查，规范企业行为，确保人力资源市场活动规范化开展。

市场化运作方面。中央商务区核心园区聘请中国通用咨询投资有限公司负责园区运营管理，发挥央企优势，提升园区运营管理水平。历下园区成立济南历下人力资源服务产业园运营管理有限公司，聘请职业经理人，加强园区入驻机构服务管理，加强交流合作，完善园区管理机制。高新园区由济南高新区多部门联合成立产业园建设专项办公室，负责对园区管理运营重大事项进行决策、协调，同时聘请国内专业的园区运营机构提供专业化运营服务。

（二）园区精细化管理

历下园区和中央商务区核心园区分别制定管理办法，明确引进重点企业领域、规模等条件，享受政策扶持，日常管理、定期考核及退出机制等制度内容，使企业入驻、成长、退出均有章可循，实现全周期规范化管理。定期开展数据统计工作，产业园运营公司作为园区服务管理机构，通过发放调查问卷、上门走访、开展座谈交流等形式，每半年对园区企业经营范围、主营业务收入、缴纳税收情况、服务用工单位数量、服务劳动者数量等经营数据进行统计分析，及时掌握园区企业的发展状况和面临的困难。此外，历下区人社局作为业务主管部门，今年通过委托第三方专业机构的形式，对全区人力资源服务行业进行了全面"双随机"检查，摸底产业发展情况，掌握园区企业发展水平，发现问题，及时督导整改，促进全区人力资源服务行业健康有序发展。

高新园区逐步完善运营管理体系，提升发展质量，对公共服务区域和入驻企业开展精细化管理，制定《济南高新（国际）人力资源服务高新产业园入驻人力资源服务机构运营管理办法》，设置企业入驻申请、调研走访、材料初审、评审答辩、公示认定、协议签署等环节，细化申请标准和评审标准，按照"公开、公正、公平"的原则吸引优秀企业入驻；细化企业入驻办理流程，发放企业入驻明白纸，依法依规签订入驻协议，保障园区入驻企业合法权益；严格按照园区规定，统一新入驻企业的装修、装饰标准，便于统筹管理；制定《公共区域使用管理规定》，引进钉钉智慧化会议室管理系统和神思智慧化设备，全力打造智慧化园区；制定《联合办公空间管理规定》，对园区创新创业类企业进行统一管理服务；制定《高新产业园入驻企业评估制度》，每年对入驻企业进行综合评估，评估结果当做政策奖补和续约、退出的依据，激励企业健康发展；制定合理的入驻企业续约、退出流程，为企业续约、退出提供制度保证，保障企业与园区合法权益；认真执行"安全第一、预防为主"的管理方针，为维护安全、和谐的办公环境，制定高新产业园安全管理制度，全力保障高新产业园内财产及人员生命安全。

（三）从业人员队伍建设

根据山东省人力资源和社会保障厅《关于开展人力资源服务从业人员职业技能提升专项行动的通知》（鲁人社函〔2020〕79号）的文件要求，结合济南市人力资源服务行业人才队伍实际，协调济南市公共就业服务中心，安排部署从业人员培训，全面提升济南市人力资源服务从业人员专业化、职业化水平，打造一支素质优良、结构合理的人力资源服务人才队伍，培养一批视野开阔、能力卓越的行业人才。2021年，全市组织实施108个培训班次，培训从业人员5216人。历下园区从业人员共603人，本科及以上学历人员占65%，园区企业从业人员学历层次高于全区整体水平。为提升全区人力资源从业人员素质，促进人力资源服务业健康有序发展，全面普及人力资源职业技能，开设从业人员、领军人才两类班次，讲授相关法律法规、人力资源行业政策、人力资源理论知识等专业知识，增强综合素质和业务实战水平，提升自身竞争力。培训结束后，由培训机构对参训人员组织考核，并对考核合格的学员颁发培训合格证书。高新园区设立员工激励机制，对不适应人力资源服务产业园区运营工作，达不到运营标准的员工进行培训提升，培训仍不适应的予以调岗，对学习能力强并具有产业运营思维，能够出色完成工作任务的员工予以激励和重用。

五　服务体系优化情况

（一）服务内容

历下园区强化园区入驻企业全流程服务。在注册审批扶持方面，持续深化商事制度改革，提高企业登记注册便利化水平，为园区企业设立提供便利的注册登记服务，实现"多证合一、多项联办"，指导完成新设机构企业登记、公章刻制和涉税事项办理。在业务服务扶持方面，对符合产业发展扶持政策条件的园区企业（机构），协助做好申请、报批工作。为入驻企业（机构）免费提供劳动就业、人才、监察、仲裁、社会保险等"一站式"人力资源公共服务，定期开展政策解读、培训研讨、项目对接等活动。在园区资源支持方面，对入驻企业机构，在同等条件下享受园区内自有资源"优+"服务。在使用产业园内部会议设施、餐饮接待等硬件服务中，享受内部优惠价格；在园区对外形象推介中，可优先推荐；在政府购买服务等领域，可依法依规优先采购；在各级行业评优评先中，可依规享受优先评选和推荐；在园区政务服务窗口，有关业务可优先办理；其他园区可提供的软硬件资源，各入驻企业、机构可依法依规优先、优惠使用。

高新园区坚持服务与规范并重，助力企业高质量发展。高新产业园累计开展人力资源专业主题活动298场，其中线上公开课64场次、直播课162场次，活跃度超百万人次以上；开创园区自有品牌"泉城HR嘉年华企业赋能峰会"，为企业HR与HR机构搭建了沟通交流的平台，更深入、更精准地满足企业需求。赋能产业发展，坚持保障产业发展。举办"中国·济南人力资本产业高端论坛""中国人力资源服务业发展论坛"等全国性高端论坛，引领产业发展，实现人力资本在商业社会活动中的价值最大化；开展泉城导师说、泉城沙龙、泉城高阶研讨会、名师大讲堂、源创大学、民营企业总裁班、"遇鉴"HR等一系列公益活动，邀请行业主管部门领导、一流专家学者等解读形势与政策，分享最前沿思想，研判最新发展趋势，促进行业交流与发展。

（二）园区信息化建设

济南产业园着力提升人力资源服务产业园运维水平，提高为企为民服务能力，积极推进园区数字化、智慧化发展。历下园区自主开发智慧园区管理平台与智慧人社服务平台，为园区高效运行提供智能化支撑，促进园区建设管理精细化、服务功能专业化。搭建可视化智慧园区管理平台。运用云计算、物联网、大数据、自动化控制等技术，整合园区智慧安防、智慧发布、智慧会议、智能停车管理、智慧物业、智慧能耗等多个系统，打破园区壁垒，构建园区"大脑"，将园区概况集中到一张屏幕之上，使管理者纵观全局、一屏掌握、掌舵方向，实现园区管理对象数字化、园区运营状态可视化，全面提升园区管理服务能力。搭建"互联网+智慧人社"政务服务平台。为方便入驻企业及个人快捷办事，提高政府服务效率，自主开发智慧人社政务平台，整合就业、创业、人才、培训、失业等9大类74项服务事项，可实现"线上+线下"同步办理。线下推行"柜员制综合一窗受理"服务模式，线上推出"网上办事大厅""微信办事大厅"，提供一窗办、网上办、掌上办等多元服务模式，极大地方便办事群众和企业。另外，以智能机器人代替传统导服员，可提供相关政策法规、办事指南、智能查询等服务，打造智能便捷的公共服务体验中心，实现智能化一网通办。

高新园区致力于信息化建设，全力打造智慧园区系统。搭建园区综合管理系统，提升园区精细化运营、信息化管理水平；推广应用钉钉会议系统，推动园区智慧化办公，降低人工成本和设备损耗；利用神思智慧化安防系统，搭建智慧门禁，实时监控设备运行状况，确保园区管理更加安全智能、便捷高效。

六　产业园建设中的问题和未来发展趋势

（一）园区建设中遇到的问题

近年来，济南产业园抓好园区统筹规划，加强政策引导，完善服务机制，加大招商力度，切实将济南市人力资源服务产业园打造成国家级有特色的人力资源服务产业集聚区和人力资源综合服务示范区。但在建设发展过程中，也存在一些限制园区创新突破的困难和问题。

一是物理空间不足，产业发展受限。历下园区已开园运营5年多、高新园区开园运营3年多，园区企业入驻区域基本满员，物理空间稍显不足，无法满足更多专业能力强、发展特色明显的机构的入驻需求，无法为其提供优质服务，促进其高速发展。

二是产业结构不够合理，现有人力资源服务企业主要业务仍集中在劳务派遣、人事代理、招聘等传统领域，而猎头、外包、灵活用工、人才寻访、管理咨询等高端业态还是相对薄弱，服务产品结构亟待升级。本地人力资源服务企业规模普遍较小，市场品牌认可度有待提升。现有行业企业具有行业带动效应的龙头企业、品牌企业不多，服务对象对人力资源行业的认可度不高。

三是企业自主创新能力较弱，缺乏精细分工和必要的专业度，无法满足企业转型升级中的人力资源服务需要。随着服务对象对人力资源服务要求越来越高，越来越追求精细化、专业化、个性化，需要人力资源服务行业不断创新开发新产品，细分新领域，提供多元化的服务。

（二）产业园未来发展目标、方向任务

今后一个时期，济南产业园将牢牢把握黄河国家战略和强省会战略双重机遇，进一步完善政策体系，强化工作措施，全力推动"国字号"产业园高水平建设和人力资源人力资本服务业高质量发展。

1. 找准人力资源人力资本产业发展新目标新定位

聚焦高质量发展、竞争力提升、影响力扩散，按照"一园多区，错位发展"的总体布局，以真金白银的大投入、精准务实的大政策、培优聚强的大平台，加快中央商务区核心园区建设，完善运营管理体制，加强园区日常管理，落实促进园区建设发展的支持政策措施，坚持智能化、国际化、智库化发展思路，促进园区特色发展。努力打造全省、全国人力资源人力资本产业发展示范中心、创新中心、协同中心。

2. 打造区域性产业发展的专业化、标准化人力资源服务高地

（1）运营专业化。打造一支专业的高新产业园运营队伍，为赋能园区增效赋能，通过结合园区特色，深耕行业细分领域，建设专业化、标准化运营服务体系。

（2）招引专业化。一是综合分析区域产业特色，招引围绕高新区四大支柱产业及新兴产业的适配人力资源服务机构；二是招引行业细分领域，提供专业化人力资源服务的机构。

（3）活动专业化。在已开展的HR泉城嘉年华、泉城导师说、泉城私董会、泉城高阶研讨会、源创大学等品牌活动的基础上，深挖企业、人才需求，从为人才赋能、为企业赋能的角度出发，增设多个具有针对性的赋能课程。

3. 促进产业创新融合，完善双轨并行、协同发展体系

对人力资本模式进行深入分析和挖掘，将已经成熟的人力资本发展模式嵌入到人力资源服务业中来，赋能行业发展，为人力资源行业提供智力支持和技术支撑，推动人力资源全领域转型升级。

总之，济南产业园将以获批国家级产业园为契机，以产业集聚优势明显、人才集聚效应显现、服务功能日趋完善、信息平台功能完备、运营管理体制健全为目标，扎实推动中央商务区核心园区建设，不断提升园区建设发展和运营管理水平。预计到2025年，济南人力资源服务产业园的集聚、培育、创新和示范功能得到充分体现，基本建成为专业化、国际化、品牌化、现代化的国家级人力资源服务业集聚发展区。

行业组织篇

Industrial Organization Reports

B.26

聚焦行业动态　引领行业发展

华天虹　林彤*

摘　要： 本报告介绍了中国对外服务工作行业协会的概况、会员单位整体
情况以及近一年来协会开展的主要工作。从整体运营情况、不同
业态细分对比等维度，呈现了会员单位自 2020 年以来生产经营
活动的整体状况，并对会员单位的经营情况进行了分析。同时，
结合协会自身的观察和实践，对产业园未来的发展提出建议：进
一步提升产业园的服务质量和智能化水平，赋能入驻企业，积极
探索建立不同类型的人力资源服务产业园。

关键词： 中国对外服务工作行业协会　人力资源服务业　产业园　行业
统计

---

* 华天虹，中国对外服务工作行业协会秘书长、翻译；林彤，中国对外服务工作行业协会研究
室主任、国际商务师。

一　基本情况

（一）协会概况

中国对外服务工作行业协会（China Association of Foreign Service Trades，简称"外服协会"）成立于1989年，是一家全国性的、由各类人力资源服务机构组成的行业组织。目前，协会共有150余家会员单位，分布在除青海、西藏、宁夏以外的省级地区和直辖市。会员单位的类型全面体现了当前人力资源服务行业的各种业态，大部分会员单位都是所在地区的领军人力资源服务企业，具有较高的社会声誉和品牌知名度。1999年，经外交部批准，外服协会加入世界就业联盟（World Employment Confederation）。作为该国际组织在中国的唯一成员，外服协会在中国人力资源服务产业的国际交流中发挥着重要的作用。

（二）协会开展的工作

1. 成功举办"2021年度会员单位交流大会"

2021年9月23日，外服协会在北京成功举办了"中国对外服务工作行业协会2021年度会员单位交流大会"。来自50余家会员单位的近100位代表参加了大会。本次活动旨在围绕当前会员单位普遍关注的，与人力资源服务产业密切相关的部分政策问题、业务问题、技术问题进行研讨和交流。五位分别来自研究机构、法律界以及人力资源服务企业的嘉宾围绕当前会员单位普遍关注的一些热点话题先后做了主题分享。

本次交流活动还同时承载着协会2021年度理事会会议职能。华天虹秘书长主持了本次理事会会议，并对协会下一阶段的工作思路向参会的理事单位代表做了全面汇报。

2. 承办第15届世界就业联盟东北亚区域会议

2021年10月28日，中国对外服务工作行业协会承办了第15届世界就业联盟东北亚区域会议。世界就业联盟东北亚区域会议是中日韩三国人力资源服务行业协会之间的年度交流活动，由三国的人力资源行业协会依次轮流承办。依据惯例，第 15 届世界就业联盟东北亚区域会议由中方承办。

受新冠肺炎疫情影响，此次活动采用线上方式。中国对外服务工作行业协会、日本人才派遣协会和韩国人力资源服务产业协会的代表在北京、东京、首尔的分会场，通过线上视频会议的方式召开了此次会议。

此次会议共分为上午、下午两个主题发言时段。在上午的发言时段中，中日韩三个协会的代表分别介绍了 2020～2021 年各国的就业情况、人力资源服务行业的相关信息以及各协会在过去一年开展的主要工作。在下午的会议时段，三国代表围绕近年来劳动力市场的热点话题——灵活就业（非标准就业）进行了发言和交流。

此次会议是中日韩三方首次以线上视频会议的方式举办跨国区域会议。除中日韩三国协会在彼此分会场参加会议的人员外，另有 40 余家中方会员单位在线上参加了此次会议，会议取得圆满成功。

二　协会会员单位运营情况

（一）会员单位总体情况

目前，外服协会在全国各地拥有 150 余家会员单位，分布在除西藏、青海、宁夏以外的各省（区市）（见图 1）。会员单位的主体为各种类型的人力资源服务机构，其中既包括国有大型骨干人力资源服务企业，也不乏优秀的民营人力资源服务企业，以及 Randstad（任仕达）、Adecco（德科）等知名国际职业介绍机构在中国的分支机构。会员单位的主营业务为向国内各类经济组织和机构提供人力资源外包、劳务派遣、招聘、业务流程外包、咨询以及其他涉外商务服务等全方位人力资源服务解决方案。

2021 年 3 月 1 日至 4 月 30 日，中国对外服务工作行业协会针对 2020 年度协会所属会员单位的整体经营情况进行了问卷调查统计工作，此项工作得

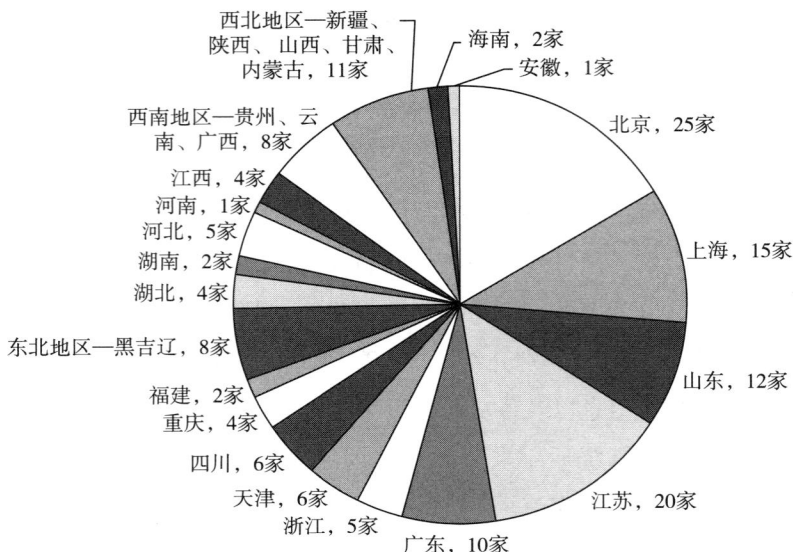

图1　2021年外服协会会员单位地区分布情况

到了会员单位的大力支持。共有121家会员单位提交了详实的统计报表，其中副会长以上单位12家、常务理事单位30家、理事单位及会员单位79家。考虑到部分会员单位由上级单位集合统报并未单独参加调查统计的情况，此次问卷调查统计的实际参与率达到89.26%，比较全面地呈现了会员单位在业务经营活动中的共性问题以及不同业态的变化走势。

根据本次调查统计的反馈结果，参加调查统计的会员单位实现营业总收入35266447.24万元（含代收代付26728539.53万元）。营业净收入同比平均增长率为11.51%；实现利润343867.5万元，同比平均增长率为11.42%；总服务客户439449家；服务各类员工总人数为15797939人；参加调查统计的会员单位内部员工总数为59303人，在全国各地共有1465家分支机构。

2020年，全国各地陆续发生的新冠肺炎疫情给会员单位的生产经营活动带来了不利的影响。参加调查统计的会员单位中有54家单位出现了利润的负增长，6家单位出现亏损。

（二）会员单位的业态发展情况

2020 年，会员单位开展的业务主要有以下几类：人事社保代理服务、招聘（猎头与招聘流程外包 RPO）、劳务派遣、业务外包、灵活用工（兼职及各类短期临时性用工）、薪酬财税服务、弹性福利服务、人力资源咨询服务、对外劳务合作、培训服务等。还有部分会员单位开展了人才测评服务、境内外商务咨询、外籍人服务、生活服务等其他业务。2020 年开展业务的会员单位数量见图 2。

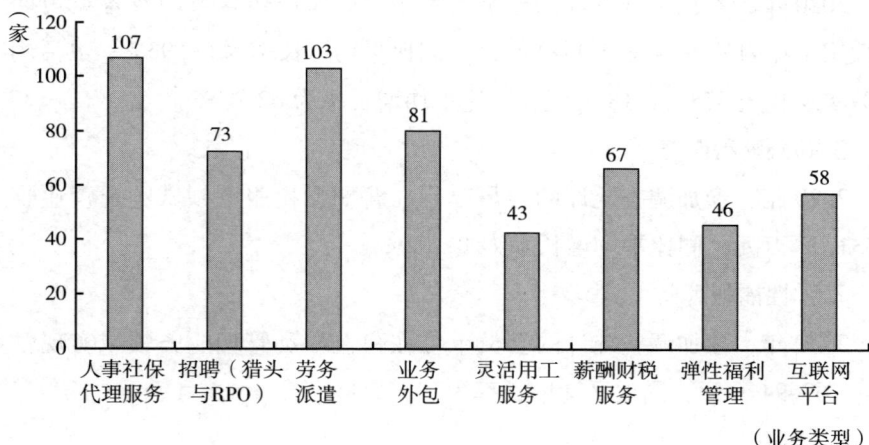

图 2　2020 年开展各类业务的会员单位数量

1. 人事社保代理服务

2020 年，参加调查统计的会员单位总计为 10302320 名员工提供了人事社保代理服务，服务人数同比平均增长率为 2.16%。营业收入同比平均增长率为 0.35%。

2. 招聘

2020 年，参加调查统计的会员单位通过高端人才寻访（猎头）或招聘流程外包（Recruitment Process Outsourcing，RPO）等方式开展了招聘服务，实现成功上岗的员工人数为 109423 人，同比平均增长率为 25.17%。

3. 劳务派遣

2020 年，参加调查统计的会员单位总计向用工单位提供的派遣员工总数为 797914 人，同比平均增长率为-0.95%。

4. 业务外包

2020 年，参加调查统计的会员单位中，业务外包在岗人员为 2675324 人，同比平均增长率为 35.62%；外包业务实现收入 3299619.2 万元，同比平均增长率为 29.13%。

5. 灵活用工服务

2020 年，参加调查统计的会员单位中，共派出包含兼职及各类短期临时性用工在内的各类人员 954346 人，同比平均增长率为 59.93%；灵活用工业务实现收入 478681.18 万元，同比平均增长率为 62.04%。

6. 薪酬财税服务

2020 年，参加调查统计的会员单位在薪酬财税服务领域实现营业收入 55331.53 万元，同比平均增长率为 14.02%。

7. 弹性福利管理

2020 年，参加调查统计的会员单位在弹性福利管理业务领域实现营业收入 163694 万元，同比平均增长率为 37.22%。

8. 其他

作为人力资源服务主营板块的支持和辅助业务，2020 年，参加调查统计的会员单位还总计提供人力资源咨询服务 18415 次；举办各类培训 2303 场；对外输出劳务人员 25735 人。

（三）会员单位经营情况分析

2020 年，中国对外服务工作行业协会所属会员单位的整体经营情况呈现出先抑后扬的态势。第一季度受疫情影响，大部分会员单位都出现了短期经营性困难，营业收入下降。第二季度随着疫情形势得到有效控制，会员单位的经营情况开始逐渐好转并保持恢复性增长。从全年来看，新冠肺炎疫情对会员单位的经营确实造成了一定的影响，但影响范围和时间长度均有限。面对疫情的冲击，会员单位顶住压力，主动作为、谋新求变，在经济困难中逆势上扬，实现了营业净收入11.51%的平均增长率，展现出较强的韧性和潜力。

从政策环境来看，2020年，国家关于阶段性减免企业社会保险费的政策，很大程度上减轻了上游企业的经营压力，为会员单位提供了好的政策环境。

从科技应用来看，数字化转型是近年来人力资源服务行业变革的一个重要方向。2020年，新冠疫情在对人力资源服务业造成冲击的同时也加快了会员单位数字化转型升级的进程，与2019年相比，更多的会员单位通过开发、使用各类人力资源管理与服务平台，将人力资源服务科技实实在在地应用于各类场景，赋能客户，提高效能，降低成本。

从业态发展走势来看，人事社保代理业务是会员单位的传统业务，多年来，此项业务也一直保持平稳增长，是会员单位的重要收入来源。2020年，会员单位的社保代理业务虽保持了增长，但受疫情影响，增长幅度进一步放缓，利润空间进一步收窄。当前，为了进一步规范用工行为，加强对社保缴纳工作的管理，各地社保部门对社保缴纳相关工作加强了规制。其中，劳动者劳动关系所属单位和社保缴纳单位的统一是最为核心的工作要求。在此背景下，一些会员单位开展的社保代理大库业务不得不做出调整，为了实现形式合规，大库业务中的一些存量员工向劳务派遣、业务外包等形式转化。2020年，会员单位的业务外包在岗人数和业务收入都有了较大的增长。

受疫情影响，2020年，企业招聘意愿及需求均有所回落，在市场机会减少的形势下，企业对人才的选择余地更大，招聘难度随之降低。为了促进就业，国家积极推动"稳就业"政策，大力扶持企业发展，保障企业正常运行，部分行业如电商平台、线上教育、医疗服务等顺势而起，身处这些行业的企业加大了用人需求，同时也有新的企业参与其中。在上述因素影响下，会员单位的招聘业务在成功上岗人数方面有了较大提高。

2020年，会员单位在薪酬财税服务和弹性福利管理服务领域仍然保持了稳定的增长，这表明：上述两个业务领域进一步得到客户和市场的认可。长期以来，人力资源服务机构通过社保代理服务积累了大量的员工数据，形成了开展薪酬财税服务的客户基础和弹性福利采购的议价空间，未来，人力资源服务机构的社保代理服务向上述业务的过渡将成为可能。

当前，我国经济面临较大的下行压力，企业生产经营困难增多。通过"灵活用工"，企业可以按照需求随时使用劳动力资源，在一定程度上有利于企业降低人工成本，"灵活用工"因此受到企业青睐，特别是疫情期间出现的"共享用工"，实现了用工的余缺调剂和劳动力资源的流动。2020年，会员单位在灵活用工业务领域的表现引人关注，在派出各类人员以及营业收入方面均实现较大增长。当前，"灵活用工"的用工模式已经逐渐形成，推动"灵活用工"向更大规模、更深层次的发展还需要从政策引导、法规建设，以及劳动者个人技能养成这三方面着力。

2021年是"十四五"的开局之年。《中共中央关于制定国民经济和社会发展第十四个五年规划和二〇三五年远景目标的建议》提出："强化就业优先政策。千方百计稳定和扩大就业，坚持经济发展就业导向，扩大就业容量，提升就业质量，促进充分就业，保障劳动者待遇和权益。"这为人力资源服务业下一步如何服务国家战略，实现高质量发展指明了方向。

可以预见的是，会员单位在前行的路上仍然会遇到各种困难与挑战，但是，在新的政策环境下、在新的技术条件下，人力资源服务业将会迎来崭新的未来。

三　对人力资源服务产业园未来发展的建议思考

1. 进一步提升产业园的服务质量和智能化水平

毋庸讳言，在产业园区建设和管理上，过去靠招商引资、政策优惠等吸引企业落地，在快速发展阶段具有立竿见影的效果。在区域融合发展、信息化程度加深，各地政策竞争加剧的情况下，这种模式会越来越难。当政策红利期过后，能否留得住入驻企业应该是产业园管理者重点考量的一个问题。人力资源服务属于高端咨询服务业，对办公场所的商业氛围和圈层文化有很高的要求，未来产业园区的管理者需进一步提升产业园的管理能力和服务水平，向商业化、智能化、平台化方面转型，营造符合人力资源服务企业各类办公场景所需的工作环境，搭建相关信息交流平台、教育培训平台，促进市场要素和人力资本的集聚，为入驻的人力资源服务企业带来真正的便利，甚至在信息流和市场流方面的赋能，这样才能形成产业链的集聚和市场生态的繁荣。

2. 突出产业园特色，积极探索建立不同类型的人力资源服务产业园

要积极培育发展人力资源服务相关的特色产业，按照"靠山吃山、靠水吃水"的原则进行布局，紧密依靠本地区的人力资本优势和产业特色，重点培育与之相适应的人力资源服务产业。例如，近年来，我国就业结构性矛盾的日益凸显，一方面是求职难、就业难，另一方面，各个行业对各类技能型人才，特别是高水平的技能人才提出了更多需求。当前，国家对技能人才的培养高度重视，下一步，技能教育将成为人力资源供应的一个重要发力点。所以，对于技能型人才需求量较大的地区，人力资源服务产业园的定位也可以因势利导，吸引更多的技能型教培企业入驻园区，成为技能型人才的养成基地。

B.27
积极配合人社部门 推进行业高质量发展

张宇泉 康群 张言亦*

摘　要： 本报告介绍了北京人力资源服务行业协会在积极配合北京市人力
资源和社会保障局（以下简称"市人社局"）推动北京地区行
业建设所做的主要工作，其中重点对中国北京人力资源服务产业
园建设所开展的工作进行了系统的总结。同时，介绍了开展省际
合作，推动全国多地产业园建设所做的工作。并对人力资源服务
产业园的发展提出了充分发挥产业园党组织的作用，深化党建与
业务发展相融合，探索产业园工会建设模式；推动产业园全面平
衡发展，完善园区配套设施和商业服务体系；创新发展管理模
式，引进行业协会为产业园提供全方位高质量服务等建设性
意见。

关键词： 北京人力资源服务行业协会　人力资源服务业　产业园　省级协
会联席会

一　北京人力资源服务行业协会发展情况

（一）协会概况

北京人力资源服务行业协会（以下简称"北京协会"）成立于 1996 年

---

* 张宇泉，北京人力资源服务行业协会创会会长、高级经济师，主要研究领域为人力资源管
理；康群，北京人力资源服务行业协会编辑部主任；张言亦，北京人力资源服务行业协会社
会工作部副主任。

10 月 8 日，是中国人才交流协会省级人力资源服务行业协会联席会会长单位。协会由人力资源服务机构、企（事）业单位的 HR 及社会组织三部分组成。协会的宗旨是以人为本，发挥协会行业服务、行业代表、行业管理、行业协调、行业自律等职能，为会员提供满意服务。北京协会作为北京市级"枢纽型"社会组织，充分发挥桥梁纽带作用，维护和谋求会员及行业的合法权益，努力促进人力资源市场规范有序发展，为首都经济社会发展提供人力资源保障。

26 年来，北京协会坚持为会员提供满意服务，促进北京地区人力资源服务业的快速发展。紧紧围绕首都经济社会发展的实际需要，按照市人社局重点工作要求谋划部署工作，拓展服务领域，以创新求发展，积极探索行业发展的新途径，为首都经济社会发展做出了积极贡献。

北京协会党建工作委员会和协会党支部，高度重视党的思想建设和组织建设，结合建党 100 周年组织开展了各类党建学习教育活动，提升会员单位政治站位，加强党建引领，促进了人力资源服务行业健康有序发展。

北京协会多年来注重行业标准化建设和诚信建设，取得了积极的成果，得到了人社部市场司、北京市人社局的肯定和行业企业的认可。

北京协会倡导建立了京津冀人力资源服务行业协调沟通机制，与天津、河北两地签订了人力资源服务业发展与合作协议，促进了三地人力资源服务业的协同发展。

北京协会积极组织各类行业活动，促进全国人力资源服务行业的交流与合作。协会积极开展理论研究，创建了具有全国影响力的王通讯人才工作室，有力地推动了人力资源工作实践，促进了人力资源服务行业的创新发展。

（二）北京人力资源服务行业协会在行业建设中的主要工作

2021 年，北京协会在北京市人社局、市社工委、市民政局、市商务局的指导下，充分发挥市级"枢纽型"社会组织的作用和行业协会的优势，及时跟进政府相关工作部署，带领人力资源服务机构、企业和社会组织，紧紧围绕行业党建、行业建设、行业发展、疫情防控常态化等方面开展工作，取得显著成效。

1. 贯彻落实上级党组织工作部署，结合实际组织开展多种形式的党史学习教育活动

为隆重纪念中国共产党100周年诞辰，北京协会党建委、党支部以"百年奋斗启新程，不忘初心开新局"为主题，开展了纪念中国共产党100周年诞辰党史学习教育主题系列活动。

一是组织召开了"2021年党建工作例会"、党史学习教育专题组织生活会等会议；举办了"纪念中国共产党建党100周年党史学习报告会"；北京协会党支部组织党员开展学习党史读书活动。

二是组织开展"百年奋斗启新程，不忘初心开新局"多场主题活动。参观了毛主席纪念堂、一二·九运动纪念地、西山国家森林公园无名英雄纪念广场、香山双清别墅和来青轩；观看了红色电影《长津湖》。

三是积极参加北京市行业协会商会综合党委和联合党委组织的党建学习教育系列活动；支持和帮助联合党委在延庆拓邦培训基地建立北京乡村红色教育基地；参加北京市综合党委"庆祝建党100周年，百先百优评选光荣榜"评选活动，协会有1名同志荣获综合党委"优秀共产党员"称号。

2. 举办各类人力资源服务业发展论坛活动

协助北京市人社局承办了2021年中国国际服务贸易交易会人力资源服务主题活动，组织包括外企集团、BOSS直聘、智联招聘、科锐国际、易才集团、锐仕方达等知名人力资源服务机构参展。举办了"抢抓数字经济创新机遇，赋能人力资源服务发展"，"数字赋能 共创未来——2021中国人力资源管理发展论坛"为主题的两场论坛活动。

受北京市人社局委托协会承办了第一届全国人力资源服务业发展大会相关工作。2021年7月，人社部在重庆举办第一届全国人力资源服务业发展大会。协会按照北京市人社局的要求，推荐20余家人力资源服务机构和企业参加展览展示；组织4名选手参加全国人力资源服务知识竞赛，取得较好成绩。

举办了2021人力资源薪酬福利论坛。活动以"数智时代，创薪之旅"

为主题，共同分享了数据时代企业薪酬管理的最佳实践，探索全方位数字化薪酬福利系统对企业发展战略赋能的前沿趋势。

3. 做好人力资源服务标准化建设工作

北京协会参与全国人力资源服务标准化技术委员会组织的《（GB/T 33860—2017）人力资源服务机构能力指数》解读的编写工作，解读手册已于 2021 年 4 月正式出版发行。

2021 年全年北京人力资源服务机构等级评定委员会对北京地区人力资源服务机构开展了 9 次咨询和评查，召开 2 次专家评审会，4 家单位取得相应等级。

北京协会会同会员单位制定《电子劳动合同订立平台功能建设规范》团体标准，于 2021 年底发布试行。

4. 拓展人力资源培训内容和形式，培训工作取得成效

北京协会受北京市人社局委托完成了北京市人力资源市场从业人员新版培训课程的研发工作，邀请全国知名专家录制在线课程、研发考试题库，提升人力资源市场从业人员的基本素质和知识水平。

承接了部分在京高校新进教职工招聘和入职培训、新晋升教职工选拔测评和赋能培训、高校组织发展规划和改革的咨询等项目。

完成了人力资源高级管理人员"帅才班"培训、外包系列培训、政策解读培训、人力资源实务能力提升等多个专业培训项目。紧跟市场热点，开展薪税师能力水平评价、中级经济师（人力资源管理方向）等资格类培训。

北京协会被北京市人社局职业技能鉴定管理中心认定为社会培训评价组织，负责企业人力资源管理师（各级）的职业技能等级认定工作。

建立了线上知识共享平台，截至目前上线 18 家单位，204 门课程，吸引 1.2 万粉丝关注，超过 13 万人次学习。

5. 积极开展人力资源服务领域的理论研究工作

北京协会参加了中国劳动和社会保障科学研究院《中国人力资源服务产业园发展报告（2021）》的编写工作；与王通讯人才工作室共同承接了中国人事科学研究院 2021 年度地方合作课题，完成了《人力资源服务业务形态分析研究》论文集的编撰工作。

6. 继续开展北京人力资源经理委员会（以下简称"委员会"）工作

完成委员会论文集《人力资源管理实践与探索》（第四辑）征稿、编辑和出版发行工作。

配合协会纪念建党百年系列活动，组织会员参加《百年领导力》《开国元勋的领导艺术》培训活动。

举办了知名专家学者直播讲座、专题内部培训活动，开展多期多主题、多形式的线上和线下主题"分享会""研讨会"。

（三）推动成立中国人才交流协会省级人力资源服务行业协会联席会

北京协会、上海协会作为全国省级人力资源（人才）服务行业协会联席会的会长和秘书长单位，2021年4月，共同推动成立中国人才交流协会省级人力资源服务行业协会联席会，使省级联席会迈入了历史发展的新阶段。

2021年7月，在重庆组织召开了中国人才交流协会省级人力资源服务行业协会联席会第十八次会议，北京协会创会会长、省级联席会会长张宇泉主持了会议，各地协会进行了座谈交流。

二 北京协会会员单位运营情况

（一）会员单位总体情况

北京协会现有会员单位400余家，人力资源服务机构会员中，有万宝盛华、任仕达等世界500强企业，上海外服、中智集团、北京外企等中国500强企业及科锐国际、人瑞集团、猎聘网等上市企业，智联招聘、前程无忧、BOSS直聘、58同城招聘等行业知名企业，及中国人寿、兴业银行、中信银行上下游支持企业等。

在社会组织会员中，有北京金融街人力资源协会、北京市西城区人力资源管理协会、北京市朝阳区人力资源服务促进会等人力资源领域的社会团体；以及三人行、第一资源、善远、中关村加一等人力资源服务行业的民办非企业机构作为协会社会组织会员单位。

在企业人力资源经理会员中，有中石油、首钢、金隅、一轻控股、北辰集团、首开集团、北汽集团、联想控股、神州数码医疗、北京规划院、开放大学等央企、国企、事业单位、外资企业和民营企业。

（二）会员单位业态发展情况

北京人力资源服务市场，已成为促进就业的主渠道。2020年，北京地区共有人力资源服务机构3079家，其中经营性人力资源服务机构2729家，公共服务机构350家，营业收入3113亿元，通过互联网发布招聘信息4.6亿条，帮助1250万人次实现就业和流动。

北京地区人力资源服务机构开展了包括求职招聘服务、招聘洽谈会、信息网络服务、高级人才寻访、职业指导服务、素质测评服务、培训服务、人力资源管理咨询服务、流动人员人事档案管理服务、人力资源外包服务、劳务派遣及多种类型的灵活用工、共享用工等业务。

近年来，北京地区人力资源服务行业蓬勃发展，吸引了金融服务、电子商务等多领域的企业进入人力资源服务行业，拓宽了人力资源服务业上下游产业链。

三 北京协会助力人力资源服务产业园发展

（一）中国北京人力资源服务产业园通州园区

为了进一步推进通州园区的发展，北京协会在园区设立办公室，安排专职人员为入驻企业提供全方位服务。

一是接待入驻企业咨询沟通，做好招商对接工作。

二是定期和通州区人社局、园区管委会、入驻企业召开工作对接会，了解多方需求，提升服务质量。

三是在协会各类论坛、培训活动中，为通州园区进行宣传推广，招商推介。

四是做好入驻企业的宣传工作，定期在协会公众号、《北京人才》杂志、《北京人才市场报》等平台对入驻企业进行宣传介绍。

2021年6月底前，北京协会、王通讯人才工作室为北京市通州区人社局起草完成了《北京城市副中心（通州区）"十四五"时期人力资源和社会保障事业发展规划》。

北京协会积极推动通州园区与各地产业园、政府部门和业内同仁的合作交流，与产业园区负责人共同接待了南昌产业园、上海奉贤区人社局、浙江省台州温岭市委组织部、中国人才交流协会等考察团到通州园区考察交流，并参访园区企业。

通州园区受邀参加了北京协会党建委组织的"百年奋斗启新程，不忘初心开新局"纪念中国共产党100周年诞辰党史学习教育主题系列活动，推动了园区党的思想和组织建设。

2021年10月，北京协会和通州园区共同承办"第二届北京城市副中心人力资源发展高峰论坛——数字化变革中的企业管理暨中国北京人力资源服务产业园通州园区招商推介会"，论坛在通州园区举办。人力资源服务机构负责人、专家学者等100余人参加了此次论坛，邀请专业讲师就"数字技术+人力资源服务业"作专业分析。论坛采取"线上+线下"融合并行的方式举办，有超过2.8万人参与直播观看活动。

（二）中国北京人力资源服务产业园朝阳园区

2021年，北京协会书记张宇泉等领导多次参加朝阳区人社局举办的朝阳园区专家论证会、入驻产业园人力资源服务机构分类分级评审会等会议，有力推动了国家级人力资源服务产业园朝阳园区的筹建工作。

（三）北京协会协助北京经济技术开发区筹建人力资源服务产业园

北京协会承担了北京经济技术开发区人力资源服务产业园规划方案

的设计任务，在充分调查研究的基础上完成了《北京经济技术开发区人力资源服务产业园发展规划》科研课题。在课题中分析论证了产业园建设的现实基础；根据地域经济发展和产业业态的实际情况，制定了经济技术开发区（以下简称"经开区"）人力资源服务产业园发展规划；提出了包括打造系统的人力资源服务网络综合平台、搭建功能齐全的人力资源产业孵化平台、打造国内外贯通的产业人才配置平台、建设产业园信息化服务生态系统四大产业园建设的重要工程；明确了产业园建设的组织管理、保障措施、实施方案及优惠政策。

（四）积极协助兄弟省市做好人力资源服务产业园建设工作

2021 年 9 月，北京协会受湖北省武汉市人社局委托在北京组织举办了"湖北省暨武汉市人力资源服务业招商引资推介——北京招商引资推介会"。会上，中国武汉人力资源服务产业园中央商务区园区、光谷园区、车谷园区负责人分别做了招商介绍，北京双高国际人力资本集团有限公司等 13 家国内知名人力资源服务机构与中国武汉人力资源服务产业园达成进驻意向，现场签约。

推介会前后，北京协会组织武汉地区同仁，分别走访了 51 社保、58 同城、北京双高、国测咨询、国投人力、北京外企、BOSS 直聘、科诺思通及锐仕方达等在京知名人力资源服务机构，开展座谈交流。

四　对人力资源服务产业园未来发展的建议思考

作为推动人力资源服务产业发展的重要载体，近年来，人力资源服务产业园建设在全国各地呈现加速发展态势。截至 2021 年底，人社部先后批准了 22 家国家级人力资源服务产业园。面对国内人力资源服务产业园发展的现状及趋势，为进一步提高产业园建设水平和规范管理提出了如下建议。

（一）充分发挥产业园党组织的作用，深化党建与业务发展融合，探索产业园工会建设模式

产业园党组织应发挥政治核心作用，按照建设基层服务型党组织的要求，创新服务方式，提高服务能力，提升服务水平，实现保证政治方向、服务人才成长、加强自身建设，进一步推动产业园健康有序发展。

同时建立产业园工会联合会，领导和指导园区入驻企业工会组织建设和工会工作，指导园区内未建工会企业组建工会，培训企业工会干部，交流和推广行业企业工会工作的经验，维护从业人员的合法权益，构建和谐劳动关系，反映园区职工的要求，指导和帮助企业工会与企业行政建立平等协商，组织动员从业人员积极参与企业经营管理，为产业园建设和企业发展献计献策。

（二）推动产业园全面平衡发展，完善园区配套设施和商业服务体系

产业园要积极打造与人才发展相适应的工作生活环境，不断完善商务配套服务体系，打造健全的通信、餐饮、休闲、娱乐等设施，建立国际化人才公寓和健康保障服务平台，利用产业园人才公共服务和人力资源市场化服务集聚的高人气，带动当地商务配套服务的发展。

要进一步拓展人力资源服务行业上下游产业链，重点吸引金融服务、法律服务、信息技术等关键节点的优质企业进驻人力资源服务产业园，实现园区集聚发展、多元发展、互利共生、长期兴旺的生态布局。

（三）创新发展管理模式，引进行业协会为产业园提供全方位高质量服务

发挥行业协会优势协助开展园区宣传、招商引资；制定行业标准，推动标准化宣贯；研究业态发展，反映企业诉求，推进有利于行业发展的政策出台，搭建政企沟通的桥梁；开展行业交流、培训等活动，嫁接行业发展商机；开展行业统计，发布行业指数报告；开发和引进人力资源新产品，研究人力资源新业态。

科学策划　搭建产业园区服务平台

朱庆阳　汪艳彦*

摘　要：　行业协会作为推进行业发展的重要平台，为人力资源服务业的规范和发展发挥了重要作用。上海人才服务行业协会作为推进上海人力资源服务业发展的重要平台之一，配合国家人力资源和社会保障部（以下简称"人社部"）、上海市人力资源和社会保障局（以下简称"人社局"），策划并打造了我国第一个人力资源服务产业园——中国上海人力资源服务产业园，并积极协助全国各地政府开展产业园区策划、运营、招商等工作。本报告介绍了上海人才服务行业协会配合政府，以人力资源服务业和人才服务促进经济发展、以质量和标准推进行业发展的工作情况，并就行业协会发挥自身优势，协助产业园区开展科学策划、配合产业园区商务运作、搭建产业园区服务平台等工作进行了阐述。

关键词：　上海人才服务行业协会　人力资源服务业　产业园　服务平台

人力资源服务业作为现代服务业的重要组成部分，在我国社会主义市场经济的产业发展过程中起到了越来越重要的作用。上海人力资源服务业历经四十多年的发展，在上海市委市政府、市委组织部、市人社局等相关部门的指导和支持下，形成了以政府部门主导培育、行业协会规范自律、业内企业

---

* 朱庆阳，上海人才服务行业协会秘书长、中国人才交流协会副秘书长；汪艳彦，上海人才服务行业协会副秘书长。

共同发展的"上海模式",自 2003 年以来快速发展,每年增长幅度超过 20%,覆盖了"国际、亚太、中国、区域、本土"五个商圈,对推动上海人才国际化、产业国际化发展起到了重要作用。

上海人才服务行业协会(本文以下简称"协会")作为推进行业发展的重要平台,在政府部门的指导和支持下,以"配合政府、服务市场、做大产业"为宗旨,以"做强、做大人力资源服务业"为目标,以人力资源服务业和人才服务经济发展、以质量和标准推进行业发展为主线,充分发挥行业协会"组织、自律、服务、协调"的职能,积极协助政府出台有利于产业发展的政策;研究业态发展,开展产业咨询,创新研发了产业人才模型体系;推进诚信建设,建立标准体系、质量体系;嫁接商机,培育多元化、多层次的服务产品;开展从业人员培训,提升从业人员队伍素质;配合各地产业园区建设,推动全国人力资源服务行业协同发展。在政府的支持认可、会员单位的共同努力下,协会先后获得"全国先进社会组织""第四届中国质量奖提名奖""5A 级社会组织""上海市人才理论研究基地""上海市市级机关先进基层党组织"和上海市委组织部"党支部建设示范点"等荣誉称号。

一 2021年上海人才服务行业协会工作情况

(一)协助政府出台政策,助推行业稳步发展

2021 年,协会积极配合上海市级机关行业协会党委、市人社局、市民政局、市市场监督管理局、市税务局、市社保中心等部门,开展市级机关行业协会商会人员思想动态调研、人力资源服务业各业态发展情况调研、"互联网+"对人力资源服务业的影响调研、人力资源服务机构海外贸易情况调研、上海市推进质量品牌建设工作调研等工作,反馈行业发展诉求和瓶颈,为制定推进行业规范、平稳发展的政策,打造行业品牌标杆发挥了积极作用。

（二）积极开展行业研究，引领行业科学发展

1. 创新研发人力资源服务产品

为推动行业更好更快发展，协会组建专家团队，持续推动人力资源服务产品创新及企业发展模式创新。一方面，不断加强人力资源外包产品研究，制订人力资源外包服务标准，规范人力资源外包市场；另一方面，积极探索新形势下灵活用工、线上培训等服务产品，推动疫情之下薪税服务、电子合同、人力资源SAAS等产品的创新升级，为行业的科技赋能增效提供产品支持。

2. 研究业态发展，出版行业书籍

2021年，协会作为组织部授牌的上海市人才理论研究基地，长期致力于人力资源行业理论研究，积极研究业态发展，发布行业报告，牵头及参与了《中国人力资源服务业蓝皮书》、《上海经济年鉴》、《上海现代服务业发展报告》、中国人事科学院的《党建引领下的行业协会平台化建设探索》、中国劳动和社会保障科学院的《中国人力资源服务产业园发展报告》等多个研究项目和书籍的编撰工作。此外，协会每年组织编写出版《上海人才服务行业发展蓝皮书》，解读行业发展现状，预测行业发展趋势；联合上海市劳动保障学会，共同发布《灵活用工实务手册》，为灵活用工规范发展提供理论支撑。

3. 协助开展行业及人才发展规划

2021年，协会配合上海市律师协会、体育总会等行业协会商会开展行业人才调研和规划工作，以人力资源服务和人才服务推动各地经济的发展。

（三）完善行业标准体系，推进行业规范发展

1. 完善行业标准体系

一是积极牵头并参与国家标准制定。协会积极参与起草了《高级人才寻访服务规范》《现场招聘会服务规范》《人才测评服务业务规范》等多项国家标准，并牵头编制了《人力资源服务术语》《人力资源外包服务规范》

两项国家标准。

二是编制行业地方标准。在国家标准的基础上，协会牵头起草了上海市地方标准《人力资源派遣服务规范》《高级人才寻访服务质量与评价要求》《人才测评服务规范》《人力资源咨询服务规范》《人力资源外包服务规范》五项地方标准，其中《人力资源派遣服务规范》作为全国第一个地方性的标准，获得"上海市标准化优秀技术成果二等奖"；《人才测评服务规范》获得"上海市标准化优秀成果三等奖"；《高级人才寻访服务质量与评价要求》获得"上海市标准化优秀技术成果奖"三等奖。2021年，协会组织开展上海市地方标准《人力资源派遣服务规范》修订以及《网络招聘服务规范》制定，进一步规范行业运营。

三是制定上海人力资源服务行业团体标准。2017年，协会牵头编制并发布了国内首个行业社会团体标准——《人力资源外包服务先进性质量要求》，被中华全国工商业联合会评选为"2021年商会团体标准'领先者'"。2021年，协会联合上海市注册税务师协会，编制并发布了《薪税师职业技能评价规范》团体标准，为"薪税师"新职业的人才评价工作提供标准依据。此外，协会组织开展上海市社会团体标准《高级人才寻访服务先进性质量要求》制定工作，推进行业规范运营。

2. 推动标准宣贯与培训

为更好地推进标准贯彻与实施，助推行业规范发展。在全国人力资源服务标准化技术委员会（本文以下简称"标委会"）的支持下，协会作为"人力资源服务业国家标准宣贯及标准化试点平台"，积极向人力资源服务机构宣贯行业标准，发布贯标机构的榜单。目前共有650家次人力资源服务机构参与贯标工作。

此外，协会定期开展从业人员标准化培训，2021年，协会受静安区人社局委托，成功举办"标准化助推人力资源服务行业发展——人力资源服务机构标准化培训"，线下培训近60位人力资源服务机构代表参加。同时，标委会通过上海人才服务行业协会微信公众号，推出《标准的编写》《人力资源服务企业合规风控标准化》《人力资源管理咨询标准化与规范化发展》

等 9 堂线上课程，将标准化培训常态化进行。

3. 配合组建"上海市人力资源服务标准化技术委员会"

2020 年，协会配合上海市人社局申请组建了"上海市人力资源服务标准化技术委员会"，搭建标委会领导团队和委员团队，为行业标准化工作的深入发展搭建了更大的平台。2021 年，标委会制定并完善标委会章程、工作流程、工作规范、印章管理、工作纪律和工作计划。同年 3 月，上海市人力资源服务标准化技术委员会成立大会成功召开。

4. 推动国家标准化试点工作

2021 年，协会配合上海市人社局、上海市市场监督管理局，积极组织 4 家会员单位申报"2022 年度国家服务业标准试点"项目。此外，协会积极创建"上海市人力资源和社会保障服务标准化试点"，预计将于 2022 年完成中期验收。

5. 推进长三角人力资源服务行业一体化、标准化发展

为加快推进长三角人力资源服务行业高质量、高标准的引领发展，上海人才服务行业协会、浙江省人力资源服务协会、江苏省人力资源服务行业协会、安徽省人力资源服务协会代表共同在线签订《长三角地区人力资源服务行业协会框架合作协议》，实现长三角地区人力资源服务行业资源共享、优势互补、共同发展的愿景。

（四）搭建会员服务平台，推动行业国际化发展

1. 构建会员服务平台，推进国际交流合作

协会致力于构建会员服务平台，嫁接会员与会员、会员与政府、会员与行业协会、会员与市场、会员与国内、会员与国际的六类商机，成立了招聘、猎头、派遣、测评、培训、咨询、法务、薪酬等 16 个专业小组，定期与政府部门、国内外同行以及其他行业交流合作，开展国际化的行业研讨会，组织会员单位赴国外考察，推进会员单位在发展战略、服务产品、顾问水平以及技术资源等方面实现国际化发展。

2021 年，协会召开 16 场行业发展座谈会，了解会员发展瓶颈和需求，推

进会员交流与合作；多次举办小型会员沙龙活动，协助薪太软、社保科技、蓝白律所、劳达等会员单位组织分享交流活动，汇集行业智慧，不断完善服务产品。此外，在上海市商务委、上海市人社局的支持下，协会成功举办"上交会国际人力资源服务论坛"，并组织会员单位及企业 HR 参加"第一届全国人力资源服务业发展大会""中国人力资源技术大会""长三角及上海十佳'HR'评选"等国内外行业活动，搭建会员交流、合作平台。作为全国省级人力资源（人才）服务行业协会联席会的秘书处，协会每年积极组织"全国省级人力资源（人才）服务行业协会联席会"，积极推动同行间的区域合作。

2. 打造行业品牌体系，树立行业品牌标杆

在统计工作基础上，协会组织开展上海人力资源服务机构百强统计、人力资源服务诚信机构创建、优秀人力资源服务供应商推荐等活动，并配合市人社局创新开展"上海伯乐奖励计划"，发布上海人力资源服务机构百强榜单及百强机构案例汇编，打造"上海服务"标杆形象，更好实现机构输出、产品输出、模式输出，将行业正能量覆及全国。

（五）承担社会责任，鼓励行业公益

在上海市人社局的支持下，协会自 2008 年起开展"人才服务进校园"系列活动。通过不断的完善和创新，活动开辟了招聘会进校园、网络招聘进校园、实训基地进校园、职业测评进校园、培训项目进校园、"特色活动"进校园等版块。2021 年，活动共发布网络招聘岗位数 1930 个，参与企业425 家次，投递简历数 3000 份，举办线上招聘会 10 场，现场招聘会 7 场，现场参与学生数约 10000 人次，发放 200 个免费测评账号，举办 5 场特色活动，帮助高校毕业生开展职业生涯规划，为进入职场做好充分的准备。

（六）提升从业人员素质，提升行业服务质量

1. 承接政府委托培训

2021 年，协会受上海市、区人社部门委托开展从业人员公益培训 5 次，针对人力资源服务新业态、合规化、标准化发展等话题展开培训，培训从业

人员近 800 人。

2. 开展行业培训项目

一是开展行业各业态培训项目。协会组织业内专家，定期开展高级人才寻访、人力资源外包、财税、薪酬等培训项目，培训从业人员 700 余人。

二是开展公益类培训项目。协会根据行业热点，通过线上、线下相结合的方式，定期开展公益类培训讲坛，共组织 10 期人力资源大讲坛，培训从业人员 6000 余人。

二　积极发挥协会优势，推进产业园区科学发展

为配合我国各地产业园的发展，推进各地区人力资源服务行业集聚，提升人力资源服务能级，上海人才服务行业协会积极配合各地区政府开展产业园区策划、运营、招商，同时也为入驻企业提供咨询、商机嫁接等服务。

（一）输出人力资源"上海模式"，配合产业园区规划升级

2021 年，协会配合上海市人社局，在不断研究中国上海人力资源服务产业园发展模式的基础上，探索上海"一园多区"的建园模式，为杨浦区、闵行区、长宁区、青浦区等地的人力资源服务产业园建设进行服务与规划，推进人力资源服务行业集聚，提升人力资源服务能级。

在上海模式的基础上，协会将"上海人力资源服务产业园区"模式积极向全国各地复制推广，协助呼和浩特、赤峰、宜宾、成都、营口等地人力资源服务产业建设，为当地产业园区的发展和服务职能的升级提供助力。

（二）协助开展产业园区商务运作

2021 年，协会先后配合呼和浩特、赤峰、宜宾等地政府部门，开展人力资源服务行业推介活动，有效推进人力资源服务机构与全国各地区的交流和对接。

为实现上海人力资源服务产业模式输出、理念输出，推动行业持续健康

发展，2021 年，协会先后为薪太软、人瑞集团、财才网、上海地铁人力、网班科技等多家会员单位提供战略咨询、活动咨询、项目咨询、上市咨询等，在实现本土机构持续发展的同时，也推动各地人力资源服务机构的合作交流，为业内机构寻求合作、转型发展提供平台，推动企业做强做大。

（三）定期开展产业园区统计

协会定期开展产业园区人力资源服务机构统计工作，对园区内人力资源服务机构的服务产品、服务人数、服务客户、销售额、纳税情况等进行综合统计，汇总形成统计指数，通过论坛、行业研究报告等形式将统计结果与社会分享，为产业园区的下一步发展提供理论基础。

（四）搭建产业园区综合服务平台

一是海智计划（静安）工作基地。为贯彻科教兴国、人才强国战略，建立规范有效的工作机制，在上海市科学技术协会的指导、静安区委区政府的关心支持下，协会作为"海智计划（静安）工作基地"的市场化运作平台，2021 年，创新组建了海智计划静安基地专家团、海外站点联盟。挂牌成立了"海智计划静安工作基地白领驿家青年成长空间"和"CDP 青年成长空间"。累计为 200 多人次的海外留学生、50 多个项目进行引进指导和入驻辅导，在上海引进汽车制造、人工智能、新能源、清洁技术、移动出行、机械自动化、药品研发等领域的项目和人才。

二是张江人才服务平台（闸北园）。为推动新时期下人才工作，探索市场化人才服务平台建设，在张江高新技术产业开发区管理委员会、静安区科学技术委员会等部门的支持和指导下，协会作为"张江国家自主创新示范区人才服务平台（闸北园）"，探索与市场化机构共建平台解决人才服务问题的模式，先后搭建了包括人才测评平台、人才外包平台、人才法务平台、人才税务平台、人才招聘平台等在内的综合服务平台，通过开展人力资源财税、金融培训，企业灵活用工情况、人员需求情况、培训情况调研等项目，形成了集线上、线下一体，园区人才、技术、项目和资金有效配置与整合的新模式和新机制。

三是上海市职业技能等级认定。2021年，在市人社局、市职业技能鉴定中心的支持和指导下，协会成功开展"劳动关系协调员"职业技能等级认定项目，共379名考生参加认定，为培养专业的"劳动关系协调"技能人才队伍，推进劳动关系和谐发展发挥了积极作用。

四是搭建产业园从业人员综合培训平台。2021年，受静安区人力资源和社会保障局委托，协会举办了"标准化助推人力资源服务行业发展——人力资源服务机构标准化培训"，线下培训近60位人力资源服务机构代表，线上同步推出《标准的编写》《人力资源服务企业合规风控标准化》《人力资源管理咨询标准化与规范化发展》等9堂线上课程，为园区企业的标准化、规范化发展培养专业人才。

产业园区是我国人力资源服务行业集聚的重要载体，上海人才服务行业协会作为服务行业发展的重要平台，将努力通过自身的国际化、市场化、专业化优势，协助全国各地产业园区科学发展，真正实现其发展价值，为全国人力资源服务产业园的发展和产业集聚发挥出更大的作用。

借 鉴 篇

Practices and Experiences

B.29
典型国家和地区人才政策分析

黄湘闽　莫 荣*

摘　要： 本报告选取美国、德国、英国、日本、韩国、新加坡、以色列和
中国香港8个典型国家和地区，分别从人才引进、流动、评价、
培养、使用、激励六个维度对其人才政策进行统一分析和比较，
在此基础上形成对完善我国人才政策的启示与借鉴。建议从健全
完善法律制度，探索"中国绿卡"，吸引留学生，吸引海外华人
华侨回流等方面拓宽人才引进渠道；从完善人力资源市场，发挥
人力资源服务机构作用，促进港澳台与内地人才交流等方面促进
人才流动；从推动建立市场化社会化评价机制，建立以职业能力
资格框架为核心的评价标准，采取动态选拔和分类评价机制等方
面改善人才评价方式方法；从加强职业培训立法，提高培养质
量，重视青年人才储备，联合培养创新人才等方面提升人才培养

---

* 黄湘闽，博士，中国劳动和社会保障科学研究院人力资源研究室副研究员，主要研究领域为
人力资源市场、就业创业；莫荣，中国劳动和社会保障科学研究院院长、研究员，主要研究
领域为就业、职业培训、人力资源管理、国际劳动保障等。

效果；从提高用人单位自主权，尊重科研人才成长规律，营造鼓励创新的社会氛围等方面提高人才使用效能；从多元投入、知识增值、人才荣誉等方面加大人才激励力度。

关键词： 人力资源服务　人才政策　"中国绿卡"

当今世界正经历百年未有之大变局，国际经济、科技、文化、安全、政治等格局都在发生深刻的调整。当前，我国经济已由高速增长阶段转向高质量发展阶段，正在形成以国内大循环为主体、国内国际双循环相互促进的新发展格局。面对国际国内新形势，要始终坚持发展是第一要务、人才是第一资源、创新是第一动力，而创新的根本源泉还是在于人。要站在国际视野的高度，秉持科学审慎的态度，通过对典型国家和地区的人才政策进行比较研究，形成对我国人才政策创新有借鉴意义的经验总结和政策启示。

一　典型国家和地区人才政策比较分析

人才的需求是多层次的，各国在制定人才政策时基本依据人才需求的不同层次出台相应的政策，保持多样性和针对性，实现充分的激励，达到良好的政策效果。现有人才政策的供给与人才需求不匹配和不相适应的地方，就是人才政策创新的方向和空间。为了能够将各国人才政策比较分析结果，更好地服务于我国人才工作实践，本报告从我国人才工作基本环节出发，引入人才引进、流动、评价、培养、使用、激励六个维度对典型国家和地区人才政策进行统一分析和比较。

（一）人才引进政策比较

1. 美国突出技术移民和留学生产业的人才引进政策

美国是移民国家，其人才引进政策有显著的移民和最大限度占有全球优秀青年人才的特点，主要有技术移民制度和国际留学生产业制度。半个多世纪以来，美国通过分层次、分领域、优先程度、配额管理、长期短期相结合等多种组合方式对技术移民制度不断发展完善，在全球获取本国所需的各类人才。美国成功实践了国际教育产业和文化交流制度，发达的高等教育体系以及优惠的留学生政策使其外国留学生数量约占全球留学生总量的1/3左右，建立了全球优秀青年人才"蓄水池"。

2. 德国实行全方位、立体化、针对性的人才引进政策

一是制定专项引才政策，如推出居留许可"德国绿卡"（GGC）计划，吸引IT高技术人才赴德工作；实施EUBC保障措施，便于引进非欧盟国家专业人才。二是出台"高技术战略""通过教育实现起飞""德国就业和稳定一揽子计划""工作移民对保证德国专业人才基础的贡献"等一系列人才引进计划。三是设立高水平科研奖项吸引国际顶尖人才，如由德国联邦教育研究部资助的洪堡教授奖励项目（Alexander von Humboldt Professorships）规定，受资助的实验研究者可获得高达500万欧元的研究经费，理论研究者的经费可达350万欧元，以帮助德国吸引全球顶尖科研人员长期在德从事研究工作。四是改革移民法，大力吸收技术移民和投资移民，在法律层面为吸引高层次人才创造政策环境。五是将吸引留学生定为国家战略，鼓励留学生移民德国等策略吸引留学生成为德国专有人才。六是制定吸引技术工人的策略，有针对性地吸引来自第三国的熟练专业人员。

3. 英国实行多触角、多主体、多种形式的人才引进政策

一是发布国家科技发展白皮书，对高科技、基础研究和高等教育领域中的优秀人才实施倾斜政策。二是建立高级人才招聘计划，高薪聘请世界顶级科学家，以保持英国在世界研究领域中的领先地位。三是创建有利于吸引全球人才的社会环境、平台以及相关政策。四是有针对性地调整完善高科技人才移民制度，放宽对外国技术移民的法律限制，减少对科学家及其家庭成员移民的配额限制。五是吸引大量海外留学生（特别是自然科学、工程和数学专业留学生），并鼓励其在英国工作。六是鼓励跨国公司设立海外机构获得并使用全球杰出人才。七是充分利用人力资源服务机构（猎头公司）在全球获得高级人才。八是积极推动和资助国际科技研发合作，储备科技人才。

4. 日本高度关注外国留学生和研究人员的人才引进

一是通过大力引进外国留学生参与国际"人才争夺战"，分别提出过"到 21 世纪初接收 10 万名外国留学生"和"到 2020 年接收 30 万名留学生"的目标，提高大学及科研机构的国际竞争力。二是注重吸引海外优秀研究人才，通过邀请各国（地区）优秀研究人员与本国研究人员交流研讨，推动日本学术研究国际化。

5. 韩国实行以各类海外优秀人才为重点的人才引进政策

一是明确引进海外优秀人才的类型，包括在大学及研究院所进行研究和教育活动的"研究教育型"人才、包括创业者在内的参与产业实体的"企业活动型"人才和世界知名大学优秀毕业生等"未来潜力型"人才。二是通过人才环境建设提升海外人才引进效果，构建国际科学中心，加强与国外优秀研究者交流合作，提供优异的研究环境及岗位，构建国际合作研究平台。三是加强配套设施的保障机制，修订出入境制度，构建尊重文化多元性的国际环境，营造人才持续发展的环境。四是完善奖学金制度投资未来青年人才，建立外国人才邀请机制，给优秀外国留学生提供在韩就读高校的机会。五是放松海外人才引进政策的限制条件，全面降低人才就业签证标准的门槛，进一步放宽高学历人才从业限制，适当增加技能人才签证数量。

6. 新加坡采取以工作准证制度为抓手的分层人才引进政策

一是设立工作准证管理制度，将工作许可和访问签证功能合一，对外籍工人实现各环节系统整合管理。二是针对外国专业高级人才实行 EP 工作准证政策，EP 准证持有者可以在新加坡准证有效期内转换工作，并享有更多生活便利权利。三是适用于外国中高级技术工人的 SP 工作准证政策。四是适用于低技能和无技能的外国劳动者的 WP 工作准证政策，对不同行业招聘的外籍工人有来源国和数量限额控制，并缴纳外籍工人税。五是创业准证、个性化准证和技术准证等其他针对高级专业技术人才的工作准证政策。

7. 以色列实行国家主导的项目式人才引进政策

一是建立专门机构和专项基金，在技术移民与高校、研究机构、工业和商业部门之间搭建平台，为资助移民科学家与归国人员开展科学研究与技术研发提供了必要条件，全面推进技术移民融入以色列。二是设立卓越人才计划，设立重大专项资金把卓越人才带回以色列，以此作为提升高等教育机构研究能力和学术能力的核心手段。三是实行以色列国家引智计划，为旅居国外的以色列人及其家庭回国就业提供"绿色通道"、研发条件支持与税收优惠政策等服务。四是政府下属机构和产业界根据自己的需求依托各类引智项目实施引才计划。

8. 中国香港以就业和移民为重点的分层次人才引进政策

一是通用就业许可类计划，包括补充劳工计划、外籍家庭用工计划、吸引海外和内地专业人才计划、非本地毕业生留港/回港就业计划。二是针对性人才引进计划，包括科技人才入境计划、杰出创科学人计划。三是移民类人才引进计划，包括输入中国籍香港永久性居民第二代计划、优秀人才入境计划。

（二）人才流动政策比较

1. 美国鼓励完全自由流动的人才流动政策

美国鼓励劳动力要素在劳动力市场上自由流动，倡导消除一切可能影响人才流动的制度性障碍。一是人才流动"旋转门"制度。"旋转门"制度是指人才可以在政府、企业、高校、智库等之间自由流动、角色互换的一种现象和机制。二是高校人才柔性流动制度，鼓励学校和企业在双方急需领域里进行人才交流合作。三是实行全国统一的社会保障号制度，没有户籍限制、地域限制和城乡限制。

2. 德国采取市场配置与政府规制相结合的人才流动政策

一是发展实体经济，充分调动经济因素对人才流动的"指挥棒"作用，引导各类人才从相对落后、贫穷的地区（行业、部门）流向相对发达、富裕的地区（行业、部门）。二是构建"自由+秩序"的劳动力市场政策，引导人才资源有序流动，提高配置效率。三是构建政府与市场共同推动的人力资源服务模式，在就业培训、职业介绍和政策咨询等方面引入社会力量，提高人才流动效率。

3. 英国实施宽松、自由、畅通人才流动政策

一是实行积极宽松的劳动力市场政策，促进了人才自由流动，也促进了人力资源派遣行业的发展。二是多层次的公共就业服务和发达的人力资源服务业为人才流动提供了畅通渠道。三是政府、智库、大学、企业之间形成了跨部门、跨行业人才自由流动。

4. 日本鼓励跨组织的人才流动使用政策

一是鼓励研究人才跨组织流动，制定交叉任职制度，大学、研究机构和企业之间签署交叉任职协议以明确研究人员在双方从事工作的比例、薪酬和社保的支付缴纳方法等，促进科研成果转化。二是改革人才聘用机制，面向海内外公开招聘年轻研究人员，为其提供有固定任期的岗位、独立开展研究的环境和清晰的职业发展路径，聘期结束前进行严格公平透明的考核，决定其是否能获得长期聘用岗位。

5. 韩国鼓励跨国、跨部门立体式的人才流动政策

一是丰富国内学术交流与合作形式，实行了教师交换制度，增进大学之间的学术交流与合作，引导大学的均衡发展。二是积极与国外学术机构签订交流与合作协议，提高国际学术交流与合作水平，加强与海外相关机构的人员交流。三是出台了一系列法律和优惠政策，鼓励企业、大学和公共研究机构三者之间的协同合作，形成官产学研之间人才的有效交流。

6. 新加坡强化劳动力市场管控的人才流动政策

一是建立劳动力市场职业预测制度，政府劳动主管部门定期评估本国就业市场，为教育部门、职业培训部门和外籍人才引进部门提供相关政策引导和参考。二是采用经济加配额方法调控外籍人就业，通过提高外籍雇员入境就业的收入标准调控国际高端人才，通过外籍劳动者税与外籍人力限额控制中低端外籍劳动力规模。三是加强对职业中介的人力资源服务机构的管理，严格监管劳动力市场秩序，打击非法中介活动。

7. 以色列实行政府与市场相结合的人才流动政策

一是实行"以色列之家"计划，为有兴趣归国的以色列人提供咨询和指导，并为其归国行为提供全方位的支持，促进海外以色列人归国。二是实行"社团中心"计划，通过为海外以色列人建立社团中心维持其与以色列的联系，增强其对以色列的认同，并鼓励其回流以色列。三是建立以色列科学院联络中心从事各方面的联络与促进活动，为旅居国外的以色列科研人员与国内学术机构之间建立直接的联系，为他们回国工作或进行科研合作搭建桥梁。

8. 中国香港主导融入区域性发展的市场化人才流动政策

一是鼓励青年人才融入大湾区发展，推出"大湾区青年就业计划"，鼓励在香港及大湾区有业务的企业，聘请及派驻本地大学毕业生到大湾区内地城市工作。二是大湾区青年创业人才交流政策，推出全新的"粤港澳大湾区青年创业资助计划"，协助有意在香港及大湾区内地城市创业的香港青年提供更到位的创业支持和孵化服务。三是为求职者和用工单位提供各种公共的和市场化的就业和招聘服务，促进各类人才流动。

（三）人才评价政策比较

1. 美国刚性约束与柔性自由相结合的人才评价政策

政府在明确各类移民条件、政府公职人员考核中充分体现了美国人才评价中刚性约束的一面。例如，1990 年美国移民法对各类人才的评价标准有详细的规定，对政府公职人员的评价包括工作数量、工作质量和合作情况三个方面。但对科技人才、行业人才等评价则实行柔性管理，更尊重用人部门确定的规则和标准，除了指标性评价外，同行评议也是美国科技人才评价制度的一个特色。

2. 德国实施主体多元、分级分类的人才评价政策

德国人才评价采用分类评价机制，对不同类型的人才采用不同的评价机制、评价标准和方式方法，以此为基础树立正确用人导向、激励引导人才职业发展、调动人才创新创业积极性。一是建立以大学为主的权威评价机构，对科技人才进行多元化评价，政府不过多干预。二是以双元制为载体，通过

经政府授权的行业联合会，实行技能人才第三方评价。三是用人单位主导技术工人培训和评价体系，实现分配、激励与使用、评价相统一，确保劳动者的工作岗位、劳动报酬调整与其资格证书真正挂钩。

3. 英国采取移民、职业和行业点面结合式的人才评价政策

一是依据《英国移民咨询委员会发布的短缺工种目录》和技能工人评分体系实行的计分移民制度，分别用于评定高技术移民工作签证和技术移民二级签证。二是标准职业分类体系与国家资格和学分框架系统，前者根据劳动者技能水平和技能内容对其进行分类评价，后者通过劳动者获得奖励、证书和文凭三种资格的情况评价其职业能力。三是建立外国人才科学分类和有效评估体系，强化对不同人员资格的审查和管理，并据此发布短缺人才目录。

4. 日本注重科技创新的人才评价和激励政策

一是对优秀科技人才进行资格认证，参照美国的"咨询工程师"（Consulting Engineer）制度设立日本技术士制度，对具有丰富专业技术知识和娴熟应用技能的优秀科技工作者进行资格认证。二是设立"科学技术领域文部科学大臣奖"，分层、分专业表彰在科学技术研究开发、增进对科学技术的理解等方面取得显著成果的人员，提高科学技术工作者的积极性。

5. 韩国强调绩效导向的差异化人才评价政策

一是科研机构实行任务目标分解与业绩综合评价的人才评价制度，个人评价结果与年薪水平挂钩，机构评价结果决定机构领导的年薪和财政拨款额度。二是教育机构实行基于学术水平的人才评价制度，高校综合评价制度和高校内部学术评价制度相结合，评价结果与晋升、研究费及津贴、奖金、进修机会等挂钩。三是企业实行基于工作绩效的人才评价制度，业绩考核与能力素质测评相结合，评价结果是加薪、晋升以及绩效奖金激励的重要依据。四是对海外引进人才实行全流程评价，评估由各专业领域的选拔评估委员会通过专家审查来进行。

6. 新加坡以劳动力技能资格框架为主导的人才评价政策

一是确定新加坡劳动力技能资格框架的国家认证制度，奠定了职业培

训、开发、评估和认证劳动力技能和能力的制度基础。二是政府以立法的形式强化职业教育考试认证制度，鼓励将职业技术等级与待遇挂钩，鼓励职工积极参加学习，促进技能人才的培养和流动。三是劳动力技能资格框架致力于提高本国企业各层次人力资源从业人员的职业能力，进而提升企业人力资源管理水平。四是针对不同技能层次和工作类型的入境就业者，按薪酬水平和技能、教育背景和工作经验适用不同工作准证。

7. 以色列鼓励技术创新和移民回归的人才评价政策

一是界定"归国公民"及其法律地位，在税收、健康、教育、就业、创业等方面可以享受一系列优惠权利。二是特别注重人才创新能力的评价，"创新签证"计划要求外国人进入以色列进行研发与创新活动，继续在以色列创办新企业，"创新签证"会自动生成为"专家签证"。

8. 中国香港以职业资历架构和人才清单为标准的人才评价政策

一是推进职业资历架构制度，涵盖学术、职业专才及继续教育和培训等不同类别，旨在推广支持终身学习，不断提升工作人口素质、专业性和竞争力。二是推进人才清单制度，根据技能高低、短缺情况、合理性三个原则制定人才清单，吸引人才来港发展，引导本地人才的培养和发展。

（四）人才培养政策比较

1. 美国重视创新人才和职业培训的人才培养政策

美国在经济社会发展的不同时期确定了不同的人才培养政策重点，但始终把教育和人才培养置于国家战略层面，长期致力于教育改革和人才培养战略目标调整。一是重视创新人才的培养，高等教育无论是课程体系、教学模式还是教学管理都非常注重创新人才的培养。二是保持高等教育独立自主，高校拥有更多的独立办学自主权。三是非常重视并大力振兴职业教育，2018年重新定义了职业技术教育，赋予职业技术教育更高的法律地位。

2. 德国建立国民教育与双元制职业教育相结合的人才培养政策

一是建立完备的基础教育体系和多层次的高等教育体系，德国高等教育主要包括实施学术教育和工程教育的综合大学以及实施应用技术教育的高等专科大学和少量的职业学院。二是通过法律强制性的双元制职业培训进行技能人才培养，双元制职业培训中的个体、企业、行业协会、政府都有相应的法律责任和义务。

3. 英国强调重点突出、体系完善的人才培养政策

一是以科技人才和创新人才的培养为重点，建立了世界领先的技术教育系统，重视发展职业教育体系，并与强大的高等教育体系共同形成创新人才培养系统，成立相关的政府和独立公共机构支持成果转化以及对科研和创新进行资助。二是实行以用人单位为中心的学徒制和培训积分制，提高学员对职业和技术培训的自主性，满足用人单位用人和学员就业与发展的需要，促进青年就业，增加技能人才供给。

4. 日本更加强调青年研究型人才的培养

一是设立特别研究员制度，为培养不同层次和不同研究方向的年轻研究人员提供各类资金支持。二是通过资助研究机构，为给愿意挑战新研究领域的年轻研究人员提供稳定的、能进行独立研究的环境。三是推动年轻研究人员海外交流，设立海外特别研究员制度，派遣优秀年轻研究人员到海外的大学等研究机构进行长期研究。四是实施卓越研究生院计划，支持重点高校建设，建设开展硕博一贯的高质量学位项目的国立、公立、私立大学。

5. 韩国加强创新人才和职业教育培训的人才培养政策

一是加大职业教育和培训体系建设，积极推动职业培训立法，通过法律手段保障职业培训战略和政策的落实，并根据经济形势和产业结构的变化，不断调整、完善法律法规，建立起了相当完备的职业培训法规体系。二是重视创新人才培养，实施新增长动力产业发展计划，启动创新人才培养计划，建设重点科研机构和科技园区。

6. 新加坡以国家人力资源开发框架为主导的人才培养政策

一是建立完备的正规教育培训体系，高校实行精英教育和职业技能教育相分离的培养模式，其中学术型精英教育用于培养工程师、科学家、经理人等高端人才。二是从需求角度建立国家人力资源开发框架，推动劳动者技能和职业能力的提升，包括：实施技能未来计划、继续教育与培训计划、劳动

力技能升级计划、国家人力资源从业者能力提升计划等。

7. 以色列坚持高质量的本土化与国际化并举的人才培养政策

一是加强本土人才培养和发展高质量高等教育，长期以来把科学技术教育作为国民教育的基本内容。二是改革高校扩招体系，推进教育国际化进程，吸引全世界优秀高校毕业生。三是建立严格的博士生培养制度，规定博士生的学位论文在国际性学术刊物上发表，研究成果的鉴定或论文的评审由具有国际水平的教授或国际学术机构进行。四是建立由国家、地区和学校三级管理构成的天才教育管理体制，提升天才儿童甄选质量。五是实施科技创新后备人才培养计划，以数学能力培养为重点，选拔优秀青少年提前上完大学数学课程，为其科研能力培养打下坚实的基础。

8. 中国香港实行国民教育与职业教育紧密结合的人才培养政策

一是政府主要通过公立学校，为所有学生提供12年免费小学及中学教育。二是推广职专教育，包含从高中到研究生学历课程的资历，在中学实施生涯规划教育、商校合作计划、应用学习、校本职业训练课程等措施，为学生提供多元化选择。三是"展翅青见计划"，为15~24岁、教育程度在副学位及以下的离校青少年，提供全面的职前及在职培训。四是雇员再培训局为年满15岁、教育程度在副学位及以下的人员，提供的全日制就业挂钩课程、半日制或夜间通用技能培训课程及技能提升课程。

（五）人才使用政策比较

1. 美国奉行高度市场化的人才使用政策

一是适用于全社会、全行业各类人才的就业、工作报酬和社会地位等方面的竞争淘汰机制。二是鼓励通过联合开发、项目委托和咨询服务等方式，加强产学研各类人才的柔性使用。三是人才使用的属地化趋势明显，在全球推行"人才本土化战略"，抢占海外人才市场。

2. 英国鼓励市场化、长周期的人才使用政策

一是在行业规范的指导下企业部门形成了较为成熟的市场化人才招聘考核与评价机制。二是重视职业生涯管理在人才使用中的作用，对人才进行职业生涯管理，有利于人才的个体发展目标与企业发展目标的统一，产生企业和人才"双赢"的结果。

3. 新加坡高度开放自由的市场化人才使用政策

新加坡的劳动力市场和人才流动高度开放，因此，人才使用政策更加趋于市场化，由各用人机构自主选择。大型机构往往制定自己的人才战略，面向国内国际自主引进、使用、评价和激励人才。如市场化选才用才导向、高度国际化的一流人才战略、以绩效为导向的用人考核制度等。

4. 中国香港实行行业细分的差异化人才使用政策

一是实行教育工作者任职计划，教师及校长专业发展委员会、教育局、教师中心等组织共同参与促进教师的持续专业发展。二是实行公务员队伍管理制度，公务员事务局负责制定公务员队伍管理的整体政策，处理公务员聘任事宜。公务员的聘任遵从公开和公平竞争的原则，确保残疾人士和少数族裔人员在报考政府职位时，享有平等机会。

（六）人才激励政策比较

1. 美国突出事业留人的人才激励政策

一是创造和大力宣传良好的科研工作环境，吸引外国创新创业人才赴美工作。二是提供充足的科研经费，保持每年 300 亿~400 亿美元的政府研发投入，另外还有高于政府投入两倍的私营部门研发经费。三是为科研人才提供丰厚的薪酬待遇、长期激励、税收优惠等。四是授予优秀人才荣誉地位和永久居留权等精神激励。

2. 德国推崇凸显人才社会价值的人才激励政策

一是采用高薪资制度激励高层次人才，例如，德国永久职位教授税前薪资约是当地平均工资的 2 倍；二是企业采用技能工资制，确保对技能人才的激励。三是政府发挥引导和信息服务功能，引导推动技术工人工资合理增长。四是实施人才保障性住房政策，吸引、鼓励国内外高端人才为德国经济社会发展做出贡献。五是促进和保护人才创新成果转化，优化人才发展的环境，提高人才创新积极性。

3. 英国执行能够满足多种需求层次的人才激励政策

一是多层次的人才激励政策和措施体系，包括用人单位、行业和国家三个层面，其中用人单位倾向于使用薪酬、职业生涯规划、股权等综合激励措施，行业通过制定行业薪酬激励政策吸引、留住和激励人才，政府通过法律、规划等制度性文件确保人才激励政策落实。二是薪酬激励与发展环境激励相结合。政府和行业协会鼓励用人部门致力于提供良好的生活工作环境和科研基础设施、优惠的创业条件和创业支持计划，以及有前景的个人职业发展规划。

4. 韩国以提高薪酬和优化人才环境为重点的人才激励政策

一是提高科技人才薪酬待遇，实行延聘优秀研究员退休制度，建立"科学村"等福利设施，保障科技人员领取稳定的退休收入。二是突出企业地位，鼓励人才创新创业，通过科技人才政策不断推动企业创新主体地位的提高。三是积极营造包括文化氛围、人才保障、中介服务在内的生活环境和创新平台，为人才创新创业和可持续发展创造有利条件。四是政府通过援助资金、专项政策、组织高校迁入、政府研究机构建立、投资基础设施和研究设施、发放财政补贴、设立奖助计划等方式持续助推人才环境改善，为人才开展创新创业活动保驾护航。

5. 以色列国家创新和国际化导向的人才激励政策

一是设立国家奖，表彰各界杰出贡献者，授奖领域包括人文和社会科学及犹太研究、自然和精密科学、文化艺术和体育、终身成就和国家杰出贡献4个领域。二是鼓励获取国际奖，提升以色列国际创新地位。三是设立专项奖励，鼓励特殊领域发展。四是针对新移民和归国公民进行税收优惠政策改革，鼓励海外以色列人回国。

6. 中国香港实施科技创新导向的人才激励政策

一是鼓励资助高校开展高技术研发计划，激励高校研究创新，加大研资助，设立研究补助计划，为研究人员增设三项杰出学者计划。二是资助创科人才发展计划，资助在香港进行研发活动的科研机构或研发公司，聘用研究人才从事研发工作。

二 典型国家和地区人才政策对我国的启示

（一）人才引进方面

1. 健全和完善海外人才引进相关法律制度

主要发达国家和地区的人才政策发展过程，都伴随着法律制度的不断修订和完善。我国的相关法律制度建设相对滞后，涉及海外人才引进和外国人入境就业的均为法律位阶较低的部门规章或地方政策。因此在制定与完善外国人入境工作方面可进行试点与探索，畅通引人通道，特别是简化海外引人的管控程序。

2. 可借鉴移民、双重国籍政策引进海外人才

美国、德国、英国、以色列等主要发达国家的经验表明，移民政策是吸引和留住全球优秀人才的重要途径之一。基于我国的基本国情，可借鉴移民政策中的"市民化和社会融入"精神，探索在我国引进海外人才政策中适度推行类似永久居住制度的"中国绿卡"政策，并对需要引进的不同层次人才设置相应的条件，让符合条件的各类海外人才可以享受同等的市民待遇。

3. 加大对海外留学生的吸引力度

境外经验表明，留学生资源是保证获得全球人才竞争优势的重要手段之一，多国的留学生引才政策已经获得了良好的政策效果。未来我国在留学生签证便利化、实习制度、就业制度、永久居留制度等方面，需要进一步加大政策力度。同时，吸引留学生要与人才需求清单同步实施，确保吸引国内需要的高层次留学人才。

4. 大力吸引海外华人华侨回流

我国可进一步加大海外回国人员创新创业政策支持力度和服务水平。建立国际化人才社区，缩短海外人才融入的速度。加大海外人才吸引政策力度，建立海外人才推荐引入激励机制。制定海外人才融入计划，利用政府购买服务方式委托专业机构开展语言培训、文化讲解，定期组织交流活动等。同时，还要在子女教育、就医、居住等方面进一步给予海外人才生活便利。

（二）人才流动方面

1. 建立完善统一开放的人力资源市场

美国、英国、新加坡等国长期保持劳动力市场开放灵活，提高人才配置效率，保持人力资本的高水平和人才结构动态平衡。我国应建立统一开放的人才流动体制，加强基础性制度建设，在此基础上采取开放化市场化的方式配置人才。政府机构搭建互通的人才交流平台，让不同方向、不同层次的人才实现信息共享和知识互通，交流发展。

2. 发挥人力资源服务机构在促进人才流动中的作用

一是完善公共就业服务机构的职能定位，促进实现就业和跨地区就业。二是做大、做强经营性人力资源服务机构，提高劳动力市场效率。三是促进人力资源服务业的发展，促进人才合理有序流动。四是大力发展国际人才服务业，鼓励发展高端人才猎头等专业化服务机构。

3. 促进港澳台与内地人才的顺畅流动

积极解决港澳台与内地人才交流的体制机制障碍，促进高层次人才、财政科研资金、科技企业、科研项目等创新要素跨境顺畅流动。实施更加便利的创新人才出入境、工作、居住等政策，推动科研经费跨境流通，探索差异化的个人税收政策，促进港澳台优秀人才来内地工作。

（三）人才评价方面

1. 推动建立科学的市场化社会化人才评价机制

借鉴美国、英国等国家人才评价经验，建议加快制定完善各行业和用人单位的人才评价标准。逐步解决我国现有同行评议中评议标准不统一、评议机构权威性不足、"既当裁判员也当运动员"等问题，建立科学的人才评价标准，完善同行评议，使这一制度能够真正发挥作用。

2. 建立以职业能力资格框架为核心的人才评价标准

英国、新加坡建立了以国家职业能力资格框架为核心的人才评价标准体系，并使之成为国家各项人才引进、人才培养和人才激励的基本依据。建议我国建立完善的职业能力资格框架，适时逐步地用于体制内外人才评价工作，增加国家职业资格证书制度等职业评价体系的社会权威性和认可度，使其真正能够为企业和个人发展所用。

3. 采取动态选拔和分类评价机制

积极完善人才选拔和评价体系，对创新人才的选拔要打破户籍、学历、资历、级别、年龄等限制人才流动的障碍，完善人才"柔性流动"政策，对于从事基础研究、应用研究和工程技术开发等的各类人才实行分类管理，建立不同领域、不同类型人才的选拔和评价机制。重视对创新人才能力的不断更新，为其提供良好的科研环境，提供出国深造和培训交流的机会。

（四）人才培养方面

1. 重视职业技能培训，加强职业培训立法

职业技能培训是国民教育体系和人力资源开发的重要组成部分。以韩国为代表的发达国家普遍重视职业培训立法，建立了完备的职业培训法律法规体系。建议我国通过立法进一步健全面向全体劳动者的职业培训制度，以适应城乡劳动者就业需要和职业生涯发展需求。进一步理顺各级政府及其职能部门、行业组织、企业、事业单位、社会团体以及其他社会组织和公民个人依法履行参与职业培训的责任和义务。

2. 人才培养应精准对接人才需求，提高培养质量

新加坡根据经济发展水平分层次、分阶段调整人才供给，实现人力资本的动态精准匹配，重视教育质量和职业技能的提高，取得比较好的政策效果。因此，建议我国在推进人才培养工作时，应高度重视人才需求调查、人才总量盘点，绘制人才地图，明确人才需求总量、结构和能力要求，以此来指导人才培养的方向、规模和质量。

3. 高度重视青年人才的培养与储备

境外经验表明，青年人才富有创造力和创新精神，是各国人才政策针对的重点群体。建议我国出台针对青年群体的人才培养专项政策，为青年提供优质教育和多元化发展进阶渠道，加大支持青年创新创业的政策力度，为其

提供指导和资助。

4. 多元主体联合培养创新人才

境外（特别是以色列）经验表明，创新立国的前提是创新人才的培养。中国香港高度重视创新科技人才的发展，推出多项专门政策培养创新科技人才。因此，建议我国重视培养创新人才，大力推进人才孵化载体建设，促进科技成果快速落地转化，搭建国际化的创新人才交流合作平台，构建科学规范、开放包容、运行高效、互通有无的国际创新人才工作体系。

（五）人才使用方面

1. 提高用人单位的选人用人自主权

主要发达国家和地区的劳动力市场保持高度开放和灵活，用人单位可在国际化竞争的背景下享有高度的选人用人自由权。建议我国人才主管部门进一步在人才编制、用人规模、用人要求、薪酬水平等刚性约束方面做"减法"，在人才服务和人才管理信息化等软实力方面做"加法"，全面提高用人单位作为用人主体的主观能动性。

2. 尊重科研人才成长规律的聘用制度

日本在对青年科研人才的使用与培养中实施了"预聘-长聘"制度，取得了比较好的政策效果。通过"预聘"来"识才辨才"，通过"长聘"来"敬才用才"的制度安排，是深化人才发展体制机制改革的实践探索。建议我国在总结经验的基础上，完善研究经费支持体系，并在高校推广的基础上向其他科研机构进一步推广，为更多科研人员开展研究提供学术环境和保障，从而调动科研人员的积极性，提高科研水平。

3. 营造宽容失败、鼓励创新的社会氛围

以色列是一个优秀的创新国家，鼓励和实施"舍己利益、共担风险"风险投融资机制。建议我国在鼓励创新时可在宽容失败、鼓励创新方面出台相关政策进行引导，如通过制定鼓励创新创业的优惠政策、股权担保等措施，从政府到用人单位均形成鼓励创新的容错机制与文化氛围，从而激励各类人才大胆探索创新。

（六）人才激励方面

1. 构建多元投入的人才激励机制

主要国家和地区经验表明，高度市场化、社会化的人才政策会形成相应市场化程度高的人才激励机制。建议我国下一步要构建多元投入的人才激励机制，形成用人单位、行业和国家层面的人才激励政策体系，对人力资本投资大、培养周期长、高薪酬竞争力行业的人才提供多要素组成的薪酬体系，注重将物质激励和其他激励措施相结合，在相关法律框架范围内鼓励各行各业发起或组织创新企业、创造发明等领域的奖励。

2. 实行以增加知识价值为导向的收入分配机制

探索推进以增加知识价值为导向的分配政策改革，建立绩效工资总额增长与绩效考评挂钩制度。强化职务科研成果转化收益激励作用，提高重要贡献人员和团队的收益比例。赋予高校和科研院所科技成果自主处置权，鼓励高校和科研院所拥有科技成果的人才离岗或兼职创办企业。

3. 完善以人才荣誉为重点的精神激励机制

进一步完善国家人才荣誉制度体系，坚持物质利益和精神激励相结合的原则，加强对人才的精神激励。提升高层次人才的政治地位，吸引高层次人才参政议政，增强人才的归属感和荣誉感。探索永久性荣誉激励机制，增强人才宣传的有效性和广泛性，激发全社会"尊重人才、爱护人才、争当人才"的良好氛围。

参考文献

［1］ 蓝志勇、刘洋：《美国人才战略的回顾及启示》，《国家行政学院学报》2017 年第 1 期。

［2］ 张雅光：《浅谈美国人才资源的开发》，《管理现代化》2001 年第 3 期。

［3］ 曹育红、李凤玲：《德国推进"职业教育 4.0"浪潮下对我国职教人才培养路径的启示》，《创新创业理论研究与实践》2021 年第 5 期。

［4］顾承卫、李雪艳、李云杉：《德国"专业人才战略"对我国人才发展的启示》，《青海科技》2020 年第 3 期。

［5］乌云其其格：《日本科技人才开发的现状与主要政策措施解析》，《全球科技经济瞭望》2017 年第 8 期。

［6］高亚杰：《20 世纪 80 年代以来日本留学生教育政策研究》，《现代职业教育》2019 年第 34 期。

［7］高懿：《中国科技人才国际流动现状、问题及启示》，《科技中国》2020 年第 12 期。

［8］曲婷：《韩国创新人才培养经验及其对中国的启示》，《中国科技论坛》2012 年第 3 期。

［9］叶京：《韩国科技人才政策的实施特点与经验分析》，《科技中国》2020 年第 12 期。

［10］张奂奂、高益民：《公立大学公司化改革的制度设计与路径选择：新加坡和香港的经验比较》，《现代大学教育》2017 年第 1 期。

［11］张倩红主编：《以色列发展报告（2020）》，社会科学文献出版社，2020。

［12］董明：《以色列教育理念及创新人才培养战略》，《中国成人教育》2019 年第 18 期。

［13］香港立法会秘书处资料研究组："主要统计数据-数据集-有关香港的数字"，详见 https：//www. legco. gov. hk/research－publications/chinese/2021issf01－hong-kong-in-figures-20210409-c. pdf。

［14］香港立法会秘书处资料研究组："研究简报-全球争夺人才"，详见 https：//www. legco. gov. hk/research－publications/chinese/1920rb02－global－competition－for-talent-20200601-c. pdf。

［15］香港立法会秘书处资料研究组："研究简报-培育本地人才"，详见 https：//www. legco. gov. hk/research－publications/chinese/1920rb03－nurturing－of－local－talent-20200601-c. pdf。

［16］香港职业训练局："推广职业专才教育专责小组检讨报告"，详见 https：//www. edb. gov. hk/attachment/tc/edu-system/other-edu-training/vocational－other－edu-program/VPET＿ TF＿ Report＿ 2019＿ c. pdf。

附　　录

Appendix

B.30
大事记

2021年1月，"中国石家庄人力资源服务产业园"申报成功，成为河北省首家国家级产业园。

2021年1月，浙江省（宁波）数字外贸人力资源服务产业园正式全面启动建设，这是浙江省第一家，也是全国首家专业性人力资源产业园，产业园将服务全省数字外贸产业转型升级，推动人力资源服务业与数字外贸产业协同发展。

2021年1月5日，"上海静安·江苏苏州长三角人力资源服务融合对接活动"在中国苏州人力资源服务产业园举行。两地签订沪苏人力资源服务产业园协同发展新机制战略合作协议，加速推进沪苏两地乃至长三角一体化区域在人力资源服务发展方面的共建、共融、共享、共赢，共推人力资源服务业高质量发展。

2021年1月7日，长三角人力资源服务上海静安·浙江杭州下城融合对接活动座谈会在杭州人力资源服务产业园召开，两地园区以及两地园区部分企业代表参加。

2021年1月11日，浙江省全省人力资源服务机构稳就业促就业工作座谈会在智谷人力资源产业园召开。省人力资源和社会保障厅领导，杭州市上城区领导，以及浙江省人力资源和社会保障厅相关处室负责人、杭州市上城区人力资源和社会保障局分管领导、人力资源服务机构等参加。

2021年1月12日，沈阳获得国家人力资源和社会保障部批准建设国家级人力资源服务产业园，名称定为"中国沈阳人力资源服务产业园"。

2021年3月12日，上海产业园区举办上海市人力资源服务标准化技术委员会成立大会，并举办2021人力资源服务行业标准创新论坛。

2021年3月22日，全国人大财经委主任委员徐绍史调研考察湖北省武汉市，勉励产业园再接再厉，将人力资源行业做大做强，更好地发挥行业协同作用，助力社会经济平稳快速发展。

2021年3月27日，由人力资源和社会保障部指导，中国劳动保障报社、中国劳动学会和《中国人力资源社会保障》理事会联合举办的"2021年中国人力资源协同发展交流会暨2020年中国人力资源服务业十大创新案例及企业优秀案例发布研讨会"上，中国南昌人力资源产业园高新园区荣获"中国人力资源十大技能提升优秀案例"大奖。

2021年4月，湖南省长沙市召开长株潭人才一体化发展联席会议，并为长株潭人才协同发展研究院揭牌，标志着长株潭人才协同发展研究院正式成立。

2021年4月15日，上海产业园区人力资源服务机构积极参加第八届中国（上海）国际技术进出口交易会现场布展。

2021年4月15日，在中国国际人才交流基金会指导支持下，由中共石家庄高新技术产业开发区工委组织部与石家庄高新技术产业开发区人力资源和社会保障局主办，石家庄高新技术产业开发区人才资源开发交流中心与中国石家庄人力资源服务产业园高新园区联合承办的2021海内外高层次人才高峰论坛暨项目洽谈博览会在石家庄高新区隆重举办。

2021年4月16日，以聚焦"新环境新技术下的人力资本管理"为主题，中国（合肥）第三届人力资源创新发展高峰论坛在合肥产业园举行。

2021年4月25日，天津产业园红桥园区举行开园仪式，标志着中国天津人力资源服务产业园各点位全部投入运营，园区建设进入新阶段。

2021年4月29日，国家发展改革委体制改革司司长徐善长进行调研考察活动，对园区特色产业互联平台给予了高度评价，鼓励园区企业再接再厉、做大做强，助力社会经济平稳快速发展。

2021年5月，举办京津冀人力资源服务机构结对共建活动，促进园区企业与津冀两地建立合作关系，为下一步交流合作提供有利契机。

2021年5月，举办在闽台湾人才的系列沙龙活动，带领台湾人才走进台湾青年创业基地、对台交流基地，活动邀请百余名在闽创业就业的台湾人才参与，采取实地参观和座谈交流相结合的形式，积极分享创业心得等。

2021年5月7日，山东省委组织部副部长，省人力资源和社会保障厅党组书记、厅长梅建华同志一行到济南产业园中央商务区园区指导工作。

2021年5月14日，重庆产业园线上学习平台——"中国·重庆人力资源服务产业园线上商学院"正式上线，并举办启动仪式。

2021年5月19日，人力资源和社会保障部李忠副部长调研上海产业园区，走访上海外服（集团）有限公司，并召开人力资源服务业促就业工作座谈交流。

2021年6月2日，人力资源和社会保障部人力资源流动管理司司长张文淼到石家庄产业园考察调研。

2021年6月2日，石家庄举办第二届"京津冀人力资本论坛"，暨中国石家庄人力资源服务产业园揭牌仪式。

2021年6月3日，吉林省政协曹宇光副主席就《关于增强和释放"人才红利"助力老工业基地振兴的建议》提案到中国长春人力资源服务产业园开展调研，深入企业了解人才政策2.0落实情况。

2021年6月8日，中国沈阳人力资源服务产业园在2021亚太人力资源服务奖颁奖典礼上荣获"特色产业园"奖项。

2021年6月14日，广州市人力资源和社会保障局出台《中国广州人力资源服务产业园管理服务办法》，分别从国家级产业园的范围、建设原则，增设、调整和监督评估，管理运营，园区扶持奖励，资金管理等方面对产业园的管理服务进行了规范。

2021年6月25日，京津冀人力资源服务产业创新发展峰会在国家会展中心（天津）召开。同时，京津冀人力资源和社会保障局签署京津冀人力资源服务产业园数字化协同发展战略合作框架协议。

2021年6~8月，产业园发挥人力资源服务机构专业优势，采取线上、线下相结合的形式，线上举行百日千万网络招聘专场活动、"国聘行动"线上专场招聘会、网络招聘宣讲、就业创业培训指导等活动；线下组织开展"国聘行动"系列活动，着力帮助重点就业群体顺利就业，为稳就业保就业提供有力支撑。

2021年7月，《中国劳动保障报》对国家级人力资源服务产业园进行专题系列报道。

2021年7月16日，安徽省副省长杨光荣率省直有关单位负责人调研合肥产业园并召开安徽省人力资源服务业市场主体座谈会。

2021年7月27日，在重庆召开"中国人力资源服务产业园联盟座谈会"，中国成都人力资源服务产业园与中国中原人力资源服务产业园进行了联盟会旗交接仪式。

2021年7月27日，中国中原人力资源服务产业园接任中国人力资源服务产业园联盟轮值主席单位。

2021年7月28日至29日，西安市人力资源和社会保障局党组书记、局长等带领50名余名代表到重庆参加第一届全国人力资源服务业发展大会。

2021年7月28日至29日，以"新时代、新动能、新发展"为主题的第一届全国人力资源服务业发展大会在重庆举行。李克强总理作出重要批示，胡春华副总理发表了重要视频讲话。国家级人力资源服务产业园代表参会。

2021年8月，中国（山东）自由贸易试验区烟台片区两周年系列活动在自贸区烟台片区产业园举行。

2021年8月2日，河南省人力资源和社会保障厅党组书记、厅长张国伟到中国中原人力资源服务产业园区调研。

2021年8月18日，首届中国苏州人力资源数字化创业大赛正式启动。大赛由苏州市人力资源和社会保障局主办，邀请来自国内人力资源行业首家主板上市机构科锐国际、国际顶级投融资机构摩根士丹利、国内顶级创业创投服务机构创业邦等机构专家担任评委。

2021年9月3日，国务院第六督查组组长、国家交通运输部副部长汪洋，副组长、人力资源和社会保障部流动管理司副司长李祥伟考察调研中国沈阳人力资源服务产业园。

2021年9月14日，沈阳市人大常委会党组书记、主任付忠伟一行莅临中国沈阳人力资源服务产业园考察调研，并对《就业促进法》《辽宁省就业促进条例》的执行情况开展执法检查。

2021年9月28日，人力资源和社会保障部人力资源流动管理司批复同意增设中国上海人力资源服务产业园区虹桥园。

2021年10月，按照党中央、国务院关于充分发挥技术创新和赋能作用抗击疫情影响的工作部署，为深入贯彻习近平总书记对北京重要讲话精神和对城市副中心规划建设一系列重要指示精神，努力创造"城市副中心力量"，第二届北京城市副中心人力资源发展高峰论坛——数字化变革中的企业管理在中国北京人力资源服务产业园通州园区举办。

2021年10月9日，上海产业园区联合15家入驻机构共同成立"海外人才服务联盟"，并启动6个海外人才交流服务站。

2021年10月14日，人力资源和社会保障部中国劳动和社会保障科学研究院院长莫荣到长春产业园调研，针对行业热点和难点与各企业负责人真诚交流、分享经验。

2021年10月18日，杭州市拱墅区举办2021中国杭州国际人力资源峰会，国家省市各级人力资源和社会保障部门领导、国家级人力资源服务产业园负责人、专家学者、人力资源机构等800余人出席活动。拱墅区与AI SPACE、上海市科技人才公司、塞氏中国研究院、关爱通研究院四家全球数字化人才机构（项目）签署战略合作意向，全力打造长三角区域和京杭大运河沿线人力资源服务产业发展的重要载体平台。

2021 年 10 月 19 日，西安市人力资源和社会保障局与陕西省人力资源服务行业协会、西安人力资源服务行业协会联合组织召开人力资源服务标准化建设推进暨诚信服务等级评价工作座谈会，传达学习中央人才工作会议等文件精神，听取工作意见建议，研究讨论人力资源服务标准化建设和诚信服务等级评价相关问题。

2021 年 10 月 22 日，举办首届广州人力资源博览会，特设中国广州人力资源服务产业园展区，广州 7 个分园区各设展位，集中展示人力资源服务业发展成果。

2021 年 10 月 22 日，中国广州人力资源服务产业园琶洲互联网创新人才集聚区、中国广州人力资源产业园花都临空产业人才服务园区开园运营。至此，人力资源和社会保障部批复的 7 个分园区均开园运营，中国广州人力资源服务产业园建设全面铺开，根据各自资源禀赋和产业基础联动发展。

2021 年 10 月 23 日，第四届中国·河南招才引智创新发展大会人力资本协同发展高峰论坛暨中国人力资源服务产业园联盟大会在中国中原人力资源服务产业园区召开，人力资源和社会保障部人力资源流动管理司司长张文森出席论坛并致辞，河南省人力资源和社会保障厅领导代表主办方致辞。

2021 年 10 月 26 日，第九届中国（浙江）人力资源服务博览会在上城区举行，以"共同富裕与人力资源服务"为主题吸引全球 200 余家人力资源服务机构设展，网上直播浏览 10 万余人次，300 余家上市公司参加展览，近万名 HR 观展。

2021 年 11 月 1 日，第二届成渝地区双城经济圈人力资源服务产业园联盟大会在中国重庆人力资源服务产业园成功举行。

2021 年 11 月，长株潭人力资源服务产业园联盟合作框架协议签订仪式在长沙举行。标志着长株潭人力资源服务产业园联盟正式成立，三市将一起携手揽英才。

2021 年 11 月，中国宁波人力资源服务产业园组团参加中国（浙江）人力资源服务博览会。产业园以"开启新时代高质量发展新征程"为主题，向外界展示宁波作为华东地区重要的人力资源服务供给区的新风貌。

2021年11月9日，辽宁省政府副省长张立林调研考察中国沈阳人力资源服务产业园，辽宁省人力资源和社会保障厅厅长李安财、沈阳市人力资源和社会保障局局长杨志宏陪同调研。

2021年11月15日，国家人力资源和社会保障部人力资源流动管理司司长张文淼莅临中国武汉人力资源服务产业园，考察产业园建设工作，对园区发挥产业集聚、赋能经济发展、促进就业创业、助力人才引进的成效给予肯定。

2021年11月15日，吉林省副省长阿东到长春产业园调研，关注产业园持续发挥产业集聚作用，在促就业、留人才，有效推动服务业转型升级方面发挥成效。

2021年11月16日，湖北省武汉市举办全国人力资源市场高校毕业生就业服务周活动暨首届长江经济带人力资源服务产业创新发展高峰对话会。同期，中国武汉人力资源服务产业园光谷园区正式开园。

2021年11月17日，南昌人力资源服务产业园经开园区人力资源孵化基地获评江西省全省第二家人力资源孵化基地，在南昌人力资源服务产业园高新园区建成省级人力资源服务孵化基地的基础上，全省两家人力资源孵化基地均落户南昌。

2021年11月25日，中国成都人力资源服务产业园高新园区举办国际人才港启动仪式暨重点项目集中签约仪式。

2021年11月27日，2021重庆英才大会中国猎头行业发展峰会以线上直播的方式成功举办。签约项目金额1200万，累计在线观看人次达166万人次。

2021年12月，宁波成功举办第七届中国（宁波）人力资源服务创新创业大赛。作为全国首个以"互联网+人力资源+资本"为主轴的国家级创新创业大赛，大赛紧扣行业发展前沿，为宁波人力资源服务业发展注入了新鲜活力，为宁波人力资源服务业在探索高质量发展道路上注入新动能。

2021 年 12 月，山东烟台组织举办"中国·烟台人才培养与发展创新峰会"。

2021 年 12 月 8 日，中国重庆人力资源服务产业园正式获批筹建首批"欧洲重庆中心人力资源服务基地"。

2021 年 12 月 18 日，第四届中国·河南招才引智创新发展大会省外招才引智系列活动——线上招聘会启动仪式在中国中原人力资源服务产业园区举行。河南省委常委、组织部部长陈舜出席并讲话，副省长戴柏华主持。

2021 年 12 月 20 日，中国武汉人力资源服务产业园车谷园区正式开园。同期，举行第二届"武汉人力资源服务业创新创业大赛"。

2021 年 12 月至 2022 年 1 月，河南省人民政府发布《关于印发〈河南省"十四五"人才发展人力资源开发和就业促进规划〉的通知》，提出人才发展集团建设行动。发布《关于加快中介服务业发展的若干意见》，提出加快中国中原人力资源服务产业园区发展。发布《关于印发〈河南省建设高标准市场体系实施方案〉的通知》，提出充分发挥中国中原人力资源服务产业园区带动作用，加快发展人力资源服务业。推动出台《河南省人力资源市场条例》，规范人力资源市场秩序。

B.31
后 记

　　《中国人力资源服务产业园发展报告（2022）》是由中国劳动和社会保障科学研究院（以下简称"劳科院"）组织，中国人力资源服务产业园联盟和中智现代人力资源管理研究院参与编写的第五部"人力资源蓝皮书"。报告回顾了近年来人力资源服务业取得的新成效，梳理了2021年行业相关重要会议、政策文件、重大活动精神，总结了人力资源服务产业园在产业集聚、政策创新、管理服务、信息化建设等方面取得的显著成效，为推动"十四五"期间人力资源服务业和产业园高质量发展提供参考。

　　本报告是在人力资源和社会保障部人力资源流动管理司指导下，由中国劳动和社会保障科学研究院、国家级人力资源服务产业园、人力资源服务行业协会、中智现代人力资源管理研究院等有关单位专家共同调研撰写完成的。全书由劳科院院长莫荣统筹策划、组织和审定，劳科院国外劳动和社会保障研究室副主任侯增艳负责全书编校和出版协调，中智集团副总经理冯馨莹负责有关报告的写作和审定，中国人事科学研究院副研究员佟亚丽、劳科院副研究员田大洲负责前期统稿、审读、作者联络沟通工作。

　　《中国人力资源服务产业园发展报告（2022）》的编撰工作得到了人力资源和社会保障部有关部门的支持指导，人力资源流动管理司李祥伟副司长、杨波处长、类成普处长对报告提出了指导、修改和完善意见。劳科院党委书记郑东亮审阅了全书。报告撰写过程中得到了有关专家、人力资源和社会保障厅局领导的支持，中国人事科学研究院院长余兴安、中国人民大学劳动人事学院院长杨伟国、中国对外服务工作行业协会秘书长华天虹、北京人力资源服务行业协会党委书记张宇泉、上海人才服务行业协会秘书长朱庆阳，以及产业园所在地人力资源和社会保障厅局领导对报告的撰写给予了大力支持。劳科院科研处副处长李艺、社会科学文献出版社经济管理分社总编辑陈凤玲在图书编辑出版方面提供了高质量的服务。

劳科院对报告出版给予了大力支持，中智集团为报告编撰提供了重要支持，有关部门和人员参与了报告的写作。我们对上述单位和个人给予的支持和帮助表示衷心感谢！

由于时间和水平的限制，我们深知本书内容尚有诸多不足之处，欢迎广大读者朋友对此提出宝贵的批评和建议，督促我们更好地做好下一步工作，为推动新时代人力资源服务业和产业园高质量发展做出贡献。

《中国人力资源服务产业园发展报告（2022）》

编　委　会

2022 年 5 月

权威报告·连续出版·独家资源

皮书数据库
ANNUAL REPORT(YEARBOOK)
DATABASE

分析解读当下中国发展变迁的高端智库平台

所获荣誉

- 2020年，入选全国新闻出版深度融合发展创新案例
- 2019年，入选国家新闻出版署数字出版精品遴选推荐计划
- 2016年，入选"十三五"国家重点电子出版物出版规划骨干工程
- 2013年，荣获"中国出版政府奖·网络出版物奖"提名奖
- 连续多年荣获中国数字出版博览会"数字出版·优秀品牌"奖

皮书数据库　　　　"社科数托邦"
　　　　　　　　　微信公众号

成为会员

登录网址www.pishu.com.cn访问皮书数据库网站或下载皮书数据库APP，通过手机号码验证或邮箱验证即可成为皮书数据库会员。

会员福利

- 已注册用户购书后可免费获赠100元皮书数据库充值卡。刮开充值卡涂层获取充值密码，登录并进入"会员中心"—"在线充值"—"充值卡充值"，充值成功即可购买和查看数据库内容。
- 会员福利最终解释权归社会科学文献出版社所有。

数据库服务热线：400-008-6695
数据库服务QQ：2475522410
数据库服务邮箱：database@ssap.cn
图书销售热线：010-59367070/7028
图书服务QQ：1265056568
图书服务邮箱：duzhe@ssap.cn

S 基本子库
SUB DATABASE

中国社会发展数据库（下设 12 个专题子库）

紧扣人口、政治、外交、法律、教育、医疗卫生、资源环境等 12 个社会发展领域的前沿和热点，全面整合专业著作、智库报告、学术资讯、调研数据等类型资源，帮助用户追踪中国社会发展动态、研究社会发展战略与政策、了解社会热点问题、分析社会发展趋势。

中国经济发展数据库（下设 12 专题子库）

内容涵盖宏观经济、产业经济、工业经济、农业经济、财政金融、房地产经济、城市经济、商业贸易等 12 个重点经济领域，为把握经济运行态势、洞察经济发展规律、研判经济发展趋势、进行经济调控决策提供参考和依据。

中国行业发展数据库（下设 17 个专题子库）

以中国国民经济行业分类为依据，覆盖金融业、旅游业、交通运输业、能源矿产业、制造业等 100 多个行业，跟踪分析国民经济相关行业市场运行状况和政策导向，汇集行业发展前沿资讯，为投资、从业及各种经济决策提供理论支撑和实践指导。

中国区域发展数据库（下设 4 个专题子库）

对中国特定区域内的经济、社会、文化等领域现状与发展情况进行深度分析和预测，涉及省级行政区、城市群、城市、农村等不同维度，研究层级至县及县以下行政区，为学者研究地方经济社会宏观态势、经验模式、发展案例提供支撑，为地方政府决策提供参考。

中国文化传媒数据库（下设 18 个专题子库）

内容覆盖文化产业、新闻传播、电影娱乐、文学艺术、群众文化、图书情报等 18 个重点研究领域，聚焦文化传媒领域发展前沿、热点话题、行业实践，服务用户的教学科研、文化投资、企业规划等需要。

世界经济与国际关系数据库（下设 6 个专题子库）

整合世界经济、国际政治、世界文化与科技、全球性问题、国际组织与国际法、区域研究 6 大领域研究成果，对世界经济形势、国际形势进行连续性深度分析，对年度热点问题进行专题解读，为研判全球发展趋势提供事实和数据支持。

法律声明

"皮书系列"（含蓝皮书、绿皮书、黄皮书）之品牌由社会科学文献出版社最早使用并持续至今，现已被中国图书行业所熟知。"皮书系列"的相关商标已在国家商标管理部门商标局注册，包括但不限于LOGO（▧）、皮书、Pishu、经济蓝皮书、社会蓝皮书等。"皮书系列"图书的注册商标专用权及封面设计、版式设计的著作权均为社会科学文献出版社所有。未经社会科学文献出版社书面授权许可，任何使用与"皮书系列"图书注册商标、封面设计、版式设计相同或者近似的文字、图形或其组合的行为均系侵权行为。

经作者授权，本书的专有出版权及信息网络传播权等为社会科学文献出版社享有。未经社会科学文献出版社书面授权许可，任何就本书内容的复制、发行或以数字形式进行网络传播的行为均系侵权行为。

社会科学文献出版社将通过法律途径追究上述侵权行为的法律责任，维护自身合法权益。

欢迎社会各界人士对侵犯社会科学文献出版社上述权利的侵权行为进行举报。电话：010-59367121，电子邮箱：fawubu@ssap.cn。

社会科学文献出版社